Eltern
Handbuch

Eltern

Handbuch

Alles, was zwischen 10 und 20 passieren kann

Stiftung Warentest

Rose Riecke-Niklewski Günter Niklewski

Die Deutsche Bibliothek – CIP-Einheitsaufnahme

Riecke-Niklewski, Rose:
Eltern-Handbuch : alles, was zwischen 10 und 20 passieren kann /
Rose Riecke-Niklewski; Günter Niklewski. Stiftung Warentest. –
Berlin : Stiftung Warentest, 2000
ISBN 3-931908-50-X

ISBN 3-931908-50-X
DM 59,00 € 30,17

Hilfe, wir kommen in die Pubertät

Ein Hilferuf mit langer Tradition. Seit Aristoteles, also seit 300 Jahren vor unserer Zeitrechnung, klagen Erwachsene über die Schwierigkeiten und Probleme der Jugend und bringen damit zum Ausdruck, dass ihnen ihre Kinder in dieser Phase des Lebens eigentlich nicht ganz geheuer sind.

Hören wir das Wort Pubertät, denken wir an Auseinandersetzung, Streit und vergebliche Versuche, die alte, „bewährte" Ordnung in unserer Familie wieder herzustellen. Tatsächlich ist es ja auch nicht ganz unberechtigt, wenn Eltern befürchten, dass ihre jugendlichen Kinder in bestimmten Phasen

- jeglichen Respekt vor Erwachsenen vermissen lassen,
- sich auf jede mögliche und unmögliche Art und Weise von ihren Eltern abgrenzen wollen,
- beleidigt oder aufbrausend auf jede Bemerkung reagieren und ständig Streit zu suchen scheinen,
- jeglichen schulischen Ehrgeiz, und vielleicht sogar ihr bisher übliches Engagement in außerschulischen Aktivitäten aufgeben,
- sich nur noch dem Einfluss ihrer Freunde auszusetzen scheinen (der dann manchmal, so die Angst der Eltern, nicht der beste ist),
- sich von allem und jedem zurückziehen, sich abschotten, missgelaunt oder traurig sind,
- jede Vernunft hinsichtlich ihrer Gesundheit über Bord werfen,
- sich offenbar nur noch über riskante Mutproben beweisen können,
- bisherige moralische Standards in Bezug auf Wahrheitsliebe, fremdes Eigentum ebenso zu negieren scheinen wie die Rücksichtnahme auf die Bedürfnisse und Rechte anderer.

Pubertierende Jugendliche sind – so kann man also meinen – eigentlich eher Wesen von einem anderen Stern denn unsere Söhne und Töchter, die wir kennen und die wir zu verstehen all die Jahre hindurch gelernt haben.

Das Jugendalter – so formulierte es G. Stanley Hall, einer der ersten Psychologen, die sich seit Anfang des 20. Jahrhunderts ausdrücklich mit der Jugend als eigenständigem Lebensalter beschäftigt haben – ist eine Zeit des „Sturm und Drang" (storm and stress), und bis heute beschreiben manche Psychologen und Psychoanalytiker das Jugendalter als normalen emotionalen und sozialen Ausnahmezustand, der naturgemäß zu innerem und äußerem Chaos und damit fast zwangsläufig zu Problemen und Konflikten führen muss. Die Folge: Wenn wir uns als Eltern nicht das „Augen zu und durch" zum Prinzip machen wollen, brauchen wir Überlebenshilfen, „survival guides", und unsere Kinder Sorgentelefone, Berater und Psychotherapeuten. Aber stimmt das denn?

Was sicher richtig ist: Die Jahre zwischen etwa 10 und 20 sind eine Zeit der großen Veränderungen. Die Sicherheit und Gelassenheit, die Eltern nach den ersten aufregenden Lebensjahren ihres Kindes zurückgewonnen haben, können wirklich ins Wanken geraten. Manchmal scheint nichts mehr so zu sein, wie es noch eben war, und vieles von dem, was bisher selbstverständlich, gewohnt und „normal" war, wird, ja muss anders werden. Jugendliche mit ihrem oft so stereotyp geäußerten Vorwurf „Ihr versteht mich nicht!" haben ja Recht. Völlig neue Fragen, Probleme und Konflikte sind an der Tagesordnung und verlangen ein ganz neues Verständnis, neue Antworten, neue Problem- und Konfliktlösungen. Auch die seit langem eingespielte Rollen- und Funktionsverteilung im Familiensystem passt nicht mehr. Die „Rollen" aller Familienmitglieder müssen umgeschrieben werden. Und bis sie „sitzen", mag einige Zeit des „Einstudierens" ins Land gehen. Dass diese Zeit jedoch nur Unruhe, Unfrieden und Sorgen bedeutet, dass sie von Jugendlichen wie von ihren Eltern nur „ertragen", nicht aber „genossen" werden kann, ist ein Vorurteil, das es endlich auszuräumen gilt.

Was wichtig ist zu wissen: Wie die Jahre zwischen 10 und 20 tatsächlich verlaufen, hängt ganz wesentlich damit zusammen, ob und wie die sozialen Möglichkeiten und die sich verändernden Bedürfnisse der Jugendlichen zusammenpassen und ob und wie Eltern mit der Entwicklung ihrer jugendlichen Tochter, ihres jugendlichen Sohnes mithalten können. Wenn dies gelingt, macht die Rolle der Eltern im Stück ihrer jugendlichen Kinder Spaß.

I

Die Jahre zwischen 10 und 20

– was passiert und worum es geht

Pubertät und Adoleszenz: Reif und erwachsen werden

Wenn wir von Jugendlichen sprechen, glauben wir zu wissen, wovon wir reden: Jugendliche sind nicht mehr Kinder und noch nicht Erwachsene, und die Jugendzeit ist die Übergangsphase, an deren Ende die reife, erwachsene Frau, der reife, erwachsene Mann steht. „Reif und erwachsen": Schon jetzt wird es schwierig. Sprechen wir von Reife, verwenden wir einen Begriff aus der Biologie und beziehen uns damit auf die biologische Fähigkeit, Kinder zu zeugen, zu empfangen und zu gebären. Der Körper wird erwachsen. In diesem biologischen Sinn sind die Jugendlichen heute etwa zwischen 15 und 17 Jahren mit Abschluss der Pubertät reif.

Sind sie erwachsen? Natürlich nicht, denn Erwachsenwerden umfasst mehr als die körperliche Entwicklung, und Erwachsensein ist mehr als die Fähigkeit, sich fortzupflanzen. Ein erwachsener Mensch denkt, fühlt, urteilt und verhält sich anders als ein Kind und vor allem: Er hat andere Aufgaben und Verantwortungen, Pflichten und Freiheiten, die mit der Rolle zusammenhängen, die er als Erwachsener in der Gesellschaft, in der er lebt, spielt und die ihm von ihr zugeschrieben wird. Für die seelische Auseinandersetzung mit den körperlichen und sozialen Veränderungen an der Schwelle zum Erwachsenenalter und den neuen Anforderungen verwendet man heute oft den Begriff Adoleszenz (adolescere [lat.] = heranwachsen). Dieser Begriff hat also im Gegensatz zum Begriff Pubertät viel mit der Gesellschaft zu tun und damit, was Kindsein und Erwachsensein und die Entwicklung vom einen zum anderen in einer bestimmten Epoche und in einer bestimmten Gruppe bedeuten.

Einige Sätze Soziologie

Manche Forscher, die sich mit dem Lebensabschnitt Jugend beschäftigen, gehen heute so weit, Adoleszenz, so wie wir sie gegenwärtig erleben und verstehen, als ein Produkt der modernen Gesellschaft zu beschreiben. Ihre These: Die „Adoleszenz" gibt es eigentlich erst in den Gesellschaften, in denen es wichtig ist, jungen Menschen eine lange Zeit der Ausbildung einzuräumen.

Ein Beispiel: Ein Mädchen in Alaska, das in der Sicherheit aufwächst, als erwachsene Frau für die Geburt und Aufzucht der Kinder, für die Organisation des Haushalts und die Zubereitung der Nahrung verantwortlich zu sein, oder ein Junge, der in der Erwartung aufwächst, später den Hof der Eltern ganz in deren Sinne weiterzuführen, erleben ihre Jugend sicher anders als Jugendliche, die hier zur Schule gehen, eine Ausbildung vor sich haben und die Frage „Familie, Kinder ja oder nein?" erst einmal offen halten, weil sie wissen, dass die wichtige Entscheidung der Ausbildungs- und Berufswahl jetzt eine Weichenstellung verlangt, von der möglicherweise ihr ganzes weiteres Leben abhängen wird.

13 Jahre Schule, Abistress und dann der Bund – ich werde doch das Recht haben, jetzt erst mal Pause zu machen!
Und dann?
Dann schau'n wir mal!
Oliver, 20 Jahre

Das heißt: In vorindustriellen Gesellschaften mit ihren sicheren Rollenerwartungen und klaren Regeln, die den Lebenslauf des Einzelnen im Zusammenhang mit der Gemeinschaft, in der er lebt, bestimmen, gibt es wohl keine Notwendigkeit, Heranwachsenden eine lange Phase des Ausprobierens und Einübens zuzugestehen. Tatsächlich umfasst die Zeit der „Adoleszenz" in bäuerlich oder traditionell handwerklich strukturierten Gesellschaften einen ganz kurzen Zeitraum, der mit den ersten äußeren Anzeichen der Pubertät beginnt und nach der Trennung von der Welt der Kindheit mit der Eingliederung des jungen Menschen in die der Erwachsenen endet.

Jugendliche in unserer Gesellschaft dagegen müssen nicht nur eine lange Ausbildung absolvieren, um das Ziel, sich als Erwachsene selbst zu ernähren, erfüllen zu können. Auch die Aufgabe, eine Familie zu gründen und Kinder großzuziehen, oder die Entscheidung, dies nicht zu tun, erfordert eine lange Zeit der Vorbereitung. Zwischen der körperlichen Möglichkeit und der sozialen Fähigkeit der Elternschaft liegen heute 10 bis 20 Jahre – eine lange Phase emotionaler, sexueller und sozialer Einübung.

Dazu kommt: Unsere Welt entlässt ihre Heranwachsenden in eine offene Zukunft und in die Freiheit einer individuellen Entwicklung. Es ist ihr Leben, das sie selbstbewusst, selbstverantwortlich und in eigener Kontrolle führen müssen. Damit stehen Jugendliche heute unter dem Druck – sowohl unter dem gesellschaftlichen Erwartungsdruck als auch dem Druck des eigenen Anspruchs –, für sich selbst die Verantwortung zu übernehmen. Die Gesellschaft erwartet, dass sie in näherer oder fernerer Zukunft in der Lage sind, ihr eigenes Leben in die Hand zu nehmen. Bis dahin ist es fast immer ein weiter Weg, und für ihn braucht es viel Zeit: die Zeit der Adoleszenz.

Die körperliche Entwicklung:

Im neuen Körper heimisch werden

Beginnen wir mit der körperlichen Reifung, der Pubertät: Sie setzt sehr viel früher ein, als Eltern und Kinder ahnen. Bis wir tatsächlich die ersten Anzeichen entdecken, hat das Gehirn – genauer der Hypothalamus – längst die entscheidenden Signale an die Hirnanhangdrüse ausgesendet. Diese hat darauf ihre Hormonproduktion aufgenommen, die wiederum die Arbeit anderer Drüsen – der Schilddrüse, der Nebennieren, der Eierstöcke beziehungsweise der Hoden – in Gang gesetzt hat. Hier werden nun vermehrt Hormone, vor allem die Geschlechtshormone, ausgeschüttet. Der zweite große Abschnitt der Pubertät beginnt.

Dieser Prozess der körperlichen Reifung, der erst nach und nach in der Entwicklung und Veränderung der primären und sekundären Geschlechtsmerkmale äußerlich sichtbar wird, beginnt schon mit etwa 7 Jahren und findet erst mit der vollen Geschlechtsreife zwischen etwa 15 und 17 Jahren seinen Abschluss.

Die Rolle der Hormone

Die Hormonproduktion läuft in der Pubertät auf Hochtouren. Den Anfang setzt die Hirnanhangdrüse schon in der späten Kindheit beziehungsweise Vorpubertät mit einer verstärkten Produktion der Gonadotropine, die die Keimdrüsen wachsen lassen, die ihrerseits die Produktion der eigentlichen Sexualhormone übernehmen. Lange nahm man an, dass Frauen nur weibliche, Männer nur männliche Sexualhormone produzieren. Inzwischen weiß man es besser: Beide Geschlechter verfügen über beide Sexualhormone. Der hormonelle Unterschied zwischen ihnen entsteht allein aus dem Anteil der jeweiligen Sexualhormone bei Mann und Frau. Vor allem die Östrogene, die weiblichen Sexualhormone, darunter besonders das Östradiol, und die Androgene, die männlichen Sexualhormone, darunter vor allem das Testosteron, stoßen die geschlechtsspezifische Entwicklung in der Pubertät an. Dabei verschiebt sich das Verhältnis der Sexualhormone bei Mädchen zugunsten des Östrogens und bei Jungen zugunsten des Testosterons.

Die gesteigerte Produktion beider Sexualhormone ist die Voraussetzung aller Veränderungen in der Pubertät. Sie machen den Kinderkörper zu einem typischen Frauen- beziehungsweise Männerkörper.

Was heißt typisch? Primäre und sekundäre Geschlechtsmerkmale

Als primäre Geschlechtsmerkmale werden die Körperteile bezeichnet, die unmittelbar an der Fortpflanzung beteiligt sind. Das sind beim Mann die Hoden und bei der Frau Gebärmutter, Eierstöcke und Eileiter. Die primären Geschlechtsorgane sind von Geburt an vorhanden. In der Pubertät fangen sie an zu wachsen und ihre Form zu verändern. Und erst danach – dies das Ergebnis der Pubertät – sind sie in der Lage, ihre eigentliche Funktion, nämlich ihren Beitrag zur Fortpflanzung zu übernehmen. Sekundäre Geschlechtsmerkmale dagegen stehen nicht direkt im Dienst der Fortpflanzung, machen aber wesentliche körperliche Merkmale von Mann und Frau aus. Dazu gehören die Brüste der Frau, ihre breiteren Hüften beziehungsweise der Bartwuchs des Mannes und sein größerer Kehlkopf, der Adamsapfel. Die Ausbildung der sekundären Geschlechtsmerkmale ist das deutlichste Zeichen der Pubertät. Jungen und Mädchen vor der Pubertät, die äußerlich vielleicht tatsächlich nur durch den viel besprochenen kleinen Unterschied voneinander zu unterscheiden waren, beginnen dann „typisch männlich, typisch weiblich" auszusehen.

Der Frauenkörper unterscheidet sich jedoch nicht nur durch Busen und breitere Hüften vom männlichen Körper. Die geschlechtsspezifisch unterschiedliche Hormonproduktion hat viel weitreichendere Folgen.

Beginnen wir mit dem männlichen Sexualhormon, dem Testosteron. Es regt das Wachstum von Muskeln und Knochen bei beiden Geschlechtern an. Als Kinder haben Jungen und Mädchen ungefähr die gleiche Anzahl von Muskelfasern und sind – von individuellen Unterschieden einmal abgesehen – etwa gleich stark. Jetzt in der Pubertät wird alles anders. Jungen bilden typischerweise mehr und stärkere Muskeln aus, obwohl natürlich auch Mädchen in der Pubertät noch einmal an Muskelmasse hinzugewinnen. Genauer: Jungen werden am Ende ihrer Entwicklung zum Mann 14-mal mehr, Frauen dagegen 10-mal mehr Muskelfasern besitzen als in der Zeit vor der Pubertät.

Die männlichen Sexualhormone beschleunigen die Atemfrequenz, vergrößern das Atemvolumen und lassen den Blutdruck steigen – kurz: Sie vergrößern die Leistungskraft von Herz und Lunge.

Das weibliche Sexualhormon Östrogen dagegen bewirkt eine höhere Körpertemperatur und senkt den Gehalt an roten Blutkörperchen (Erythrozyten) und deren Farbstoff (Hämoglobin) im Blut. Eine wichtige Aufgabe des Östrogens ist zudem die Bildung von Fettpolstern, genauer die Vermehrung des Unterhautfettgewebes. Als Kinder besitzen Mädchen nur wenig mehr davon als Jungen. Steigt nun die Östrogenkonzentration im Blut des Mädchens an, bildet sich bei ihm neues Unterhautfettgewebe, während beim Jungen sich das Fettgewebe während des Wachstums – vereinfacht ausgedrückt – auf seinen wachsenden Körper verteilt. Und wieder in Zahlen: Der Fettanteil am Gesamtgewicht sinkt zwischen 12 und 18, 19 Jahren (natürlich immer idealtypisch gesehen) beim Jungen auf etwa 11 Prozent, während er beim Mädchen beziehungsweise der jungen Frau auf etwa 26 oder 27 Prozent ansteigt.

Das Ergebnis: Der junge Mann besitzt einen relativ muskulösen, eher knochigen Körper, während neues Fettgewebe den Körper der jungen Frau mit den typisch weiblichen Rundungen an Hüfte, Po, Busen, Oberschenkeln und Oberarmen ausstattet.

Die unerfreuliche „Nebenwirkung" des Testosterons: Akne

Eine manchmal nicht nur lästige Begleiterscheinung der hormonellen Umstellung ist die Akne. Das männliche Hormon Testosteron regt die Talgdrüsen in der Haut zu vermehrter Talgproduktion an. Die Ausgänge der Talgdrüsen verstopfen, Mitesser entstehen, Bakterien unter der Haut führen zu Entzündungen. Die Folge: Pickel oder Pusteln. 80 Prozent aller Jugendlichen sind davon in irgendeiner Form betroffen. Manche bekommen nur hin und wieder einige Pickel, andere leiden unter massivem Befall im Gesicht, am Rücken und auf der Brust mit entzündlichen Komplikationen und Narben.

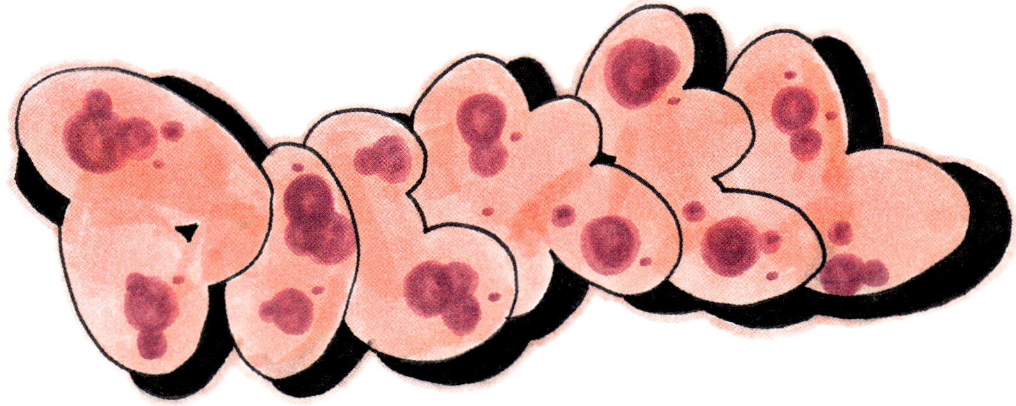

Manchmal wenn ich vor dem Spiegel steh, könnte ich schreien. Ich sehe so beschissen aus. Schon allein meine Nase! Und wenn ich dann auch noch Pickel hab, krieg ich voll die Krise. Am schlimmsten ist es dann, wenn meine Mutter reinkommt und sagt: „Du siehst doch so süß aus. Ich weiß gar nicht, was du hast?" Manchmal packt mich dann so die Wut, dass ich ihr am liebsten ins Gesicht springen würde.

Jana, 14 Jahre

Ein Pickel hier und da kann für Jugendliche zwar ein Weltuntergang sein. Unter medizinischen Gesichtspunkten ist er jedoch ein durchaus normales Zeichen pubertärer Entwicklung. Anders ist dies, wenn Jugendliche über Wochen unter schwerer Akne leiden. Chronische Akne kann bis ins Erwachsenenalter andauern. Sie darf nicht einfach als lästiges jugendliches Übergangsphänomen abgetan werden. Bleibt sie unbehandelt oder wird sie gar falsch behandelt, kann sie leicht zu andauernden Narben im Gesicht oder am ganzen Körper führen. Akne kann auch zu einer erheblichen psychischen Belastung werden: Sie hinterlässt dann nicht nur Narben im Gesicht, sondern auch seelische Narben.

Was hilft?

Nur bei leichteren Fällen ist eine Selbstbehandlung (→ Kasten, Seite 20) sinnvoll. Als Faustregel kann gelten: Von leichteren Formen spricht man, wenn höchstens zehn Pickel pro Gesichtshälfte gezählt werden können. Sind es mehr als 20, sollte gleich der Gang zum Arzt erfolgen. Wichtig ist auf jeden Fall: nicht zu lange selbst herumprobieren, denn so verschenkt man die Chance einer gezielten Behandlung mit möglichst wenigen Nebenwirkungen. Also: Wenn sich nach vier bis sechs Wochen keine Besserung einstellt, besser den Hautarzt aufsuchen.

Gegen starke Entzündungen hilft eine lokale Behandlung mit antibiotikahaltigen Salben und Cremes, die auf Pickel und Mitesser aufgetragen werden. In manchen Fällen wird Vitamin-A-Säure verordnet, die einen gleichsam natürlichen Peeling-Effekt für die Haut bewirkt. Diese Therapie kommt aber ebenso wie eine auf längere Zeit angelegte Einnahme von Antibiotika nur für schwerere Fälle in Betracht. Bei Mädchen kann auch die Verordnung von Hormonpräparaten (die Pille) Besserung bringen.

Was können Tochter oder Sohn selbst gegen Akne tun, was sollten sie meiden?

Was dürfen sie nicht?

→ Pickel und Mitesser mit den Fingern ausdrücken – Entzündungsgefahr!

→ Die Haut häufig mit Seife reinigen. Gereizte Haut entzündet sich leichter. (Im Übrigen: Akne ist nicht „unreine Haut" und hat nichts mit mangelnder Hygiene zu tun.)

Was hilft?

→ Eine Reinigung der Haut mit einem milden Syndet: hautneutral, ph-Wert 5,5; Waschlotionen sind zu bevorzugen (höchstens dreimal am Tag, nicht öfter, da eine zu starke mechanische Reizung der Haut die Entzündungsvorgänge verstärken kann). Es gibt auch spezielle Puder, die das von den Talgdrüsen vermehrt produzierte Hautfett aufnehmen.

→ Selbstmedikation: Zur lokalen Selbstbehandlung sind vor allem Gels und Cremes geeignet, die den Wirkstoff Benzylperoxid enthalten. Diese gibt es auch getönt, sodass das Mittel als Make-up benutzt werden kann. Andere Wirkstoffe wie Schwefelverbindungen, Aluminiumoxid oder Hexachlorophen sind weniger geeignet (eine Übersicht zu Akne-Mitteln finden Sie in **test 3/99**).

→ Natürliche UV-Strahlung kann sinnvoll sein. Bei vielen Betroffenen gehen Pickel und Mitesser im Sommer zurück. Aber Vorsicht: Wenn gleichzeitig die erwähnten Cremes mit Benzylperoxid angewandt werden, kann zu viel Sonne auch zu Reizungen der Haut führen.

Und die Ernährung? Für Ernährungstipps und Diätvorschläge als Therapie der Akne fehlt die wissenschaftliche Absicherung. Wer aber feststellt, dass sich das Weglassen bestimmter Nahrungsmittel günstig auswirkt, sollte dabei bleiben.

Der Wachstumsschub

Jungen und Mädchen in der Pubertät wachsen, und zwar ein ganzes Stück. Dieses Wachstum verändert die Proportionen von Kopf, Körper, Armen und Beinen: Das Größenverhältnis von Kopf zu Körper verschiebt sich zugunsten des Körpers, während Arme und Beine relativ zum Körper gesehen länger werden. Dabei erreichen zuerst Kopf, Hände und Füße ihre endgültige Größe, dann Arme und Beine, während der Körper selbst noch einige Zeit braucht, um seine erwachsene Größe und Form auszubilden. Wir alle kennen Jugendliche mit riesigen Füßen und Händen und viel zu langen Armen und Beinen, die so gar nicht zu ihnen zu gehören scheinen. Auch dieses Wachstum ist eine Wirkung der Hormone. Sie sind verantwortlich für den so genannten puberalen Wachstumsschub. Er setzt bei Mädchen durchschnittlich mit 11 Jahren, bei Jungen etwa mit 13 Jahren ein und dauert bei beiden rund vier bis fünf Jahre.

So die Statistik! Wir wissen aber, dass gerade beim Wachstum in der Pubertät die größten individuellen Unterschiede bestehen, viel größere als zum Beispiel beim ebenfalls schnellen Wachstum im ersten Lebensjahr. Alle Kinder wachsen in der Zeit ihres Wachstumsschubs bis zu zehn Zentimetern im Jahr. Wann sie dies aber tun, hängt von ihrer ganz persönlichen inneren Uhr ab. Es gibt Mädchen, die schon mit neun Jahren in die Höhe schießen, und Jungen, die mit 14, 15 Jahren noch wie Kinder aussehen. Betrachten Sie eine sechste, siebte oder achte Klasse. Sie werden alle Entwicklungsstadien erkennen. Da gibt es voll entwickelte junge Frauen ebenso wie kleine Mädchen. Wir sehen Jungen, die ihre Geschlechtsgenossen um mehr als einen Kopf überragen, und andere, die eher wie jüngere Geschwister ihrer Klassenkameraden wirken, was im Übrigen nicht ausschließt, dass sie plötzlich im Größenwachstum alle weit hinter sich lassen. Der Durchschnitt ist also eine rein statistische Größe und hat nichts mit normal oder gesund zu tun.

Das Knochenalter

Anhand von Langzeitstudien an gesunden Kindern hat man erkannt, dass die Pubertätsentwicklung viel enger mit der Knochenreifung als mit dem tatsächlichen Alter zusammenhängt. Man spricht hier vom Knochenalter, das zum Beispiel mit Hilfe eines Röntgenbildes der linken Hand bestimmt werden kann. Ein ganz bestimmter Knochen in der Hand, das erste Daumensesambein, entsteht ziemlich gleichzeitig mit dem Beginn der Pubertät – bei Mädchen durchschnittlich mit 11 Jahren, bei Jungen mit 13 Jahren.

Der Zeitpunkt, zu dem Kinder beginnen, in die Höhe zu schießen, und damit deutlich signalisieren, dass sie „in die Pubertät kommen", ist also höchst unterschiedlich. Mediziner sprechen deshalb von großen zeitlichen Standardabweichungen vom statistischen Mittelwert. Dies gilt nicht nur für den Beginn des Wachstumsschubs, sondern für den Start aller Veränderungen, die die Pubertät mit sich bringt. Die Standardabweichungen vom Mittelwert, wann Mädchen zum Beispiel zum ersten Mal ihre Regel (Menarche) bekommen oder Jungen im Stimmbruch sind, können mehrere Jahre betragen, ohne – dies sagt der Begriff Standardabweichung – die Grenzen einer normalen Entwicklung zu über- oder zu unterschreiten.

Wann also der Wecker, der die Pubertät einläutet, beim Einzelnen klingelt, ist eine ganz individuelle Angelegenheit und weitgehend von den Genen bestimmt. Eine Mutter, die selbst sehr früh ihre erste Regel bekam, kann zum Beispiel mit großer Wahrscheinlichkeit davon ausgehen, dass auch ihre Tochter nicht zu den Spätentwicklern gehört. Und ein Vater, der mit 15 Jahren noch recht kindlich ausgesehen und sich natürlich zu einem stattlichen Mann entwickelt hat, kann seinen Sohn, der als Kleinster in der Klasse vielleicht besorgt über seine körperliche Zukunft ist, mit seinem Beispiel trösten.

Aber: Es sind nicht nur die Gene, die für die unterschiedliche Entwicklung verantwortlich sind. Auch Umweltfaktoren beeinflussen den zeitlichen Ablauf der pubertären Entwicklung. Zum Beispiel – so haben vergleichende Untersuchungen ergeben – gehört intensives körperliches Training zu eher hemmenden Faktoren. Mädchen, die mit großem Engagement Ballettschulen besuchen, haben oft recht spät ihre erste Regel, auch wenn die Entwicklung ihrer Mütter einen früheren Zeitpunkt erwarten ließ.

Man kann auch vermuten, dass gerade diese Mädchen, die meist sehr auf ihr Gewicht achten und häufig sehr viel weniger als ihre Altersgenossinnen wiegen, wegen ihres Untergewichts in der pubertären Entwicklung verlangsamt sind. Denn man weiß, dass Übergewicht zu einer frühen Menarche führen kann, während Untergewicht diese eher verzögert. Diese Beobachtungen haben zu der Theorie geführt, dass ein „kritisches Körpergewicht" von etwa 48 Kilogramm erreicht sein muss, ehe die erste Regel einsetzt.

Manche Untersuchungen lassen auch den Schluss zu, dass bestimmte emotional bedeutsame Umweltfaktoren einen Einfluss auf den Entwicklungs prozess der Pubertät haben können. Man weiß zwar noch wenig über diese Zusammenhänge, als wahrscheinlich gilt jedoch, dass besonders bestimmte familiäre Konstellationen die Hormonproduktion verlangsamen oder beschleunigen können. Zum Beispiel ist festgestellt worden, dass große familiäre Konflikte und die Abwesenheit des Vaters in der Kindheit ein etwas früheres Einsetzen der Regelblutung bei Mädchen zur Folge haben können, wohingegen gute Familienbeziehungen und wenig andere Stressfaktoren die Menarche verzögern können.

Was die Entwicklung auf jeden Fall beschleunigt – und dies betrifft seit Jahrzehnten alle Jugendlichen in den Industrienationen –, sind eine ausreichende Ernährung und gute medizinische Versorgung vor allem in den ersten fünf Lebensjahren.

Die „säkulare Akzeleration"

Seit Anfang des 20. Jahrhunderts sind Kinder eines Alters durchschnittlich jedes Jahrzehnt um einen Zentimeter größer als ihre Vorgänger und durchschnittlich um 500 Gramm schwerer. Der Wachstumsschub und die pubertäre Entwicklung insgesamt haben immer früher eingesetzt. Das durchschnittliche Alter des Beginns der Menstruation zum Beispiel ▶

ist im letzten Jahrhundert pro Jahrzehnt um etwa drei bis vier Monate gesunken. Mädchen bekommen heute also wesentlich früher ihre Tage als noch ihre Mütter oder gar Großmütter (verglichen mit Mädchen aus der Mitte des 19. Jahrhunderts sogar ganze fünf Jahre). Aber auch Großvater auf dem alten Familienfoto sah aller Wahrscheinlichkeit nach mit 15 Jahren wesentlich kindlicher aus als sein Enkel heute. Für diese Beschleunigung der Entwicklung (die nicht nur die Entwicklung des Jugendlichen betrifft) verwendet man den Begriff der säkularen Akzeleration. Diese Akzeleration des nun abgeschlossenen Jahrhunderts scheint bei uns inzwischen zu stagnieren oder gar zu ihrem Ende gekommen zu sein, was – so vermutet man – möglicherweise mit der Begrenztheit des genetischen Potenzials, also mit den biologischen Gegebenheiten und Möglichkeiten der menschlichen Entwicklung zusammenhängt.

Frühentwickler – Spätentwickler

Aller Erfahrung nach wirken sich die Altersunterschiede beim Beginn der Pubertät weder positiv noch negativ auf die spätere körperliche und sexuelle Reifung aus. Aber: Die Beobachtung, dass Standardabweichungen vom Mittelwert nichts Nachteiliges über die weitere Entwicklung, über Gesundheit oder gar „Normalität" aussagen, mag vielleicht Eltern beruhigen. „Abweichende" Jugendliche selbst jedoch sind nicht selten verunsichert. Tatsächlich machen sie ja auch ihre ganz eigenen Erfahrungen mit sich und den anderen und müssen diese verarbeiten.

Wie Jugendliche nun die eigene Entwicklung erleben, die sie manchmal über Monate, vielleicht auch Jahre, anders als ihre gleichaltrigen Klassenkameraden aussehen lässt, und welche psychischen und sozialen – nicht körperlichen! – Folgen dies für ihr gegenwärtiges und zukünftiges Leben haben wird, haben Psychologen in vielen Studien beschrieben. Die Frage, die sie bei ihren Interviews und Untersuchungen leitete, war dabei: Wie wirkt sich eine sehr früh oder sehr spät einsetzende Pubertät auf die psychische Gesundheit, auf das Selbstbewusstsein und Selbstwertgefühl der betreffenden Jugendlichen aus. Was passiert zum Beispiel mit einem Mädchen, das schon mit neun, zehn Jahren seine „Tage" bekommt, und wie verarbeitet es ein Junge, wenn er mit 15 Jahren immer noch „der Kleine" ist?

Trotz vieler individueller Unterschiede konnten sie dabei einheitliche und vorhersagbare (!) Auswirkungen entdecken, wobei diese wiederum typisch für Jungen beziehungsweise Mädchen sind.

Beginnen wir mit den Mädchen

Mädchen, die sehr früh in die Pubertät kommen, zeigen – so die Beobachtungen – mehr Schwierigkeiten in der Schule, sind unzufrieden mit sich und der Welt, launisch und dem Alltagsstress in Familie, Schule und unter Freunden weniger gewachsen. Woher das kommt? „Frühreife“ Mädchen fühlen sich oft zu dick, da sie sich mit dem kindlichen Körper der anderen Mädchen vergleichen, der eher unserer kulturellen Norm der knabenhaften Schlankheit entspricht. Oft sind sie weniger gut vorbereitet auf ihre Entwicklung und kommen mit ihr schlechter zurecht als Mädchen, die gemeinsam mit den anderen diese Veränderungen des Körpers erleben. Viele früh entwickelte Mädchen haben unter Gleichaltrigen weniger Freundinnen und Freunde, da sie sowohl ihren Geschlechtsgenossinnen als auch den gleichaltrigen Jungen an Größe und Reife voraus sind. Sie erfreuen sich zwar größerer Akzeptanz bei älteren Jungen, können aber aufgrund ihres Alters deren Erwartungen nicht entsprechen. Ihr Körper signalisiert sexuelles Interesse, bevor sie gelernt haben, mit der Reaktion darauf umzugehen. Und es kostet einige Energie, mit den neu erwachten Bedürfnissen und Anforderungen zurechtzukommen. Es ist nicht einfach, mit 12 oder 13 Jahren für ältere Jungen attraktiv zu sein, erste Verabredungen zu treffen und mit älteren Mädchen konkurrieren zu müssen. Nicht selten meinen Mädchen, die sich aufgrund ihrer körperlichen Entwicklung schon in „ganz anderen Kreisen“ bewegen, ihre soziale, emotionale und sexuelle Unerfahrenheit durch besonders frühreifes Verhalten überspielen zu müssen – und dabei wissen sie selbst nur zu gut, dass sie eine Rolle spielen, die sie noch nicht richtig einstudieren konnten, also auch nicht richtig beherrschen.

Dazu kommt: Auch Eltern von „frühreifen“ Mädchen sind weniger gut vorbereitet auf die Pubertät ihrer Töchter und vergleichen sie mit den kindlichen Klassenkameradinnen, die noch „so einfach zu haben sind“, was die Beziehung zu ihren Töchtern stark belasten kann. Dies gilt oft auch für Lehrerinnen und Lehrer, die einem Mädchen, dessen frauliche Entwicklung nicht zu übersehen ist, weniger schulischen Ehrgeiz zutrauen, da sie ja jetzt nur noch „Jungen“ im Kopf habe.

Und jetzt die Jungen

Am meisten hasse ich Sport und vor allem das Duschen danach!
Yannik, 15 Jahre

Ganz anders geht es Jungen, die relativ früh in die Pubertät kommen. Ihr Körper entspricht sehr viel früher dem kulturellen Ideal des muskulösen männlichen Körpers mit breiten Schultern und schmalen Hüften. Ihr Körperbild ist deshalb positiv und erfährt auch von anderen positive Resonanz, vor allem dort, wo es um sportliche Leistung oder männliches Kräftemessen geht. Als Größere erscheinen sie kompetenter und „reifer" als ihre gleichaltrigen Kameraden, und Führungspositionen in der Schule, in Mannschaften und Cliquen sind ihnen meist sicher. Auch Erwachsene trauen ihnen mehr zu, was wiederum zu einem positiven Selbstbild führt. Viele Untersuchungen lassen den Schluss zu: Je früher ein Junge in die Pubertät kommt, desto positiver wirkt sich dies auf seine aktuelle psychische Verfassung aus und damit auf seine schulische Leistungsfähigkeit und seine soziale Kompetenz. Spätentwickler dagegen erleben sich selbst und ihren Körper oft als minderwertig. Sie werden auch von anderen lange als kindlich, wenn nicht kindisch angesehen und dementsprechend behandelt. Erwachsene übertragen ihnen weniger häufig soziale Verantwortung und gestehen ihnen weniger eigene Entscheidungsmöglichkeiten zu. In Gruppen Gleichaltriger, in denen es oft um Stärke und männliches Gebaren geht, erfahren sie wenig Respekt, es sei denn, es gelingt ihnen, ihren noch kindlichen Körperwuchs durch andere Leistungen zu kompensieren. Leider sind nicht alle Kleinen in der Lage, sich durch besondere intellektuelle, musische oder soziale Fähigkeiten hervorzutun. Nicht selten muss zum Beispiel das typische Klassenclownverhalten dazu dienen, auch dem „Kleinen" Anerkennung unter seinen Kameraden zu verschaffen.

Die Eltern sind also gefordert

Die emotionale und tatkräftige Unterstützung der Eltern brauchen – wie wir gesehen haben – vor allem „frühe Mädchen" und „späte Jungen".

Das heißt für Mädchen-Eltern:

- Ermuntern Sie Ihre Tochter, ihre Freundschaften mit ihren gleichaltrigen Freundinnen weiter zu pflegen, auch wenn kurzfristig die Interessen kaum vereinbar zu sein scheinen. Mädchenfreundschaften sind gerade in der frühen Pubertät außerordentlich wichtig.

- Trösten Sie sie: Die anderen Mädchen werden nachziehen und werden vielleicht dann noch in den Wirren der Pubertät stecken, wenn sie schon gelernt hat, mit den neuen Anforderungen umzugehen. (Tatsächlich haben Psychologen auch beobachtet, dass früh entwickelte Mädchen langfristig bessere Bewältigungsstrategien gegenüber emotionalen Stressfaktoren erworben haben und später über größere soziale Kompetenz und Selbstbestimmung verfügen.)

Für Jungen-Eltern heißt das:

- Behandeln Sie Ihren „Spätentwickler" niemals als jünger, als er tatsächlich ist. Helfen Sie ihm, dort Erfolge zu erzielen, wo es nicht auf körperliche Stärke oder männliche Signale ankommt. Er muss jetzt nicht Basketball spielen oder ein Leichtathletik-Star werden.
- Erklären Sie ihm: Die anderen Jungen werden, weil sie heute schon älter wirken, später nicht männlicher. Sie werden aber vielleicht – auch dies haben Psychologen beobachtet und beschrieben – Schwierigkeiten mit der Erfahrung haben, als erwachsener junger Mann nicht mehr besonders stark, athletisch und männlich zu sein, sondern eben einer unter vielen.

Für alle Jugendlichen, die nicht dem statistischen Mittelwert entsprechen, gilt: Klären Sie sie über die weite zeitliche Spannbreite „normaler" Entwicklung auf. Denn das Gefühl, nicht „normal" zu sein, scheint für beide, Mädchen wie Jungen, die größte psychische Belastung zu bedeuten.

Innere Bilder als Norm

Es ist nicht nur der reale Abstand zu anderen Jugendlichen, deren Entwicklung eher dem Mittelwert entspricht, sondern auch die Abweichung vom inneren Modell über die „normale Entwicklung", die psychische Folgen hat. Das heißt: Jedes Mädchen hat eine innere, relativ starre Vorstellung über das „richtige" Alter, einen Busen zu bekommen, und jeder Junge ein klares Bild davon, wann „man" zum Mann wird, einen Bart bekommt oder eine tiefe Stimme. Diese inneren Bilder setzen gewissermaßen die Norm, an der sich die, der Einzelne misst. Manche Psychologen gehen sogar so weit zu vermuten, dass nicht der tatsächliche Entwicklungsstand, sondern das Übereinstimmen oder Nichtübereinstimmen von innerem Bild und eigener Entwicklung die oben beschriebenen psychischen Auswirkungen bestimmt.

In unserer Kultur sieht das so aus: Pubertät – gleich ob bei Jungen oder Mädchen – findet irgendwann zwischen 12 und 14 Jahren statt. Alles, was außerhalb dieses Zeitrahmens liegt, ist zu früh oder zu spät, also nicht „normal". Statistisch stimmt diese Zeit nur für Mädchen. Jungen dagegen, die schon mit zwölf Jahren in die Höhe schießen, sind eigentlich zu „früh". Dennoch erleben sie ihre Entwicklung als normgerecht, was ein positives Selbstbild zur Folge hat. Späte oder vielleicht sogar schon statistisch normale Jungen, sehr späte und frühe Mädchen neigen aufgrund der Diskrepanz zwischen innerem Bild, innerer Norm und tatsächlicher Entwicklung dazu, sich selbst als weniger positiv oder gar als weniger wertvoll einzuschätzen. Aus dieser Selbsteinschätzung erwächst psychische Anspannung, die als emotionaler Stressfaktor viele negative Folgen nach sich ziehen kann – wie weniger Selbstvertrauen, geringere schulische Leistung, größere Schwierigkeiten mit Freunden und höhere Anfälligkeit gegenüber äußerem Anpassungsdruck an pubertäre Normen, die jedoch mit der eigenen Entwicklung nicht übereinstimmen.

Nicht nur für Psychologen ist diese Beobachtung wichtig, sondern gerade auch für Eltern, Lehrer und für all diejenigen, die für Jugendliche bedeutsam sind. Sie können natürlich die Entwicklung des Kindes weder beschleunigen noch verlangsamen. Worauf sie jedoch vielleicht Einfluss nehmen können, sind diese inneren „normativen" Bilder.

Der Fahrplan der Pubertät

Trotz aller individueller Unterschiede, was den Beginn und damit auch den Zeitpunkt einzelner Entwicklungsschritte der Pubertät betrifft: Wenn der pubertäre Prozess einmal begonnen hat, folgt er mit großer Gesetzmäßigkeit seinem biologischen Fahrplan. In diesem gibt es im Unterschied zum zeitlichen Ablauf viel weniger individuelle Variationen. Alle Jungen und Mädchen durchlaufen vom Beginn ihrer Pubertät bis zur vollen Geschlechtsreife verschiedene Stadien, deren Reihenfolge relativ einheitlich und vorhersagbar ist, wobei natürlich Abweichungen auch bei der Reihenfolge der einzelnen Schritte durchaus normal sind.

Die körperliche Entwicklung im Überblick

Jungen

Ab 12 Jahre	13 bis 14 Jahre	13 bis 15/16 Jahre	Ab 16 Jahre
• Wachstum von Hoden und Hodensack, Hodensack wird dunkler • Erste feine Schambehaarung am Penisansatz	• Beginn des Wachstumsschubs • Der Penis beginnt (zuerst nur in der Länge) zu wachsen • Das Schamhaar beginnt sich zu kräuseln	• Erste Ejakulation einige Monate bis zu einem Jahr nach dem Wachstum des Penis • Erste Körper- und Gesichtsbehaarung • Schweißdrüsen entwickeln sich • Der Kehlkopf beginnt zu wachsen • Die Stimme wird tiefer	• Ende des Wachstumsschubs (Jungen wachsen oft noch bis ins dritte Lebensjahrzehnt) • Erste reife Samenzellen • Körperbehaarung breitet sich aus (hält an bis ins Erwachsenenalter)

Mädchen

10 bis 11 Jahre	11 bis 12/13 Jahre	13 bis 14 Jahre	15 Jahre	Ab 16 Jahre
• Beginn des beschleunigten Wachstums (zuerst wachsen Füße und Hände) • Erste Veränderungen der Brustwarze • Erste feine und glatte Schamhaare beginnen zu wachsen	• Alter des schnellsten Wachstums • Brustknospe wölbt sich vor. Brustwarzenhof vergrößert sich und wird dunkler • Schweißdrüsen entwickeln sich • Wachstum der primären Geschlechtsorgane • Schamhaar beginnt sich zu kräuseln	• Wachstumsgeschwindigkeit lässt nach • Erste Regel (danach wachsen Mädchen noch etwa 7 bis 8 Zentimeter) • Becken und Hüften werden breiter (ab jetzt wachsen Mädchen noch etwa 6 bis 8 Zentimeter) • Erstes feines Achselhaar	• Die Brust wächst • Becken wird breiter, die Hüften runden sich • Der Zyklus wird regelmäßiger, der erste Eisprung findet normalerweise ein Jahr nach der ersten Regelblutung statt	• Die volle Fortpflanzungsfähigkeit ist erreicht • Scham- und Achselhaar entspricht dem erwachsener Frauen

Der Pubertätsprozess beim Mädchen

Bei Mädchen ist der Wachstumsschub die erste und deutlichste körperliche Veränderung, die die Pubertät mit sich bringt. Dass ein Mädchen in die Pubertät gekommen ist, zeigt dann in der Regel das Wachsen der ersten Schamhaare, was medizinisch als Pubarche (pubes = die Schambehaarung, arche = Beginn) bezeichnet wird. Durchschnittlich ist dies bei uns mit etwa zehn Jahren zu erwarten, wobei die Schwankungsbreite von 8 bis 13 Jahre durchaus normal ist. Meist etwas später beginnt sich die Brust zu verändern. Die Brustknospe wölbt sich ganz leicht vor, der Brustwarzenhof vergrößert sich. Statistisch geschieht dies mit knapp elf Jahren (normale Schwankungsbreite 8,5 bis 13,5 Jahre). Während dieser Zeit, in der die Brüste wachsen, kann es durchaus vorkommen, dass einmal die linke, dann die rechte Brust größer ist. Das ist kein Grund zur Beunruhigung. Mit der Rundung der Brust wächst erstes weiches Achselhaar. Schweißdrüsen entwickeln sich, die für eine vermehrte Schweißproduktion unter den Armen und damit für einen neuen „erwachsenen" Körpergeruch sorgen. Auf dem Höhepunkt des Wachstumsschubs vergrößern sich nun auch die primären Geschlechtsorgane, also Gebärmutter (Uterus), Scheide (Vagina), Schamlippen (Labien) und Kitzler (Klitoris). Gleichzeitig werden die Hüften breiter.

Als ich zehn Jahre alt war, habe ich meine Tage bekommen. Meine Mutter hat mir für Sport immer eine Entschuldigung geschrieben, weil mir das so peinlich war. Gott, war ich damals blöd!
Johanna, 16 Jahre

Wenn die Wachstumsgeschwindigkeit langsam nachlässt, können Mädchen mit ihrer ersten Regelblutung, der Menarche, rechnen. Sie ist etwa drei Jahre nach dem Beginn der Brustentwicklung zu erwarten. Ihre erste Regelblutung erleben Mädchen in Mitteleuropa durchschnittlich mit 13 Jahren. Aber auch, wenn ein Mädchen schon mit elf Jahren ihre Tage bekommt oder vielleicht erst mit 15 oder 16 Jahren, ist dies im Allgemeinen durchaus normal. Im ersten Jahr nach der ersten Regelblutung ist der Zyklus meist noch unregelmäßig, und es ist auch kein Eisprung zu erwarten. Es fehlt zudem noch der später typische Anstieg der Aufwachtemperatur in der zweiten Hälfte des Zyklus, denn dieser hängt von den spezifischen hormonellen Veränderungen des reifen Zyklus ab, die die Voraussetzung eines Eisprungs und damit der Fruchtbarkeit sind. Erst etwa ein Jahr nach der Menarche endet die so genannte jugendliche Sterilität. Das Mädchen oder besser die junge Frau ist empfängnisbereit, hat also die volle Geschlechtsreife entwickelt. Mit dieser ist die Pubertät abgeschlossen. Nach der Menarche wachsen Mädchen durchschnittlich noch sechs bis acht Zentimeter.

Achtung! Keine Regel ohne Ausnahme

Es kann nicht oft genug wiederholt werden. In der Natur gibt es immer auch Ausnahmen von der Regel! Auch jüngere Mädchen können nicht sicher davon ausgehen, dass ihr junges Alter sie vor einer Empfängnis schützt. Es kann durchaus vorkommen, dass Frauen schon im ersten Jahr nach der ersten Regelblutung schwanger werden. Es gab und gibt auch Mädchen, die schwanger geworden sind, bevor sie zum ersten Mal ihre Tage bekommen haben.

Die erste Regel

Obwohl heute wohl alle Mädchen auf dieses Ereignis durch eine wie auch immer geartete Aufklärung vorbereitet sind und durch Mütter, Freundinnen oder Werbespots im Fernsehen mit den verschiedenen Möglichkeiten der so genannten Monatshygiene bekannt gemacht wurden, reagieren viele auf das erste Mal eher mit gemischten Gefühlen. Diese zwiespältige Einstellung haben sie nicht nur, weil die willkürlich einsetzenden Blutungen vielleicht als „lästig" empfunden werden oder weil sie zumindest zu Anfang mit leichten Kopf- oder Bauchschmerzen, Krämpfen und allgemeinem Unwohlsein verbunden sein können. Die Ambivalenz, mit der fast alle Mädchen reagieren, hängt mit der emotionalen Bedeutung zusammen, die dieses Ereignis für sie hat. Im Allgemeinen empfinden Mädchen die erste Regel als Symbol ihrer sexuellen Reife, ihrer Wandlung vom Mädchen zur Frau. Sie ist ein Einschnitt, den es emotional zu verarbeiten gilt. Und um diesen gelassen oder mit Freude und Stolz erleben zu können, brauchen Mädchen mehr als eine rein biologisch-technische Aufklärung.

Die Zeit der Wandlung

Was Frau werden, Frau sein für ein Mädchen individuell bedeutet, hängt von vielen – persönlichen, familiären und gesellschaftlichen – Faktoren ab. Spätestens zur Zeit der ersten Regel ihrer Töchter ist es also noch einmal wichtig, dass Mütter und Väter in sich hineinhorchen: Wie sieht es denn bei mir aus? Wie fühle ich mich als Frau, was konnte ich als Frau meiner Tochter vorleben, welche Gefühle kann oder muss ich bei mir entdecken, wenn ich über mein Kind als Frau nachdenke? Oder: Was sind Frauen für mich, wie verhalte ich mich ihnen gegenüber, und was bedeutet es für mich, dass meine Tochter nun Frau wird?

Auch wenn Schule, Medien, Bücher, meist auch Freundinnen oder vielleicht auch ältere Geschwister ihren mehr oder weniger sinnvollen Teil dazu beitragen, wäre es schön, wenn Sie als Mutter zu den Erstinformantinnen gehörten, und zwar nicht nur durch ein einmaliges Aufklärungsgespräch, sondern immer dann, wenn sich Gelegenheit dazu bietet. Und diese gibt es eigentlich ständig: sei es durch die Werbung für „Damenhygiene"-Artikel, sei es, weil im Einkaufswagen Ihre eigenen Tampons oder Binden liegen. Sie werden merken, dass eine einmalige „Aufklärung" nicht genügt. Jedes Alter hat ganz andere Fragen und braucht deshalb immer wieder neue Antworten. Das heißt:

Auch wenn Ihre Tochter längst über Zeugung, Schwangerschaft und Geburt Bescheid weiß, wenn sie im Sexualkundeunterricht eine der Besten war, ist es jetzt Ihre Versicherung, dass alles, was kommt, normal und gut ist, die Ihre Tochter braucht.

Zur guten Vorbereitung gehören auch praktische Tipps von Frau zu Frau:

- Bereiten Sie sie darauf vor, dass sie möglicherweise schon im Vorfeld, bedingt durch die großen hormonellen Veränderungen, leichte Kopf- oder Bauchschmerzen, möglicherweise auch Bauchkrämpfe haben kann, und testen Sie mit ihr aus, was ihr dann am besten hilft: eine Wärmflasche, eine warme Dusche, Ruhe und ein warmes Bett, vielleicht aber auch regelmäßige Bewegung oder, wenn die Schmerzen stark sind, auch ein Schmerzmittel oder ein krampflösendes Zäpfchen, die ihr ein Frauenarzt verschreibt. Die Bedenken, dass sie ihr damit gewissermaßen einen lebenslangen Schmerzmittelmissbrauch nahe legen, sind selten angebracht – in den wenigsten Fällen dauern starke Krämpfe und Schmerzen vor und während der Tage über die ersten Male hinaus an.
- Beruhigen Sie sie, wenn sie plötzlich über verstärkten Ausfluss klagt oder – noch besser – sprechen Sie schon vorher mit ihr über dieses völlig normale Anzeichen hormoneller Umstellungsprozesse. Stellen Sie ihr eventuell Slipeinlagen zur Verfügung, die sie, wenn sie es für nötig hält, verwenden kann.
- Machen Sie sie auf möglicherweise stärkeren Körpergeruch aufmerksam – es ist viel weniger kränkend, wenn Sie Ihre Tochter ans tägliche Waschen vor allem des Genitalbereichs und der Achselhöhlen erinnern, als wenn dies ihre Freundinnen tun müssen. Gegen den Körpergeruch hilft ein Deodorant, ob mit oder ohne Parfümierung.
- Besprechen Sie mit ihr die Vor- und Nachteile von Binden und Tampons, und ermuntern Sie sie, beides auszuprobieren. (Sie sollte immer von beidem einen ausreichenden Vorrat in ihrem Zimmer oder in ihrer Schublade im Bad haben.)
- Versichern Sie ihr, dass Tampons sie nicht verletzen können und dass auch Binden, wenn sie häufig gewechselt werden, nicht „stinken“, Intimsprays und -deos also nicht nötig sind. Klären Sie mit ihr, wie sie es am besten handhabt, wenn doch einmal ein roter Fleck auf der Hose zu sehen ist. Dies alles sind Ängste, die junge Mädchen quälen.
- Und: Haben Sie Verständnis für ihre „Launen“, ihre vielleicht besonders gereizte oder auch weinerliche Stimmung unmittelbar vor oder während der Tage. Auch dies wird wahrscheinlich nach und nach weniger stark auftreten.

Als mir Melanie erzählte, dass sie ihre Tage bekommen hat, war ich richtig gerührt. Dabei fiel mir auf, dass ich überhaupt nicht mehr weiß, wie das für mich damals war. Habe ich das meiner Mutter erzählt? Wahrscheinlich, aber ehrlich, ich habe keinerlei Erinnerung mehr an die Zeit, als ich zum ersten Mal Schamhaare an mir entdeckte, als sich meine Brust entwickelte, als ich zum ersten Mal meine Tage bekam. Alles weg! Komisch!

Uschi, 42 Jahre

Übrigens: Nicht nur Mädchen müssen über den weiblichen Zyklus Bescheid wissen!

Die Entwicklung beim Jungen

Die ersten äußeren Anzeichen der Pubertät sind beim Jungen das Wachstum von Hoden und Hodensack (Skrotum), der jetzt auch eine dunklere Farbe bekommt. Eine flaumartige Schambehaarung (Pubarche) wird erkennbar. Ungefähr ein Jahr danach fängt der Junge an, in die Höhe zu schießen. Gleichzeitig mit dem Beginn des Wachstumsschubs beginnt sein Penis zu wachsen. Innerhalb der nächsten Monate kommt es dann zur ersten Ejakulation, manchmal durch Selbstbefriedigung (Masturbation), oft aber auch einfach im Schlaf als nächtlicher Samenerguss (Pollution), als „feuchter Traum".

Beim Jungen erreicht der Wachstumsschub jetzt seinen Höhepunkt, also durchschnittlich mit etwa 14 Jahren. Dann sind auch die ersten Anzeichen von Körper- (zuerst meist in der Achsel) und Gesichtsbehaarung zu erkennen, also gut zwei Jahre nach dem Wachsen der ersten Schamhaare. Diese verändern sich jetzt in Struktur, Ausbreitung und Farbe hin zur Schambehaarung des Erwachsenen. Auch Jungen bilden nun neue Schweißdrüsen aus, was ein stärkeres Schwitzen und stärkeren Körpergeruch zur Folge hat. Auch für Ihren Sohn gilt: Wenn Sie ihn ans tägliche Waschen erinnern und ihm, wenn nötig, ein Deodorant kaufen, ist ihm dies weniger peinlich, als wenn er von Klassenkameraden über seinen Körpergeruch „aufgeklärt" wird. Der Stimmbruch findet meist spät in der Pubertät statt. Bei manchen Jungen wird die Stimme nach und nach tiefer, während andere wiederum den typischen Stimmbruch erleben, der die Stimme unkontrolliert einmal tief, einmal hoch werden lässt. Voraussetzung für die tiefe Stimme des Mannes ist das Anwachsen des Kehlkopfes zum so genannten Adamsapfel. Die Stimmbänder, die im Kehlkopf sitzen, werden etwa doppelt so lang, was die Stimme eine ganze Oktave tiefer klingen lässt.

Ebenso wie beim Mädchen, dessen erste Regelblutung keineswegs die tatsächliche Geschlechtsreife bedeutet, vergeht auch beim Jungen einige Zeit von der ersten Ejakulation bis zur Zeugungsfähigkeit, also der Produktion reifer beweglicher Spermien. Sie markiert ebenso wie beim Mädchen die volle Geschlechtsreife und damit das Ende der Pubertät.

Bei etwa der Hälfte aller Jungen tritt während der Pubertät eine einseitige (links häufiger als rechts) oder doppelseitige Brustdrüsenvergrößerung auf. Diese bildet sich meist innerhalb weniger Monate wieder zurück, wenn das neue hormonelle Gleichgewicht hergestellt ist. Nur in den seltensten Fällen, in denen diese spontane Rückbildung nach zwei bis drei Jahren ausbleibt, ist eine fachgerechte operative Entfernung des Brustdrüsenkörpers zu überlegen. Behandlung mit Medikamenten hat bisher wenig Erfolg gezeigt.

Erektion, Ejakulation und „feuchter Traum"

Mit Stolz und Selbstbewusstsein reagieren die meisten Jungen auf die neuen Möglichkeiten, die ihnen die Pubertät bietet. Die erste Ejakulation als Symbol der männlichen Potenz, sei sie nun Ergebnis der Selbstbefriedigung oder ein spontanes Ereignis bei Nacht, wird selten ambivalent erlebt. Allerdings müssen auch sie sich – wie die Mädchen – mit der Willkür körperlicher Vorgänge auseinander setzen. Deshalb empfinden Jungen oft den ersten „feuchten Traum" und die jetzt häufigen unkontrollierten Erektionen als beunruhigend, da nicht steuerbar. Manche trauen sich nicht schwimmen zu gehen oder zu tanzen, um ja nicht der als schrecklich peinlich erlebten Situation eines plötzlich sichtbar und spürbar erigierten Penis ausgeliefert zu sein. Und manchmal erleben Jungen, die wie aus heiterem Himmel einen „Ständer" bekommen haben, schon den Gang zur Tafel als Spießrutenlaufen. Auch ihnen hilft ein Gespräch darüber, dass nicht nur sie unter diesem Kontrollverlust leiden, sondern alle Jungen in der Pubertät feststellen müssen, dass fast alles eine Erektion auslösen kann, gleichgültig wie unpassend oder peinlich Ort und Zeit auch sein mögen.

Zur Pubertät eines Jungen gehört fast immer auch ein Vergleichen der Männlichkeit, als die Jungen und oft auch noch Männer die Größe ihres Penis erleben. Jungen, die einen kleinen Penis haben, empfinden dies oft als Zeichen der Schwäche. Vielleicht befürchten sie sogar, nicht in der Lage zu sein, mit einem Mädchen zu schlafen. Auch hier ist Aufklärung wichtig. Vielleicht helfen auch Zahlen: Die durchschnittliche Größe des erigierten Penis bei erwachsenen Männern reicht von 10 bis 17 Zentimeter. Dabei sagt die Länge nichts über die Potenz aus. Dies gilt vor allem für die Größe des Penis in nicht erigiertem Zustand. Ein kleiner Penis wird aller Wahrscheinlichkeit nach während einer Erektion mehr an Größe zunehmen als ein schon im Ruhezustand größerer.

Die Stadieneinteilung nach Marshall und Tanner

Die verschiedenen Stadien innerhalb des normalen Pubertätsverlaufs werden heute weltweit nach den Ärzten Marshall und Tanner eingeteilt. Danach werden fünf Stadien unterschieden, die das Mädchen, der Junge vom Kind zum Erwachsenen durchlaufen. Um den aktuellen Stand der körperlichen Entwicklung eines Jugendlichen zu beurteilen, bezieht man sich vor allem auf die Ausgeprägtheit der Schambehaarung bei Jungen und Mädchen beziehungsweise beim Mädchen auf die Brustentwicklung, beim Jungen auf die Entwicklung von Hoden und Penis, die relativ gesicherte Aussagen über die momentane hormonelle Situation zulassen. Das „Messen" an der Messlatte dieser fünf Stadien ist Teil der Jugendgesundheitsuntersuchung (→ Seite 38).

Der Körper als Tyrann

Wir haben oben beschrieben, wie schwierig es für Jungen und Mädchen ist, nun am eigenen Leib die Abhängigkeit vom Körper zu spüren. Nicht genug damit, dass der Körper sich verändert. Er wird jetzt auch spürbar unkontrollierbar. Die „Tage" kommen in eigener Regelhaftigkeit, der frau sich zu unterwerfen hat. Das Glied wird steif, wann es will, und unwillkürliche Samenergüsse zeigen dem Jungen, dass er offenbar nicht Herr im eigenen Haus ist. Und dies in einer Zeit, in der es für die Jugendlichen so wichtig ist, selbst die Kontrolle über sich zu übernehmen.

Dazu kommt: In keiner Lebensphase ist das Selbstbild so eng mit dem Körper, dem Aussehen verknüpft wie in den Jahren der Pubertät und gleichzeitig das Selbstwertgefühl so sehr vom eigenen Körperbild, wie realistisch oder unrealistisch auch immer, bestimmt. Ein zu großer, ein zu kleiner Busen, ein zu kleiner Penis, zu breite Hüften, zu dicke, zu dünne Arme, selbst ein Pickel oder fettige Haare können ein Todesurteil für das brüchige Selbstwertgefühl bedeuten. Dies geht nicht nur Mädchen so. Doch vor allem sie sind es, die mit ihrem Körper unzufrieden sind und deshalb mit sich als Person. Die Mehrzahl aller Mädchen (manche Untersuchungen nennen 75 Prozent) zum Beispiel neigen in der Pubertät dazu, sich „zu fett" zu finden. Aber auch unter Jungen gibt es wenige, die zufrieden mit ihrem Körper sind. Dabei ist es gerade jetzt offenbar so wichtig wie nie zuvor und niemals wieder, „gut" auszusehen. Für

Mädchen wie für Jungen scheint das Aussehen darüber zu entscheiden, wer man ist. Wie sehr auch die Kleidung zur Selbst- und Fremdeinschätzung beiträgt – letztlich ist es der Körper, der das Selbstbewusstsein und meist auch die Einschätzung durch andere Gleichaltrige maßgeblich bestimmt.

Neuer Körper – neues Ich?

Wer kennt diese Szene nicht, sei es aus eigener Erfahrung oder aus einer der vielen Familienserien im Fernsehen: Die restliche Familie drängt sich vor dem Bad, das „seit Ewigkeiten" von der pubertierenden Tochter, dem Sohn besetzt ist. Was sie, er darin tut? Wahrscheinlich betrachtet sie, er sich im Spiegel, und die Familie kann warten! Stundenlang steht die Tochter vor dem Kleiderschrank – und wenn sie es dann geschafft hat, rechtzeitig zur Schule zu kommen, gleicht ihr Zimmer einem Kleiderlager …

Ungeschminkt würde ich nie aus dem Haus gehen. Das ist ja schlimmer als nackt!
Lisa, 17 Jahre

Es ist eben auch nicht einfach, mehr oder weniger plötzlich eine andere, ein anderer zu sein. Allein das Größenwachstum erfordert eine beträchtliche Anpassungsleistung. Passten meine Beine nicht eben noch unter den Couchtisch? Konnte ich mich nicht gestern noch gemütlich neben Mutter in den Sessel kuscheln? Ich habe keine Schwierigkeiten mehr damit, die Marmelade vom oberen Regalbrett zu nehmen, aber jedes Mal, wenn ich einen hinunter gefallenen Bleistift unter dem Schultisch aufheben will, schlage ich mir den Kopf an. Diese Erfahrungen machen Jugendliche. Zudem verändert die neue Größe auch ganz konkret die Perspektive auf die Freunde, die Eltern, Lehrer, die Welt insgesamt. Eben noch musste der Junge, das Mädchen zu Mutter, Vater aufschauen, und nun stehen Eltern und Kind – zumindest was die Größe betrifft – sich gleichberechtigt gegenüber. Vielleicht kann der Sohn der Mutter sogar ganz väterlich von oben herab den Arm um die Schulter legen. Diese Erfahrung zu verarbeiten und sie ins eigene Selbstbild zu integrieren, ist manchmal nicht ganz einfach. (Übrigens: Auch Eltern müssen umdenken, und nicht nur dann, wenn ein Großteil ihrer Autorität bisher auf ihrer körperlichen Größe und Stärke beruhte.)

Außer dem Wachstum in Zentimetern passiert ja noch einiges, was die Selbstverständlichkeit, in und mit seinem Körper zu leben, vorübergehend zunichte machen kann. Den „Gestaltwandel" vom Kinderkörper in einen Frauen- beziehungsweise Männerkörper zu verarbeiten, bedarf einiger emotionaler und gedanklicher Anstrengung. Die Vorstellung, das Bild vom eigenen Körper, das Körperschema, wie Ärzte und Psychologen sagen, muss den schnellen Veränderungen angepasst werden. Der eigene Körper muss gewissermaßen als biologisches Zuhause zurückgewonnen werden.

Dass meine Tochter in die Pubertät kam, habe ich daran gemerkt, dass sie sich plötzlich im Bad eingeschlossen hat. Ich glaube, ich habe sie seither nie mehr nackt gesehen. Das war fast wie eine zweite Abnabelung. Ich war richtig traurig, als mir das so klar wurde.
Renate, 43 Jahre

Vielleicht rührt daher auch unter anderem die plötzliche Schamhaftigkeit unserer Kinder, wenn sie selbst die ersten Anzeichen der Pubertät an sich bemerken. Es gibt wenige Jugendliche, die jetzt nicht die Badezimmertür abschließen, und dies auch dann, wenn bisher ein ganz anderer Umgang mit Nacktheit in der Familie üblich war. Diese Schamhaftigkeit richtet sich vor allem gegen die Eltern. Denn der neue Körper soll ja im Gegensatz zum Kinderkörper, der noch so eng mit den Eltern verbunden war, den das kleine Kind auch nur in der Beziehung zu und im Kontakt mit den Eltern als seinen Körper erkennen konnte, losgelöst von den Eltern in eigener Verantwortung „bewohnt“ werden.

Die Jugendgesundheitsuntersuchung

Mittlerweile ist auch für Jugendliche eine Vorsorgeuntersuchung in die Reihe der Untersuchungen aufgenommen worden, die als Präventionsmaßnahme von den Krankenkassen finanziert werden. Alle Jugendlichen zwischen 13 und 15 Jahren haben Anspruch auf diese weitere Vorsorgeuntersuchung, die als J1 bezeichnet wird. Sie wird – wie auch die Vorsorgeuntersuchung bei Kindern (U1 bis U9) – vom Kinder- oder Jugendarzt durchgeführt. Für die Abrechnung genügt die Versichertenkarte der Jugendlichen.

Die J 1 ist eine Art Bestandsaufnahme des gegenwärtigen körperlichen und seelischen Entwicklungsstandes und dient der Früherkennung von Erkrankungen, die die körperliche, geistige und soziale Entwicklung gefährden können. Es sollen auf diese Weise Verzögerungen, Fehlentwicklungen und etwaige Probleme in der Pubertät frühzeitig erkannt werden, um so bald wie möglich eine Behandlung in die Wege leiten zu können. In Verdachtsfällen besteht die Möglichkeit einer eingehenden weiteren Diagnostik. Noch fehlende Auffrischimpfungen oder erstmalige und jetzt sinnvolle Impfungen (wie Hepatitis B oder bei Mädchen eine Impfung gegen Röteln) können vorgenommen werden.

Wenn alles gut läuft, das heißt, der Arzt auch wirklich in der Lage ist, eine „passende" Gesprächsatmosphäre als Grundlage eines Vertrauensverhältnisses zu schaffen, erfüllt die J 1 noch ein zweite ganz wichtige Funktion: Sie gibt Jugendlichen die Möglichkeit, sich jetzt und auch noch in den folgenden Jahren mit vielen der alterstypischen Problemen an einen vertrauenswürdigen Ansprechpartner zu wenden. Der Vorteil: Der Arzt ist kompetent, weiß Bescheid über Fragen wie körperliche Entwicklung, Sexualität, Verhütungsmöglichkeiten, Ansteckungsgefahren durch sexuelle Kontakte, aber auch über Drogen, Sucht und Abhängigkeit, über deren Vorbeugung und eventuell deren Behandlung. Und er ist immer neutral und absolut verschwiegen.

Um Jugendlichen diese Möglichkeit offen zu halten, ist es sinnvoll, wenn zumindest nach den ersten einleitenden Worten die Eltern „außen vor" bleiben (also auch im wahrsten Sinn des Wortes: vor der Tür). Die J 1 ist Sache der Jugendlichen.

Tipps für Eltern und Jugendliche

Noch einmal: Damit Jugendliche die Chance erhalten, mit einer neutralen Fachfrau, einem neutralen Fachmann ins Gespräch zu kommen, ist ein Termin ohne Eltern notwendig.

Eltern können Jugendlichen die mögliche Schwellenangst nehmen, wenn sie sie ermuntern, sich im Vorfeld schon Gedanken zu machen

- über ihre eigenen körperlichen und seelischen Veränderungen der letzten Jahre,
- über eventuelle Krankheiten, die sie selbst durchgemacht haben oder die in der Familie vorkommen oder vorgekommen sind,
- über Fragen, für die sie eine Antwort suchen, und Probleme, die sie aktuell am meisten beschäftigen.

Die J1 in Kürze

Anamnese
Die ausführliche Anamnese zielt vor allem auf bereits bekannte Gesundheitsstörungen, Impfschutz, familiäre Situation, seelische Entwicklung und das Gesundheitsverhalten des jungen Menschen ab.

Bekannte Gesundheitsstörungen
- chronische Erkrankungen
- körperliche Behinderung
- seelische Störung

Impfschutz und Jodprophylaxe
- Impfschutz
- Jodprophylaxe[1]

Familie
- besondere Familiensituation
- Hinweis auf familiäre Hypercholesterinämie[2]

Schulische Entwicklung
- Schulleistungsprobleme
- Besuch einer weiterführenden Schule

Gesundheitsverhalten
- regelmäßige Medikamenteneinnahme ohne ärztliche Verordnung
- Rauchen
- Alkoholkonsum – gegebenenfalls Häufigkeit
- Drogenkonsum – gegebenenfalls Häufigkeit

Motorik/Visuomotorik
- motorische/visuomotorische Auffälligkeiten[3]

Seelische Entwicklung/Verhalten
- dissoziales Verhalten[4]
- Essstörungen
- affektive Störung[5]

Pubertätsentwicklung
- Knaben: Stimmbruch
- Mädchen: Thelarche und Menarche[6]
- Sexualkontakte

Körperliche Untersuchung
Die körperliche Untersuchung zielt im Wesentlichen darauf ab, Störungen des Wachstums und der körperlichen Entwicklung, Erkrankungen der Hals-, Brust- und Bauchorgane sowie Auffälligkeiten des Skelettsystems und Pubertätsstadium festzustellen.

Erhebung der Körpermaße
- Körpergröße
- Körpergewicht
- Blutdruck

Labor
- Gesamtcholesterin
(nur bei Verdacht auf familiäre Hypercholesterinämie)

Tanner-Stadien[7]
- Knaben
- Mädchen

Befunde
- Hals-/Brust-/Bauchorgane
- Struma[8]

Skelettsystem
- Fehlhaltung (Matthiaß-Haltungstest)
- Skoliose – auffälliger Vorbeugetest[9]
- Bewegungseinschränkung in der Hüfte

Sonstige

---

[1] Vorbeugung gegen Schilddrüsenfunktionsstörungen, z. B. Kropf.
[2] Hinweis auf Fettstoffwechselstörungen.
[3] Auffälligkeiten bei der Bewegung und beim Zusammenspiel beider Augen.
[4] Störung des sozialen Verhaltens.
[5] „Depressionen".
[6] Beginn der Brustentwicklung, erste Regel.
[7] → Seite 36.
[8] Kropf.
[9] Wirbelsäulenverkrümmung.

Nach: Jugendmedizinische Praxis-Servicemappe, herausgegeben von der Bundeszentrale für gesundheitliche Aufklärung

Die geistige Entwicklung:

Ich denke, also bin ich

Erwachsene denken anders – nicht nur anderes! – als Kinder. Das klingt vielleicht banal, und doch handelt es sich hier um eines der wichtigsten Ergebnisse des Erwachsenwerdens. Der Prozess dahin verläuft wie die körperliche Entwicklung in mehreren Schritten und ist nicht weniger aufregend als das, was mit dem Körper geschieht, auch wenn die Fortschritte natürlich viel weniger sichtbar sind.

Das Gedächtnis

Beginnen wir mit dem Gedächtnis. Gerade in der Adoleszenz vergrößert sich die Kapazität des Kurzzeitgedächtnisses und damit die Menge der Wahrnehmungen und Eindrücke, die auf einmal aufgenommen werden kann, noch einmal besonders stark. Nur ein Beispiel: Ein Kind in den ersten Schuljahren kann vielleicht drei bis vier „Daten" (zum Beispiel 3 9 7 8) auf einmal überblicken und behalten, während Jugendliche wie Erwachsene bis zu sechs oder sieben Informationen aufnehmen können.

Aber nicht nur die Kapazität des Kurzzeitgedächtnisses vergrößert sich, auch die Speicherung im Langzeitgedächtnis funktioniert bei Jugendlichen wesentlich besser. Denn sie sind im Gegensatz zu Kindern nun in der Lage, ausgefeilte Strategien zu entwickeln, das, was sie hören und sehen, also Eindrücke, Wahrnehmungen – kurz: Informationen – zu organisieren und zu strukturieren. Dies erleichtert die Weiterleitung vom Kurz- ins Langzeitgedächtnis wesentlich. Wichtig ist dabei die Fähigkeit, Neues mit bereits Bekanntem in Verbindung zu setzen und ihm so Bedeutung zu verleihen.

Eine Reihe von Psychologen, die sich mit dem menschlichen Denkvermögen beschäftigen, haben diesen Fortschritt in Begriffen der Datenverarbeitung beschrieben: Jugendliche machen wesentliche Fortschritte nicht nur im Speichern von Daten, sondern auch in ihrer Verarbeitung. Dies erhöht wiederum die Speicherkapazität sowohl des Lang- als auch des Kurzzeitgedächtnisses. Die Fortschritte hängen damit zusammen, dass jetzt im Langzeitgedächtnis nicht nur mehr Wissen im Sinne von einfachen Daten gespeichert ist, sondern auch das Wissen, wie man Probleme angehen und lösen kann, und überhaupt das Wissen, „wie" man denkt.

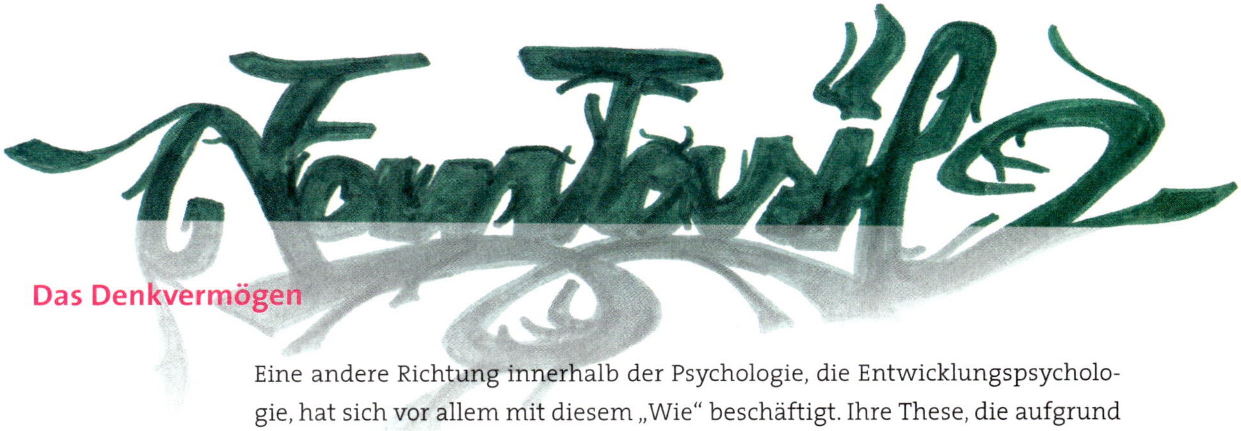

Das Denkvermögen

Eine andere Richtung innerhalb der Psychologie, die Entwicklungspsychologie, hat sich vor allem mit diesem „Wie" beschäftigt. Ihre These, die aufgrund von vielen Experimenten und Befragungen formuliert wurde: Dass Jugendliche gedankliche Probleme besser angehen können, hat nicht nur mit einer Zunahme der gespeicherten Daten oder einem Mehr an Speicherkapazität zu tun, sondern mit Veränderungen im Denken als solchem, mit einem qualitativen Fortschritt im Denkvermögen.

Vor allem der Schweizer Psychologe Piaget (1896–1980) hat sich innerhalb der Erforschung der kognitiven Entwicklung einen Namen gemacht. Seine Theorie: Wie in allen Bereichen der menschlichen Entwicklung gibt es auch in der des Denkens bestimmte Lebensphasen, in denen der Mensch ganz spezifische gedankliche (kognitive) Fähigkeiten zur Verfügung hat. Diese Entwicklung – so Piaget – verläuft nicht kontinuierlich, sondern in „Sprüngen" zur jeweils nächsthöheren Stufe. Jede Stufe lässt sich einem bestimmten Lebensabschnitt zuordnen und ist von der vorhergehenden abgrenzbar.

Auch wenn neuere Forschungen ergeben haben, dass die Wirklichkeit komplizierter ist, als Piagets Theorie in ihren Anfängen vermuten lässt, so hat diese doch die entscheidenden Grundlagen für das Verständnis der kognitiven Entwicklung des Menschen geliefert.

Die vier Stufen nach Piaget

- Die sensomotorische Stufe (0 bis 18 Monate): Das Kind begreift die Welt durch die Sinne und seine Bewegung und erreicht die „Objektpermanenz“ (es „weiß“ jetzt, dass es einen Gegenstand auch dann noch gibt, wenn er aus seinem Blickfeld verschwunden ist).
- Die präoperatorische Stufe (18 Monate bis 7 Jahre): Ein Kind entwickelt bildliche Vorstellungen. Die neue Fähigkeit zur Symbolisierung zeigt sich in der Sprache, dem Spiel und dem Zeichnen.
- Die konkret-operatorische Stufe (7 bis 12 Jahre): Ein Kind kann konkrete Probleme durch einfache logische Denkoperationen angehen.
- Die formal-operatorische Stufe, die in der Adoleszenz erreicht wird und letztendlich ein „erwachsenes“ Denken ausmacht: die Fähigkeit zu „formalen Denkoperationen“, das heißt zur Anwendung abstrakter Regeln zur Lösung einer ganzen Gruppe von Einzelproblemen.

Vom Kind zum Jugendlichen

Der Fortschritt im Denkvermögen, so wie ihn Entwicklungspsychologen beschreiben, unterscheidet Jugendliche von jüngeren Schulkindern in vier wesentlichen Punkten:

- Erstens: Jugendliche können von den konkreten einzelnen Gegebenheiten absehen, das heißt: abstrahieren. Sie erkennen hinter dem konkreten Einzelfall die allgemeine Bedeutung und sind in der Lage, formale Regeln zur Lösung einer ganzen Problemgruppe anzuwenden.
- Zweitens: Sie können jetzt systematisch und logisch denken.
- Drittens: Sie sind in der Lage, zur Lösung eines Problems verschiedene Alternativen zu durchdenken, und sie können diese kombinieren.
- Viertens: Jugendliche können sich gedanklich von dem, was ist, lösen. Sie denken über mögliche Probleme nach, also auch über das, was sein könnte (und sollte).

Mathe, Politik, Philosophie

Beginnen wir mit dem ersten Punkt, der diesem Stadium seinen Namen gegeben hat: der Fähigkeit zur Abstraktion, zum „formal-operatorischen Denken“. Dass dies die Voraussetzung ist, mathematisch-naturwissenschaftlich zu denken, liegt auf der Hand. Denn hier geht es um allgemeine Gesetze, und wer mit diesen gedanklich operieren will, muss vom Einzelfall absehen können. Aber nicht nur Mathematiker und Naturwissenschaftler müssen abstrakt = formal denken können. Wer sich über Wertvorstellungen, Normen, Ideen und Ideale Gedanken macht, wendet diese Fähigkeit an, und Jugendliche tun genau dies, wenn sie nächtelang über Gott und die Welt, über politische Ideen, religiöse Überzeugungen und Moral diskutieren. Sich über Begriffe wie Gerechtigkeit, Freiheit, Wahrheit, Frieden zu streiten, setzt eben dieses neue Abstraktionsvermögen voraus.

Arme Eltern!

Dass Eltern diese Fähigkeit nicht immer zu schätzen wissen, gehört ebenfalls dazu. Denn: Wenn Ihre Tochter, Ihr Sohn wieder einmal Ihrer Bitte, noch schnell vor Geschäftsschluss beim Discountgeschäft um die Ecke Gemüse zu besorgen, mit einer sozial-politischen Diskussion über Umweltverschmutzung, Natur, fairen Handel, Dritte Welt und so weiter begegnet, beweist dies zwar, dass sie, er zur Abstraktion vom Einzelfall in der Lage ist. Wahrscheinlich haben Sie dann aber keinen Salat zum Abendessen. (Aber spielt das denn in der Weltpolitik eine Rolle?!).

Oder: Die Konsequenz, die Jugendliche beweisen, um von allgemeinen Werten auf konkrete Einzelfälle zu schließen, kann für Sie als Eltern, für Lehrer und die ganze Umgebung ziemlich anstrengend sein. Denn in vielen oft ausufernden Diskussionen zeigen Jugendliche sich jetzt durchaus in der Lage, unzählige Beispiele von Ungereimtheiten in Ihrem Verhalten zu benennen, die im Widerspruch zu bestimmten, von Ihnen doch anerkannten und geforderten allgemeinen Werten stehen. Das heißt: Sie wenden eine ganz wichtige logische Methode an, indem sie feststellen, dass Ihr Verhalten (als konkretes Einzelnes) ganz und gar nicht vom Allgemeinen (Ihren Wertvorstellungen und Normen) ableitbar ist.

Ob ich an Gott glaube? Ja schon, aber manchmal bin ich so wütend. Wenn ich im Fernsehen die Bilder von Kriegen sehe und von Kindern, die verhungern. Warum lässt Gott so etwas zu? Da kann ich mir dann nicht mehr vorstellen, dass es ihn wirklich gibt!
Martina, 13 Jahre

Schon die Sprache selbst setzt in einigen Bereichen die Fähigkeit der Abstraktion voraus. Ein Beispiel: Verstehen Sie ein Sprichwort wie „Morgenstund' hat Gold im Mund", wenn Sie nicht in der Lage sind, von einem ganz konkreten Mund zu abstrahieren, um auf eine dahinter liegende abstrakte Idee zu kommen? Tatsächlich haben Entwicklungspsychologen beobachten können, dass Kinder oft große Schwierigkeiten haben, eine solche Abstraktion vorzunehmen, also etwa Sprichwörter zu verstehen. Und sie haben dies damit erklärt, dass Kinder im Gegensatz zu Jugendlichen und Erwachsenen eben nicht in der Lage sind, von dem ganz konkreten Bild, das ein Sprichwort ja meist „malt“, abzusehen. Sie können deshalb oft auch ironische Bemerkungen nicht verstehen, weil sie sich nur orientieren am konkret gesprochenen Wort. Jugendliche dagegen verstehen jetzt Bilder, Metaphern und politische Cartoons und haben großen Spaß daran.

Ich gehe davon aus, dass es ein höchstes Wesen gibt. Aber das hat nichts mit irgendeinem der Götter zu tun, an den die Menschen glauben oder geglaubt haben.
Jeanette, 19 Jahre

„Strategie und Taktik“

Zum zweiten Punkt: Das neue formal-operatorische Denken macht auch ein systematisch-logisches Denken möglich. Jugendliche werden im Allgemeinen ganz anders an Probleme und Projekte herangehen als Kinder. Entwicklungspsychologen haben sich verschiedene Tests ausgedacht, um diesen Fortschritt im Denkvermögen nachzuweisen. Ein bekannter ist die Aufgabe, aus verschiedenen farblosen Flüssigkeiten durch Mischen die Farbe Gelb herzustellen: Kleine (Vorschul-)Kinder begannen, wild draufloszupanschen. Schulkinder im konkret-operatorischen Stadium probierten wahllos herum, „operierten“ also „konkret“ mit den Flüssigkeiten, ohne sich jedoch systematisch Gedanken über die verschiedenen Möglichkeiten zu machen. Vielleicht hatten sie Glück, vielleicht auch nicht … Jugendliche dagegen bildeten Hypothesen über mögliche Ergebnisse, entwickelten bestimmte Strategien, um wirklich alle möglichen Kombinationen auszutesten und dem Problem systematisch und nach logischen Regeln auf den Grund zu kommen: Sie berücksichtigten bei der Planung alle möglichen Kombinationen der Farben und zeigten eine sinnvolle Systematik beim konkreten Versuch. Durch logisches Denken kamen sie dann zu korrekten Schlussfolgerungen. Nach diesem Test sind etwa 80 bis 90 Prozent aller 13-Jährigen zu einer solchen systematischen Vorgehensweise in der Lage.

Natürlich betrifft dieses systematisch-logische Denken nicht nur, wie hier im Beispiel, ausgefeilte wissenschaftliche Versuche. Beobachten Sie doch einmal eine Gruppe Jugendlicher bei der Planung einer Radtour. Nicht umsonst sind wir Eltern geneigt, erst Jugendlichen eine selbstständige Planung und Durchführung zuzutrauen, da sie jetzt im Gegensatz zu Kindern in der Lage sind, alle Wenn und Aber gedanklich durchzuspielen und aus diesen Überlegungen rational nachvollziehbare Schlüsse zu ziehen. Kinder zeigen, auch wenn sie mit Feuereifer bei einer solchen Planung dabei sind, eher ein planloses Sammeln von Ideen, die sie aber noch nicht im Hinblick auf Durchführbarkeit, Wahrscheinlichkeit und „Wenn-dann“-Logik systematisch sortieren können.

Wenn, dann aber auch ...

Der nächste wichtige Aspekt des neuen Denkens ist die Fähigkeit zu kombinieren. Anders als Kinder können Jugendliche jetzt mehrere und ganz unterschiedliche Ideen gleichzeitig im Kopf haben und sie gegeneinander abwägen und zusammenfügen. Fragen Sie ein jüngeres Schulkind danach, warum einige Kinder in der Schule schlechter abschneiden als andere, so wird es Ihnen vielleicht antworten: „Sie sind eben dümmer" oder „Der Lehrer mag sie nicht" oder „Sie sind eben nicht so fleißig." Ein Jugendlicher wird sich Gedanken machen: „Es gibt Kinder, die einfach intelligenter sind als andere. Aber manchmal kann es auch vorkommen, dass ein Kind nur deswegen schlechter ist, weil der Lehrer es schlechter beurteilt, da kann es machen, was es will ... Ganz sicher hängt die Schulleistung auch damit zusammen, wie viel jemand zu Hause übt. Wenn jemand nie seine Hausaufgaben macht, wird er natürlich nicht so gut sein wie einer, dessen Mutter jeden Abend die Hefte kontrolliert und Englischvokabeln abfragt ..."

Diese Fähigkeit, verschiedene Möglichkeiten bedenken zu können, verändert alle Lebensbereiche. Eltern können jetzt damit rechnen, dass Jugendliche vor anstehenden Entscheidungen wirklich in der Lage sind, mögliche (und unmögliche) Alternativen gedanklich durchzuspielen, und sie sollten ihnen auch die Möglichkeit dazu geben. (Im Übrigen: Viele Unsicherheiten und Konflikte, die Jugendliche jetzt durchmachen, hängen mit dieser neuen Fähigkeit zusammen, verschiedene Alternativen denken zu können.)

Was wäre, wenn ...

Zu dem letzten wesentlichen Aspekt, der die ersten voraussetzt: Jugendliche können „hypothetisch" denken, wie Piaget dies genannt hat. Jugendliche denken über mögliche (hypothetische) Probleme genauso nach wie über reale. Sie können Hypothesen bilden, die nicht an die Realität gebunden sind, und sind in der Lage, theoretische Behauptungen zu formulieren, die von direkt beobachtbaren Gegebenheiten abweichen. Sie machen sich auch anders als Kinder, die sich mit dem Hier und Jetzt beschäftigen, Gedanken darüber, was wäre, wenn ... Dass dieses neue Vermögen weit reichende Konsequenzen hat, wissen alle Eltern. Viele der Diskussionen im Elternhaus scheinen ein Probelauf der neuen Fähigkeit zu sein, und für die Eltern ist es manchmal nicht leicht, sich mit den vorgeschlagenen (oder oft auch lautstark geforderten!) Alternativen zu der von ihnen gelebten Realität auseinander zu setzen.

Aber die neue Möglichkeit des hypothetischen Denkens versetzt unsere jugendlichen Kinder in die Lage, genau solche Diskussionen über eine andere – bessere – Welt zu führen. Dass vieles in unseren Erwachsenenaugen Hirngespinste sind, hängt sicher oft mit der fehlenden Erfahrung unserer Kinder zusammen. Denn noch gehen sie davon aus, dass alle Probleme der Welt (sei es nun der Weltfrieden oder der Umweltschutz) ganz einfach durch die Anwendung rationaler und logischer Prinzipien zu lösen wären. Aber: Vielleicht erscheint uns ihre hypothetische Argumentation manchmal auch deshalb so absurd, weil wir schon lange vor der Realität resigniert haben und gar nicht mehr wagen, hypothetisch zu denken?

Die höchste Stufe des Denkens? Wirklichkeit und Theorie

Im Einzelnen haben Entwicklungspsychologen inzwischen (übrigens auch schon Piaget selbst) die Theorie aus verschiedenen Gründen erweitert, aber auch revidieren müssen. Nur einige Beispiele: Heute wird weit mehr als es Piaget zu Anfang seiner Arbeit tat, dem Einfluss von Erfahrung und Übung, aber auch von emotionalen und sozialen Prozessen auf die Entwicklung des Denkvermögens Rechnung getragen. Man weiß heute auch, dass die Fortschritte von einer Stufe zur nächsten weniger radikal und allumfassend sind, dass man also eher von einem graduellen Fortschreiten als von Entwicklungssprüngen sprechen sollte. Dieses Fortschreiten kann in verschiedenen Bereichen unterschiedlich schnell vor sich gehen. Das heißt: Eine Jugendliche, die gut Schach spielt, kann in diesem Bereich sehr wohl zu formal-operatorischen Denkoperationen in der Lage sein, ohne diese Fähigkeit jedoch in einer allgemeinen Diskussion, zum Beispiel über Freiheit und Demokratie, zu zeigen. Noch eine entscheidende Korrektur musste vorgenommen werden: Nicht alle Jugendlichen und Erwachsenen erreichen überhaupt diese Stufe. Weil eben Übung und Ausbildung eine wesentliche Rolle dabei spielen, denken vor allem diejenigen Jugendlichen und Erwachsenen eher konkret-operatorisch (→ Seite 43), die durch Erziehung und Schule nicht genügend Anleitung und Möglichkeiten erhalten haben, sich Gedanken über formale Regeln und abstrakte Ideen zu machen.

Und noch ein Einwand: Was in Piagets Theorie des formal-hypothetischen Denkens als höchster Stufe des Denkens überhaupt nicht erscheint, ist die Frage: Wie verfahren wir mit Problemen, die eben nicht formal, wissenschaftslogisch und durch Ableitung von allgemeinen Gesetzen, also deduktiv zu lösen sind? Was die Diskussion mit Jugendlichen, die die Stufe des formal-operatorischen Denkens erreicht haben, manchmal so schwierig macht, ist ihr Glaube, alle Probleme der Welt ließen sich lösen, wenn man nur richtig nachdächte und dabei rationale Prinzipien anwendete. Erst die Erfahrung, dass manches nicht so einfach ist, dass es Unvereinbarkeiten und Zweideutigkeiten gibt, dass Kompromisse nicht unbedingt „falsch", „unlogisch" gedacht sind, lässt sie vielleicht eine noch „höhere" Stufe des Denkens erklimmen.

Aber alles in allem

Jugendliche sind im Gegensatz zu Kindern zu systematisch-logischem, rationalem Denken in der Lage und setzen diese Fähigkeit auch ein, wenn auch, vor allem im Alltag, nur hin und wieder – wie wir Erwachsenen auch.

Sie wenden die Fähigkeit zu formal-operatorischem Denken nicht nur in vielen Fächern in der Schule an, sondern sind nun auch in der Lage, sich mit Erwartungen und Wertvorstellungen ihrer Eltern auseinander zu setzen und notfalls auch wichtige Streitgespräche mit Eltern und Lehrern zu führen. Zwischenmenschliche Beziehungen bekommen eine neue Qualität, weil Jugendliche sich ganz anders als Kinder Gedanken machen können über die Folgen ihres eigenen Verhaltens, über die Ursachen des Verhaltens anderer und über die Möglichkeiten und die Bedingungen einer Beziehung. Die Fähigkeit des hypothetischen Denkens lässt ihnen auch die Freiheit, vorwegzunehmen: „Was wäre, wenn ... und dann?" und sich auf diese Weise ihre eigene Zukunft und die unserer Welt und unserer Gesellschaft gedanklich zu konstruieren.

Nachdenken über mich und die anderen: Die soziale Kognition

Beim Übergang von der Kindheit ins Jugendalter verändert sich die Selbstbezüglichkeit: Jugendliche beschäftigen sich mit sich selbst. Ihre neue Fähigkeit ist die der Selbstreflexion.

Jugendliche, vor allem im Alter von 13, 14 Jahren, scheinen gedanklich nur mit sich selbst und ihrer Wirkung auf andere beschäftigt zu sein. Psychologen haben dies den jugendlichen Egozentrismus genannt und vor allem drei jugendtypische Denkweisen auf ihn zurückgeführt. Jugendliche – so haben sie beobachtet – sind zwar jetzt zu ausgefeilten Denkstrategien über das, was sie und andere denken, in der Lage, schließen dabei jedoch häufig von sich auf andere. Sie verkennen auch, dass andere nicht notwendigerweise über dasselbe nachdenken wie sie. Das heißt: Obwohl Jugendliche jetzt auch besser verstehen können, was andere denken, begreifen sie oft nicht, dass andere nicht über dasselbe nachdenken wie sie. Dies führt in Verbindung mit ihrer eigenen grüblerischen Selbstbezogenheit zu einer zweiten typisch jugendlichen Besonderheit. Weil Jugendliche sich ständig in Gedanken mit sich selbst beschäftigen, gehen sie davon aus, dass dies auch andere tun. In diesem Glauben konstruieren sie sich ein Publikum, das ununterbrochen ihr Aussehen, ihr Verhalten, ihre Ansichten beurteilt (→ Seite 108). Die Personen des „Publikums" sind real – es sind die Eltern, Lehrer, Nachbarn, beliebige Passanten und vor allem die Freunde, die Clique und andere Gleichaltrige, die ununterbrochen – dies ist die Realitätsverkennung – den Jugendlichen anschauen und beurteilen.

Als dritte Folge des jugendlichen Egozentrismus haben Psychologen auch die für viele jüngere Jugendliche typische Eigenschaft beschrieben, von sich selbst anzunehmen, etwas ganz und gar Besonderes zu sein. Jugendliche, die so denken, konstruieren sich in vielen Tagträumen eine persönliche Fabel, in der sie die Helden sind, deren Erfahrungen einzigartig und unwiederholbar sind. Sie glauben, über den Gesetzmäßigkeiten und Widrigkeiten des Alltags zu stehen und letztlich unbesiegbar, unverwundbar, unsterblich zu sein. Wider besseren Wissen leben sie in der Gewissheit: Mir wird schon nichts passieren.

Rekursives Denken

Voraussetzung solcher Überlegungen ist das so genannte rekursive Denken. Rekursiv denkt, wer sich nicht nur in andere hineinversetzen, sondern aus der Sicht des anderen über sich selbst oder auch über Dritte nachdenken kann. Auch dies ist eine Denkweise, die jüngeren Schulkindern noch nicht zur Verfügung steht. Und mit der Fähigkeit, sich vom anderen aus zu beurteilen, erleben Jugendliche jetzt auch den Druck, dies zu tun. Was denken die anderen über mich, wenn ich diese oder jene Hose anhabe? Rechnen sie mich dann zu dieser oder jener Gruppe? Und was bedeutet das in den Augen meiner Eltern? Was denkt meine Freundin, denkt mein Freund über sie? Die Reihe lässt sich beliebig fortsetzen. Das können Eltern bestätigen, die freiwillig oder unfreiwillig einem der unzähligen und nicht enden wollenden Telefongespräche ihrer Tochter oder ihres Sohnes zugehört haben.

Früher habe ich darüber nachgedacht, ob ich einen Freund kriege. Jetzt versuche ich rauszukriegen, was die anderen denken. Ich hab immer geglaubt, alle denken das Gleiche wie ich. Stimmt aber nicht. Was mir auffällt: Mädchen denken viel komplizierter, Jungen haben oft keinen Plan.

Katharina, 17 Jahre

Zum Glück für die Eltern, aber besonders für die Jugendlichen nimmt dieser Druck, in den Augen der anderen bestehen zu müssen, im Verlauf der Adoleszenz ab. Denn sich immer auf einer imaginierten Bühne zu befinden, ist sehr anstrengend. Erwartungsgemäß können Jugendliche mit 17, 18 Jahren zunehmend auf dieses Publikum verzichten.

Sie beginnen zu realisieren, dass andere auf sie nicht immer so reagieren, wie sie sich das vorstellen, und sie merken, dass andere auch andere Probleme haben, als sich nur über sie Gedanken zu machen. Sie wissen jetzt ihre eigenen Gefühle, Ansichten, Meinungen und Gedanken von denen anderer zu unterscheiden und beginnen – dies der Anfang eines lebenslangen Lernprozesses – den Standpunkt anderer in Betracht zu ziehen, um im Austausch mit anderen Vorstellungen eine eigene Sicht der Welt zu entwickeln.

Nachdenken über Gut und Böse

Die Adoleszenz ist das Alter des „Moralisierens". Jugendliche machen sich Gedanken über die Welt im Allgemeinen und Besonderen, über politische und gesellschaftliche Systeme und eben über Moral, das heißt über Gut und Böse. Ob sie dies tun, hängt natürlich von vielen inneren und äußeren Bedingungen ab. Unbestreitbar ist jedoch: Nie mehr wieder werden sich Ihre Kinder so intensiv mit moralischen Normen und Werten beschäftigen wie jetzt in ihrer Jugend.

Dieses Nachdenken über Gut und Böse hängt eng mit den Fortschritten des Denkens zusammen. Denn die neu erworbene Fähigkeit, abstrakte und allgemeine Prinzipien und Werte zu verstehen und die (schlechte?) Realität zu unterscheiden von dem, was möglich wäre, kann nun auch zum Instrument werden, Probleme der Moral auf einer höheren Stufe anzugehen als Kinder dies im Allgemeinen tun. Entwicklungspsychologen haben auch hier einen prinzipiellen Fortschritt gesehen, der Jugendliche im moralischen Denken von Kindern unterscheidet. Die neuen Möglichkeiten des moralischen Urteils betreffen dabei zwei Bereiche: den Bereich von Gerechtigkeit und Recht und den Bereich der Mitmenschlichkeit, des „guten" Verhaltens gegenüber dem Nächsten.

Moralisches Urteil – ein Psychotest

Auch diese Theorie gründet sich auf psychologische Tests. Berühmt geworden ist folgender: Der amerikanische Psychologe Lawrence Kohlberg, einer der ersten, der sich im Gefolge von Piaget mit der Entwicklung des moralischen Urteils beschäftigt hat, erzählt die Geschichte von Heinz, dessen Frau todkrank ist. Für die einzige Medizin, die ihr helfen könnte, verlangt der Apotheker einen solch hohen Preis, dass Heinz sie nicht bezahlen kann. Frage: Darf Heinz die Medizin stehlen, wenn sich der Apotheker weigert, die Medizin billiger zu verkaufen? Kohlberg hat nun in den Antworten der Befragten verschiedenster Altersklassen im Groben drei Stadien feststellen können, die er wiederum in zwei Stufen unterteilen konnte:

- Nein, denn dann kommt Heinz ins Gefängnis *(prä-konventionelles Stadium: Gut ist, was Belohnung hervorruft oder Strafe vermeidet).*
- Nein, denn stehlen darf man nicht *(konventionelles Stadium: Gut ist, was unseren sozialen Gesetzen und Normen entspricht).*
- Eventuell ja. Heinz sollte sich für das Leben seiner Frau entscheiden, obwohl er damit gegen ein anderes gültiges Gesetz verstößt und eventuell dafür bestraft werden wird *(post-konventionelles Stadium: Gut ist, was man mit seinen eigenen inneren Maßstäben vereinbaren kann, wenn man dafür die Verantwortung zu übernehmen bereit ist).*

Psychologen haben beobachtet, dass Jugendliche im Gegensatz zu Kindern nicht mehr einer „Ethik der Strafe und des Gehorsams“ anhängen, sondern ihrem moralischen Urteil eine „Ethik von Gesetz und Ordnung“ (law and order) zugrunde legen. Es gilt als gut, was den bestehenden Gesetzen, also der allgemeinen Übereinkunft (Konvention) entspricht. Dass dies auch die „allgemeinen Gesetze“ der Gruppe, der sie sich zurechnen, sein können, widerspricht dem nicht. Auch dann gehen sie – dies entspricht dem Denken der formal-operatorischen Stufe – von allgemeinen und für alle und jeden gültigen Gesetzen, Werten und Normen aus. Jugendliche (und auch viele Erwachsene) sind noch nicht in der Lage, sich eine Ethik selbst gewählter und selbst zu verantwortender universaler Prinzipien vorzustellen.

Was Eltern Jugendlicher selbst feststellen: Ihre Kinder setzen sich nun kritisch mit ihren bisherigen Prinzipien und Wertvorstellungen auseinander, die sie von Eltern, Lehrern und von ihrem Umfeld übernommen haben. Sie sind je länger je mehr in der Lage, eigene Vorstellungen von dem zu entwi-

Ich habe meine eigene Moral in mir drin. Aber sie jemandem erklären? Das kann ich nicht.
Valentin, 17 Jahre

ckeln, was richtig und falsch, gut und böse ist. Und ihre Begeisterung über ihre neue Fähigkeit zu „denken" macht sie zu moralischen Rigoristen. Das heißt: Ihre Moral verfährt nach dem Prinzip des „Entweder-oder". Kompromisse sind nicht moralisch.

Die Ethik der Fürsorge: Gibt es geschlechtsspezifische Unterschiede?

Was Kohlberg in seiner Theorie der einzelnen Stadien des moralischen Urteils beschrieben hat, erfasst jedoch nur einen Aspekt des moralischen Denkens, und zwar – wie Kritiker dieser Theorie betonen – einen typisch männlichen. Carol Gilligan, eine Mitarbeiterin Kohlbergs, hat diesem „männlichen" moralischen Urteil, dem es um abstrakte Werte wie Gerechtigkeit und Recht geht, eine Ethik der Fürsorge gegenübergestellt. Auch diese ist abhängig von den neuen Denkmöglichkeiten. Nur wer sich in einen anderen hineinversetzen, die Perspektive eines anderen übernehmen kann, kann sich bei seinem moralischen Urteil anstelle von abstrakten Prinzipien vom Wohl des anderen leiten lassen. Gut ist, was anderen eine Freude macht, böse, was anderen schadet.

Die Entwicklung des moralischen Urteils scheint bei Jungen und Mädchen unterschiedlich zu verlaufen. Jungen machen sich anders und andere Gedanken über das, was gut oder böse ist, als Mädchen. Jungen neigen, so die Beobachtung, eher dazu, strenge abstrakte moralische Prinzipien zu formulieren, um sie für die Beurteilung moralischer Probleme anwenden zu können. Zum Beispiel: Lügen ist moralisch verwerflich – und von diesem Prinzip aus beurteilen (und verurteilen) sie dann ein konkretes Verhalten eines Freundes, der gelogen hat. Jungen scheinen auch andere Wertmaßstäbe zu setzen. Unabhängigkeit, Selbstständigkeit und die Wahrung der Rechte anderer sind offenbar wesentliche Werte. Erst dahinter rangieren Werte wie die Bedürfnisse anderer oder die Sorge um andere. Mädchen hingegen scheinen stärker gerade diese Moral der Sorge um andere und eine Moral der Mitmenschlichkeit als höheres Gut anzusehen. Außerdem beziehen Mädchen in ihrem moralischen Urteil eher den Kontext einer Handlung mit ein, also anders als Jungen, die von einem moralischen Gesetz aus eine konkrete Handlung beurteilen. Zum obigen Beispiel: Mädchen fragen vor einem Urteil eher: Warum hat jemand gelogen? Musste er lügen, weil …? Hat er damit jemandem geschadet oder vielleicht jemandem genutzt?

Oder ein anderes Beispiel: Der Freund oder die Freundin wirkt traurig, weist aber Gesprächsangebote ab. Jungen respektieren diese Abweisung, da sie Autonomie als Wert sehr hoch schätzen. Mädchen dagegen empfinden es als moralische Pflicht, sich um die traurige Freundin oder den traurigen Freund zu kümmern. Denn die Sorge um den anderen liegt in ihrer Werteskala vor dem Respekt vor der Autonomie des anderen.

Viel wurde darüber gestritten, woher diese Unterschiede kommen. Was sicher ist: Obwohl die Unterschiede nur Tendenzen und nicht eine grundlegende Wesensverschiedenheit ausmachen, können sie doch Anlass für viele Missverständnisse nicht nur unter Jugendlichen sein.

Moralisches Urteil – moralisches Handeln

Nicht anders als bei uns Erwachsenen sagt die Fähigkeit des moralischen Urteils erst einmal wenig über das Verhalten aus. Denn sich über moralische Fragen Gedanken zu machen und sich moralisch zu verhalten, ist nicht nur ein Problem des Denkvermögens.

Eltern, denen die „Erziehung zum guten Handeln“ ihrer jugendlichen Kinder am Herzen liegt, müssen wissen: Immer noch scheint das gute Beispiel, das Vorbild einen maßgeblichen Einfluss auf das Verhalten zu haben. Eltern, Lehrer, Erwachsene überhaupt tragen deshalb eine große Verantwortung. Dazu kommt: Die Wahrscheinlichkeit, dass ihre Kinder sich moralisch gut verhalten, ist umso größer, je ausgeglichener, zufriedener, zuversichtlicher diese sind. Gefühle wie Neid, Hass, Wut, Enttäuschung sind eine schlechte Basis für moralisches Verhalten.

Die soziale Entwicklung: Familie und/oder Freunde?

Die Welt der Familie: Das Drama der Ablösung

Die Adoleszenz ist die Zeit der Loslösung. Jugendliche müssen sich von ihren Eltern abnabeln, um erwachsen zu werden. Sie stehen vor der großen Aufgabe, ihre kindliche emotionale Bindung an ihre Eltern zu lösen. Dass dieser Prozess nicht frei von Konflikten ist, wird immer wieder berichtet. Die meisten Eltern stellen sich deshalb, spätestens wenn ihre Kinder zu Teens geworden sind, innerlich und äußerlich auf heiße Kämpfe oder entschiedenes „Loslassen“ ein.

Die kindliche Bindung

Die Grundlage der kindlichen Bindung ist das sichere Vertrauen in die Allmacht und Allwissenheit der Eltern. Eine existenzielle Abhängigkeit ist ihre wesentliche Eigenschaft. Beides passt nicht für Jugendliche. Die kindliche Bindung aufzugeben bedeutet, selbst laufen zu lernen und die Eltern der Kindheit vom Podest herunterzuholen, das heißt, sie mit all ihren Stärken und Schwächen realistisch zu sehen.

Psychoanalyse und Adoleszenz

Dieses gängige Bild von der Jugend als einer konfliktreichen Phase der Ablösung von den Eltern ist vor allem geprägt vom Gedankengut der Psychoanalyse. Hier war es Anna Freud, die Tochter Sigmund Freuds, die sich als erste ausdrücklich mit der Adoleszenz beschäftigt hat. Sie hat sie als eine Zeit inneren und äußeren Aufruhrs, als Zeit innerer und äußerer Kämpfe beschrieben. Der innere Kampf ist der zwischen den sexuellen Impulsen und einem Ich, das noch nicht richtig gelernt hat, mit ihnen angemessen umzugehen. Der äußere Kampf findet mit den Eltern statt. Der Grund dafür: Es ist nicht einfach, die alte emotionale Bindung an die Eltern aufzugeben. Und um der Versuchung zu widerstehen, in kindliche Abhängigkeiten zurückzufallen, müssen – so diese Sichtweise – Jugendliche Streit, Auseinandersetzungen oder völlige Abkehr inszenieren und als Zeichen ihrer Unabhängigkeit alles ablehnen, was den Eltern lieb und teuer ist.

Die Zeit, in der sich die Jugendlichen von ihren Eltern „befreien" müssen, ist, wie Anna Freud beschreibt, naturgemäß eine Zeit der Destabilisierung. Denn der Verlust der Elternbindung und die entschiedene Auflehnung gegen ihre (schützende) Kontrolle machen Angst.

Auch andere psychoanalytische Theoretiker haben diesen Aspekt betont und die Adoleszenz als eine Phase beschrieben, in der Ängste, depressive Stimmungen, Wutausbrüche und extreme Gefühlsschwankungen auf der einen Seite und Probleme in Familie, Schule und im Freundeskreis auf der anderen Seite völlig normal sind. Jugendliche dagegen, die die Ablösung von den Eltern und die Hinwendung zu Altersgleichen ruhig, gelassen und problemlos schaffen, sind – so diese Sicht – die eigentlichen Problemfälle.

Was uns aktuelle Untersuchungen verraten

Müssen wir Eltern uns also wirklich auf „das Schlimmste" gefasst machen? Die psychoanalytische Sicht auf das Jugendalter und das Thema der Ablösung von den Eltern hat viel dazu beigetragen, problematische Entwicklungen, krisenhafte Einbrüche und abweichendes Verhalten bei Jugendlichen zu verstehen. Was Jugendforscher inzwischen jedoch durch eine Vielzahl von Untersuchungen, Befragungen, Interviews, Verlaufsbeobachtungen festgestellt haben: Die Mehrzahl der Jugendlichen bewältigt die anstehende Loslösung ohne die beschriebene und von Eltern gefürchtete Krise. Zermürbende Dauerkonflikte oder radikale Entfremdung vom Elternhaus sind die Ausnahme.

Das Verhältnis zu den Eltern – die Ergebnisse der Shell-Jugendstudie 2000

Die letzte große repräsentative Befragung, die unter anderem genau diesem Problem nachging, ist die zu Beginn dieses Jahrtausends erschienene 13. – bisher umfangreichste – Shell-Jugendstudie über Jugend in Deutschland. Über 5 000 Jugendliche wurden zu den verschiedensten

Themen befragt. Nicht die wichtigste, aber eine wichtige Frage war dabei das Verhältnis der Jugendlichen zu ihren Eltern und zum Thema Familie. Auch diese Studie – wie viele andere vor ihr in Deutschland und weltweit – hat gezeigt: Ablösung muss nicht Konflikt bedeuten. Die Mehrheit der deutschen Jugendlichen berichtet von einem vertrauensvollen Verhältnis zu ihren Eltern, die sie beraten und ihnen Hilfestellung bieten. Die Eltern bleiben auch über die Jahre der Adoleszenz wichtige Bezugspersonen. Die Jugendlichen fühlen sich von ihnen unterstützt bei ihren Ablösungsversuchen und erleben ihre Eltern als Partner bei der Aufgabe der Verselbstständigung.

Gute Beziehungen bleiben gut

Die Qualität der Beziehung zu den Eltern bleibt im Allgemeinen ohne große Veränderungen. Der befürchtete Einbruch findet nicht statt. Dies war auch das Ergebnis einer anderen großen deutschsprachigen Untersuchung, der Konstanzer Längsschnitt-Studie (Grundlage des fünften Bandes der „Entwicklungspsychologie der Adoleszenz in der Moderne“ von Helmut Fend → Anhang), die sich ausdrücklich mit der sozialen Entwicklung im Jugendalter beschäftigt hat. In vielen Verlaufsstudien – also in mehreren Befragungen über mehrere Jahre hinweg – ging sie den Veränderungen der Beziehungen zu Eltern und Gleichaltrigen nach. Sie zeigten: Gute Eltern-Kind-Beziehungen bleiben im Allgemeinen gut, während komplizierte und konflikthafte Beziehungen zwischen Jugendlichen und ihren Eltern häufig schon in der Kindheit wenig befriedigend waren. Die mögliche Schlussfolgerung: Ob und wie die Jahre der Adoleszenz für Eltern und ihre jugendlichen Kinder zum so oft beschriebenen Chaos und Stress werden, entscheidet sich meist schon in den Jahren davor. Das beste „Stress-Management“ ist also eine gute Vorbereitung.

Aber: Die zweite Chance

Auch wenn manches in der Kindheit nicht so gut lief: Die Rollen, Aufgaben, Funktionen, die Eltern für ihre Kinder haben, ändern sich im Lauf der Adoleszenz. Denn die alte Rollenverteilung zwischen Eltern und ihren jugendlichen Kindern gilt nicht mehr. Neue Beziehungsmöglichkeiten können und müssen ausprobiert werden. Das bedeutet: Für viele Jugendliche stellt die Adoleszenz einen zweiten Anlauf in der Ausgestaltung der Beziehung zu den Eltern dar. Und auch viele Eltern gewinnen jetzt einen ganz neuen Zugang zu ihren jugendlichen Kindern. Das gelingt ihnen dann, wenn sie sich nicht resigniert zurückziehen, „weil sie ja doch nichts mehr zu sagen haben". Im Gegenteil: Jugendliche brauchen ihre Eltern, und vor allem Eltern, die ihnen zwar

- Raum für Eigenständigkeit,
- eine eigene Entwicklung, die sich vielleicht gar nicht mit ihren Erwartungen an ein „Ideal-Kind" deckt,
- die Möglichkeit, sich auch einmal abzuschotten, „einzuschließen" und Probleme ganz selbstständig anzugehen
- und das Austesten neuer Beziehungsmöglichkeiten innerhalb und außerhalb der Familie

zugestehen, die

- sich aber auch „einmischen",
- sich mit ihnen, ihren Bedürfnissen, Wünschen und Forderungen auseinander setzen,
- dabei eigene Vorstellungen und Werte nicht aus den Augen verlieren, deshalb imstande sind, Grenzen zu ziehen und Ansprüche zu formulieren,
- sich aber immer um Fairness und Gerechtigkeit bemühen,
- vor allem mit ihren jugendlichen Kindern im Gespräch bleiben.

Seien Sie sich dieser Chance bewusst, und nehmen Sie sie wahr. Denn wie Jugendliche sich entwickeln – und zwar in allen Lebensbereichen –, hängt nicht nur von den Erfahrungen ihrer Kindheit ab, sondern auch maßgeblich davon, wie Eltern heute die Beziehung zu ihren jugendlichen Kindern gestalten können.

Welche Rollen spielen wir im neuen Stück? Denkanstöße

Das neue Stück kann nur gelingen, wenn wir Eltern uns selbst, unsere Haltung, unser Selbstverständnis und vor allem die Rolle, die wir in der Familie spielen, immer wieder kritisch unter die Lupe nehmen:

- **Gibt es in unserer Familie einen Thron – und wer sitzt darauf?**
- **Fühlen wir uns immer noch als Wegbereiter unserer Kinder, die für deren Ziele eigene zurückstecken?**
- **Wollen wir die gute Fee sein, deren Füllhorn nie leer wird?**
- **Meinen wir Kumpel unserer Kinder werden zu müssen, die sich anpassen, gar anbiedern?**
- **Begreifen wir uns als Polizeiinspektor, dessen Aufgabe es ist, für Recht und Ordnung zu sorgen?**

- **Sind wir Lehrer, die, weil wir alles (besser) wissen, ihre Aufgabe darin sehen, zu belehren und zu unterweisen?**
- **Gleicht unsere Familie einem Sportplatz, auf dem der Trainer das Äußerste aus seinem „Trainee“ herausholen will?**
- **Oder sind wir etwa schon zu Zuschauern geworden, die sich zurücklehnen, weil wir unsere jugendlichen Kinder und ihre Selbstregulierungskräfte überschätzen und deshalb meinen, auf Erziehung verzichten zu können?**

Sowohl – als auch

Was die Adoleszenz für Eltern – nicht für die Jugendlichen selbst – oft so anstrengend macht, ist zu erkennen, wann sie was sein müssen (→ Kasten). Ihre Hauptaufgabe besteht vielleicht lange darin, immer wieder ein Gleichgewicht herzustellen zwischen eigener Handlungsstärke und Machtlosigkeit, dem Beharren auf alten Regeln und dem Ausprobieren neuer Vereinbarungen, zwischen Einbindung und Abgrenzung, Halten und Loslassen, Nähe und Distanz.

Meine Mutter ist so was von peinlich. Gestern war ich mit meinen Freunden im Schwimmbad und sie kam irgendwann und wollte sich zu uns setzen!
Marek, 12 Jahre

Und sie müssen akzeptieren lernen, dass das Gleichgewicht langsam „aus dem Gleichgewicht“ gerät. Denn die Adoleszenz ist für Eltern eine Übergangszeit, in der sie nach und nach von Führern zu Begleitern werden, um dann irgendwann zurückgelassen zu werden.

Mit Jugendlichen sprechen, nicht zu ihnen

Mit Jugendlichen im Gespräch bleiben: Was so einfach klingt, ist eine Kunst, die viel Übung und Durchhaltevermögen verlangt. Es gibt wohl keine Mutter, keinen Vater, die nicht schon einmal beim Versuch, mit der jugendlichen Tochter, dem jugendlichen Sohn ins Gespräch zu kommen, eine Erfahrung gemacht haben, für die die Redensart „Zu einem Ohr hinein, zum anderen hinaus“ blanke Schönfärberei ist. (Denn kein Wort von dem, was man sagt, geht in ein Ohr hinein. Das einzige sprachliche Bild, das für einen solchen Gesprächsversuch passt, ist: „Ich rede gegen eine Wand.“)

Nun, solche Anstrengungen, sich Gehör zu verschaffen und eventuell sogar eine sinnvolle Antwort zu erhalten, gehören wohl hin und wieder dazu, um mit Jugendlichen im Gespräch zu bleiben.

Heute früh Mathearbeit, dann Ärger mit Katja und jetzt nervt der mit seinem „Du hättest längst den Müll runtertragen sollen!" Als wenn es keine anderen Probleme gäbe!

Boris, 16 Jahre

Wenn Eltern ab und zu selbstkritisch darüber nachdenken, müssen diese Versuche jedoch nicht zum alltäglichen Stress werden: Bisher waren sie als Eltern immer die Verantwortlichen, die Entscheidungsträger, die Gebenden, die, die Schutz bieten, Zugeständnisse machen, beraten, vorschlagen, erlauben oder verbieten. Dementsprechend war das Gespräch zwischen ihnen und ihren Kindern von einem Gefälle geprägt. Das muss sich ändern. Das Gespräch muss zum Dialog werden und dieser setzt die Haltung voraus: Wir sind Partner im Gespräch. Jeder wird gleichermaßen gehört. Beide Gesprächspartner haben das Recht, ihre Meinung zu vertreten, und den Anspruch, dass diese als Ansicht des anderen respektiert und gegebenenfalls diskutiert wird.

Nur in einem solchen Dialog fühlen sich Jugendliche als Gesprächspartner ernst genommen und können sich beteiligen, ohne sich in ihrem Selbstwertgefühl angegriffen und in ihren Anstrengungen, unabhängig und selbstverantwortlich zu werden, behindert zu fühlen.

Übrigens, Dialoge gelingen dann am besten, wenn jeder von sich und nicht über die anderen spricht und alle Familienmitglieder in gleicher Weise ihre Meinung, ihre Bedürfnisse, Wünsche und Ansichten und vor allem auch ihre Gefühle, positive wie negative, zu äußern in der Lage sind.

Warum muss sie nur so reden? Was Jugendliche an uns nervt

Erinnern wir uns, wie wir mit unserem Kleinkind gesprochen haben? Durch Mimik und Gestik und vor allem durch ausgeprägte Variationen in der Sprachmelodie haben wir ihm nicht nur Sachverhalte, sondern auch unsere Gefühle vermittelt. Nur durch eine solche „Ammensprache" hat es erfahren, was Sprache, was Kommunikation überhaupt ist. Uns so zu hören, hat sicher auch noch unserem jüngeren Schulkind gefallen, denn dann konnte es sicher sein, dass wir beim Gespräch mit ihm wirklich auch gefühlsmäßig dabei waren.

Aber jetzt? Es gibt wohl keine Jugendliche, keinen Jugendlichen, der nicht allergisch auf eine solche Art zu sprechen reagiert. Kein Wunder – erinnert sie doch allzu sehr an die Kinderzeit, an die Gefühle der Abhängigkeit und Unterlegenheit, gerade jetzt, wo es doch darum geht, „groß und selbstständig" zu sein. Dazu kommt: Jugendliche, die selbst mit ihren extremen Gefühlen zu kämpfen haben (Panik vor einer Klassenarbeit, Verzweiflung wegen einer geplatzten Verabredung, abgrundtiefe Peinlichkeit wegen einer unpassenden Bemerkung, entsetzliche Wut

Wenn ich sauer bin, dann dreh ich ein paar so ganz coole Lieder, so Rechts-Rock und so, die ich mir runtergeladen habe, ganz laut auf. Das nervt meine Eltern so schön!
Felix, 16 Jahre

wegen einer Ausgangsbeschränkung), brauchen ihre Eltern als Dämpfer. Wenn nun auch noch Mutter sprachlich mitschwingt …! Schon durch die Art des Sprechens können Eltern als wohltuend oder eben als „absolut unpassend“ empfunden werden.

Streiten will gelernt sein

Zu jeder Kommunikation gehört auch die Auseinandersetzung. Und davon gibt es, wie jeder weiß, vor allem in der frühen Adoleszenz mehr als genug. Dabei geht es meist um scheinbare Nebensächlichkeiten: um Kleidung, Haare, Outfit im Allgemeinen, um Schulleistungen und Freizeitverhalten, um Ordnung und die Erfüllung häuslicher Pflichten. Diese Auseinandersetzungen zwischen Eltern und ihren jugendlichen Kindern lassen sich nicht vermeiden, und sie dürfen nicht vermieden werden. Denn sie sind der Weg, wie Jugendliche sich von ihren Eltern absetzen, sich ihre Individualität und ihre Selbstbestimmung (→ Seite 97 ff.) im wahrsten Sinn des Wortes erkämpfen.

Ihre zweite Funktion: Es geht auch um die notwendig gewordene Neuverhandlung der Beziehung zwischen Eltern und Jugendlichen. Auseinandersetzungen in der Familie bieten Jugendlichen und ihren Eltern die Chance, zu lernen, wie Abgrenzung ohne Ausgrenzung, Individualität in der Beziehung zu anderen zu erreichen ist. Konflikte in der Familie dienen der Beziehung. Sie tun dies dann, wenn beide Parteien versuchen,

- dem anderen zuzuhören,
- den jeweils anderen Standpunkt zu verstehen,

- bei der Sache zu bleiben, um die es geht,
- kompromissfähig zu sein,
- Einlenken nicht mit Niederlage zu verwechseln,
- eine Streitkultur zu entwickeln, die die Lösung eines Konflikts und nicht den Sieg beziehungsweise die Niederlage einer Seite zum Ziel hat.

Jedes Mal, wenn ich irgend etwas erzähle, gibt er seinen Senf dazu. Meistens im Sinne von: „Da musst du aber" oder „Das kenne ich", „An deiner Stelle würde, hätte ich! ..." Jedenfalls reicht es mir dann schon wieder. Und dann bekomme ich zu hören: „Der kriegt ja seinen Mund gar nicht mehr auf."
Valentin, 17 Jahre

Zum Problem werden Konflikte dann, wenn sie sich zu Dauerkonflikten auswachsen oder wenn es in der Familie keine „konfliktfreien Zonen" mehr gibt. Um dies zu vermeiden, müssen Jugendliche und Eltern eine Kommunikations- und Verhandlungsfähigkeit erlernen, die darin besteht, sein Ziel erfolgreich zu verfolgen, ohne die Beziehung zueinander grundsätzlich in Frage zu stellen.

Was man wissen muss: Ärger, Zorn, Wut, Enttäuschung, manchmal auch Schuldgefühle, Angst und Traurigkeit gehören natürlich auch – vielleicht sogar besonders – zu den Auseinandersetzungen zwischen Eltern und Jugendlichen. Die beste familiäre Streitkultur kann dies nicht verhindern. Aber wer sich und dem Streitpartner diese Gefühle zugesteht, kann aller Erfahrung nach besser mit ihnen umgehen. Dies ist wichtig, damit die „negativen Gefühle" – da zu intensiv, zu andauernd, zu wenig kontrollierbar – das so wichtige prinzipielle Gefühl der Verbundenheit nicht zerstören. Denn dieses Gefühl ist die Voraussetzung, dass die unvermeidlichen und entwicklungsförderlichen Alltagskonflikte wirklich produktiv angegangen werden können.

Die Welt der Freunde ...

Die andere soziale Welt, in der sich Jugendliche bewegen, ist die Welt der Gleichaltrigen, seien dies nun Schulkameraden, „Kumpel", mit denen man nach der Schule „herumhängt", Freunde, mit denen man Freizeitaktivitäten ausübt, stabile Cliquen, „beste Freunde und Freundinnen" oder die ersten Sexualpartner. Tatsächlich ist das Auslaufen in die Welt der Altersgenossen der entscheidende Entwicklungsschritt im Bereich der sozialen Beziehungen. Dabei ist das scheinbar völlige Aufgehen in Gruppen und Freundschaften eine Erscheinung, die weder in der Kindheit noch später im Erwachsenenleben so zu beobachten ist.

Voraussetzungen für diese soziale Entwicklung sind die zunehmende Unabhängigkeit von den Eltern und die wachsende Selbstständigkeit, die neue

FLOWER-POWER
Extra: 3 glitzernde Bauchnabel-Bindis
INTERVIEW
REPORT
Verlieb dich!
MODE COOLE SOMMER-OUTFITS · BLUSEN · TRENDFARBE WEISS
Salzstangen
250 g

Beziehungen und Bindungen möglich, aber auch notwendig machen. Ein anderer Faktor ist die Entwicklung der Denkmöglichkeiten, der sozialen Kognition (→ Seite 49), die den Jugendlichen jetzt erlaubt, sich in andere Personen hineinzuversetzen, die Welt, sich und andere von fremder Warte aus zu betrachten – also das rekursive Denken, das es ermöglicht, aus dem Blickwinkel des anderen über sich selbst oder über Dritte nachzudenken (→ Seite 50). Diese Fähigkeit führt auch zu einem ganz neuen gegenseitigen Verständnis. Sich zu verstehen und einander vertrauen zu können wird nun auch zum entscheidenden Kriterium, nach dem Jugendliche ihre Beziehung zu anderen – seien dies die Beziehungen zu Eltern oder zu Gleichaltrigen – beurteilen. Beziehungen, die ihnen wichtig sind, die ihnen etwas bedeuten, müssen diesem Anspruch genügen. Sie müssen die Möglichkeit beinhalten, sich dem anderen gegenüber ohne das Risiko eines Vertrauensbruchs öffnen zu können.

... bietet viele Beziehungsmöglichkeiten

Jugendliche befinden sich im Laufe des Tages in den verschiedensten sozialen Beziehungen. Beziehungen zu Erwachsenen machen dabei zeitlich nur einen geringen Anteil aus.

Zwangsgemeinschaft Schulklasse

Schule ist nervig, scheiße, anstrengend, aber trotzdem cool. Da trifft man seine Freunde ...
Karla, 13 Jahre

Die Schulklasse mit ihrer Klassengemeinschaft gibt einen festen Rahmen der Begegnung vor. Über die erforderlichen Leistungsnachweise stellen sich die Jugendlichen notgedrungen immer wieder einer Öffentlichkeit vor, sei es nun als der Typ des schulisch Erfolgreichen oder des Versagers. Daneben besteht ein zweiter „Leistungsdruck". Im „sozialen Biotop" der Schulklasse geht es ebenso um den Standort von „mittendrin" bis „außen vor". Und es geht um Macht, also um den Gegensatz von Meinungsführern und Mitläufern. Zwei folgenreiche Fragen stellen sich: Wer schafft es, im Mittelpunkt zu stehen, Meinungsführer zu werden? Und wer schafft es, Sympathie auf sich zu ziehen, oder umgekehrt, wer „versagt" hier und bleibt Außenseiter. Es war wieder die Konstanzer Längsschnittuntersuchung (→ Seite 57), die einen genaueren Einblick in das soziale Gefüge einer Schulklasse erlaubt. Sie zeigte zum Beispiel, dass Meinungsführerschaft und Beliebtheit nicht unbedingt zusammengehören.

Beide Kriterien können in einzelnen Klassen in ganz unterschiedlichen Kombinationen anzutreffen sein. Es gibt beispielweise beliebte und unbeliebte Meinungsführer. Es gibt Schülerinnen, die keine Macht haben, aber sehr beliebt sind, und solche, die keiner mag und die dennoch etwas zu sagen haben. Interessant ist übrigens: Unter den Jugendlichen, die viel gelten, aber unsympathisch sind, waren in dieser Untersuchung 60 Prozent Jungen, unter den Jugendlichen, die wenig gelten, aber sympathisch sind, dagegen 60 Prozent Mädchen. Was darüber hinaus auffiel, war die Stabilität der sozialen Stellung in einer Schulklasse. Das heißt, die soziale Position von Schülern im Klassenverband wird schon früh festgelegt und hält sich über Jahre hindurch, während die Sympathieverteilung durchaus schwanken kann. Das zweite wichtige Ergebnis dieser Untersuchung: Jüngere Schüler bis etwa zwölf Jahre unterscheiden noch nicht so genau zwischen sympathischen Schülern und solchen, die in der Klasse etwas gelten. Aber je älter die Jugendlichen sind, desto eher stehen ihnen verfeinerte Beurteilungskriterien zur Verfügung. Sie wissen jetzt, dass Schüler, die in der Klasse etwas zu sagen haben, nicht unbedingt beliebt sein müssen, sondern dass offenbar auch andere Eigenschaften für den sozialen Status in der Klasse wichtig sind.

Das dritte Ergebnis: Schülerinnen und Schülern steht eine Vielzahl von „Erfolgswegen" offen. Die einen qualifizieren sich über ihr Aussehen, andere über sportliche Leistungen. Es gibt Klassenclowns, die beliebt sind, und „Politiker". Wieder andere – oft sind dies Mädchen – erreichen ihre Beliebtheit durch „prosoziales Verhalten", also durch die Bereitschaft, anderen zu helfen und sich für andere einzusetzen. Allen Beliebten gemeinsam ist ihre positive Selbsteinschätzung. Sie liegt deutlich höher als die der Nicht-Beachteten, Nicht-Beliebten. Das heißt: Wer in der Klasse zu den Außenseitern gehört, hat schon einige Verletzungen erlitten. Sie schätzen ihr Aussehen schlechter ein, sind deutlich schüchterner, halten sich sozial für wenig interessiert und für wenig akzeptabel. Erfreulich ist: Sie sind außerhalb der Schule nicht weniger häufig in Cliquen integriert und fühlen sich – auch dies ein Ergebnis dieser Befragung – nicht einsamer als die Beliebten.

Meinungsführer und Trendsetter

Meinungsführer – seien sie nun beliebt oder unbeliebt – scheinen die Jugendlichen werden zu können, die „ihren Altersgenossen immer ein Stück weit voraus sind". Sie haben offenbar im positiven wie im negativen Sinn eine wichtige Vorbildfunktion in der sozialen Entwicklung. ▶

Sie sind vor allem in den unteren Klassen der weiterführenden Schulen immer ein bisschen unabhängiger, demonstrieren dies auch und übernehmen später sehr viel früher die so genannten Privilegien des Erwachsenenlebens wie zum Beispiel freier Ausgang, frei verfügbares Geld, Alkohol- und Nikotinkonsum und Kontakte zum anderen Geschlecht.

„Beliebte Meinungsführer" zeigen sich sozial interessiert und sozial kompetent. Meist gelten sie als intelligenter als ihre Mitschüler (bessere Noten bei angeblich geringer Anstrengung). Sie gewinnen ihre Führerschaft durch Pionierverhalten in Bezug auf Erwachsenenprivilegien, während „unbeliebte Meinungsführer" diese eher durch ein Pionierverhalten in Bezug auf Unabhängigkeit erlangen, was sich bei ihnen vor allem in der Ablehnung „erwachsener Werte und Pflichten" zeigt.

Wahlheimat: Die Clique

Das zweite wichtige Erfahrungsfeld von Jugendlichen ist die Clique, also eine Gruppe Jugendlicher, die sich regelmäßig außerhalb der Schule trifft, sich zusammengehörig fühlt und sich – auch nach außen sichtbar – über das Prinzip der Ähnlichkeit konstituiert. Die Bedeutung der Clique wächst vor allem in den Jahren zwischen 12 und 15 – dies gilt vor allem für Jungen – und nimmt danach im Allgemeinen wieder ab. „Herumhängen" scheint die Hauptaktivität einer solchen Clique zu sein. Was aber wie ziellose und nutzlose Zeitverschwendung aussieht, hat gerade für jüngere Jugendliche eine wichtige soziale Bedeutung. Hier wird zum einen diskutiert über die neueste Mode, über Musikstile, andere Jugendliche, deren Aussehen und Verhalten und vor allem über die eigene Popularität. Und zum anderen – und das ist ganz besonders wichtig – werden in der Clique neue Verhaltensweisen ausprobiert, Unabhängigkeit von den Eltern geübt und um einen neuen sozialen Status gerungen.

Für das Selbstwertgefühl jüngerer Jugendlicher scheint die Zugehörigkeit zu einer anerkannten Clique ganz besonders wichtig zu sein. Die Tendenz zur Cliquenbildung ist besonders dann ausgeprägt und über die frühe und mittlere Adoleszenz hinausreichend, wenn Jugendliche häufig sich selbst überlassen sind. Vor allem Jungen, deren Gruppen eher durchstrukturiert sind und durch stärkeren Gruppenzusammenhalt an Stabilität gewinnen, bietet die Clique die Sicherheit, die sie vermissen. Ihr strenger Verhaltenskodex kann dann sonstige fehlende Normen und Zielsetzungen ersetzen.

Aber: Das Eingebundensein in einer Clique ist nicht die einzige und auch nicht die wesentliche Beziehungsform Jugendlicher. Dies gilt vor allem für Mädchen, die ihre Zeit eher in kleineren, weniger strukturierten Gruppen verbringen und sich gefühlsmäßig vor allem einer oder ganz wenigen Gleichaltrigen, der besten Freundin, den besten Freundinnen verbunden fühlen.

Die „besten Freunde“

Vor kurzem habe ich mich mit meiner besten Freundin verkracht. Irgendwie weiß ich eigentlich gar nicht, wie das gekommen ist. Jedenfalls fährt die jetzt immer mit der Louisa nach Hause und ich radle wie blöd hinterher. Ich tu auf ganz cool. Die soll bloß nicht denken, dass mir das was ausmacht. Ehrlich, zu Hause hab ich ganz schön geheult. Zum Glück habe ich meinen Hund.

Julia, 12 Jahre

Jugendliche brauchen beste gleichgeschlechtliche Freunde. Diese enge Freundschaft zu einer, einem oder einigen wenigen Auserwählten ist typisch für die Adoleszenz und als solche kaum mehr zu vergleichen mit den Freundschaften im Vor- und Grundschulalter. Jugendliche Freundschaften sind im Allgemeinen sehr viel stabiler und intensiver, als es Freundschaften unter jüngeren Kindern sein konnten. Dies hängt vor allem damit zusammen, dass Jugendliche in der Wahl ihrer Interessen und Vorlieben mehr Stabilität beweisen, dass sie inzwischen weit besser in der Lage sind, Konflikte durch Kompromiss zu lösen, und dass sie gelernt haben, sich in andere hineinzuversetzen.

Vor allem aber hat sich die Bedeutung der Freundschaft für den Einzelnen verändert. In den Vorschuljahren dient Freundschaft hauptsächlich dem eigenen Interesse: Ich will jemanden zum Spielen haben. Kinder im Grundschulalter betrachten ihre Freunde als kooperative Partner in gemeinsamen Aktivitäten. Zwischen neun und elf Jahren beginnt dann der Aspekt des gegenseitigen Vertrauens eine Rolle zu spielen. Aber erst Jugendliche betrachten die wechselseitige emotionale Unterstützung als das Wesensmerkmal ihrer Freundschaft. Freunde sind also nicht mehr nur Freizeitpartner. Sie werden zu wichtigen Vertrauenspersonen, denen gegenüber man sich ganz und gar öffnet, da sie absolut loyal sind. Unter dem Gesichtspunkt des gegenseitigen Verständnisses und grundlegenden Vertrauens übertreffen gleichgeschlechtliche Freunde bis weit in die späte Adoleszenz gegengeschlechtliche als Freunde und Freundinnen. Denn nur „wer so ist wie ich, kann mich auch verstehen". Und nur dann lässt sich dieses Maß an Intimität und Vertrauen herstellen, das für Freundschaften unter Jugendlichen so wichtig ist.

Dies gilt besonders für Mädchen. Anders als Jungen, für die häufig auch die größere Gruppe den sozialen Rahmen der Vertrautheit bietet, ziehen Mädchen die ganz intime Freundschaft zu einer besten Freundin vor. Diese enge Beziehung hilft, die eigenen – körperlichen, emotionalen und kognitiven – Veränderungen zu verstehen und den eigenen Standort in ihrer sich so schnell ausweitenden sozialen Welt zu bestimmen. Sie ist durch andere Beziehungen nicht zu ersetzen. Stundenlange Gespräche dienen dieser Selbstverständigung, die Jungen eher über die gemeinsame Begeisterung für ähnliche Trends der Jugendkultur und den geteilten Spaß an gemeinsamen Aktivitäten zu finden scheinen.

Konfliktmanagement

Wer glaubt, unter Freunden gäbe es keinen Streit, der irrt sich. Je enger die Beziehung, umso größer die Wahrscheinlichkeit, dass es hin und wieder kracht. Was Jugendliche aber inzwischen wissen: Zu heftiger und zu lang anhaltender Streit und vor allem ein Streit, der das Gesetz der unbedingten gegenseitigen Loyalität bricht, kann Freundschaften auch aufs Spiel setzen. Unter Freunden zeigen sich Jugendliche sehr viel kompromissbereiter. Und mit zunehmendem Alter – mit der wachsenden Fähigkeit, sich in den Freund hineinzuversetzen – werden auch die einzelnen Auseinandersetzungen weniger heftig. Wenn Streit auch nicht vermieden werden kann, so zeigen sich Jugendliche immer mehr in der Lage, ihn so zu „managen", dass er das gegenseitige Vertrauen und die gegenseitige Loyalität nicht zerstört.

Die „Peers": Chancen

Das englische Wort Peers, das heute gern als Bezeichnung für die Altersgleichen verwendet wird, deutet auf die Besonderheit in der Beziehung zu Gleichaltrigen hin: Peers, abstammend vom französischen „pair" = „gleich", vom gleichen Rang, vom gleichen Status, also nicht wie die Eltern, die immer die Rolle der Ranghöheren innehaben, bieten Jugendlichen ganz andere Lernchancen, als es ihnen das Elternhaus ermöglicht.

Diese Lernerfahrungen mit Peers sind heute in einer Gesellschaft der Kleinfamilie und deren Isolation unentbehrlicher denn je. Unter „Gleichrangigen" üben Jugendliche das Aushandeln von Konflikten, das Diskutieren von unterschiedlichen Standpunkten und Meinungen und das Austauschen von Ansichten, Ein- und Wertschätzungen. Sie lernen Gegenseitigkeit und Perspektivenübernahme, also die Fähigkeit, sich in einen anderen hineinzuversetzen, der ähnlich ist, und von dieser Warte aus die eigene Person zu betrachten. Nur so kann es ihnen nach und nach auch gelingen, den eigenen jugendspezifischen Egozentrismus (→ Seite 49 f.) zu überwinden.

Die Beziehungen unter Gleichaltrigen lassen sich zudem höchst unterschiedlich gestalten. Keine gleicht der anderen im Hinblick auf Nähe, Vertrautheit und Verlässlichkeit. Jugendliche erfahren und üben hier also die verschiedenen Grade der Intimität, der Intensität der Bindung, der gegenseitigen Verantwortung und der Loyalität.

Die Welt der Peers ermöglicht auch ganz anders als die Welt der Erwachsenen das Ausprobieren neuer Rollen. Die Sicherheit in der Gruppe, unter Freunden, ersetzt die noch brüchige Selbstsicherheit, was vor allem in der frühen Adoleszenz ganz wichtig ist. Beziehungen zu Gleichaltrigen sind unerlässlich, um Beziehungsfähigkeit zu lernen, also die Fähigkeit, soziale Beziehungen aufzunehmen, zu halten und gegebenenfalls wieder aufzugeben. Sie erfordern die wachsende Bereitschaft zu moralischem Handeln: zum Einsatz für andere und zur Übernahme von Verantwortung.

Und nicht zuletzt: Ohne die Stütze der Beziehungen zu Gleichaltrigen kann die Loslösung von den Eltern heute, da es so wenig institutionalisierte Auffangmöglichkeiten für Jugendliche gibt, nur unvollständig gelingen. Freunde verringern das Gefühl der Einsamkeit, der Verlassenheit, die der Prozess der Loslösung mit sich bringt. Sie helfen, die nötige Distanzierung zu den Eltern auszuhalten, und überbrücken die Zeit, bis intime Bindungen zu einem Sexualpartner möglich sind.

... und Risiken

Den positiven Erfahrungsmöglichkeiten in der Welt der Gleichaltrigen stehen jedoch auch Risiken gegenüber, die so ebenfalls nur unter Peers bestehen.

Diese Risiken bestehen vor allem in der möglichen Erfahrung sozialer Ablehnung, des sozialen Ausschlusses, also darin, erleben zu müssen, nicht beliebt oder gar unbeliebt zu sein. Im Gegensatz zur Familie, zu der man ohne eigene Anstrengung gehört, in der man so geliebt wird, wie man ist, müssen die Liebe und Anerkennung unter Gleichaltrigen verdient werden. Die Erfahrung, dies nicht zu schaffen, also zum Beispiel in der Schulklasse Außenseiter zu sein, keine Freunde zu finden, von den bestehenden Cliquen und Gruppen abgelehnt zu werden und auch bei den ersten sexuellen Annäherungsversuchen kein Glück zu haben, ist schlimm. Halten solche Erfahrungen an, fehlen zugleich auch jene Lernmöglichkeiten, die sozialen Kompetenzen zu erwerben, die „liebenswert" machen und die für alle langfristigen sozialen Beziehungen und Bindungen so wichtig sind.

Das zweite große Risiko besteht im Vertrauensmissbrauch. Gerade weil enge Freundschaften davon leben, dass man dem anderen ganz und gar vertrauen kann, besteht immer das Risiko, dass der Freund, die Freundin das Vertrauen ausnutzt, unter dem Siegel der Verschwiegenheit Offenbartes weitergibt, die Loyalität aufkündigt – die Freundschaft also verrät. Einen Freund, eine Freundin auf diese Weise zu verlieren, kann viele gute soziale Erfahrungen zunichte machen und die Vertrauensbereitschaft und damit die Fähigkeit zur Freundschaft auf lange Zeit zerstören.

Beschließen wir die Lernrisiken mit dem „schlechten Einfluss" der Freunde, den vor allem die Eltern befürchten. Tatsächlich scheinen all die jugendtypischen Risikoverhaltensweisen wie frühes Rauchen, Trinken, schulische Leistungsverweigerung, dann auch Drogenmissbrauch und sehr frühe Sexualkontakte vor allem in der Clique möglich. Sei es, weil man sich hier besonders „stark" fühlt, oder sei es gerade umgekehrt, weil man zu schwach ist, sich den Gruppennormen zu widersetzen. Viele Untersuchungen haben auch gezeigt, dass Eltern zwar durch ihr eigenes Verhalten gerade hinsichtlich des Konsums von Genussgiften aller Art starken Einfluss auf ihre Kinder haben, dass aber dieser Einfluss bei Jugendlichen zurückgeht gegenüber dem der Clique, der sich die Jugendlichen zurechnen (→ Seite 66). Denn offenbar besteht bei Jugendlichen ein starkes Bedürfnis, „so zu sein wie die anderen", „dazuzugehören" und sich dem Verhalten der gleichaltrigen Freunde und Freundinnen anzupassen. Eltern befürchten vor allem diesen Gruppendruck, ja Gruppenzwang, dem Jugendliche nichts oder sehr wenig entgegensetzen können und der „schuld" daran ist, dass Jugendliche die Normen, Werte und Zielsetzungen der Eltern über Bord werfen. Dass es diesen Gruppendruck gibt, ist klar. Er wirkt weniger über verbale Aufforderungen zu diesem oder jenem Verhalten als vielmehr über gelebte Haltungen, die beispielsweise besagen: Wer kein Bier trinkt, ist ein Baby. Wer nicht klaut, ist feige. Wer wegen einer Klassenarbeit nicht mit in die Disko geht, ist ein Streber, und wer den Joint ablehnt, ist out. Es hängt also sehr stark davon ab, in welcher Gruppe sich Jugendliche bewegen, welchen unausgesprochenen Normen sie ausgesetzt sind.

Zur Beruhigung vieler Eltern

Erstens: Diese Art des Gruppendrucks, der auf dem Bedürfnis beruht „dazuzugehören", ist besonders stark in den Jahren der Frühadoleszenz. Er nimmt jedoch nach diesem Höhepunkt zwischen 13, 14, 15 Jahren kontinuierlich ab.

Zweitens: Jugendliche suchen sich ihre Freunde meist nach dem Prinzip der Ähnlichkeit. Im Allgemeinen unterscheiden sich also die Normen und Gesetze der Gruppe, der sich Ihre Tochter, Ihr Sohn zurechnet, nicht wesentlich von den Zielsetzungen, die sie, er selbst für sich gewählt hat oder die Sie zu Hause vorleben. Dazu kommt: Auch wenn Sie die Wahl der Freunde Ihrer jugendlichen Kinder nicht direkt beeinflussen können, haben Sie die Möglichkeit, Ihre jugendlichen Kinder gegen die vielfältigen Verführungen durch „schlechte Freunde" zu stärken. Denn offensichtlich hängt es sehr vom Verhalten der Eltern ab, wie intensiv sich Jugendliche an ihren Peers orientieren. Insgesamt sind diejenigen Jugendlichen eher auf die Anerkennung der Gleichaltrigen angewiesen und deshalb anpassungsbereiter, die zu Hause wenig Rückhalt haben. Wenn Eltern entweder aus falsch verstandener Liberalisierung ihren Einfluss zurücknehmen und keine eigene Positionsbestimmung wagen oder wenn sie schlicht kein Interesse an ihren Kindern zeigen, geraten Jugendliche eher in die Abhängigkeit von Gleichaltrigen.

Drei Tage haben wir gebraucht, um Jo's Wohnung wieder hinzukriegen. Hoffentlich fallen seinen Eltern die Brandlöcher im Teppichboden nicht auf.
Kerstin, 16 Jahre

Es sind auch nicht alle Jugendlichen scheinbar hilflos einem herrschenden Gruppendruck ausgeliefert. Besonders anfällig gegenüber dem Konformitätsdruck der Clique zeigen sich – wie nicht anders zu erwarten – vor allem Jugendliche mit geringem Selbstbewusstsein. Je selbstsicherer hingegen Jugendliche sind, desto eher profitieren sie von den positiven Lernchancen, die die Peers bieten.

Familie und Freunde – zwei Welten, die zusammengehören

In den Jahren zwischen 10 und 20 wachsen sowohl der Wunsch nach als auch die Fähigkeit zu Intimität und enger Vertrautheit. Nach und nach übernehmen vor allem Gleichaltrige diese so wichtige Funktion der Vertrauenspersonen. Deutlich wird dies schon an der Zeit, die Jugendliche in Schule und Freizeit mit Altersgenossen verbringen. Sie nimmt kontinuierlich zu, während im Gegenzug die „Familienzeit" immer mehr abnimmt. Das heißt auch: Eltern geben ihre Bedeutung als Gesprächspartner und Beratungsinstanzen immer mehr an die gleichaltrigen Freunde und Freundinnen ihrer Kinder ab. Ihnen scheint besonders in der frühen bis mittleren Adoleszenz, also von etwa 11 bis 15 Jahren, nur noch die Rolle der Organisation des täglichen Lebens mit seinen vielfältigen lästigen Pflichten und Aufgaben zuzukommen, gegen die oft heftig opponiert werden muss.

Lange galten deshalb auch die „Peers" für Jugendliche als der entscheidende Sozialisationsfaktor. So ist es aber keineswegs. Trotz der unübersehbaren Verschiebungen in den Eltern-Peer-Beziehungen stehen Eltern und Freunde im Allgemeinen nicht in Konkurrenz zueinander. Jugendliche leben vielmehr in zwei Welten, die sich ergänzen und ausgleichen können. Wie dies aussehen kann, zeigte wieder die Konstanzer Untersuchung (→ Seite 57).

Als besonders nachteilig hat sich in dieser Befragung die psychosoziale Situation der Jugendlichen gezeigt, die weder hier noch da den sozialen Rückhalt finden, den sie brauchen, die zu den Eltern große Distanz empfinden, wenig sozial integriert sind und keine Freunde haben. Sie sind in ihrer sozialen und emotionalen Entwicklung auffällig beeinträchtigt. Dies beginnt bei Einschlafschwierigkeiten und reicht bis zu sehr geringem Selbstwertgefühl und einer überdurchschnittlich hohen Neigung zu depressiven Stimmungen.

Jugendliche, die zwar über gute Beziehungen zu ihren Eltern berichten, die aber in der sozialen Welt der Gleichaltrigen kein Zuhause haben, zeigen sich in der Regel als sozial unauffällig. Sie arbeiten am meisten für die Schule und meiden jugendspezifische Risiken wie zum Beispiel Rauchen oder Trinken. Für ihr Verharren in der Welt der Eltern bezahlen sie jedoch mit sehr geringem Selbstbewusstsein, Selbstvertrauen und Selbstwertgefühl, wohl weil ihnen ihre soziale Distanz und die mangelnde soziale Anerkennung unter Gleichaltrigen durchaus bewusst ist.

Jugendliche, die die Beziehung zu ihren Eltern als nicht befriedigend schildern, die aber in der Welt der Peers gut aufgehoben sind, können sich dort emotional erholen. Der Preis für den Rückhalt im sozialen Netz der Gleichaltrigen ist jedoch hoch: Ihr so wichtiges soziales Prestige scheinen sie mit geringen Lernanstrengungen in der Schule und mit jugendtypischem Risikoverhalten wie Alkoholkonsum, Rauchen, Schwänzen und so weiter bezahlen zu müssen.

Als besonders günstig stellte sich – wie zu erwarten war – die Situation für die Jugendlichen heraus, die über gute Beziehungen zu ihren Eltern berichten und gleichzeitig stabile Freundesbeziehungen zu Gleichaltrigen erleben. Das heißt: Können Jugendliche in beiden Welten zu Hause sein, sich sowohl positiv auf die Eltern als auch auf die Freunde beziehen und erleben sie hier wie dort Anerkennung und Anforderung, sind dies die besten Voraussetzungen für ein zufrieden stellendes Meistern der schwierigen Jugendjahre. Sie scheinen dann rundherum am besten für die vielfältigen sozialen Aufgaben der Adoleszenz und des späteren Erwachsenenlebens ausgestattet zu sein.

Fassen wir in einem Bild zusammen

Die Eltern sind weiterhin der „Heimathafen", von dem Jugendliche auslaufen, den sie mehr oder weniger häufig anlaufen, um aufzutanken, damit sie danach umso sicherer in der neuen sozialen Welt der Gleichaltrigen navigieren können. In dieser sind dann freilich die Freunde und Freundinnen (in vielfältigen kameradschaftlichen, freundschaftlichen und sexuellen Beziehungen) die Vertrauten. Ihre große Bedeutung als Gesprächspartner haben diese, wenn es um Aussehen, Popularität, Kleidung, Musik, Moden, Freizeitgestaltung und Beziehungen zu Freunden, Freundinnen geht, also allgemein um die Themen der Jugendkultur und die ersten sexuellen Erfahrungen. Der Einfluss der Eltern konzentriert sich dagegen auf die „Welt der Erwachsenen", in die die Jugendlichen hineinwachsen. Hier werden Themen wie Schule, Ausbildung, Beruf und der Bereich der Werte und Normen verhandelt.

Beide Welten sind für Jugendliche ungeheuer wichtig: Fehlt der Rückhalt in einer der beiden Welten, hat dies Auswirkungen auf die gesamte weitere soziale und emotionale Entwicklung.

Die sexuelle Entwicklung:

Eine neue Welt tut sich auf

Ob es Ihnen recht ist oder nicht, spätestens in der Pubertät lässt sich das Thema Sex nicht mehr aus dem Leben Ihres Kindes ausblenden. Ihre Tochter, Ihr Sohn beginnt sich jetzt mehr oder weniger intensiv mit ihren, seinen sexuellen Impulsen zu beschäftigen und auseinander zu setzen. Und das bringt – vielleicht erinnern Sie sich an Ihre Jugend – allerlei inneres und äußeres Durcheinander mit sich. Denn die Pubertät verändert die bisherige kindliche Sexualität radikal, da sie erwachsene Sexualität möglich macht.

Diese Veränderung wird heute verstanden als kompliziertes Zusammenspiel zwischen

- der körperlichen/biologischen, vor allem hormonellen Entwicklung,
- den psychischen (emotionalen und kognitiven) Voraussetzungen, die jeder Jugendliche mit in die Pubertät bringt,
- und den verschiedensten psychosozialen Bedingungen, das heißt den familiären und gesellschaftlichen Erwartungen, Vorstellungen, Normen, Tabus und Tabuverletzungen.

So ist auch die große Aufgabe, vor die sich Jugendliche gestellt sehen, nämlich mit sich als sexuellem Wesen zurechtzukommen, nicht nur eine biologische, sondern auch eine emotionale und soziale Aufgabe. Ganz allgemein formuliert lautet sie: Jugendliche müssen lernen, mit den neuen sexuellen Impulsen, Bedürfnissen, Gefühlen und Phantasien umzugehen und Beziehungen zu anderen zu gestalten, in der diese befriedigt werden können.

Was heißt das konkret? Das Problem, das sich für jedes Mädchen, jeden Jungen mit dem Eintritt in die Pubertät stellt, lautet: Wie gehe ich mit meiner sexuellen Erregbarkeit um, und wie funktioniert das dann mit den sexuellen Kontakten, dem „Geschlechtsverkehr“?

Erwachsene Sexualität

Sicher: Sexuelle Befriedigung gehört von Anfang an zu unserem Leben. Vielleicht erinnern Sie sich, wie gern Ihr kleiner Sohn damals mit seinem Penis spielte oder mit welcher Hingabe Ihre Tochter auf der Lehne des Sessels ritt. Und doch markiert die Pubertät einen wichtigen neuen Abschnitt. Die körperliche – innere wie äußere – Entwicklung verändert die kindliche Sexualität. Diese Veränderung hat die erwachsene Sexualität und damit sexuelle Reife, genitale Lust und, rein biologisch betrachtet, die Fortpflanzungsfähigkeit zum Ziel.

Ich schlaf schon oft mit meinem Freund, eigentlich immer wenn wir uns bei ihm treffen. Manchmal hab ich gar keine Lust drauf, aber dann tu ichs halt ihm zum Gefallen. Einen Orgasmus habe ich selten. Aber meine Freundinnen sagen, dass das ganz normal ist. Frauen kommen halt nicht so oft. Für mich ist auch die Hauptsache, dass es ihm Spaß macht und dass wir möglichst lang kuscheln. Mir macht Sex schon Spaß, aber es gibt Schöneres.
Hannah, 16 Jahre

Jugendliche erleben diese Veränderung ganz unterschiedlich. Denn sexuelle Gefühle äußern sich bei jedem Menschen anders und bleiben bei demselben Menschen auch nicht immer gleich. Außer diesen individuellen Besonderheiten gibt es noch geschlechtstypische Unterschiede. Besonders Jungen beschreiben den Anstieg ihrer sexuellen Erregbarkeit als drängend (dies interessanterweise sehr viel weniger als noch vor einigen Jahrzehnten – wie zwei Vergleichsstudien an westdeutschen Jugendlichen ergaben) und erleben Befriedigung sehr viel mehr als junge Mädchen genital, also in ihren Geschlechtsorganen lokalisierbar. Die Mehrzahl junger Mädchen dagegen empfinden ihre sexuellen Gefühle eher noch diffus und unspezifisch und verbinden sie ganz stark mit der Erfüllung anderer Bedürfnisse, etwa nach Anerkennung, Bestätigung, Zuneigung und Geborgenheit in einer Beziehung. Es sind also sicher nicht nur gesellschaftliche Gründe dafür verantwortlich, dass vor allem bei Jungen die Selbstbefriedigung eine ganz wichtige Rolle zu Beginn ihrer sexuellen Entwicklung spielt. Mädchen geben oft an, dass sie diese Form der Befriedigung erst später entdecken und genießen lernen, oft erst dann, wenn sie Befriedigung mit einem Partner schon erlebt haben.

Selbstbefriedigung

Wir alle sind (hoffentlich) so weit, dass wir Masturbation (Selbstbefriedigung) als ganz normales Entwicklungsphänomen betrachten und über all die Ammenmärchen, über allerlei furchtbare Spätfolgen, die zumindest unsere Großeltern noch das Fürchten lehrten, nur lächeln. Aber es muss uns zu denken geben, dass immer noch viele Jungen und Mädchen von ihrem schlechten Gewissen berichten, das sie hin und wieder oder vielleicht sogar immer quält, wenn sie masturbieren. Haben wir vielleicht nicht doch noch im Kopf, dass Masturbation eine Ersatzbefriedigung ist, dass es bessere und deshalb „erlaubtere" Formen der Befriedigung gibt? Tatsächlich ist Selbstbefriedigung wohl immer noch und inzwischen vielleicht sogar das einzige sexuelle Thema, „über das man nicht spricht", das mit besonders großer Peinlichkeit besetzt ist. Aber vielleicht lernen wir es irgendwann einmal: Masturbation ist nichts Anstößiges und wird nur dann zum Problem, wenn sie andere soziale Aktivitäten ersetzt, weil sich die, der Jugendliche (oder auch Erwachsene) minderwertig fühlt, Angst hat zu versagen oder nur auf diese Weise sich wirklich in ihrem, seinem Körper zu Hause erlebt. Dann aber ist Masturbation nicht Ursache der Probleme, sondern die Reaktion darauf.

Masturbationsphantasien

Phantasien sind ein wesentlicher Teil der sexuellen Lust. Das Schöne an Phantasien ist, dass sie an keine Realität gebunden sind. „Gedanken sind frei", heißt es. Dasselbe gilt für Phantasien. Solange sie Phantasien bleiben, sind sie Privatsache und vor keinem anderen zu rechtfertigen. Vor keinem anderen – oft ist jedoch das eigene Gewissen ein strenger Richter, und viele Jugendliche quälen sich mit Selbstanklagen wegen vermeintlich verbotener, also böser Phantasien.

Bin ich böse, wenn ich mir Bilder von einer fremden Frau vorstelle? (Laut Umfragen die zweithäufigste Männerphantasie.) Oder im Erleben der Jugendlichen noch schlimmer: Ich könnte mir gut vorstellen, auch einmal mit ganz jungen Mädchen oder Jungen Sex zu haben (auch diese Phantasien teilen sie mit vielen anderen, nämlich mit etwa der Hälfte aller Männer und auch mit nicht wenigen Frauen). Oder gar: Mir fallen „perverse Praktiken" ein (ich zwinge zu Sex, ich werde geschlagen, ich schlage und was es sonst noch an sadomasochistischen Phantasien gibt, die ebenfalls unter Männern und Frauen sehr weit verbreitet sind).

Aller Wahrscheinlichkeit nach werden Sie als Eltern nie etwas von diesen Phantasien erfahren. So werden Sie also auch im konkreten Fall nicht beruhigen können. Was Sie aber vermitteln können, ist, dass Phantasien aller Art (nicht nur sexuelle) vor keinem Richter bestehen müssen, also immer erlaubt sind.

„Die Jugend von heute“

Es ist allgemein bekannt: Die Jugendlichen in Deutschland interessieren sich heute um einiges früher für das andere Geschlecht als ihre Eltern und Großeltern. Und Sex gehört mittlerweile längst auch zum Erfahrungsschatz von Minderjährigen. Unsere Kinder sind ein gutes Stück „schneller“ in ihrer sexuellen Entwicklung, als wir es waren. Das heißt: Unsere Kinder wagen – zumindest statistisch gesehen – sehr viel früher die ersten Verabredungen mit dem anderen Geschlecht (statistisch zwischen 12 und 14 Jahren). Sehr viel früher als bei uns damals gehören Küssen, Schmusen und bald auch Petting zu einer solchen Verabredung (mit 15/16 Jahren), und dass sie „richtig“ miteinander schlafen, geschieht etwa – auch dies wieder eine statistische Größe – zweieinhalb (Mädchen) bis drei (Jungen) Jahre früher als zu unserer Zeit.

Was uns die Statistik zeigt

Tatsächlich haben mehrere große Studien, die in den 80er und 90er Jahren vom Bundesministerium für Jugend, Familie und Gesundheit beziehungsweise dann vom Bundesministerium für Familie und Senioren in Auftrag gegeben worden waren, selbst für diese kurze Zeitspanne die „Vorverlagerungsthese“ bestätigt. Es gibt auch in den Jahren von 1980 bis 1998 – dies die letzte große Befragung – eine eindeutige Tendenz zu immer früheren Sexualkontakten.

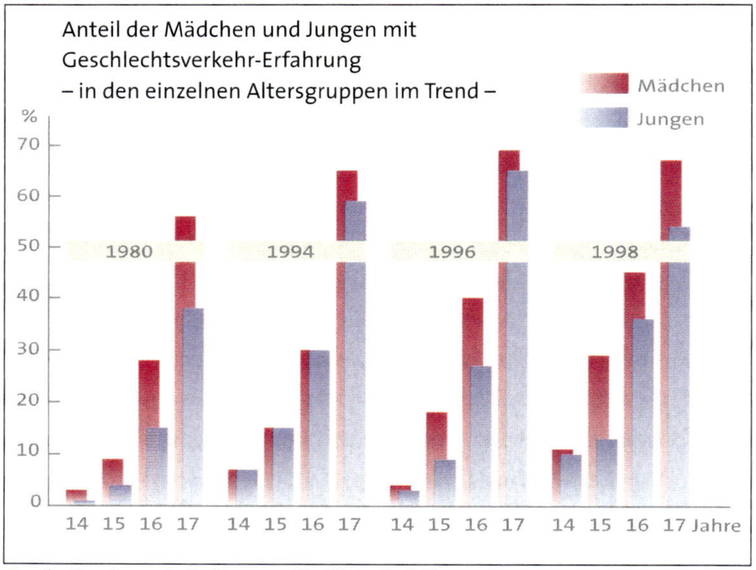

Quelle: Bundeszentrale für gesundheitliche Aufklärung.

Dass dies so ist, hat viele Gründe. Ein besonders einleuchtender: Unsere Kinder sind in ihrer körperlichen Entwicklung um einiges schneller als wir. Das heißt, die Mädchen und Jungen erleben ihre sexuelle Reife gemäß dem säkularen Trend (→ Seite 22) immer früher, und diese Beschleunigung (Akzeleration) macht sich auch zwischen den Generationen der Großeltern, Eltern und

Kinder deutlich bemerkbar. Nur ein Beispiel: Mädchen bekommen durchschnittlich ein Jahr früher „ihre Tage" als noch ihre Mütter. Aber die Akzeleration des sexuellen Verhaltens hat nicht nur hormonelle Gründe. Darüber hinaus ist eine Vielzahl psychologischer und sozialer Veränderungen als „Beschleuniger" dingfest zu machen.

Ich habe noch nie mit einem Jungen geschlafen, obwohl ich fast 17 bin. Die Lisa hatte letzte Woche ihr erstes Mal bei einem One-Night-Stand – nur weil sie es bis zu ihrem 17. Geburtstag „geschafft" haben wollte. Das versteh ich nicht. Mir ist es doch egal, wie alt ich bin beim „ersten Mal". Ich will es mit einem Jungen, den ich lieb und dem ich vertrau – egal, wie lang es dauert, bis es soweit ist.

Julia, fast 17 Jahre

Beginnen wir mit dem Stellenwert des Themas Sexualität in unserer heutigen Gesellschaft. Hat sich die Lebenswelt, in der unsere Kinder aufwachsen, nicht gerade in Bezug auf dieses Thema in den letzten Jahrzehnten gewaltig verändert? Was in unserer Kindheit noch als Pornographie galt, ist inzwischen jedem Kind in (Jugend-)Zeitschriften, Musiktiteln, Filmen und Werbedarstellungen zugänglich. Tabus scheint es kaum zu geben. Ein Zweites: Es ist wohl schon immer „typisch jugendlich" gewesen, danach zu streben, endlich erwachsen, unabhängig und nicht mehr „weisungsgebunden" zu sein und – das ist ein wichtiger Aspekt – dies auch durch die sichtbare Übernahme „typisch erwachsener" Verhaltensweisen zur Schau zu stellen.

Was heute neu daran ist, ist die Auswahl der „Symbole" für diesen neuen erstrebten Zustand. Jugendliche, die sich erwachsen zeigen wollen, greifen auf die tagtäglich gezeigte Welt der Medien und Werbung zurück, die ihnen die Erwachsenenwelt als Welt des Genusses und der sofortigen Bedürfnisbefriedigung vorgaukelt. Für die Jugendlichen macht sich typisch erwachsenes Verhalten viel mehr an den Insignien der „Spaßkultur" als an erwachsener Leistungs- und Verantwortungsbereitschaft fest. Nicht selten sind es also Rauchen, Trinken und frühe Sexualkontakte, die als besonders erwachsen gelten, und dies vor allem für Jugendliche, die wenig andere Bestätigung und Anerkennung erfahren. Bei ihnen kommt die Botschaft der Medien an: Erwachsen, erfolgreich und anerkannt ist, wer „gut im Bett" ist. Wer „noch nicht hat", ist kindisch, unnormal und hoffnungslos out.

Nur „das Eine" im Kopf?

Das heißt jedoch nicht, dass sich nun in den Phantasien Ihres Kindes alles um „das Eine" dreht. Viele Eltern verwechseln ihre eigenen sexuellen Gefühle und Bedürfnisse mit denen ihrer 15-jährigen Tochter oder ihres Sohnes. Für Jugendliche bedeutet „Geschlechtsverkehr" erst einmal etwas völlig anderes als für Erwachsene. Denn wenn „der Sexualtrieb erwacht", verändert das

Vor kurzem waren alle tollen Mädchen noch unerreichbare Prinzessinnen. Aber neulich, als mir meine Favoritinnen Nummer zwei und drei auf dem Weg zum Biosaal über den Weg gelaufen sind, haben sie mir eindeutig zugelächelt. War doch der Wahnsinn!
Simon, 17 Jahre

immer auch die Beziehung zu anderen. Das heißt dann: Wie gehe ich jetzt mit Jungen, Mädchen um, wenn ich sie (oder einige davon) plötzlich nicht mehr nur als Kumpel, Klassenkameraden und Sportfreunde sehe und erlebe, sondern ganz neue Gefühle und Phantasien mit ihnen (oder mit einem, einer ganz besonderen) verbinde?

Es geht also erst einmal darum, mit dem anderen Geschlecht verkehren zu können und dabei eine eigene sexuelle Identität ohne Angst aufzubauen. Bis zu dem Abend, an dem Ihre Tochter, Ihr Sohn vielleicht zum ersten Mal fragt, ob ihr Freund, seine Freundin in ihrem, seinem Zimmer übernachten darf, hat sie, er schon einen weiten Weg der Annäherung an das andere Geschlecht hinter sich gebracht. Aller Wahrscheinlichkeit nach hat er oder sie sich dabei mit ähnlichen Phantasien, Gedanken, Fragen und Problemen herumgeschlagen, die auch uns damals so viel geistige, seelische und körperliche Energie gekostet haben und die wir – sehr wahrscheinlich – inzwischen längst vergessen (oder verdrängt?) haben.

Fünf Minuten an alte Zeiten denken

Können Sie sich an Ihre eigenen ersten sexuellen Versuche und Aktivitäten erinnern? Wenn überhaupt, dann wahrscheinlich nur vage. Leider ist es nämlich durchaus normal, gerade diese Phase des Lebens ganz schnell zu „vergessen" – gerade weil es so schwierig war, eine eigene sexuelle Identität zu entwickeln. Aber es wäre schön, wenn Sie den Versuch unternehmen würden, sich zu erinnern. Denn die Erinnerung an unsere ersten Schritte mit den dazugehörigen Fragen, Problemen, Ängsten, aber natürlich auch Freuden und lustvollen Phantasien ist eine große Hilfe im Umgang mit unseren Jugendlichen. Ob wir unsere Gefühle von damals noch einmal nachfühlen können? Sicher fallen uns noch einige wichtige Stationen ein. Wie war es denn damals mit dem Nachbarjungen, den wir so toll oder klasse fanden (heute sagt man cool oder süß) und den verschwitzten Händen beim ersten Händchenhalten? Und erst der Abschlussball der Tanzstunde? Haben Sie den Partner bekommen, auf den Sie ein Auge geworfen hatten? Erinnern Sie sich an den ersten Kuss und an die Angst, als Sie sich zum ersten Mal vorgenommen hatten, den Busen Ihrer Freundin zu streicheln? Wann haben Sie zum ersten Mal mit Ihrem Freund/Ihrer Freundin geschlafen? Und vor allem wie und wo? War es schön? Oder hätten Sie sich alles ganz anders gewünscht? Wenn wir ehrlich sind: Eigentlich war die Zeit ziemlich anstrengend. Und dies gilt sicher auch für unsere Kinder, die das Wagnis der ersten sexuellen Kontakte vor sich

haben. Auch sie haben vor dem „ersten Mal" viele Schritte hinter sich zu bringen, und es ist für sie heute sicher nicht weniger schwierig, mit ihrer Entwicklung zu einem sexuell aktiven Menschen klarzukommen.

Schmusen, Küssen, Petting ...

Zu Anfang der Pubertät sind Jungen und Mädchen am liebsten mit ihresgleichen in der Gruppe zusammen. Und hier ist das andere Geschlecht ein spannendes Thema, über das viel geredet werden muss. Die beste Freundin, der beste Freund, die Clique und Freunde aus dem Sportverein bieten sich sehr viel besser als Gesprächspartner an als die Eltern. In Tagträumen, denen Jugendliche in diesem Alter gern allein, manchmal auch mit Freunden und Freundinnen nachhängen, werden natürlich schon alle möglichen Paarbeziehungen durchgespielt – besonders gern mit gänzlich unerreichbaren Idolen, zum Beispiel aus Boygroups. Aber in der Realität fühlt man sich in der Gruppe des eigenen Geschlechts sicherer. Manchmal werden hier auch erste körperliche Annäherungen versucht. Diese gleichgeschlechtlichen Spiele bleiben aber meist eine vorübergehende Phase, die helfen, erst einmal vom Vertrauten her die Schritte ins unbekannte Terrain der Sexualität zu wagen.

Die Kontakte zum anderen Geschlecht zeigen sich in dieser Zeit alles andere als liebevoll. Vor allem Jungen lieben es, die vielleicht insgeheim „Angebetete" zu ärgern, während Mädchen gegenüber gleichaltrigen Jungen, den „Bubis", schlicht arrogant sind und die älteren, auf die sie ein Auge geworfen haben, in stundenlangen Gesprächen mit der besten Freundin, aber auch wirklich nur da, ganz „supersüß" finden.

Erst in der nächsten Stufe werden aus den gleichgeschlechtlichen Gruppen und Freundschaftsbeziehungen größere Cliquen, die nun auch Jugendliche des anderen Geschlechts umfassen. Die Pausen in der Schule, vor allem aber auch die Nachmittage im Schwimmbad, auf der Eisbahn, das Bummeln in der Einkaufsstraße mit den derzeitigen Trendgeschäften oder einfach das „Rumhängen" auf den gerade einschlägigen Plätzen bieten die Gelegenheiten, sich dem anderen Geschlecht – zuerst noch in der Gruppe – anzunähern. Erst nach und nach bahnen sich aus den gemeinsamen Aktivitäten der Clique heraus erste Beziehungen zwischen Jungen und Mädchen an, in denen dann zwei sich als Paar definieren. Aber auch wenn man jetzt zumindest für die nächsten zwei, drei Wochen mit der oder jenem „zusammen ist“ oder mit dem oder jener „geht“ – und was es der regional unterschiedlichen Sprachregelungen für diese ersten Paarbeziehungen sonst noch gibt –, ist man doch meist in der Gruppe unterwegs, die dem Mädchen, dem Jungen Rückendeckung bietet und in die man schnell wieder eintauchen kann, wenn etwas „schief“ gehen sollte. Kontakt mit dem anderen Geschlecht aufzunehmen ohne die Sicherungen, Rückzugs- und Verschleierungsmöglichkeiten, die eine Clique bietet, ist nämlich ein riskantes Unternehmen. Riskant deswegen, weil „Misserfolg“ einen enormen Einbruch im Selbstwertgefühl bedeuten kann.

Die ersten richtigen und verbindlichen Verabredungen im Sinne eines Rendezvous, wie wir das nannten, oder Dates, wie diese Verabredungen heute eher heißen, werden erst in einigen Monaten erprobt werden. Und auch dann noch stehen die gleichgeschlechtlichen Freunde und Freundinnen als intime Partner, mit denen man sich über die Verabredungen bis in die kleinsten Details austauschen und denen man auch die geheimsten Geheimnisse anvertrauen kann, an erster Stelle der Vertrautheitsskala.

Ich bin jetzt drei Monate mit meinem Freund zusammen. Er ist wirklich ganz süß. Mich nervt nur, dass er dauernd davon anfängt, dass wirs zusammen machen.

Lara, 15 Jahre

Zu jeder „sexuellen Karriere“ gehören dann bald die ersten körperlichen Annäherungen. Zu Anfang beschränken sich diese auf Schmusen und Küssen. Sie dehnen sich aber recht schnell auf das Petting, also das Streicheln der sexuell besonders attraktiven Stellen des Jungen- und Mädchenkörpers aus. Von hier bis zum „richtigen“ Geschlechtsverkehr ist es im Leben und Erleben der Mädchen und Jungen jedoch noch ein entscheidender Schritt. Die Mehrzahl der Mädchen und knapp die Hälfte der Jungen – so wieder die Statistik (→ Seite 78) – haben ihren ersten Geschlechtsverkehr in einer festen Beziehung, und für die meisten von ihnen passierte er keinesfalls völlig überraschend. Die Mehrheit der Jugendlichen, Jungen häufiger als Mädchen, beschreiben ihr erstes Mal auch als schönes Erlebnis, das sie gern wiederholten. Vor allem für Mädchen, in etwas abgeschwächter Ausprägung aber auch für Jungen, ist es wichtig, dass sie das erste Mal mit ihrem festen Freund beziehungsweise mit ihrer festen Freundin erleben. Wenn es dagegen mit einer flüchtigen Bekanntschaft passiert ist, stellt sich bei den meisten das Gefühl, etwas Unangenehmes erlebt zu haben, und ein schlechtes Gewissen ein. One-Night-Stands und Sex mit flüchtigen Bekannten sind für die meisten Jugendlichen unvorstellbar.

Und wo?

Vielleicht mögen Sie sich gar nicht mehr so gern daran erinnern. Versuchen Sie es trotzdem! Wo haben Sie zum ersten Mal und wahrscheinlich viele weitere Male mit Ihrem Freund, Ihrer Freundin geschlafen? Für viele Jugendliche stellt sich heute dieses Problem nicht mehr so drastisch. Denn sie gehen wie selbstverständlich davon aus, dass sie ihren Freund, ihre Freundin mit nach Hause bringen können. Wie geht es den Eltern damit? Seien Sie versichert – es ist Ihr gutes Recht, nein zu sagen. Immer noch haben Sie das Hausrecht. Und wenn es Ihnen unbehaglich ist, sich vorzustellen, dass die beiden da drüben... und so weiter. Nur: Fragen Sie sich auch, was für Folgen Ihr Nein haben kann. Im besten Fall geht Ihre Tochter, Ihr Sohn dann eben in die elterliche Wohnung des Partners, was manchmal für Eltern einen schmerzlichen Verlust bedeutet. Im schlechteren Fall sind die beiden gezwungen, Ihre Erfahrungen mit dem vorehelichen Geschlechtsverkehr zu wiederholen. Wünschen Sie dies Ihrer Tochter, Ihrem Sohn?

Eigenes Sexualleben – aber von Aufräumen noch nie etwas gehört!
Angelika, 42 Jahre

Und denken Sie daran: Nicht jede Übernachtung im gemeinsamen Bett führt zu wilden Sexorgien im „Kinderzimmer" – falls es diese Phantasien sind, die Ihnen Unbehagen bereiten und Sie daran hindern, den Freund, die Freundin im Zimmer Ihres Kindes übernachten zu lassen. Zum einen geht es vielen Jugendlichen erst einmal um Nähe, bevor sie an Sex denken, zum anderen kennt Ihre Tochter, Ihr Sohn viel zu gut die baulichen und akustischen Voraussetzungen Ihrer Wohnung als dass sie, solange Sie im Zimmer nebenan sind, Sex haben könnten. Und wenn Sie nicht da sind? Dann haben Sie auch kaum Einfluss darauf, wer denn nun im Bett von Tochter oder Sohn liegt!

Bin ich schwul, bin ich lesbisch?

Für mich war es bis vor kurzem eine unantastbare Wahrheit: Jungen verlieben sich in Mädchen, Mädchen in Jungen. Irgendwann habe ich mich dann mit Lisa unterhalten, sie war frisch verliebt und schilderte mir bis in die kleinsten Details ihre Gefühle – und da bin ich erschrocken, denn sie beschrieb haargenau meinen eigenen Zustand, in dem ich mich, seitdem ich Katrin kennengelernt habe, befinde. Jetzt ist das Gefühlschaos perfekt.
Mona, 18 Jahre

Viele Jugendliche testen ihre Sexualität spielerisch auch mit dem gleichen Geschlecht – sei dies nun in der Realität oder nur in der Phantasie. Diese homosexuellen Versuche bleiben jedoch meist ein vorübergehendes Stadium und stellen nicht die vorwiegend heterosexuelle Ausrichtung in Frage. Manche Jungen und Mädchen entwickeln jedoch zunehmend die sichere Erkenntnis: Mich erregen sexuelle Phantasien und Handlungen vorwiegend oder überhaupt nur mit Personen meines Geschlechts. Das heißt also: Gerade wenn andersgeschlechtliche Kontakte und erste sexuelle Erfahrungen mit dem anderen Geschlecht das große Thema werden, entdecken sie: Ich bin anders als meine Freunde und Freundinnen, ich bin homosexuell. Dieser Prozess des Sich-bewusst-Werdens der eigenen Homosexualität findet bei vielen Jungen und Mädchen zwischen dem 12. und 18. Lebensjahr statt (bei 40 Prozent der lesbischen Frauen und 60 Prozent der schwulen Männer vor dem 18. Geburtstag – so hat eine Studie in Berlin ergeben). Es ist also sehr wahrscheinlich, dass sich die Frage nach der sexuellen Orientierung – die nichts mit der Frage nach der Geschlechtsidentität zu tun hat, also nach der, sich seiner selbst als Frau oder Mann bewusst zu sein – gerade in der Phase der ersten sexuellen Phantasien und Aktivitäten zum ersten Mal stellt.

Für lesbische und schwule Jugendliche gilt also, was für alle Jugendlichen gilt: Sie müssen ihre Gefühle und sexuellen Präferenzen – seien sie nun hetero- oder homosexuell – als ihre eigenen annehmen können und dürfen (→ Seite 161 ff.).

Sexuelle Frühentwickler – sexuelle Spätentwickler

Im Kapitel über die körperliche Entwicklung ist diese Unterscheidung schon einmal wichtig geworden. Dort bezog sie sich auf die individuelle Geschwindigkeit im körperlichen Reifungsprozess. Solche individuellen Geschwindigkeiten existieren auch beim Durchlaufen der sexuellen Entwicklung, also in Bezug auf das Sexualverhalten. Die eingangs zitierten Zahlen machen deutlich, dass heute das erste Mal statistisch früher stattfindet als noch vor wenigen Jahren. Sie sagen jedoch auch – und dies wird häufig vergessen –, dass es seit langem eine konstante Gruppe von Jugendlichen gibt (Mädchen etwa ein Drittel und Jungen fast die Hälfte), die mit 17 Jahren noch keinen

Geschlechtsverkehr gehabt haben. Also auch hier Frühentwickler und Spätentwickler?

Ja, aber: Während für die körperliche Entwicklung vor allem biologische – genetische – Gründe ausschlaggebend sind, spielen in der Entwicklung des Sexualverhaltens viel mehr auch psychosoziale Einflüsse eine Rolle. Nicht umsonst spricht man von der psycho-sexuellen in Abgrenzung von der rein physio-sexuellen (der körperlichen) Entwicklung. Tatsächlich unterscheiden sich sexuelle Frühentwickler von sexuellen Spätentwicklern nicht nur in ihrem sexuellen Verhalten. Psychologen, die Hunderte von Jugendlichen zu Themen aller für Jugendliche wesentlichen Lebensbereiche befragten, haben zwei deutlich unterscheidbare Gruppen mit ganz eigenen Persönlichkeitsprofilen und „Kulturen“ entdecken können, wobei sich beide Gruppen schon ganz zu Anfang der Pubertät auseinander zu entwickeln beginnen. Diese Tendenz setzt sich dann in den folgenden Jahre fort. Frühentwickler orientieren sich im Verlauf der Adoleszenz immer weniger an ihren Eltern, ziehen sie selten ins Vertrauen und diskutieren nicht mit ihnen über Probleme. Sie distanzieren sich von Schule und Lehrern. Sie ziehen andere Musik und oft auch andere Modestile vor als Spätentwickler, treffen sich häufiger mit Freunden und sind stärker in Cliquen integriert. Dafür findet man sie weniger auf Sportplätzen, in Vereinen oder bei kirchlichen und kulturellen Aktivitäten. Solche Frühentwickler unterscheiden sich von Spätentwicklern auch dadurch, dass sie früher Zugang haben zu erwachsenen „Privilegien“ wie Rauchen, Trinken, Freiheit von Ausgehbeschränkungen, und sie haben meist mehr frei verfügbares (Taschen-)Geld. Sie scheinen also insgesamt die Welt der Kindheit früher zu verlassen.

Frühentwickler – und ihre Eltern

Das ist erst einmal eine statistische Bestandsaufnahme, und sie scheint nichts weiter zu sein als eine Bestätigung der allzu bekannten Einstellung gegenüber so genannten Frühreifen.

Aber was bedeuten solche Ergebnisse für uns Eltern? Sicher nicht, dass wir frühen Kontakten zum anderen Geschlecht durch strikte Verbote Einhalt gebieten sollten. Dies mag zwar zu Anfang durch Ausgangsverbote und andere restriktive Anordnungen möglich sein. Aber das wäre am „Symptom herumgedoktert" (wenn man denn überhaupt von einem Symptom sprechen will) und führt vermutlich eher zu einer (inneren) Entfremdung unserer Kinder von der Familie. Außerdem kann es ja nicht in unserem Sinne sein, Erfahrungen unserer jugendlichen Kinder mit dem anderen Geschlecht zu verhindern. Im Gegenteil: Unser Erziehungsziel sollten ja Jugendliche sein, die durchaus in der Lage sind, die Beziehung zum anderen Geschlecht angstfrei und verantwortungsvoll aufzunehmen. Kontaktaufnahme mit Gleichaltrigen welchen Geschlechts auch immer ist also positiv zu werten. Gleichzeitig müssen wir jedoch als Eltern präsent bleiben. Gerade in den schwierigen Zeiten der ersten Annäherungen unserer jugendlichen Kinder an das andere Geschlecht müssen wir – dies sollte uns am Herzen liegen – als Ansprechpartner und wesentliche Vertrauenspersonen „verwendet" werden können, und die Familie als Heimathafen muss die Sicherheit bieten, die das Auslaufen leicht macht. Nur so können wir vermeiden, dass frühe Sexualkontakte gewissermaßen zur Ersatzbefriedigung werden, zum Ersatz für Anerkennung, Nähe und Interesse durch uns Eltern. Gerade das scheint nämlich bei den Frühentwicklern im oben zitierten Sinn häufig der Fall zu sein. Psychologen beschreiben sie als persönlichkeitsstarke Jugendliche, die im Elternhaus und in der Schule eher Ausgrenzungen erfahren haben. Sie vermuten, dass Frühentwickler in der Kindheit weniger Anerkennung und Interesse ihrer Eltern erlebt haben und dass ihnen als Jugendliche weniger Möglichkeiten zur Verfügung stehen, sich Selbstbestätigung und Anerkennung durch schulische, sportliche, musische und soziale Aktivitäten zu erarbeiten. Frühes „erwachsenes" Verhalten soll ihnen vielleicht jetzt die Zustimmung und Nähe bringen, die sie sonst vermissen.

Unser Erziehungsziel scheint am ehesten zu erreichen zu sein, wenn wir intensiven Kontakt mit Freiheitsgewährung in Einklang bringen können. Jugendliche brauchen ein Elternhaus, in dem es nicht um die strikte Einhaltung von Normen geht, Werte jedoch durchaus vermittelt werden, und zwar durch Argumentation und nicht durch Androhung von Strafe, durch Zwang und Verbote. Sie brauchen ein Elternhaus, in dem gemeinsame Freizeitaktivitäten – erholsame, sportliche und kulturelle – stattfanden und stattfinden und viel gemeinsam „über Gott und die Welt" diskutiert wird (→ Seite 58).

Die sexuelle Revolution?

Dass Sex heute sehr viel früher im Leben eines Jugendlichen eine Rolle spielt, bedeutet nicht, dass die in den 60er und 70er Jahren so oft beschworene „sexuelle Revolution“ nun tatsächlich stattgefunden hat. Unsere Kinder sind zwar früher sexuell aktiv. Aber was hat dies mit der damals propagierten „sexuellen Revolution“ zu tun? Nicht so sehr viel – dies zeigen uns viele Befragungen von Jugendlichen. Die „Liberalisierung“ des Sex, was damals eher hieß die Abkoppelung der Lust von der Liebe, scheint – immer mehr! – nur in den Medien, in Film, Fernsehen, Zeitschriften und im Internet stattzufinden. Und die dort vermittelte ewige Partystimmung, die den Spaß am Sex als zentrales Jugendthema propagiert, geht sicher an der Realität der Jugendlichen vorbei. Die Mehrzahl der Jugendlichen ist heute – zunehmend – gegen Sex ohne persönliche Beziehung. Wenn sie auch nicht mehr, wie wohl noch ihre Großeltern, eine (geplante) Heirat als Bedingung für vorehelichen Geschlechtsverkehr begreifen, so nennen doch die meisten eine feste Beziehung als Voraussetzung. Und diese feste Beziehung wünschen sie sich auch wirklich fest, das heißt, Treue gehört für die meisten dazu. Wissenschaftler haben dafür sogar einen neuen Begriff geprägt. Sie sprechen von der „seriellen Monogamie“ der heutigen Generation und meinen damit, dass die „Jugend von heute“ zwar durchaus hintereinander verschiedene Beziehungen hat, jede dieser Beziehungen aber als ausschließliche, „absolut treue“ Beziehung gestaltet.

Wenn Tochter oder Sohn nur noch im Doppelpack zu haben sind

Diese ganz festen Beziehungen haben natürlich auch Auswirkungen auf das Familienleben. Denn irgendwann wird ganz selbstverständlich der Freund, die Freundin nach Hause mitgebracht. Und zwar nicht wie bisher üblich als Kumpel, Kamerad und beste Freundin, die heute zum Abendessen und vielleicht über Nacht bleibt, sondern als Anhang des eigenen Kindes, ohne den dieses – zumindest bis auf weiteres – nicht mehr zu haben ist. Und wiederum ganz selbstverständlich wird von den Eltern (und Geschwistern) erwartet, dass dieser Anhang als neues Familienmitglied fast im Sinne einer Schwiegertochter, eines Schwiegersohnes auf Zeit akzeptiert wird. Das Problem dabei ist, dass Eltern und Geschwister diese Gastfreundschaft nun einmal nicht immer aufbringen können und wollen. Erstens: Sie haben sich diesen

Dauergast nicht ausgesucht. (Sie können von Glück sagen, wenn er ihnen sympathisch ist.) Zweitens: Vielleicht passt ihnen ein Dauergast ja überhaupt nicht, und nicht nur wegen der zusätzlichen finanziellen Belastung, die ein weiterer „Mitesser" bedeutet. Und drittens: Viele Eltern fühlen sich durch den für sie ja erst einmal ganz fremden Freund, die fremde Freundin ihrer Kinder verständlicherweise in ihrer Privatsphäre gestört, besonders dann, wenn das junge Pärchen – ohne zu fragen – das Wohnzimmer, das Sofa und den Fernseher inklusive Fernbedienung besetzt hält.

Also, auch wenn Ihnen klar geworden ist, dass Sie Ihre Tochter, Ihren Sohn derzeit nur noch mit Anhang zu Gesicht bekommen: Wenn es Ihnen unmöglich gemacht wird, Ihren Feierabend so zu gestalten, wie Sie das mögen, dann ist ein konstruktives Gespräch mit Sohn oder Tochter angesagt! Konstruktiv wird es dann, wenn Sie

- Ihre Bedürfnisse und Ihr Unbehagen deutlich formulieren, ohne aber die Beziehung Ihrer Tochter, Ihres Sohnes zu dem Anhang grundsätzlich infrage zu stellen,
- sich auf Regeln des Zusammenlebens einigen können, die für Sie akzeptabel sind.

Denken Sie daran: Wahrscheinlich gehört ein solcher Dauergast zumindest übergangsweise zu Ihrem Leben als Eltern jugendlicher Kinder dazu (so wie die Krabbelgruppen in den ersten Lebensjahren und die einfallenden Kinderhorden im Grundschulalter). Der Unterschied: Jugendliche sind jetzt emotional und kognitiv reif genug, dass sie auch Ihre Bedürfnisse verstehen und akzeptieren können!

Nutzen Sie die Chance!

Wenn ihre Kinder sexuell aktiv werden, wird es für manche Eltern heikel. Sie beginnen ihre eigene Sexualität, die sie heute noch leben, plötzlich in einem anderen Licht zu sehen und messen sie an einer Sexualität, die sie – oft ganz an der Realität vorbei – ihren Kindern zuschreiben. Nicht selten müssen sie sich dann mit Gefühlen des Neids, der Resignation und Enttäuschung auseinander setzen. Besser wäre es, die Chance zu ergreifen und sich auf eigene Bedürfnisse zu besinnen. Nutzen Sie Ihre Phantasie – es geht ja nicht nur um die Sexualität Ihrer Kinder! Machen Sie sich klar: Nicht nur die Jugendlichen haben eine Gegenwart und eine Zukunft.

Und noch etwas: Es gibt auch Eltern, die diesen „Familienzuwachs“ durchaus genießen, bringt die Jugend doch wieder frischen Wind in die Familie und verhindert vorerst die befürchtete Langeweile, die mit dem Auszug der eigenen Kinder droht. Ein solchermaßen offenes Haus ist sicher erst einmal ein Glücksfall. Es birgt jedoch auch Gefahren, und zwar dann, wenn die Kinder für eigene unausgesprochene Bedürfnisse „missbraucht“ werden: Wollen die Eltern sich „am jugendlichen Feuer ihrer Kinder aufwärmen“? Wird die Teilnahme am „jungen Glück“ der Kinder gebraucht, um die eigene Leere aufzufüllen? Soll ihre Gastfreundschaft vielleicht von eigenen (Ehe-)Problemen ablenken? In diesen Fällen behindert die Gastfreundschaft die Autonomie der jugendlichen Kinder. Kann ein Mädchen – wenn es dies braucht – sich in ihrer Beziehung zum Freund Freiräume schaffen, wenn Vater und Freund doch so gern zusammen Fußball schauen? Wie kann ein Junge mit seiner Freundin „Schluss machen“, wenn seine Mutter und seine Freundin „ein Herz und eine Seele“ sind?

Auch das gehört dazu: Liebeskummer

Liebeskummer lohnt sich nicht, my darling – dieser Song aus den 60er Jahren mag zwar in der Sache hin und wieder Recht haben, geht aber am Problem vorbei. Denn Liebeskummer ist ein ernst zu nehmendes Leiden und kann in letzter Konsequenz bis zum Suizid (Selbsttötung) führen. Was Liebeskummer so schmerzlich macht, ist die unheilvolle Vermischung verschiedenster Gefühle. Liebeskummer ist ja meist nicht nur Trauer. Eifersucht, Neid, Enttäuschung, Sehnsucht, Hoffnungslosigkeit, Gefühle der Verlassenheit und Minderwertigkeit oder gar Wertlosigkeit, aber auch Wut, Hass und das Bedürfnis nach Rache sind Gefühle, die nicht selten ganz alte Erinnerungen wecken und unerledigte und unbewältigte Erfahrungen wiederbeleben. Und für viele bedeutet auch die Erkenntnis, den eigenen Gefühlen welcher Art auch immer ausgeliefert zu sein, eine Kränkung, die sie nur schwer verkraften. Denken Sie daran: Auch

Kinder und Jugendliche sind vor diesen Gefühlen nicht gefeit! Auch ihr Liebeskummer kann sie in den Grundfesten erschüttern, kann Tage, Wochen, ja Monate dauern. Nehmen Sie also die Trauer Ihrer Tochter, Ihres Sohnes ernst.

Gut gemeinte Ratschläge oder – noch schlimmer – Sprüche wie „Das war doch vorauszusehen" oder „Das hätte ich dir gleich sagen können ...", sind das Letzte, was Ihre Tochter, Ihr Sohn jetzt hören will. Und wenn sich Ihr Sohn, Ihre Tochter mit dem Kummer zurückzieht, gewähren Sie ihm beziehungsweise ihr die Auszeit, aber machen Sie immer deutlich, dass Sie gesprächs- oder besser zuhörbereit sind.

Aus Erfahrung lernen

Die Entwicklung zu einem sexuell aktiven jungen Mann, zu einer sexuell aktiven jungen Frau verändert nicht nur unsere Kinder. Auch wir müssen in unsere neue Rolle als Eltern eines (potenziell) sexuell aktiven Menschen hineinwachsen.
Die meisten Eltern haben erst einmal Schwierigkeiten, diese neue Rolle zu übernehmen. Dabei haben wir doch gegenüber unseren Kindern einen unschätzbaren Vorteil. Wir können auf Erinnerungen und Erfahrung zurückgreifen.
Nutzen wir diesen Vorteil!
Fragen, die Sie sich stellen sollten:

- Was haben wir damals von unseren Eltern erwartet?
- Hätten wir mehr Unterstützung und Offenheit gewünscht oder mehr Privatheit und Selbstständigkeit?
- Worüber haben wir damals geschimpft, und wie denken wir heute darüber?
- Aber auch: Was haben wir damals erzählen wollen und können, was nicht?
- Wollen wir als Eltern alles besser machen als unsere Eltern, oder verstehen wir heute aufgrund der Erfahrung, die wir jetzt als Erwachsene haben, warum unsere Eltern so und nicht anders mit uns umgegangen sind?
- Können uns unsere Eltern Vorbild sein für unsere Elternrolle heute?

Die Entwicklungsaufgaben der Adoleszenz

Man spricht heute viel von den Entwicklungsaufgaben, die jede Lebensphase mit sich bringt, also nicht nur die Adoleszenz. Dabei geht es um die offensichtliche Tatsache, dass sich jeder Mensch im Laufe seiner Entwicklung ständig neuen Themen und Anforderungen gegenübersieht. Manche von ihnen werden zum Problem und müssen bewältigt werden, bevor es weitergehen kann.

Das beginnt schon ganz früh. Ein Baby zum Beispiel „muss lernen", zwischen sich und anderen zu unterscheiden, es „muss lernen", Bindungen aufzubauen, um dann auf dieser Grundlage neugierig zu werden, die Welt zu erforschen.

Und es geht weiter: Für das Kleinkind steht neben vielen anderen Entwicklungsaufgaben das Sprechen lernen auf dem Programm und, was damit zusammenhängt, die Fähigkeit, sich spielerisch Phantasiewelten zu erschaffen.

Zu den Entwicklungsaufgaben eines Kindes, das in die Schule kommen soll, gehört unter anderem, in Gruppen spielen und lernen zu können und bestimmte altersentsprechende Denkfähigkeiten zu entwickeln. Als Schulkinder stehen sie wieder neuen Entwicklungsaufgaben gegenüber. Ganz wichtig ist zum Beispiel die Bereitschaft, etwas leisten zu wollen, das heißt, sich mit den schulischen Anforderungen zu identifizieren.

Nicht anders ist es in der Adoleszenz. Auch sie bringt Entwicklungsaufgaben mit sich – und zwar eine ganze Reihe. Sie bauen auf den Entwicklungsaufgaben der Kindheit auf und sind jetzt stark von den Anforderungen bestimmt, die das Erwachsenenalter an die Jugendlichen einmal stellen wird.

Die drei Quellen der Entwicklungsaufgaben

Entwicklungsaufgaben sind Aufgaben, die sich in einer bestimmten Lebensphase als biologische Tatsache stellen. Aber: Körperliche altersabhängige Reifungsprozesse, wie zum Beispiel die Reifung und Entwicklung eines Säuglings, die Pubertät oder die Wechseljahre, bilden nur die Basis.

J. R. Havighurst, der den Begriff in die Entwicklungspsychologie eingeführt hat, spricht von drei Quellen einer jeden Entwicklungsaufgabe:
- den körperlichen Veränderungen, die an einen bestimmten Lebensabschnitt und allgemeine physische Reifungsprozesse gebunden sind;
- den Aufgaben und Erwartungen, die von der Gesellschaft an den Einzelnen herangetragen werden, und den Perspektiven, die sie dem Einzelnen bietet;
- den Werten und Zielen, die jeder Einzelne für sich selbst als wichtig definiert und formuliert hat.

Erst alle drei zusammen bestimmen die Aufgaben, denen sich Kinder, Jugendliche und Erwachsene in ganz bestimmten Lebensphasen gegenübergestellt sehen.

Auch Eltern müssen lernen

Auch wir Eltern – die wir uns vermutlich alle im „mittleren Lebensalter“ befinden – haben ganz bestimmte Aufgaben. Um nur einige zu nennen: Wir müssen
- unseren heranwachsenden Kindern bei der Bewältigung ihrer Entwicklungsaufgaben helfen,
- unsere berufliche Existenz erhalten,
- unsere Beziehungen zum Lebenspartner und zu Freunden festigen,
- Hobbys und Freizeitaktivitäten entwickeln, die wir auch später im Ruhestand ausüben können, um diesen zufrieden erleben zu können,
- möglicherweise die Verantwortung für unsere alten Eltern übernehmen,
- beginnen, uns mit unserem eigenen Alterungsprozess auseinander zu setzen, auch wenn uns dies vielleicht schwer fällt.

Zwei Versionen

Die allgemeine der Psychologie …

Wenn Psychologen von den Entwicklungsaufgaben der Adoleszenz sprechen, haben sie eine lange Liste von „Lernzielen“ vor Augen. Jugendliche – so formulieren sie – müssen

- sich in ihrem neuen Körper annehmen – den neuen (männlichen/weiblichen) Körper bewohnen lernen,
- die eigene Rolle als Mann oder Frau akzeptieren, übernehmen und ausfüllen lernen,
- befriedigende und stabile Beziehungen und Bindungen außerhalb der Familie eingehen,
- sexuelle Beziehungen aufnehmen und intime Partnerschaften gestalten lernen,
- von den Eltern emotional unabhängig werden und sich vom Elternhaus lösen,
- eigene Werte, Normen und Ideale (politische, soziale und moralische) finden,
- eine (realistische) Zukunftsperspektive in Bezug auf Beruf, Familiengründung, Lebensgestaltung entwickeln und darauf hinarbeiten und – dies ist wohl die Zusammenfassung der anderen Aufgaben –
- eine eigene Identität entwickeln.

… und die konkrete der Jugendlichen selbst

Vielleicht sind Sie zusammengezuckt angesichts dieses „Rahmenplans“. Aber sind es nicht auch die Jugendlichen selbst, die solche Wünsche, Ziele und Perspektiven für sich als Entwicklungsaufgaben formulieren? Sie nennen es natürlich nicht Aufgaben. Sie fordern, wünschen sich, rechnen damit, gehen davon aus, hoffen oder sie erwarten einfach, dass sie spätestens, wenn sie 18 Jahre, also im rechtlichen Sinn erwachsen sind, in der Lage sind, selbstständig Entscheidungen zu treffen, dass sie also zum Beispiel selbst entscheiden können, welche Hobbys sie ausüben, mit welchen Freunden sie zusammen sind, welche Filme sie sich ansehen, wann sie abends nach Hause kommen.

Sie rechnen fest damit, dass sie dann im Alltag allein zurechtkommen – was sie heute schon beweisen, indem sie zum Beispiel allein ein Café, eine Disko besuchen, ohne elterliche Begleitung zum Arzt gehen, ein Wochenende allein zu Hause bleiben, dann ihren Urlaub ohne Eltern verbringen und zunehmend selbst mobil werden (sei es mit den öffentlichen Verkehrsmitteln, dem Fahrrad, Motorroller oder später dem eigenen Auto).

Sie bestehen zunehmend darauf, Schule und Ausbildung als ihre Sache anzusehen, und betonen lautstark, selbst genau zu wissen, was man dafür tun muss. Sie wollen selbst die Verantwortung dafür übernehmen und auch ihr berufliches Leben selbst planen. Ihr erklärtes Ziel: endlich von den Eltern ökonomisch unabhängig zu werden, also selbst Geld zu verdienen und es ausgeben zu können, ohne jemandem Rechenschaft schuldig zu sein. Sie wissen zugleich, dass sie bis dahin ihren eigenen Lebensstil finden müssen, was auch heißt, sich in der gegebenen Konsum- und Mediengesellschaft zurechtzufinden.

Sie hoffen, dass sie spätestens dann einen (intimen) Freund, eine Freundin haben und die Ängste, die mit ihrem Körper und der Sexualität zusammenhängen, endlich der Vergangenheit angehören. Sie malen sich aus, wie es wäre, verheiratet zu sein, eine Familie zu gründen, und machen sich Gedanken, ob dies zu ihnen passt.

Und was ganz wichtig ist: Sie wollen sich eine eigene Meinung über „Gott und die Welt" bilden. Sie wollen selbst über Gut und Böse, Richtig und Falsch entscheiden, ohne sich dem Wertesystem anderer, was meist bedeutet ihrer Eltern, unterwerfen zu müssen. Als Erwachsene werden sie auch – so definieren sie für sich selbst – die Selbstunsicherheit und möglichen Selbstzweifel, mit denen sie hin und wieder zu kämpfen haben, endlich hinter sich gelassen haben, weil sie dann wissen, wer sie sind und was sie wollen.

Genau diese selbst gesteckten Ziele und Zukunftsperspektiven sind es, wenn wir von Entwicklungsaufgaben sprechen. Zum Problem werden sie dann, wenn eine Jugendliche, ein Jugendlicher aus inneren (vielleicht, weil sie oder er noch zu große Angst hat, sich von den Eltern zu lösen) oder äußeren Gründen (zum Beispiel: Die Arbeitsmarktsituation verhindert die Erfüllung eines Ausbildungswunsches) es nicht schafft, einer oder mehreren dieser Aufgaben gerecht zu werden.

Marcus – ein Beispiel

Marcus ist 17 Jahre alt und besucht die elfte Klasse eines Gymnasiums.

Was ich mir für mich und mein Leben wünsche und vornehme:

- *Freunde haben, mit Freunden über alles reden können.*
- *Eine Freundin haben.*
- *Gut in der Schule sein, damit ich das, was ich einmal werden will, studieren kann.*
- *Mich selbst in meinem Leben verwirklichen, nicht den Marcus, den andere sich wünschen.*
- *Über mich selbst bestimmen können.*
- *So werden, wie ich mich gern selbst sehe: selbstbewusst und sicher auftreten können, schlagfertig, gefühlsecht, zuverlässig, ordentlich, bescheiden, im Gespräch tiefgründig, aber auch oberflächlich, witzig, spritzig und verständnisvoll, engagiert und einfühlsam sein.*
- *Mich aber auch mal gehen lassen können, ohne gleich ein schlechtes Gewissen zu bekommen.*
- *Wissen, wer ich eigentlich bin.*
- *Eine eigene Weltanschauung haben.*

Marcus zeigt sich sehr anspruchsvoll in dem, was er für sich als Lebensentwurf formuliert. Dies entspricht seiner sozialen Herkunft, den familiären und gesellschaftlichen Erwartungen, die er an sich gestellt sieht, und seinem individuellen Charakter.

Was die Formulierung seiner ganz persönlichen „Entwicklungsaufgaben" aber auch zeigt, ist eine der wichtigsten Fähigkeiten, die den Unterschied zwischen Kindern und Jugendlichen ausmacht: die Fähigkeit, über sich selbst nachzudenken (→ Seite 49).

Wenn Jugendliche jetzt über sich nachdenken – und sie tun es mehr, als sie es bisher je getan haben und jemals wieder tun werden –, stellen sich immer die zwei großen Fragen: Wer bin ich eigentlich und wer bestimmt über mich? Diese Fragen beschäftigen alle Jugendlichen, ob sie es nun so ausführlich darstellen können und wollen wie Marcus oder nicht.

Die zwei wichtigsten: Autonomie und Identität

Eine der großen Entwicklungsaufgaben, denen sich Jugendliche gegenübersehen, ist es, selbstständig, selbstverantwortlich zu werden und in der Lage zu sein, die Kontrolle über das eigene Leben zu übernehmen.

Es wäre zu schön, wenn wir dabei von einem kontinuierlichen Wachstum an Selbstverantwortung und Selbstbestimmung ausgehen könnten, die im gleichen Zug ein Weniger an elterlicher Verantwortung und Kontrolle möglich macht. Aber dass dem nicht so ist, wissen wir alle. Wir wissen auch, dass die meisten Auseinandersetzungen, die zwischen Eltern und Jugendlichen in diesem Alter stattfinden, um diese Frage der Selbstbestimmung gehen – auch wenn in vielen Fällen scheinbar um ganz andere Probleme gestritten wird.

Der Grund: Es ist ziemlich schwierig, selbstständig zu werden und die Verantwortung für sich selbst zu übernehmen. Und es ist auch nicht einfach, „die Zügel loszulassen", wenn die in den vergangenen Jahren erprobte Technik der Bemutterung und Bevaterung sich doch ganz gut bewährt hatte und wenn – seien wir ehrlich – keiner so recht weiß, was für Folgen sich durch unser „Loslassen" anbahnen.

Das Thema aus der Sicht der Jugendlichen: Wer darf über mich, meinen Körper, meine Wünsche, Ziele, Pläne und Absichten bestimmen? Wie grenze ich mich ab, um eigenständig zu werden? Wie gewinne ich Freiheit?

Das Thema aus der Sicht der Eltern: Wie viel Freiheit, Selbstverantwortung kann ich zulassen? Wie viel Schutz muss, kann – und darf – ich noch gewähren? Welche Grenzen darf, muss – und kann – ich noch setzen? Was kann meine Tochter, mein Sohn entscheiden, was nicht?

Konfliktstoff gibt es genug

In keiner Phase wird so viel gestritten wie in der Adoleszenz. Woran sich Auseinandersetzungen entzünden, sind die Kleinigkeiten des Alltags. Zum Beispiel: Kleidung und Frisur, Art und Dauer des Fernsehkonsums, die Dauer der täglichen Arbeit für die Schule, ein Stadtbummel, Kinobesuch ohne Erwachsene, die Häufigkeit der Verabredungen mit Freunden – dies die Themen in der frühen Adoleszenz. In der mittleren Adoleszenz geht es dann um die Dauer des Ausgangs am Abend, Häufigkeit der Verabredungen, die Anzahl und Auswahl der Partys, Übernachtverabredungen mit Freunden und Freundinnen verschiedenen Geschlechts, der Besuch von Rock-, Pop- oder heute eher Hip-Hop-Konzerten, die Entscheidung über den Konsum der einschlägigen „Genussgifte" (Zigaretten, Alkohol), die Teilnahme an Familienprogrammen und Familienverabredungen und die freie Verfügung über das Taschengeld und die Frage, was alles davon finanziert werden muss. Dazu kommen dann bald Auseinandersetzungen darüber, ob die Freundin, der Freund im „Kinderzimmer" übernachten darf, über Ferienreisen mit Freunden ohne Begleitung Erwachsener und ob und welche Ferien- und Freizeitjobs in Frage kommen.

Kürzlich, als ich Daniela nicht erlaubt habe, zum dritten Mal in einer Woche aufs Volksfest zu gehen, hat sie mich angeschrien: „Du bist ja nur neidisch, weil du keinen Spaß mehr hast!" Da ist mir die Hand ausgerutscht! Warum ich so wütend wurde, weiß ich gar nicht ... Aber mit dem Spaß hat sie Recht! Was habe ich denn vom Leben! Wenn ich von der Arbeit komme und aufgeräumt habe, bin ich zu müde, jemanden anzurufen und mich zu verabreden.

Claudia, 47 Jahre

Älteren Jugendlichen geht es dann um die grundsätzliche Frage: Muss ich mir überhaupt noch etwas sagen lassen? Auch sie kann Anlass für mehr oder weniger heftige Diskussionen bieten. Zum Beispiel lässt sich trefflich darüber streiten, ob und inwieweit sie überhaupt noch Rechenschaft darüber abzulegen haben, wann, wie oft, mit wem und wie lange sie ausgehen, und dann vor allem, wessen Sache die Verantwortung über den Schulbesuch, den Schulabschluss und die Wahl der Ausbildung ist.

Die wenigsten Auseinandersetzungen um Autonomie sind grundsätzlicher Art. Denn es gibt wohl kaum Eltern, die nicht wissen, dass sie über kurz oder lang ihre Kinder „in die Freiheit entlassen" können und müssen. Die Konflikte entstehen dadurch, dass Jugendliche sich früher in der Lage sehen – und dies auch als Anspruch formulieren –, für sich selbst Entscheidungen zu treffen, als dies ihre Eltern tun. Beide „Konfliktparteien" haben meist einen unterschiedlichen Zeitplan in Bezug auf jeweils spezifische Aktivitäten und Abgabe von Verantwortung im Kopf. Während Jugendliche zum Beispiel schon sehr früh für sich das Recht in Anspruch nehmen, selbst zu entscheiden, welche Kleidung sie kaufen, sehen Eltern es noch recht lange als ihre Pflicht und ihr Recht an, über die jeweilige Wahl der Mode ein Wörtchen mitzureden.

Oder wenn Jugendliche längst der Ansicht sind, selbst darüber befinden zu können, wie lange sie abends eine Party besuchen, sind Eltern fest davon überzeugt, genau diese Planung ihren halbwüchsigen Kindern nicht überlassen zu dürfen. „Dafür bist du noch zu jung" ist das Argument, das Jugendliche verabscheuen, weil es letztlich der elterliche Trumpf in solchen Konflikten ist.

Hotel Mama

Ich will aber!

Ein zweiter Grund dafür, dass das Thema Selbstverantwortung und Kontrolle fast zwangsläufig zu Diskussionen und Konflikten führt, ist die jugendliche Entwicklung selbst. Denn es ist ja keineswegs so, dass diese geradlinig und in allen Bereichen parallel verläuft. Eine Jugendliche, ein Jugendlicher kann in einem Bereich sehr vernünftig und weitsichtig sein, während sie, er sich bei anderen Aktivitäten überaus „kindisch" verhält.

Zum Beispiel: Ein 17-Jähriger zeigt sich als Leiter einer Pfadfindergruppe als ausgezeichneter Organisator der unterschiedlichsten Fahrten und Aktivitäten, ist aber immer noch außerstande, die Einteilung seiner schulischen Pflichten und die Ordnung seiner Schulutensilien selbst erfolgreich in die Hand zu nehmen. Oder: Eine 15-Jährige kann sehr vernünftig und verantwortungsbewusst zu Hause auf ihren kleinen Bruder aufpassen, ist aber, sobald sie mit ihrer Clique unterwegs ist, nicht in der Lage, angesichts des Gruppendrucks für sich selbst Entscheidungen zu treffen.

Dazu kommt: Jugendliche können heute sehr erwachsen und vernünftig sein und am nächsten Tag wieder dem kleinen Kind von vorgestern gleichen, das wütend mit dem Fuß aufstampft und schreit: Ich will aber ... und: Ich kann das schon, und zwar allein. Und es ist keinesfalls so, dass sie nur so wirken, als seien sie manchmal erwachsen und dann wieder so kindlich wie schon lange nicht mehr. Sie sind es tatsächlich. Psychoanalytiker sprechen von einer hin und wieder notwendigen Regression, einem Rückschritt zu der Phase, in der das Zwei- bis Dreijährige zum ersten Mal „groß" ist, einen eigenen Willen hat, diesen durchsetzen will und damit den ersten großen Schritt zu einer eigenen Persönlichkeit wagt.

Stress für die Eltern

Für die Sorge- und Erziehungsberechtigten und -verpflichteten ist es natürlich ganz und gar nicht einfach, bei diesem Auf und Ab, Vor und Zurück den Überblick zu bewahren, den es ja braucht, um zu wissen, wo ihre Tochter, ihr Sohn gerade steht, wie viel „Vernunft" sie erwarten und wie viel Eigenverantwortung sie ihr, ihm zugestehen können. Patentrezepte kann es dabei nicht geben. Sicher ist nur: Sowohl ein zu strenges, kontrollierendes Regiment als auch eine Laisser-faire-Haltung, welche die Jugendlichen sich selbst überlässt, sind schädlich (→ Seite 369 ff.). Jugendliche, die nicht zunehmend mehr Selbstverantwortung zugestanden bekommen, haben entweder keine Chance, Selbstständigkeit zu üben, oder sie – dies haben viele Untersuchungen deutlich gemacht – entziehen sich der Kontrolle ihrer Eltern. Sie übernehmen oft kritiklos und vermeintlich selbstbestimmt Werte und Normen anderer, seien dies nun dominante Gleichaltrige oder erwachsene Idole, denn Kritik zu üben haben sie nie gelernt.

Aber auch das Gegenteil, nämlich zu viel Freiraum und Selbstverantwortung, führt nicht automatisch zu mehr Selbstständigkeit und Autonomie. Vielmehr zeigen sich Jugendliche, deren Eltern sich zu früh und abrupt aus dem Erziehungsgeschäft zurückziehen, sehr viel anfälliger für den Einfluss Gleichaltriger – im positiven, aber leider auch im negativen Sinn.

Eltern, die gerade in den kritischen Jahren der frühen und mittleren Adoleszenz – vielleicht aus falsch verstandener Liberalität und Aufgeklärtheit oder aus Angst vor Konflikten – auf „Einmischung" verzichten, können Jugendliche oft nur als wenig engagiert und desinteressiert (miss)verstehen. Was heißt das? Das labile Gleichgewicht von Selbstverantwortung und Kontrolle muss immer wieder neu ausgehandelt werden. Das bedeutet oft zähe, manchmal lautstarke Verhandlungen mit den Jugendlichen selbst.

Auf jeden Fall sollten wir Eltern

- jede Gelegenheit wahrnehmen, unseren Jugendlichen dort Entscheidungsfreiheit zuzugestehen, wo wir auf ihre Fähigkeit setzen und ihnen vertrauen können,
- ihnen die Möglichkeit geben, mit uns und mit der Familie als Ganzer neue gleichberechtigte Verkehrsformen auszuprobieren.

Die Auseinandersetzungen sind dann produktiv, das heißt förderlich für die Entwicklung des Jugendlichen und das Verhältnis von Eltern und Jugendlichen, wenn beide Seiten in der Lage sind, sich auch einmal in die Situation des Konfliktpartners zu versetzen, um Kompromisse zu finden, mit denen beide leben können.

Zum Beispiel Ausgang:

Das leidige Feilschen um Minuten

Unter rein juristischen Gesichtspunkten könnte bei vielen dieser Diskussionen das Jugendschutzgesetz, hier genauer „das Gesetz zum Schutz der Jugend in der Öffentlichkeit" zurate gezogen werden. Es regelt folgende Fragen:

- Wo und zu welcher Tageszeit und zu welchem Zweck sich Kinder und Jugendliche unter einer genau definierten Altersgrenze allein ohne die Begleitung Erziehungsberechtigter (also nicht irgendwelcher Erwachsener, sondern nur der Eltern) oder „jeder sonstigen Person über 18 Jahre, soweit sie aufgrund einer Vereinbarung mit dem Personensorgeberechtigten Aufgaben der Personensorge wahrnimmt", aufhalten dürfen.
- Ab welchem Alter Alkoholika und Nikotin in der Öffentlichkeit konsumiert werden dürfen.
- Welche Filmvorstellungen Kinder und Jugendliche eines bestimmten Alters besuchen dürfen und zu welchen Uhrzeiten ihnen dies vom Gesetzgeber erlaubt ist.

Eltern, die schon einmal mit ihrer 15-jährigen Tochter darüber diskutiert haben, ob ein bestimmter Kinofilm „freigegeben ab 16 Jahren" nun infrage kommt oder nicht, oder die ihrem knapp 18-jährigen Sohn mit Berufung auf dieses Gesetz darüber Vorschriften zu machen versuchten, welche Orte er bis zu welcher Uhrzeit zu verlassen hat, wissen allerdings nur zu gut, dass auch dieses Gesetz sie nicht vor ausufernder Diskussion bewahrt. Übrigens: Derzeit scheint auch der Gesetzgeber mit sich handeln zu lassen. Denn die Bundesregierung erwägt eine Lockerung der Vorschriften des Jugendschutzgesetzes besonders in den Teilen, die die zeitlichen Begrenzungen des Ausgangs regeln.

Das Jugendschutzgesetz wurde im Übrigen genau genommen nicht als Erziehungshilfe für Eltern erlassen. Es richtet sich an Veranstalter und Gewerbetreibende. Sie müssen die für sie und ihre Veranstaltung geltenden Jugendschutzgesetze sichtbar aushängen und Kindern und Jugendlichen den Zutritt zu bestimmten Veranstaltungen (Tanzveranstaltungen, Filmvorführungen) und Orten (zum Beispiel Gaststätten, Diskotheken, Spielsalons) verwehren. Bei Zuwiderhandlung können sie gerichtlich belangt werden.

Jugendschutzgesetz im Überblick

	Übersicht über die Bestimmungen des Gesetzes zum Schutz der Jugend in der Öffentlichkeit (JÖSchG) vom 25. 2. 1985	Kinder unter 14 ohne Eltern	Kinder unter 14 mit Eltern	Jugendl. unter 16 ohne Eltern	Jugendl. unter 16 mit Eltern	Jugendl. unter 18 ohne Eltern	Jugendl. unter 18 mit Eltern
§ 1	Aufenthalt an jugendgefährdenden Orten	nein	nein	nein	nein	nein	nein
§ 3	Aufenthalt in Gaststätten	nein[1]	ja	nein[1]	ja	bis 24.00	ja
	Aufenthalt in Nachtbars, Nachtclubs oder vergleichbaren Vergnügungsbetrieben	nein	nein	nein	nein	nein	nein
§ 4	Abgabe/Verzehr von Branntwein, branntweinhaltigen Getränken und Lebensmitteln	nein	nein	nein	nein	nein	nein
	Abgabe/Verzehr anderer alkoholischer Getränke, z. B. Wein, Bier o. Ä.	nein	nein	nein	ja[2]	ja	ja
§ 5	Anwesenheit bei öffentlichen Tanzveranstaltungen, u. a. Disko (Ausnahmegenehmigung möglich)	nein	ja	nein	ja	bis 24.00	ja
	Tanzveranstaltungen anerkannter Träger der Jugendarbeit	bis 22.00	ja	bis 24.00	ja	bis 24.00	ja
§ 6	Besuch öffentlicher Filmveranstaltungen. Nur bei Freigabe des Films und Vorspanns „ohne Altersbeschränkung" ab 6/12/16/18 Jahre	bis 20.00	ja	bis 22.00	ja	bis 24.00	ja
§ 7	Abgabe von Videokassetten und Bildträgern nur entsprechend der Freigabekennzeichen „ohne Altersbeschränkung" ab 6/12/16/18 Jahre	ja	ja	ja	ja	ja	ja
§ 8	Anwesenheit in öffentlichen Spielhallen, Teilnahme an Spielen mit Gewinnmöglichkeit	nein	nein	nein	nein	nein	nein
	Benutzung von Bildschirm-Unterhaltungsgeräten ohne Gewinnmöglichkeiten	nein	ja	nein	ja	ja	ja
§ 9	Rauchen in der Öffentlichkeit	nein	nein	nein	nein	ja	ja

[1] Ausnahmen: auf einer Reise, zur Einnahme einer Mahlzeit oder eines Getränks, anlässlich einer Veranstaltung eines anerkannten Trägers der Jugendhilfe.

[2] Erlaubt nur in Begleitung der Eltern oder des Vormunds. Eltern, Personensorgeberechtigte oder Erziehungsberechtigte sind nicht verpflichtet, alles zu erlauben, was das Gesetz gestattet. Sie tragen bis zur Volljährigkeit die Verantwortung.

Nächtelang habe ich wach gelegen, als sie anfing, abends wegzugehen. Natürlich hat sie mir immer gesagt, wohin sie geht und mit wem, aber trotzdem konnte ich nicht einschlafen vor lauter Angst, dass etwas passiert. Sie musste sich immer zurückmelden, auch wenn es schon wieder morgens wurde. Komisch, bei meinem Sohn jetzt geht es mir nicht so.

Irmgard, 48 Jahre

Für Eltern ist dieser Teil des Jugendschutzgesetzes allenfalls sinnvoll als Anhaltspunkt und Unterstützung dort, wo ihr schützender (und verwehrender) Arm nicht hinreicht. Es enthebt sie jedoch nie der Aufgabe, im konkreten Einzelfall zu entscheiden: Ist meine Tochter, mein Sohn „alt“, also vernünftig, verlässlich, selbstständig, pünktlich, verantwortungsbewusst genug, an dieser oder jener Aktivität teilzunehmen? Vor einer Entscheidung ist es auch unerlässlich, sich über die eigenen Ängste und Befürchtungen klar zu werden. Woran denke ich, wenn ich mir meine Tochter, meinen Sohn dort vorstelle? Welche Gefahren befürchte ich? Wie wahrscheinlich sind sie? Und in welchem Maße sind sie abhängig von der konkreten Uhrzeit? Weiß ich, wie meine Tochter, mein Sohn sich angesichts solcher Gefahren verhalten wird? Kann ich mich auf sie, ihn verlassen?

Außerdem spielt natürlich immer auch der Rahmen eine Rolle: Geht meine Tochter, mein Sohn allein, zu zweit oder mit mehreren aus? Mit wem ist sie, er zusammen? Wohin geht sie, er? Gibt es dort Aufsichtspersonen? Welches Publikum verkehrt dort? Handelt es sich um eine Jugendveranstaltung? Wie kommt sie, er nach Hause? Muss ich, wenn ich auf einem frühen Termin bestehe, befürchten, dass sie, er sich dann allein auf den Heimweg machen muss?

Auch wenn Jugendliche gequält aufbegehren: Diese Fragen müssen geklärt sein. Und dies kann nur durch ein Gespräch geschehen, in dem Eltern auch offen über ihre Befürchtungen sprechen. In einem solchen Gespräch, das sicher manchmal auch recht lautstark geführt werden wird, ist dann letztlich die halbe Stunde, um die gefeilscht wird, nicht wirklich wichtig, wohl aber das große Thema Selbstverantwortung und Kontrolle, das immer neu verhandelt werden muss.

Identität: Ich bin ich

Zu wissen, wer man ist, ist das zweite große Ziel der Adoleszenz. Diese Entwicklungsaufgabe stellt sich natürlich nicht erst mit Eintritt ins Jugendalter, und sie wird auch mit dem Erreichen des Erwachsenenstatus, also zwischen 20 und 25 Jahren, noch nicht endgültig gelöst sein. Besonders heute zeigt sie sich wahrscheinlich als lebenslange Aufgabe. Aber gerade Jugendliche erleben sie als besonders drängend. Zum einen müssen nie zuvor und nie mehr wieder so viele Veränderungen – körperliche, sexuelle, geistige und seelische – und neue Rollen in einem Selbstbild zusammengefasst werden. Zum anderen: Erst Jugendliche können sich der Frage: Wer bin ich? überhaupt stellen. Denn beantworten kann sie nur, wer die Fähigkeit zur Selbstwahrnehmung, zur Selbstbewertung und Selbsterkenntnis besitzt – und wer sich dafür Zeit nimmt. Dass gerade bei Jugendlichen eine solche Wendung „nach innen" stattfindet, ist eine alte Erkenntnis.

Identität

Dieser Begriff hat viele Nuancen. Spätestens mit dem Eintrag ins Geburtsregister der Gemeinde besitzt jeder Mensch eine unverwechselbare Identität, die sich hier erst einmal aus der Kombination von persönlichen Daten eines Individuums wie Name, Geburtsort, Geburtsdatum, Abstammung und so weiter zusammensetzt. Diese Definition erweitert sich natürlich um bestimmte Eigenschaften einer Person, ihre Persönlichkeitsmerkmale und Charakteristika, die einzigartig mit ihr als Individuum verbunden sind und die auch andere mit ihr verbinden. (Jüngere Schulkinder zum Beispiel sagen: Ich habe braune Augen, braune Haare, ich bastle gerne ...) Die dritte, vor allem im Jugendalter ganz wichtige Komponente kommt erst im Lauf der Jahre hinzu: nämlich das eigene Verständnis für die Identität und das sichere Gefühl, letztlich derselbe zu sein trotz aller Veränderungen, die stattfinden, und trotz der verschiedenen Rollen, die man in unterschiedlichen Umgebungen übernimmt.

Stundenlang können Jugendliche in ihrem Zimmer sitzen und einfach nichts tun – so jedenfalls scheint es ihren Eltern. Sie verkennen dabei die Anstrengung, die es bedeutet, sich selbst über den Entwicklungsprozess, der ja die ganze bisherige Identität infrage zu stellen scheint, „wiederzuerkennen". Eigentlich gibt es manchmal nichts Wichtigeres, was Jugendliche „tun" können, als diese Selbstbetrachtung im eigentlichen und übertragenen Sinn des Wortes, also als Selbstreflexion und Selbstbewertung. Sie ist eine Voraussetzung für das Zustandekommen einer persönlichen Identität.

Vor dem Spiegel: Bin ich das wirklich?

Diese Frage stellt sich manchmal ganz plötzlich, und zwar, wenn ein Mädchen, ein Junge die ersten Anzeichen der zukünftigen körperlichen Veränderungen, vielleicht die ersten Schamhaare oder vergrößerte Brustwarzen, an sich entdeckt. Im Kapitel über die körperliche Entwicklung (→ Seite 37 ff.) haben wir schon eine allen Eltern bekannte Situation beschrieben: Das stundenlang besetzte Bad, in dem dann der 14-, 15-jährige Junge, das 13-, 14-jährige Mädchen vor dem Spiegel steht und die Welt um sich herum vergessen zu haben scheint. Was hier ein Beispiel für die so wichtige Beschäftigung mit dem eigenen, sich wandelnden Körper war, setzt sich fort in der wichtigen Aufgabe jedes Jugendlichen herauszufinden, wer man ist. Und so wie das so genannte Körperschema (→ Seite 37 f.) als Teil des Selbstbildes ganz neu formiert werden muss, muss jetzt die Frage: Wer bin ich? neu beantwortet werden.

Selbstdarstellung

Zur Selbstbetrachtung und Selbstfindung gehört also auch die Selbstdarstellung. Und was eignet sich dazu besser als die Darstellung des eigenen Körpers. Im Allgemeinen sind ganz spezifische Moden, die der Hip-Hopper, der Skater, der Punker, der Gothics oder Edelgrufties, der Technos, der Fußball-Fans, der Skinheads – dies die wichtigsten Richtungen der aktuellen Jugendszene – ausreichend, um zu zeigen, wohin man gehört, aber auch um gleichzeitig zu signalisieren: Ich bin nicht das, was die Masse ist, und vor allem nicht, was meine Eltern sind. Das Outfit, also Äußerlichkeiten, werden zum Wesentlichen. „Zeig mir, was du trägst, und ich sage dir, wer du bist." In der Regel bleibt Eltern nichts anderes übrig, als diese Moden als das zu akzeptieren, was sie sind: nämlich ein Schritt zur Selbstfindung. Denn sich sichtbar als die oder der in Abgrenzung auf der einen Seite oder als zugehörig zu dieser oder jenem auf der anderen Seite darzustellen, ist ein wesentlicher Teil der Identitätsfindung.

Sich mit blauen Haaren oder Hosen abzufinden, die knapp über der Kniekehle durch einen Gürtel vom Rutschen abgehalten werden, ist auch nicht besonders schwierig, wenn man weiß, dass der Spuk fast immer in einigen Jahren vorbei ist. Schwierig wird dies, wenn Jugendliche für ihre Selbstdarstellung zu Mitteln greifen, die mehr oder weniger dauerhaft oder mit einem gesundheitlichen Risiko verbunden sind.

Viele Eltern sehen sich heute entsetzt dem Entschluss ihrer Tochter, ihres Sohnes gegenüber, die eigene Haut als Mittel der Darstellung zu benutzen – durch Tattoos oder durch Piercing an Körperteilen, die längst noch nicht so akzeptiert sind wie die Ohren.

Das Problem bei beiden Modeerscheinungen, die übrigens in anderen Kulturen durchaus Tradition haben: Sie können nicht einfach abgelegt werden, wie beispielsweise Skaterhosen oder die Turnschuhe, die die Träger vorübergehend an eine Walt-Disney-Figur erinnern ließen. Wenn Sie sich Ihre Tochter, Ihren Sohn mit einem tätowierten Oberarm oder einem Ring durch die Zunge nicht vorstellen können und wollen, Sie aber den „Modeschmuck" (für die meisten Jugendlichen handelt es sich bei einer derartigen „Verschönerung" um nichts anderes) auch nicht einfach verbieten können, sollten Sie Ihre Bedenken – seien es nun die gesundheitlichen oder auch die ästhetischen – zur Sprache bringen. (Im Übrigen: Minderjährige brauchen zumindest für ein Piercing die schriftliche Einverständniserklärung der Erziehungsberechtigten.)

Kontakte
Hygieneregeln für Piercings und Tattoos erhalten Sie gegen einen mit 3 DM frankierten Rückumschlag beim
Gesundheitsamt Bremen
Horner Str. 60/70
28203 Bremen
Tel. 04 21/3 61-1 51 06.

Im Internet: www.ostalbkreis.de/dienstleistungen/Gesundheitsamt/gesundheit06a.htm
oder
www.dot-ev.de

Vor allem gesundheitliche Risiken sollten Sie nicht unerwähnt lassen. Das Durchstechen von Lippen, Nase, Augenlidern, Bauchnabel oder Genitalien kann langfristige gesundheitliche Folgen nach sich ziehen: große Narben oder auch Infektionen mit teilweise schwerem Krankheitsverlauf. An Unterlippe und Nase hat es vereinzelt sehr schwere Komplikationen (zum Beispiel Nekrosen, also ein Absterben von Geweben) gegeben. Jedes Piercing im Mund kann durch mechanische Belastung Risse im Zahnschmelz verursachen, Schmuck in der Zunge kann zu Sprechproblemen und erhöhtem Speichelfluss führen. Auch der Knorpel des Ohres ist gefährdet für chronische Infektionen und Verletzungen durch Schussgeräte. „Kunstfehler" können je nach Lokalisierung des Einstichs zu Lähmungen des Augenlids, zum Verlust der Erektionsfähigkeit durch verunglücktes Piercing im Penis oder zur Zerstörung der Milchgänge durch einen Stich durch die weibliche Brustwarze führen. Piercings auf dem Nasenrücken, zwischen den Augen, sind besonders heikel, da dort Gefäßverbindungen zum Gehirn bestehen. (Es ist immer noch rechtlich ungeklärt, wer überhaupt tätowieren und piercen darf. Eine offizielle Ausbildung gibt es nicht. Vor allem beim Piercing müssten aber anatomische Kenntnisse vorhanden sein!).

Was vor dem Gang zum Tattoo-Studio überlegt werden sollte

- Der Wunsch nach Körperschmuck sollte nie aus einer Laune heraus in die Tat umgesetzt werden. Tattoos verformen sich aller Wahrscheinlichkeit nach, wenn man erst einmal in die Jahre kommt, eventuell an Gewicht zunimmt oder zwangsläufig die glatte jugendliche Haut verliert. (In der Regel bleibt auch nach der Entfernung eines Piercings oder Tattoos eine Narbe zurück.)
- Leidet Ihre Tochter, Ihr Sohn an einer Allergie, einer chronischen Krankheit (zum Beispiel Diabetes) oder muss sie oder er ständig Medikamente einnehmen, sollte der behandelnde Arzt nach möglichen Risiken gefragt werden.
- Gibt es tägliche Aktivitäten in Beruf und Freizeit, bei denen Piercings hinderlich sind?
- Als Einheilungszeiten müssen bei Piercings, je nach Körperteil, einige Wochen bis Monate einkalkuliert werden (am Bauchnabel dauert es am längsten).
- Die Risiken müssen bedacht werden.
- Und vor allem: Schauen Sie sich das Studio, das Tochter oder Sohn aufsuchen wollen, vorher genau an. Der hygienische Standard muss einwandfrei sein (Info dazu → Kontakte, Seite 107), denn durch unsaubere Piercing- oder Tätowiernadeln können Krankheiten wie Hepatitis B oder Aids übertragen werden.

Die anderen als Spiegel

Als Spiegel für die Selbstbetrachtung dient auch das imaginierte Publikum, das im Kapitel über die geistige Entwicklung eine Rolle spielte. Auch wenn Jugendliche sich selbst im Spiegel betrachten und begutachten, geschieht dies – vor allem in den frühen und mittleren Jahren der Jugend – nicht von der eigenen Warte aus, sondern aus der Perspektive des „Publikums" (→ Seite 50 f.): Wie bin ich in den Augen der anderen? Das heißt: Die Frage: Wer bin ich? wird durch die Brille anderer beantwortet. Bei allem, was Jugendliche tun, was sie anziehen, wie sie sich verhalten, welche Musik sie hören, welchen Sport sie treiben, mit welchen (und mit wie vielen!) Freunden sie zusammen sind, versuchen sie sich vorzustellen, wie dies in den Augen der anderen wirkt.

Eine große Rolle spielen dabei wieder Gleichaltrige. Da es so bedeutsam ist, von diesen anerkannt zu werden, wird deren Einschätzung zu einem wichtigen Baustein des eigenen Selbstbildes. Immer mehr wird so die Beziehung zu den Peers (→ Seite 68 ff.) zum Übungsfeld der eigenen Identitätsbildung. Stundenlange Gespräche dienen der eigenen Standortbestimmung und helfen zu sortieren: „Wer bin ich, wer die anderen?"

Telefonierst du schon wieder?!

Jede Mutter, jeder Vater kennt es: Kaum ist die Tochter von der Schule nach Hause gekommen, muss sie telefonieren – und zwar nicht mit jemandem, den sie schon lange nicht mehr gesehen hat. Nein, am anderen Ende der Leitung sitzt ihre Freundin, mit der sie den ganzen Vormittag verbracht hat und vielleicht sogar zusammen im Bus Richtung Heimat gefahren ist. Gibt es denn – um Himmels willen – überhaupt noch ein Thema, das die beiden nicht ausführlichst den Vormittag über erörtern konnten? Das gibt es: nämlich immer und immer wieder sich zu vergewissern, wie man auf andere gewirkt hat.

Die Rückmeldung über die Außenwirkung des eigenen Verhaltens und Aussehens ist so wichtig für das eigene Selbstverständnis, und diese Rückmeldung erhält man nur, wenn man immer wieder aufs Neue durchspielt, wer was warum in welcher Weise und vor allem in welcher Absicht gesagt hat, wie oder wie nicht wer wann ... geguckt hat, warum oder warum nicht wer wan was ... getan hat. Und all diese Facetten verschiedenster eben erlebter Situationen mit der besten Freundin, der es ja ebenso geht, noch einmal im Gespräch durchzuspielen, kostet Zeit und Telefoneinheiten

Doch immer noch gilt der Blick der Eltern. Wie sehen mich meine Eltern? Was denken meine Eltern von mir? Jeder weiß inzwischen, dass das Selbstbewusstsein eines kleinen Kindes, aber auch sein Selbstwertgefühl, seine Selbstliebe und -achtung sich nur entwickeln kann, wenn es sich in den Augen seiner Eltern „spiegeln" kann. Vergessen wird oft, dass auch Jugendliche ihre Eltern als einen solchen „Spiegel" brauchen. Immer noch ist es der Blick der Eltern, durch den sich Jugendliche sehen, der ihr Selbstbewusstsein und Selbstwertgefühl, aber auch ihr Identitätsgefühl, das Sich-seiner-selbst-bewusst-Sein, maßgeblich prägt.

Sei doch nicht gleich beleidigt: Kritik und Selbstwertgefühl

Eben noch schien alles in Ordnung. Plötzlich ist sie, ist er eingeschnappt. Meist ohne dass Mutter oder Vater überhaupt je erfahren, wieso. Was ▶

wichtig ist zu wissen: Fast immer fühlen sich Jugendliche in solchen Situationen in ihrem Selbstwertgefühl gekränkt. Gerade weil sie so stark auf die „positive Spiegelung" durch die Eltern angewiesen sind, reagieren Jugendliche so empfindlich. Schon wenn Eltern ihre eigene Meinung sagen, besonders aber Verbesserungsvorschläge machen oder ganz vorsichtig Einwände äußern, kann das als fundamentale Kritik empfunden werden. Nur ein falsches Wort, eine unbedachte Äußerung kann zu einem Einbruch im Selbstwertgefühl führen. Sie sollten daher Ihre Wortwahl überlegen: Die eigene Position gegenüber einem Jugendlichen zu vertreten, muss nicht bedeuten, dass daraus herabsetzende Kritik wird. Lassen Sie auch zu, dass Ihr eigenes Verhalten infrage gestellt wird.

Erst nach und nach wird dieses Publikum, seien es nun die Eltern oder die Freunde, als äußerer „Gutachter" an Bedeutung verlieren. Die, der junge Erwachsene wird dann, wenn alles gut gegangen ist, auf das Publikum verzichten können, weil sie, er sich mit eigenen Augen betrachten und von eigener Warte aus beurteilen kann und weiß: Ich bin ich.

Auf dem Weg zur eigenen Identität

Einen großen Einfluss auf das heutige Verständnis dieses Prozesses der Identitätsentwicklung hat die Theorie des amerikanischen Psychoanalytikers Erik H. Erikson. Er beschrieb für jede Entwicklungsphase, die der Mensch in seinem Leben durchläuft, eine ganz bestimmte „Krise", deren positive Lösung Grundlage für eine gesunde Weiterentwicklung ist. Die Krise des ersten Lebensjahres ist zum Beispiel die von Vertrauen und Misstrauen, ihre Lösung die Entwicklung des Urvertrauens, ein Begriff Eriksons, der aus der Psychologie nicht mehr wegzudenken ist. Bekannt geworden ist dann auch seine Beschreibung der Adoleszenz. Sie ist für ihn die „kritische Periode", wenn es darum geht, trotz der verschiedenen Facetten, in denen man sich selbst und anderen erscheint, ein sicheres Gefühl dafür zu entwickeln, wer man ist. Die Krise der Adoleszenz hat er denn auch als Kernkonflikt zwischen Identität und Rollendiffusion beschrieben. Der positive Ausgang dieser Krise: eine persönliche Identität trotz der großen Veränderungen, die die Adoleszenz mit sich bringt, und trotz der unterschiedlichen sozialen Erwartungen, die man an sich gestellt sieht. Die Aufgabe, die es zu bewältigen gilt, ist also zu wissen, wer man ist, wozu auch gehört, sich zu entscheiden und festzulegen: Ich bin die und nicht jene. Ich gehöre dahin und nicht dorthin. Ich will so werden und nicht so. Mir bedeutet das etwas und nicht jenes. Ich entscheide mich so und nicht so.

Verschnaufpausen und Stolpersteine

Glücklicherweise bewältigen die meisten Jugendlichen diese Herausforderung ihres Alters. Dass dies nicht von heute auf morgen gelingen kann, liegt auf der Hand. Neue Möglichkeiten und Fähigkeiten müssen verarbeitet werden. Neue Anforderungen stellen sich, müssen abgewogen, akzeptiert oder abgelehnt werden. Die unterschiedlichsten sozialen Erwartungen erfordern das Ausprobieren neuer Rollen. Welche werden übernommen, welche passen nicht und werden verworfen? Erikson hat diese Zeit des Ausprobierens als psychosoziales Moratorium bezeichnet, das den Jugendlichen erlaubt, sich eben nicht festzulegen und sich auch den Festlegungen durch andere erst einmal zu entziehen. Eine solche Aufschubperiode, die den Jugendlichen Zeit lässt, bevor sie in der Lage sind, erwachsene Verpflichtungen, Bindungen und Festlegungen einzugehen, ist die Voraussetzung einer erarbeiteten Identität.

Aber: Es gibt auch Jugendliche, die sehr lange nicht oder vielleicht nie „zu sich selbst finden". Das sind auf der einen Seite die Jugendlichen, die zu früh eine ihnen vorgegebene Identität, meist die ihrer Eltern, übernehmen. Sie werden „erwachsen", ohne die notwendige Zeit des Aufschubs erlebt zu haben. Dafür mögen innere und äußere Gründe eine Rolle spielen. Die einen sind vielleicht zu ängstlich, verschiedene Möglichkeiten und Rollen durchzuspielen. Anderen dagegen verwehren ökonomischer Druck und gesellschaftliche Zwänge die Möglichkeit einer „Auszeit". Für beide gilt: Sie legen sich fest, bevor sie ihre Möglichkeiten und Grenzen, ihre eigene Identität überhaupt kennen lernen konnten.

Auf der anderen Seite gibt es Jugendliche, die es – aus welchen Gründen auch immer – nicht schaffen, sich selbst als identisch und einzigartig zu fühlen. Sie sind ständig auf der Suche nach ihrem unverwechselbaren Selbst und verlieren sich in den unterschiedlichen Rollen, die man im Lauf seines Lebens spielt (kleines Mädchen, Teenager, junge Erwachsene ...), aber auch gleichzeitig (Tochter, Freundin, die Coole, die Traurige, Geliebte, Kumpel, Leistungsstarke, Verzweifelte ...). Sie sind abhängig von Entscheidungen anderer, kaum gefeit gegen den Druck der Gruppe, der sie sich zurechnen, und unterwerfen sich deren Wünschen. Oder – dies das Gegenteil: Sie lehnen es ab, sich zu binden oder festzulegen. Sie misstrauen anderen, vielleicht weil sie sich selbst in ihren verschiedenen Rollen nicht trauen können. In vielen Äußerungen solcher Jugendlicher zeigt sich ein Lebensgefühl, dem Sicherheit und Hoffnung fehlen. Langeweile, Leere und Ziellosigkeit werden deutlich.

Der „Surfer" und die Patchwork-Identität – zwei aktuelle Varianten

Oft scheint heute tatsächlich auch der, der sich beruflich und privat, politisch, ideologisch und moralisch nicht festlegt, den gesellschaftlichen Anforderungen am ehesten zu entsprechen. Gebraucht werden offenbar Menschen, die, zur ständigen Positionskorrektur bereit, spielerisch dahingleiten, Surfer eben, die auch ohne „Tiefgang" sehr erfolgreich sein können. Psychologen haben dafür den Begriff der kulturell angepassten und sich anpassenden diffusen Identität geprägt. Sie beschreiben damit den Typ, der in der Lage ist, sich rasch und geschickt an momentane Trends und Tendenzen anzupassen, der viele, aber oberflächliche Beziehungen einzugehen sucht, dem Spaß und Outfit wichtige Aspekte seines Lebensgefühls sind und der auch die Menschen, mit denen er sich umgibt, nach diesen Kriterien aussucht.

Daneben haben Psychologen eine zweite mögliche Variante einer solchen kulturell angepassten diffusen Identität beobachtet, die ebenfalls nur noch wenig mit der erarbeiteten Identität im Sinne Eriksons zu tun hat. Da der „Markt der Möglichkeiten" an Lebensentwürfen heute sehr viel größer ist, als dies noch vor wenigen Jahrzehnten der Fall war, können und müssen sich Jugendliche aus den unterschiedlichsten „Angeboten" zusammensuchen, was zu ihnen passt. Das Ergebnis: Die so genannte Patchwork-Identität, die viel mehr einem Flickenteppich gleicht, der aus den unterschiedlichsten Stoffen, Garnen zusammengestrickt ist. Sie ist bunt wie dieser, und hoffentlich nicht weniger haltbar.

Fassen wir noch einmal zusammen: Es geht um Identität und Autonomie

In der Adoleszenz verändert sich nicht nur der Körper. Die Pubertät als Phase körperlicher „hormongesteuerter" Entwicklung ist nur ein Teil der Adoleszenz. Unter entwicklungspsychologischem Aspekt zeigen sich die Jahre zwischen 10 und 20 als eine Phase großer Veränderungen, die Körper, Seele, Geist und alle sozialen Beziehungen betreffen. Die Jugendlichen verfügen nach und nach über

- einen anderen Körper mit neuen Funktionen, Fähigkeiten, aber auch Gefahren,
- einen anderen Geist mit erweiterten und neuen kognitiven (formalen, sozialen, moralischen) Denkmöglichkeiten, aber auch Anforderungen,
- die Welt erwachsener Sexualität mit ganz neuen Möglichkeiten des Erlebens, Empfindens, Fühlens,
- eine neue psychosoziale Existenz mit neuen Freiheiten, aber auch Lasten und Verantwortung.

Daraus folgt: Die Adoleszenz ist die Zeit der Selbstfindung. Herauszufinden, wer man ist, wer man sein möchte und wer man sein wird, ist die große Aufgabe, die sich in diesen Jahren stellt. Um seine eigene Identität zu finden und zu entwickeln, muss jeder Jugendliche sich als von den Eltern getrennte und selbstständige Person erleben können. Er muss das Selbstvertrauen und die Zuversicht haben, nicht jetzt, aber bald in der Lage zu sein, das Leben selbst in die Hand zu nehmen. Die Adoleszenz ist deshalb die Zeit des Lebensentwurfs, der Beruf und Freizeit, aber auch Freundschaft, Liebe und ein erfülltes sexuelles Leben umfasst.

„Typisch jugendlich“ oder Adoleszenzkrise?

Kehren wir zum Anfang zurück: Hilfe, wir kommen in die Pubertät! Dies der Schreckensruf vieler Eltern, wenn ihre Kinder „in die Jahre kommen“. Dass Jugendlicher zu sein keine leichte Aufgabe ist, haben wir gesehen. Plötzlicher Rückzug, lautstarke Auseinandersetzungen, Stimmungsschwankungen, unverständliche und unpassende Verhaltensweisen, Erschöpfung, Vorpreschen in erwachsenes Verhalten und Zurückfallen in kindliches Gebaren, also die „typisch pubertären“ Eigenschaften, sind deshalb nur allzu verständlich. Es ist also auf den ersten Blick nicht weiter verwunderlich, wenn die landläufige Meinung über die jeweilige „Jugend von heute“ schon immer nicht die beste war. Auch die Jugendforschung hat sich diese Meinung lange zu Eigen gemacht.

Das Problem: Dieses Bild stimmt nicht mit der Wirklichkeit überein. Der „normale“, das heißt notwendige Prozess der Neustrukturierung des eigenen Selbst und der Neuorientierung in der sozialen Welt macht die Adoleszenz zwar zu einer kritischen Zeit, also zu einer Phase im Leben, in der vieles zur Entscheidung (Krisis, griechisch = Entscheidung) ansteht (→ Seite 92 ff.). Und er stellt die Jugendlichen vor eine ganze Reihe von Aufgaben, die sie bewältigen müssen. Glücklicherweise aber stellen sich die vielen unterschiedlichen Anforderungen, denen sich Jugendliche anpassen müssen, nicht alle auf einmal. Jugendliche haben im Allgemeinen Zeit, nach und nach die einzelnen Entwicklungsaufgaben in Angriff zu nehmen und zu bewältigen. Die Aufgabe, unter Gleichaltrigen seinen Platz zu finden, ist meist gelöst, bevor die Aufregungen, die die ersten sexuellen Beziehungen mit sich bringen, anstehen. Und wenn es um die große Ablösung von den Eltern geht, können Jugendliche meistens von sich behaupten: Ich weiß schon, was ich will. Jugendliche haben also Zeit genug, auf dem Weg zum Erwachsenwerden einen Schritt nach dem anderen zu machen.

Meilensteine am Weg des Erwachsenwerdens

Bleiben wir beim Bild des Weges: Dass er nicht geradlinig ist, müssen alle Eltern feststellen und akzeptieren lernen. Wir wissen, dass seine Kurven, seine Steigungen, vielleicht seine Abzweigungen, die sich als Sackgassen herausstellen, abhängen

- von den individuellen Bedürfnissen und Fähigkeiten, den individuellen Stärken und Schwächen, den ganz eigenen Anlagen und Erfahrungen eines Jugendlichen,
- von der Familie, den Freunden und Freundinnen, der Schule, der Arbeitswelt, dem Freizeitangebot, dem „Zeitgeist" und den gesellschaftlichen Trends und Perspektiven, kurz: der sozialen Umwelt eines jeden Jugendlichen,
- aber auch vom nicht beeinflussbaren persönlichen Schicksal.

An diesem Weg gibt es aber einige Meilensteine, an denen wohl die meisten Jugendlichen vorbeikommen, vorbeikommen müssen, um nicht in die Irre zu laufen.

Frühe Adoleszenz (11 bis 14 Jahre)

Wenn es mir so richtig schlecht geht, wenn ich so einen Durchhänger habe, nervt mich am meisten, wenn meine Mutter kommt und fragt, was los ist. Die versteht doch rein gar nichts! Und wenn sie dann noch sagt, so sei es ihr damals auch immer gegangen und sie verstehe mich gut, könnte ich einfach ausrasten!
Teresa, 14 Jahre

Der Körper verändert sich und sich ihm anzupassen, erfordert ziemlich viel Energie: körperliche, geistige und seelische. Die Gedanken, Befürchtungen, Ängste kreisen um die Frage: Bin ich normal? Ist mit meinem Körper alles in Ordnung? Aus dieser Unsicherheit heraus neigen die meisten Jugendlichen dieses Alters zu großer Schamhaftigkeit. Die abgeschlossene Badezimmertür ist nur ein Indiz.

Jugendliche dieses Alters stehen vor dem Spiegel: Wie sehe ich mich und vor allem: Wie sehen mich die anderen? Die Gruppe der Gleichaltrigen wird (oder besser: scheint zu werden) zum Maßstab aller Dinge. Einer Gruppe Gleichgesinnter anzugehören, ist wesentlich für das Selbstwertgefühl. Die Meinung der Eltern scheint – aber auch nur scheint! – unmaßgeblich geworden zu sein.

„Ich bin kein Kind mehr!" Diese trotzige Feststellung liegt den jetzt üblichen Auseinandersetzungen um Freiheit und Kontrolle zugrunde. „Ihr versteht mich nicht!" Auch dieser Vorwurf gehört zu diesem Lebensalter. Wie können sich Jugendliche denn verstanden fühlen, wenn sie sich selbst nicht verstehen?

Warum regt ihr euch immer so auf, wenn Menschen sterben? Aber Tiere umbringen und essen! Was ist denn schon Gutes an den Menschen?! Kümmert euch lieber um die Tiere. Menschen sind viel doofer. Sie bringen sich und die Tiere um.

Marcel, 14 Jahre

Jugendliche in der frühen Adoleszenz sind Rigoristen. Die Welt ist gut oder böse, schwarz oder weiß: Kompromisse werden nicht gemacht.

Mittlere Adoleszenz (15 bis 16 Jahre)

Langsam lernen die Jugendlichen, sich in ihrem neuen Körper zu Hause zu fühlen. Die ersten Aufregungen um Unabhängigkeit und Loslösung legen sich. Was jetzt spannend wird, ist das Erleben der eigenen Sexualität, das erste Ausprobieren, die ersten „festen Freundschaften“ und die ganz neuen Gefühle, die damit verbunden sind.

Sich selbst zu finden bedeutet „auszuprobieren“ und eigene und fremde Grenzen auszutesten. Die Experimentierfreude umfasst das Denken, das Aussehen, das Verhalten, aber auch die eigenen Stärken und Schwächen. Risikobereitschaft bis hin zur Waghalsigkeit ist manchmal die Folge.

Freundschaften werden stabiler, intimer. Die Bedeutung der Gruppe tritt hinter die Wichtigkeit von engen „besten“ Freundinnen und Freunden zurück. Die zunehmende Fähigkeit, auch abstrakte Problemlösungen in Angriff zu nehmen, führt zu mehr Unabhängigkeit im Denken und zu besserer Entscheidungsfähigkeit. Politische, religiöse und philosophische Themen werden interessant. Eigene Positionen werden bezogen, was jetzt meist erst einmal der Abgrenzung von den Positionen der Erwachsenen dient. Aber: Die Kompromisslosigkeit der frühen Adoleszenz weicht jetzt wieder mehr Toleranz und auch dem Akzeptieren anderer Ansichten und Meinungen.

Jugendliche in der mittleren Adoleszenz leben in der Gegenwart, das Hier und Jetzt hat Vorrang, was morgen ist, scheint unwichtig.

Späte Adoleszenz (17 bis 20 Jahre)

Die Bedeutung der Familie tritt nun wahrscheinlich endgültig hinter das Engagement in Freundschaften und sexuellen Beziehungen, hinter Schule, Ausbildung, Beruf und Freizeitgestaltung zurück. Im Austausch mit anderen Gleichaltrigen und – wieder! – den Eltern entwickelt sich ein neues, persönliches Werte- und Moralsystem, das eine eigene gesellschaftspolitische, politische und religiöse Orientierung möglich macht und dann meist ins junge Erwachsenenalter übernommen wird.

Die jungen Frauen und Männer fühlen sich als Erwachsene und wollen auch im Familienkreis als solche behandelt werden. Das Ziel, erwachsen zu sein, ist in Sicht, also geistig, emotional, sozial und endlich auch ökonomisch von den Eltern unabhängig zu sein.

Evolution, nicht Revolution

Die großen Veränderungen, die in der Adoleszenz stattfinden, bedeuten also nicht zwangsläufig eine grundlegende Destabilisierung, in der alles ins Wanken gerät. Zu diesem Ergebnis kam denn auch die heutige Jugendforschung. Sie hat in vielen empirischen Untersuchungen zeigen können, dass entgegen allen Befürchtungen

- der Ablösungsvorgang von den Eltern, der ja von Geburt an eine Rolle spielt, zwar sehr viel schneller als in den Phasen zuvor verläuft, aber dennoch meist schrittweise und kontinuierlich,
- die Zuwendung zur Gruppe der Gleichaltrigen keinen Bruch mit dem Elternhaus und den dortigen Werten und Normen bedeutet,
- das Selbstbild der Jugendlichen, das ja viel über ihre innere Situation verrät, über die Jahre der Adoleszenz ziemlich stabil bleibt und sich im Großen und Ganzen als positive Einstellung zu sich selbst zeigt.

Jedes Mal, wenn ich mir vor ihrer neuen blitzblanken Wohnung die Schuhe ausziehe, muss ich heimlich lachen. Mir fällt dann immer ein, wie ihr Zimmer bei uns vor zehn Jahren aussah! Warum habe ich mich damals eigentlich so aufgeregt?
Margit, 59 Jahre

Die gegenwärtige Jugendforschung betont deswegen: Obwohl die Adoleszenz eine ganze Reihe neuer Fragen, Probleme und auch Konflikte mit sich bringt, obwohl die altersspezifischen Entwicklungsaufgaben Jugendlichen – und ihren Eltern! – eine enorme Anpassungsleistung abverlangen, gelingt den meisten Jugendlichen – und ihren Eltern – die Anpassung an die neuen Aufgaben ohne die viel beschworene krisenhafte Zuspitzung.

„Eigentlich sind wir ganz gut drauf"

Auch die Zufriedenheit mit sich selbst geht während der kritischen Jahre der Selbstfindung nicht verloren. Bei der Mehrzahl der Jugendlichen lassen sich zu keinem Zeitpunkt dramatische Einbrüche in der Selbsteinschätzung feststellen. Im Gegenteil – dies ergab die schon zitierte Konstanzer Längsschnittstudie (→ Seite 57) – scheint das Selbstwertgefühl, ein wichtiger Bestandteil des Identitätsgefühls und der Vorstellung, die man von sich selbst hat, gerade zwischen 12 und 17 Jahren ziemlich stabil oder sogar über diese Jahre hinweg kontinuierlich anzusteigen. „Im Großen und Ganzen bin ich mit mir zufrieden“ erwies sich zum Beispiel als die Feststellung, der durchgängig die überwiegende Mehrzahl der befragten Jugendlichen dieser Altersspanne zustimmte.

Wie Psychologen testen: Zum Beispiel der Offer-Selbstbild-Fragebogen

Studien auf der Grundlage des Offer-Selbstbild-Fragebogens gelten als die größten und fundiertesten, wenn es um Fragen des Jugendalters geht. Dieser O.S.I.Q. (OFFER Self-image Questionnaire) wurde und wird seit 1962 weltweit Tausenden von Jugendlichen immer wieder vorgelegt. Er umfasst in 130 Fragen alle wesentlichen Themen und Bereiche, die das „Selbst“ eines Jugendlichen ausmachen: Sie fragen nach der Selbsteinschätzung, nach der Stimmung, dem Körperbild, den sozialen Beziehungen, den moralischen Einstellungen, dem sexuellen Verhalten und der sexuellen Einstellung, den Familienbeziehungen, nach beruflichen Zielen, den Bewältigungsmöglichkeiten der äußeren Welt, aber auch nach inneren Problemen und Versuchen, damit umzugehen, und nach außergewöhnlichen Anpassungsleistungen.

Seit 1980 wird der Fragebogen unter fünf Hauptthemen ausgewertet und ergibt damit ein umfassendes Bild über

- das psychologische Selbst,
- das sexuelle Selbst,
- das familiäre Selbst,
- das soziale Selbst,
- das Selbst, das Probleme bewältigt, also das Coping-Selbst,

der befragten Jugendlichen.

Die Auswertung dieses Fragebogens hat immer wieder in allen Kulturen und Ländern und über die Jahrzehnte ergeben: Vor allem die Fragen nach der Zukunfts- und Berufsorientierung, nach der Elternbeziehung, nach den Möglichkeiten, Probleme zu bewältigen, und nach dem eigenen sozialen Verhalten wurden positiv beantwortet.

Die überwiegende Mehrzahl der befragten Jugendlichen sagt von sich, keine tiefer gehenden Probleme zu haben, und sie zeigt sich in der Lage, die vielfältigen Entwicklungsaufgaben zu bewältigen.

Coping – das Bewältigen von Entwicklungsaufgaben

In der Jugendforschung ist „Coping“ heute ein zentraler Begriff. Er bedeutet die „produktive Anpassung“ an Anforderungen, die mit den althergebrachten Strategien nicht mehr bewältigt werden können. Dass Jugendlichen dieses Coping gelingt, hängt auch nicht allein von der „Schwere“ der Belastung ab. Ebenso wichtig sind die Fähigkeit, mit Belastungen und Aufgaben fertig zu werden, und die Zuversicht, dies auch zu schaffen.

Heute legt die Jugendforschung Wert auf die Feststellung: Die meisten Jugendlichen haben genügend solcher Coping-Strategien zur Verfügung, um trotz allem Auf und Ab und Hin und Her ihren Weg zu machen.

(K)ein Grund zur Aufregung!(?)

Aber: Es gibt eben auch Jugendliche, die es schwer haben, die auf die unterschiedlichste Weise zeigen, dass sie Hilfe brauchen. Es sind die Jugendlichen, für die die ganz „normalen“ Irritationen, die wir oben beschrieben haben, zum Dauerzustand geworden sind. Zum Beispiel:

- Sie knallen nicht manchmal aus Wut und Enttäuschung die Tür zu, sondern jede Auseinandersetzung, sei es mit den Eltern, den Geschwistern, Lehrern oder auch Freunden, eskaliert. Gespräche sind grundsätzlich nicht mehr möglich.
- Oder: Sie ziehen sich nicht hin und wieder zurück, sondern sie weisen jede Annäherung zurück, laufen weg oder haben ganz mit ihrer Familie gebrochen.
- Oder: Sie lassen nicht nur den durchschnittlich zu erwartenden Respekt gegenüber den Erwachsenen vermissen. Sie können Erwachsenen nur noch mit Misstrauen, Ablehnung, Verachtung oder gar Hass begegnen.
- Oder: Sie sind nicht nur hin und wieder schlechter Laune, traurig, verstimmt, sondern sind über längere Zeit hinweg depressiv und ohne Lebenslust.

Bitte nicht stören
Don't disturb
Prière de ne pas déranger

- Oder: Sie haben nicht einfach keine Lust auf Schule. Sie brechen ihre Schullaufbahn ab und sind auch nicht zu motivieren, eine Ausbildung zu beginnen. Sie hängen herum und haben einfach auf alles „null Bock“.
- Sie schlagen nicht nur unsere guten Ratschläge in Bezug auf gesunde Ernährung und ausreichenden Schlaf in den Wind, sondern fasten sich fast zu Tode oder essen bis zum Erbrechen.
- Das vielleicht „typisch jugendliche“ Experimentieren mit legalen und illegalen Suchtstoffen führt bei solchen Jugendlichen zum selbstzerstörerischen Drogenmissbrauch.
- Durchaus typische, aber vorübergehende Unsicherheit und Resignation zeigen sich bei ihnen als umfassende „No-Future-Haltung“.
- Sie werden straffällig, sei es durch Vandalismus, Gewaltakte, Diebstahl oder andere kriminelle Aktivitäten.
- Sie fallen auf durch Aggressivität gegen sich selbst. Sie bringen sich durch tollkühne Aktionen in Lebensgefahr, verletzen sich absichtlich oder unabsichtlich auf die unterschiedlichste Art und Weise oder versuchen gar, ihrem Leben ein Ende zu setzen.

Damit zeigen sie letztlich, dass unterschiedlichste „widrige Umstände“ sie daran hindern, die Entwicklungsaufgaben, die sich ihnen stellen, altersentsprechend und situationsadäquat zu bewältigen.

Wenn ich nicht gut drauf bin, ziehe ich die Rollläden runter und lege ich mich auf mein Bett. Ich hab da so ein paar CDs, die höre ich dann immer, bis ich fast heulen könnte. Ich denk, das ist normal. Wahrscheinlich ist das der Stress – ich mach gerade meinen Realabschluss und da wird man ganz schön fertig gemacht!
Felix, 16 Jahre

Wer die Adoleszenz insgesamt als krisengeschüttelten Entwicklungsabschnitt beschreibt, verkennt, dass erst körperliche, seelische oder soziale Belastungen zu wirklichen Krisen führen und gerät in Gefahr, die Hilferufe der Jugendlichen, die wirklich Schwierigkeiten haben, zu überhören.

Was ist normal?

Es ist nie einfach zu beurteilen, ob und in welchem Fall etwa ein ganz jugendtypisches Experimentieren (im Sinne eines Ausprobierens), eine krisenhafte Adoleszenzentwicklung (im Sinne einer Gefährdung) oder eine seelische oder körperliche Störung (also Krankheit) vorliegt. Und nicht nur für Eltern ist es schwierig zu erkennen, ab wann sie sich Sorgen machen müssen. Aber es ist von zentraler Bedeutung. Denn nur so können die Jugendlichen die Unterstützung, Hilfe oder Behandlung erfahren, die sie offensichtlich brauchen.

Beispiel 1

Da ist die abweisende, immer mürrische Jugendliche, die kaum mehr aus ihrem verdunkelten Zimmer herauskommt. Nichts scheint typischer für ein 14-, 15-jähriges Mädchen. Ist es so, können Eltern beruhigt zur Tagesordnung übergehen. Lasst ihr die „Auszeit“! Sie wird schon wieder auftauchen, ist dann die richtige Empfehlung. Ist sie es aber auch, wenn eine schmerzhafte Erfahrung die Ursache ist (zum Beispiel Krach mit der besten Freundin, Hänseleien im Schwimmbad wegen des vermeintlich zu großen oder zu kleinen Busens, Liebeskummer oder eine Serie misslungener Klassenarbeiten, die die Versetzung gefährden)? Können Eltern sich beruhigt zurücklehnen, wenn ihre Tochter sich zurückzieht, weil sie mit dem Gruppendruck ihrer Clique nicht mehr zurechtkommt? Dürfen Eltern sich mit der Erklärung „typisch jugendlich“ zufrieden geben, wenn ihre Tochter sich ins verdunkelte Zimmer zurückzieht, weil sie die ständigen Auseinandersetzungen der Eltern nicht mehr aushält und eine Trennung der Eltern befürchtet?

Also: „Typisch jugendlich“ oder etwas ganz anderes?

Beispiel 2

Da ist das „typisch jugendliche“ Risikoverhalten. Ja, Jugendliche sind risikofreudig, so sagt man. Sie sind nun einmal neugierig. Sie wollen und müssen sich, ihren Körper und vor allem ihre Grenzen austesten. Da in ihrem Erleben die Zukunft sehr weit weg ist, sind sie im Allgemeinen sorgloser in Bezug auf langfristige Folgen. Und ihr jugendlicher Egozentrismus (→ Seite 49 f.) und als dessen Folge das Gefühl, letztlich unverwundbar zu sein, macht sie zu einer Gruppe, die sich weit größeren Gesundheitsrisiken aussetzt als zum Beispiel jüngere Kinder oder Erwachsene. Einige Beispiele: Verglichen mit jeder anderen Altersgruppe sind sie stärker gefährdet, Grundbedürfnisse ihres Körpers, wie zum Beispiel ausreichenden Schlaf und ausgewogene Ernährung, außer Acht zu lassen, sich bei risikoreichen Sportarten Verletzungen zuzuziehen, zu früh und zu viel Nikotin, Alkohol oder andere Drogen zu konsumieren (→ Seite 303 ff.), in Verkehrsunfälle verwickelt zu werden, unerwünscht schwanger zu werden (→ Seite 146 ff.) oder sich und andere bei Handgreiflichkeiten zu verletzen. Diese Gefahren gehören also mehr oder weniger ausgeprägt zum Leben von Jugendlichen. Aber wer genau nachfragt, wird feststellen: Jugendliche, die durch selbstzerstörerisches Risikoverhalten auffallen, sind oder waren fast immer im Vergleich zur Mehrzahl ihrer Altersgenossen ganz besonderen Belastungen ausgesetzt – seien es nun soziale und emotionale Schwierigkeiten in der Gegenwart oder besondere körperliche oder familiäre Probleme in ihrer Geschichte. Das heißt: Ob Jugendliche ihr typisches Risikoverhalten leben können, ohne größeren gesundheitlichen Schaden zu erleiden, hängt immer von ihrer körperlichen Veranlagung, ihrer Biografie, dem anstehenden Entwicklungskonflikt, dem aktuellen sozialen Umfeld und der Unterstützung ab, auf die sie zurückgreifen können. Viel wichtiger als vom typisch jugendlichen Risikoverhalten zu sprechen und dies als normal zu akzeptieren, ist es deshalb, sich Gedanken zu machen: Wer ist besonders gefährdet? Welche Jugendlichen setzen denn tatsächlich durch ihre „typisch jugendliche" Experimentierfreude ihr Leben – sei es körperlich, seelisch oder sozial – aufs Spiel? Denn nur wer die Hintergründe und Ursachen kennt, kann sinnvoll helfen.

Eine Faustregel

Auch auf den ersten Blick „auffällige" und nicht auf Anhieb gelingende Anpassungsversuche sind sicher „typisch jugendlich", solange sie auf kurze Episoden, einzelne Bereiche und auf im Laufe der Entwicklung wechselnde Situationen und Anforderungen beschränkt bleiben. Nehmen solche Anpassungsschwierigkeiten jedoch zu, bleiben sie über lange Zeit bestehen, betreffen sie nicht nur dieses oder jenes Verhalten, sondern zeigen ein durchgängiges Muster, müssen sie als Signale einer möglichen Adoleszenzkrise ernst genommen werden.

Normaler Verlauf	Krisenhafter Verlauf
Unzufriedenheit mit der eigenen körperlichen Entwicklung, Verunsicherung in Bezug auf das eigene Körperbild, vermehrte Beschäftigung mit dem eigenen Aussehen, Diäten	Ablehnung der eigenen körperlichen Entwicklung, gesundheitsgefährdende Ess-Störungen, Anorexie, Bulimie
Hin und wieder lautstarke Auseinandersetzungen mit den Eltern und anderen Erwachsenen wegen Vorlieben für bestimmte Moden, Musik und Freizeitbeschäftigungen der Jugendkultur	Durchgängig provokantes Verhalten, vollkommene Distanzierung vom Elternhaus oder Beziehungsabbruch, Ablehnung aller bisherigen familiären Regeln
Veränderung von Interessen, übergangsweise: Schulunlust, Konzentrationsschwierigkeiten ...	Schulverweigerung oder Rückzug von fast allen schulischen und außerschulischen Aktivitäten

Normaler Verlauf	Krisenhafter Verlauf
Rüpelhaftes Verhalten, aggressives Gehabe	Aggressives Verhalten: Gewaltakte gegen Personen und Sachen, Vandalismus
Enge Beziehungen zu Gleichaltrigen und Identifikation mit Strömungen der Jugendkultur bei Wahrung eigener Interessen und Normen	Aufgehen in Cliquen unter Aufgabe bisheriger persönlicher Merkmale und Werte, Annäherung oder Eingliederung in eine kriminelle „Bande“ oder mangelnde Beziehung zu Gleichaltrigen und Isolation
Experimentieren mit unterschiedlichen Weltanschauungen in Absetzung von den Werten der Eltern, Radikalität im Denken	Bruch mit den bisherigen Werten und Anschauungen; kritikloses Aufgehen in politischen, religiösen und weltanschaulichen Gruppen unter Aufgabe des eigenen Selbst
Erste sexuelle Beziehungen mit Gleichaltrigen	Viele unterschiedliche (promiskuöse) Beziehungen zu Gleichaltrigen oder sehr viel älteren Personen
Gelegentliche Gesetzesübertretungen (Schwarzfahren, kleinere, sehr seltene Kaufhausdiebstähle)	Jugendkriminalität, Bandenkriminalität, Diebstahl, Sachbeschädigungen
Risikofreude beim Sport, Mutproben mit kalkulierbarem Risiko, Nachlässigkeit gegenüber den gesundheitlichen Bedürfnissen des Körpers	Tollkühne Aktivitäten, bei denen die Lebensgefahr einkalkuliert ist („U-Bahn-Surfen“ zum Beispiel)
Gelegentliche Experimente mit Drogen in Verbindung mit Gleichaltrigenaktivitäten	Gebrauch/Missbrauch von Drogen als Ausweg, Stabilität, Selbstbewusstsein und Selbstachtung zu finden; Sucht und Abhängigkeit
Vorübergehende Unzufriedenheit und Verstimmtheit, Stimmungsschwankungen, Langeweile	Angststörung, Depression, Suizidalität
Gelegentlicher Rückzug von der Familie	Weglaufen

Ganz allgemein kann man sagen: Jugendliche Anpassungskrisen, Adoleszenzkrisen welcher Art auch immer, treten dann auf, wenn sich Jugendliche auf der Grundlage ihrer individuellen körperlichen und seelischen Veranlagung einer Häufung von Anforderungen, Problemen und Konflikten gegenübersehen und ihnen sowohl die innere Sicherheit als auch der äußere Halt fehlen, diese zu bewältigen.

Die Folge: Die Jugendlichen, die es solchermaßen schwer haben, fallen durch ungeeignete Versuche auf, diese Probleme zu bewältigen. Zu welcher „Strategie“ sie dabei greifen, welche akuten Symptome sie vielleicht entwickeln, hängt von vielen Faktoren ab. Die vier wichtigsten sind wieder

- die Veranlagung der Jugendlichen, ihre genetische Ausstattung,
- ihre persönliche Geschichte: die Erfahrungen in der Familie und die bisherige körperliche, seelische und geistige Entwicklung und damit zusammenhängend die ihnen zur Verfügung stehenden „Coping-Strategien“,
- ihre aktuelle soziale Situation in der Familie und unter Gleichaltrigen, in Schule/Beruf und Freizeit und in der Gesellschaft,
- die konkrete(n) Entwicklungsaufgabe(n), die sie aktuell überfordern.

Allen gemeinsam ist: Anstatt Probleme zu lösen und damit den Weg für eine Weiterentwicklung freizumachen, drohen diese ungeeigneten Versuche, ins körperliche, seelische und soziale Aus zu führen. In diesen Fällen ist daher Hilfe nötig (→ Seite 334 ff.).

II

Neue Fragen …

... erfordern neue Antworten

McDo und Co.

Die richtige Ernährung

Jugendliche, die wachsen, sind nicht satt zu bekommen. Die Jahre des Wachstumsschubs sind (neben Schwangerschaft und Stillzeit) die Phase im Leben, in der am meisten Nahrung benötigt wird. Auch der Vitamin- und Mineralstoffbedarf ist in diesem Lebensabschnitt deutlich erhöht. Die Deutsche Gesellschaft für Ernährung empfiehlt für die Altersgruppe der 15- bis 19-Jährigen täglich 3 000 Kilokalorien (kcal) für männliche und 2 400 kcal für weibliche Jugendliche. (Für uns Eltern, also Erwachsene zwischen 25 und 51 Jahren, lautet die Empfehlung: für Männer 2 600 kcal und für Frauen 2 000 kcal.) Es geht jedoch nicht nur um Kalorien. Die werden in unserer Gesellschaft meist im Überfluss konsumiert. Es ist vor allem die Zusammensetzung der Nahrung während der Pubertät, die die Weichen für die Zukunft stellt. Fehl- und Mangelernährung können schon jetzt über spätere ernährungs(mit)bedingte Erkrankungen wie Diabetes, Herz-Kreislauf-Erkrankungen, Fettstoffwechselstörungen und einige Arten von Krebserkrankungen entscheiden, um nur die wichtigsten zu nennen.

Jugendliche sind – so beklagen Ärzte – inzwischen fast zu einer Risikogruppe hinsichtlich Ernährung geworden, und dies, obwohl noch nie ein so ausgewogenes Angebot an gesunden Nahrungsmitteln zur Verfügung stand.

Es sind vor allem die jugendtypischen Ernährungsgewohnheiten, die dafür verantwortlich sind. Eltern wissen es: Das Frühstück wird verschmäht, Vollkornprodukte, Milch, Obst und Gemüse sind out, dafür wird reichlich genascht und jede Menge zuckerhaltige Limonade getrunken. Ausgewogene Mahlzeiten werden durch Fastfood und allerlei Riegel ersetzt. Aber Eltern wissen auch: Je älter ihre Kinder werden, desto weniger haben sie Einfluss, was diese den Tag über essen oder eben nicht essen. Verbote greifen längst nicht mehr. Und auch die Angebote in den Cafeterien der Schule, den Schnellimbiss-Ketten und den Regalen im Geschäft gleich nebenan sind nicht dazu geeignet, Jugendlichen eine ausgewogene Ernährung nahe zu bringen.

Ravioli
in Tomate

Döner, Currywurst und Hamburger

Fastfood-Gerichte sind bei Jugendlichen außerordentlich beliebt. Gegen einen Döner oder einen Cheeseburger hin und wieder ist auch nichts einzuwenden. Sie sollten jedoch nicht täglich auf dem Speiseplan stehen. Die Schnellimbisse sind meistens zu fett und begünstigen die Entstehung von Übergewicht, von dem in den Industrienationen mittlerweile bis zu 30 Prozent der Kinder und Jugendlichen betroffen sind. Der einfache Hamburger wird von Experten aus ernährungswissenschaftlicher Sicht übrigens nicht so schlecht beurteilt. Problematisch sind eher die ihn begleitenden Pommes frites, die stark zuckerhaltigen Softdrinks und die anderen vorwiegend aus Fett bestehenden Imbisse wie die beliebte Currywurst.

Das heißt, wer die Ernährungsweise der Jugendlichen verbessern will, muss zu Hause beginnen. Aber da gibt es ein zweites Problem, denn nicht nur Jugendliche ernähren sich ungesund. Wer einmal kritisch die Einkaufswagen vor der Kasse des Supermarkts betrachtet, kann schlussfolgern: Vor allem der Verzehr von Fett – besonders von tierischem – liegt deutlich über den Empfehlungen der Ernährungswissenschaftler. Auch kurzkettige Kohlenhydrate, von denen Zucker besonders viel enthält, machen einen viel zu hohen Anteil der Ernährung aus. Dagegen liegt der Verzehr von langkettigen Kohlenhydraten, wie sie etwa in Vollkornprodukten reichlich vorkommen, unter den Empfehlungen. Auch die Versorgung mit Vitaminen durch den Verzehr von Obst und Gemüse ist eher unbefriedigend. Eine kurze Rückbesinnung auf die ernährungswissenschaftlichen Grundregeln ist deshalb angebracht. Wenn diese wenigstens beim gemeinsamen Mittag- oder Abendessen befolgt werden, ist schon viel getan. Diese Mahlzeiten sollten möglichst häufig als Familienereignis stattfinden – nicht nur aus ernährungswissenschaftlichen Gründen.

Wir sind doch kein Imbiss! Da stehe ich Stunden in der Küche und sie kommt rein: „Ich habe Hunger", schnappt sich einen Teller und will mit ihm in ihr Zimmer verschwinden! Oder gestern: Sie kommt nach Hause, verzieht sich in ihr Zimmer mit: „Ich habe keinen Hunger, habe gerade auf dem Heimweg einen Döner gegessen!" Und sie weiß doch, dass wir abends zusammen essen und ich gekocht habe!

Karin, 38 Jahre

Sich gesund zu ernähren, bedeutet vor allem, auf eine ausgewogene Balance von Fett, Kohlenhydraten sowie Eiweiß und eine ausreichende Menge pflanzlicher Faserstoffe (Ballaststoffe), Vitamine und Mineralien zu achten. Das heißt: Etwa 55 bis 60 Prozent der Gesamt-Kalorienmenge sollte von Kohlenhydraten abgedeckt werden. Der Fettverzehr sollte 30 Prozent der Gesamtenergie nicht überschreiten. Absolut betrachtet werden durchschnittlich etwa 60 Gramm Eiweiß für männliche Jugendliche und 47 Gramm Eiweiß für weibliche Jugendliche empfohlen. Daneben sollten 30 Gramm Ballaststoffe pro Tag verzehrt werden.

Lesetipps

Von Currywurst bis Gänsebraten

Eine Broschüre des Bundesinstituts für gesundheitlichen Verbraucherschutz und Veterinärmedizin (BgVV), in der die Bestandteile von 150 Speisen aufgeführt sind – eben von Currywurst bis Gänsebraten. Gegen Einsendung eines mit 3 DM frankierten Rückumschlags und einer Schutzgebühr von 5 DM in Briefmarken gibt es sie beim

BgVV
Thielallee 88–92
14195 Berlin

Weitere Broschüren zum Thema Ernährung für Jugendliche erhalten Sie bei der Bundeszentrale für gesundheitliche Aufklärung (Bezugsadresse → Seite 138).

Gerade im Wachstum muss der Mineralstoffhaushalt stimmen. Kalzium ist dabei besonders wichtig. Im Kindes- und Jugendalter wird Knochengewebe aufgebaut, das heißt, in dieser Zeit wird die spätere Knochendichte festgelegt. Eine ausreichende Kalziumversorgung in der Adoleszenz beugt der Osteoporose, der Minderung der Knochendichte, im Alter vor. Ernährungswissenschaftler empfehlen deshalb eine tägliche Kalziumzufuhr von 400 bis 1 000 Milligramm. Sie kann durch Milchprodukte erfolgen: durch ein Glas Milch oder Buttermilch und zwei Scheiben Käse. Reich an Kalzium sind auch Joghurt und Quark. Kalziumtabletten sind für Jugendliche nicht zu empfehlen.

Ebenso wichtig wie Kalzium ist Eisen: Vor allem Mädchen, die bereits ihre Regel haben, sollten auf eine ausreichende Zufuhr achten, da dem Körper mit der monatlichen Blutung Eisen, das in den roten Blutkörperchen enthalten ist, verloren geht. Werden diese Verluste nicht ausgeglichen, kann es zur Blutarmut (Anämie) kommen. Eisen ist besonders reichlich in tierischem Eiweiß, vor allem in magerem Fleisch enthalten.

Auch auf genügend Jod in der Nahrung muss geachtet werden, um in der Jugend der Ausbildung eines Kropfes vorzubeugen. Seefisch enthält reichlich davon. Die Verwendung von Salz, das mit Jod angereichert ist, ist zu empfehlen.

Dass Gemüse und Obst im Speiseplan nicht fehlen dürfen, muss nicht eigens betont werden. Beides sorgt für die notwendigen Vitamine. Gleichzeitig wird dadurch auch der Ballaststoffanteil der täglichen Nahrung erhöht. Die in Buchhandlungen erhältlichen Kalorien- und Ernährungstabellen erleichtern die Auswahl gesunder Nahrungsmittel. Es lohnt sich durchaus, solche Tabellen zurate zu ziehen, Sie werden staunen, wie viel Fett oder Kalorien manche Nahrungsmittel wirklich enthalten.

Ernährungstipps für Jugendliche

Der Gesamtenergiebedarf (15- bis 19-Jährige) beträgt für männliche Jugendliche 3 000 kcal, für weibliche Jugendliche 2 400 kcal pro Tag.

- Ausgewogenes Verhältnis der Grundnährstoffe Eiweiß, Kohlenhydrate und Fett
- Ausreichend Kalzium
- Ausreichend Eisen
- Ausreichend Jod
- Ausreichend Vitamine und Ballaststoffe

Zu dünn ...

Die Altersgruppe der jungen Frauen zwischen 15 und 35 Jahren gilt heute als gefährdet für Mangel- und Fehlernährung. Dies liegt zum einen an ihrem besonderen Bedarf, zum anderen an der Vielzahl ernährungswissenschaftlich bedenklicher Diäten, denen sich gerade Frauen meinen unterziehen zu müssen, um einem gesellschaftlichen Schönheitsideal, nämlich dem des hoch gewachsenen knabenhaften Models, zu entsprechen.

Wie Jungen und Mädchen sich selbst sehen – Unterschiede

In einer Untersuchung von Jugendlichen waren 81 Prozent der untersuchten Mädchen ideal- oder gar untergewichtig. Von diesen wollten aber 78 Prozent abnehmen, weil sie sich zu dick fühlten. Nur 14 Prozent waren mit ihrem Körpergewicht zufrieden (die restlichen waren zwar unzufrieden, wollten aber ihr Gewicht nicht reduzieren). Bei jungen Männern ist dies eher umgekehrt. Im Gegensatz zu Mädchen unterschätzten sie sehr häufig ihr tatsächliches Körpergewicht und denken auch dann nicht daran, ihr Übergewicht zu reduzieren, wenn es ihnen aus gesundheitlichen Gründen gut täte.

Vor allem junge Mädchen, die erst lernen müssen, sich in ihrem Körper anzunehmen, unterwerfen sich also allzu leicht dem Diktat der Mode, das fast immer weit entfernt von der Wirklichkeit ist. Glücklicherweise entwickeln sich jedoch nur bei wenigen regelrechte Ess-Störungen (→ Seite 339 ff.). Die meisten Mädchen finden aufgrund ihres jugendtypischen „gesunden Appetits“ wieder zu einem normalen Essverhalten zurück und gleichen sehr schnell die möglicherweise entstandenen Mängel aus.

... und zu dick

Die Rückkehr zu einem „normalen“, gesunden Essverhalten ist für Übergewichtige sehr viel schwieriger, jedoch nicht weniger wichtig: Übergewicht ist ein wesentlicher Risikofaktor für viele Erkrankungen, insbesondere Herz-Kreislauf-Erkrankungen und Stoffwechselstörungen. Darüber hinaus, und dies ist für Jugendliche in ihrem Lebensabschnitt viel wichtiger, führt Übergewicht gerade unter Jugendlichen, die sich und andere fast immer erst einmal über ihr Äußeres definieren, nicht selten zu sozialen Problemen. Denn in unserer Gesellschaft wird allgemein Attraktivität mit Schlanksein gleichgesetzt. Übergewichtige Jugendliche werden nicht selten von Gleichaltrigen diskriminiert. Dies wiederum führt zu einer negativen Selbsteinschätzung und damit verbunden einem geminderten Selbstwertgefühl. Zu dick zu sein, ist also vor allem schlimm für Jugendliche, die für ihre gesunde emotionale Entwicklung auf die positive Spiegelung durch Gleichaltrige angewiesen sind.

Wer ist übergewichtig? Der Body-Mass-Index

Um das Körpergewicht zu beurteilen, hat sich international der BMI (Body-Mass-Index) bewährt. Das Körpergewicht (in Kilogramm) wird durch das Quadrat der Körpergröße (in Meter) geteilt. Das heißt: Wenn ein 1,70 Meter großer Jugendlicher 65 Kilogramm wiegt, wird 65 durch 2,89 (= 1,7 mal 1,7) geteilt, was einem Body-Mass-Index von rund 22,5 entspricht.

(Grobe) Gewichtseinteilungen nach dem Body-Mass-Index

BMI	Männer	Frauen
Untergewicht	< 20	< 19
Normal	20–25	19–24
Übergewicht	25–30	24–30
Starkes Übergewicht	30–40	30–40
Extremes Übergewicht	> 40	> 40

Diese Werte gelten allerdings nur für Erwachsene. Für Jugendliche hat es sich als sinnvoll erwiesen, bei der Frage, ob Über- oder Untergewicht vorliegt, von den am häufigsten gemessenen Werten auszugehen. Diese lassen sich in der mittleren Spalte der unten stehenden Tabelle ablesen.

Welcher Body-Mass-Index für Jugendliche ist der richtige?

Alter	zu niedrig		„normal“		zu hoch	
	♀	♂	♀	♂	♀	♂
10	< 14,2	< 14,6	16,9	17,1	> 20,7	> 21,4
11	14,6	14,3	17,7	17,8	20,8	21,2
12	16	14,8	18,3	18,3	21,5	22
13	15,6	16,2	18,8	19,1	22	21,7
14	17	16,7	19,4	19,8	23,2	22,6
15	17,6	17,8	20,2	20,2	23,2	23,1
16	17,8	18,5	20,3	23,7	22,8	23,7
17	17,8	18,6	20,5	21,6	23,4	23,7
18	18,3	18,6	20,6	21,8	23,5	24
19	18	19	20,7	22,1	23,4	24,9
20	18,3	19,9	20,9	22,5	23,1	25,1

Was tun?

Sicher: Es gibt verschiedene Ursachen für Übergewicht im Jugendalter. Vererbung ist eine davon, die jugendliche Zuckerkrankheit (Diabetes mellitus – die medizinisch abzuklären ist) eine andere. Fast immer jedoch sind – wie bei uns Erwachsenen auch – falsche Ernährungsgewohnheiten und mangelnde Bewegung verantwortlich dafür, dass Jugendliche zu dick sind. Deshalb gilt bei diesem Thema eigentlich dasselbe wie für Erwachsene: Grundlage jeder Verringerung des Körpergewichts ist eine Veränderung der Essgewohnheiten mit einer geringeren Kalorienzufuhr und die Erhöhung der körperlichen Aktivität.

Das klingt einfacher, als es ist. Auch Jugendliche profitieren wie Erwachsene nur von einer langfristig angelegten, wahrscheinlich lebenslangen Umstellung der Ernährungsgewohnheiten (denn es gibt auch für sie keine Wunderdiäten!). Und zweitens: Gerade Jugendliche, die unter Übergewicht leiden, sind eben nicht bewegungsfreudig und haben wahrscheinlich schon immer ihre Freizeit eher mit statischen Tätigkeiten wie Computerspielen, Fernsehen, Musikhören verbracht.

Beginnen wir mit der körperlichen Aktivität: Mittlerweile bieten eine Reihe von Sportvereinen und privaten Instituten Fitnessprogramme an, die sich gezielt an Übergewichtige richten und sie an eine regelmäßige körperliche Betätigung unter Berücksichtigung ihres Übergewichts heranführen. Bei starkem Übergewicht ist zum Beispiel Joggen erst dann zu empfehlen, wenn schon eine deutliche Gewichtsreduktion erzielt worden ist, weil andernfalls Gelenkschäden drohen. Bei starkem Übergewicht lohnt es sich, ärztliche Hilfe, am besten von einem Arzt, der die Bezeichnung „Sportmedizin“ führt, in Anspruch zu nehmen.

Und dann die Ernährung: Ganz wichtig ist eine sachliche Information über Ernährungsfragen, auch wenn diese erst einmal nicht gehört werden sollte. Eine solche Beratung erhalten Sie beim Hausarzt oder bei professionellen Ernährungsberatungen, die von Ihrem zuständigen Gesundheitsamt, Ihrer Krankenkasse und in vielen Fällen auch von dem für Sie zuständigen Allgemeinkrankenhaus angeboten oder vermittelt werden.

Was Sie zu Hause tun können:

- Praktizieren Sie in der Familie feste Essenszeiten.
- Machen Sie aus den Mahlzeiten einen Familientreff, und stellen Sie die Kommunikation in den Vordergrund.
- Begrenzen Sie die Menge der auf dem Tisch „verfügbaren" Speisen.
- Vermeiden Sie die Verführung zu kalorienreichen Zwischenmahlzeiten (denken Sie daran: Ein gut gefüllter Kühlschrank verleitet zum Essen).
- Achten Sie bei der Zubereitung der Gerichte auf die Empfehlungen der Ernährungsberatung.
- Beziehen Sie Ihre Tochter, Ihren Sohn in die Planung und Zubereitung der Mahlzeiten mit ein.

Ich hasse den Sommer. Alle sind im Freibad. Nur ich kann nicht. So fett wie ich bin, kriegen mich da keine zehn Pferde hin.
Sabrina, 15 Jahre

Ganz wichtig ist immer die psychische Unterstützung durch die Familie zu diesem Programm. Das bedeutet:

- Vermeiden Sie jede ins Lächerliche ziehende oder herabsetzende Bemerkung wegen des Übergewichts: „Hier kommt ja unser Pummelchen" oder Ähnliches. Damit provozieren Sie allenfalls Trotzreaktionen.
- Machen Sie mit! Auch wenn nur Ihre Tochter, Ihr Sohn zu viele Pfunde hat – es betrifft alle, wenn sie oder er den Wunsch hat abzunehmen (eine ausgewogene Ernährung tut allen gut!).
- Und: Versuchen Sie in Gesprächen (die sicher nicht einfach sind) mit Ihrer Tochter, Ihrem Sohn herauszufinden, ob sie, er „nur" aus Frust isst, sich also einen Kummerspeck angegessen hat. Wenn übermäßiges Essen ein Versuch der Selbstheilung tiefer liegender ungelöster Probleme im emotionalen Bereich darstellt (→ Seite 347 ff.), ist psychotherapeutische Hilfe notwendig.

Die aufgeklärte Jugend – Oder etwa doch nicht?

Unsere Kinder sind aufgeklärt. Sie haben Sexualkundeunterricht in der Schule und sprechen (diskutieren, erzählen, tuscheln, kichern, prahlen ...) sicher im Freundinnen- und Freundeskreis über alle einschlägigen Themen, die im engeren und weiteren Sinn mit Sexualität zu tun haben. Und liest man die Jugendzeitschriften, die die Regale des Zeitschriftenhandels füllen, muss man annehmen: Noch nie hatten Jugendliche so freien Zugang zu Informationen und Kenntnissen, zu Daten und Details aus dem Bereich des Sexualwissens wie heute.

Und dennoch: Fragt man genauer nach – auch das ein Ergebnis der Befragung der BZgA (→ Seite 78) –, ergibt sich ein ganz anderes Bild. Nur etwa drei Viertel der Jugendlichen, die gerade ihre erste Regel oder ihre erste Ejakulation erlebt haben, halten sich selbst für aufgeklärt, und auch ein, zwei Jahre später beklagen immer noch 20 bis 25 Prozent ein Informationsdefizit, was ihre sexuelle Aufklärung betrifft (übrigens Mädchen mehr als Jungen). Und dies ist erst einmal nur die subjektive Einschätzung der Jugendlichen selbst. Dass diese über das tatsächliche Wissen offenbar recht wenig aussagt, zeigten die Antworten auf eine höchst bedeutsame, da möglicherweise folgenschwere Frage. Aus der Gruppe derselben 17-jährigen Jungen und Mädchen, die sich zum großen Teil für aufgeklärt hielten, konnte ein Drittel die Frage: „Wann innerhalb des weiblichen Zyklus ist die Wahrscheinlichkeit, schwanger zu werden, am größten?“ nicht richtig beantworten – und dies selbst dann nicht, wenn sie schon einmal mit einem Mädchen beziehungsweise Jungen geschlafen hatten.

Nur etwa zwei Drittel der Mädchen und nur knapp die Hälfte der Jungen wissen also wirklich Bescheid. Was nicht heißt, dass sie nicht über die ausgefallensten Sexualpraktiken und unterschiedlichsten Sexspiele durch die so beliebten Jugendzeitschriften, aber auch (Soft-)Pornos im Fernsehen oder Internet genauestens informiert sind. Was vielen Jungen und Mädchen offenbar fehlt, ist die „Aufklärung“, die ihre Sexualität, ihren Körper, ihr Verhalten und ihr Leben zusammenbringt – und dabei geht es ja nicht nur darum zu wissen, wie man „aufpasst“, das heißt vermeidet, schwanger zu werden oder Aids zu bekommen.

Aufklärung – Eltern in der Pflicht

Was heißt das für uns Eltern? Das gute alte Aufklärungsgespräch (das wahrscheinlich auch früher immer nur „peinlich“, weil zu spät war) können wir nicht ernsthaft als Lösung im Kopf haben. Das, was wir unseren jugendlichen Söhnen und Töchtern bei einem solchen Gespräch erzählen würden, wissen sie längst, und was sie selbst als Fragen mit sich herumtragen, hat zu viel mit ihnen selbst zu tun, als dass wir plötzlich und ungefragt gute Ratschläge geben dürften.

Wenn meine Frau und Laura ihre „Frauengespräche“ über Beine rasieren, Pille und so weiter führen, ist mir das immer peinlich. Ich gehe dann aus dem Zimmer, und die beiden lachen …
Walter, 50 Jahre

Wie wir dieses Problem lösen, hängt davon ab, wie wir bisher mit Aufklärung im allerweitesten Sinn umgegangen sind. Hilfreich ist es, wenn wir schon immer Fragen beantwortet und mit unseren Kindern über alles gesprochen haben (Warum frisst die Katze Mäuse? Wie funktioniert ein Auto? und eben auch: Wie kommen Kinder in den Bauch der Mama? Was ist ein Kondom?). Denn nur wenn wir es geschafft haben, von Anfang an eine Atmosphäre herzustellen, die alle Fragen erlaubt, können wir hoffen, dass unsere Kinder auch in so heiklen Zeiten wie der Adoleszenz dann fragen, wenn sie dies wünschen. Dann können unsere Kinder auch viel leichter tolerieren, dass wir unsere Meinung sagen, Diskussionen anregen und Informationen liefern, wenn wir es für angebracht halten. Und wenn es um Sachfragen und Tatsachenvermittlung geht, sollten wir auch nicht zögern, auf Medien wie Bücher, Videos, CD-Roms oder Aufklärung aus dem Internet zurückzugreifen.

Wenn man Jugendliche fragt, welche Medien sie bevorzugen, stehen Jugendzeitschriften, Aufklärungsbroschüren und Bücher immer noch an erster Stelle, gefolgt von Videokassetten und Fernsehfilmen. Computerspiele, die das Thema interaktiv angehen, scheinen eher etwas für Jungen zu sein. Helfen

Sie bei der Auswahl (Büchertipps, → Kasten). Vielleicht klappt es dann, dass Sie gemeinsam (beide Elternteile mit Tochter, Sohn) das Medium, sei es nun ein Buch, eine Broschüre oder ein Video, anschauen, um so ins Gespräch zu kommen.

Medien zur Grundlage eines Gesprächs zu machen ist aber nur eine Möglichkeit ihrer Verwendung. Ebenso wichtig ist die zweite Möglichkeit. Bücher, Videos und Ähnliches kann Ihre Tochter, Ihr Sohn dann zur Hand nehmen, wenn ihr, ihm danach ist, und sie, er muss nicht das Gefühl haben, sich bloßzustellen, wenn offensichtlich wird, dass sie, ihn gerade dieses oder jenes Problem besonders interessiert. So verwendet bieten Medien den Vorteil der Privatheit, und die ist gerade für Jugendliche lebensnotwendig. In vielen Situationen geht es für sie ja gerade darum, sich auf eigene Füße zu stellen, ihr Leben in die Hand zu nehmen und sich aus der Obhut der Eltern zu lösen. Und ist Sexualität nicht genau der Bereich, der nun wirklich nichts mehr mit den Eltern zu tun haben sollte?

Bücher und Medien der BZgA

Die Bundeszentrale für gesundheitliche Aufklärung bietet viele empfehlenswerte Materialien für Eltern und Jugendliche an. Sie sind kostenlos oder gegen eine Schutzgebühr unter der Adresse der BZgA erhältlich:

Bundeszentrale für gesundheitliche Aufklärung
Ostmerheimer Str. 220
51109 Köln
Fax 02 21/89 92-257
E-Mail: order@bzga.de
Internet: www.bzga.de

Zum Thema Aufklärung – Sexualität

Über Sexualität reden
Best.-Nr. 13 070 000
(für Eltern)

Über den Umgang mit Liebe, Sexualität, Verhütung und Schwangerschaft
Best.-Nr. 13 020 000
(für Jugendliche)

LoveLine
CD1: Best.-Nr. 13 350 000
CD2: Best.-Nr. 13 352 000
(für Jugendliche)

Nanu?
Best.-Nr. 70 190 000
(für Jugendliche)

Starke Mädchen
Best.-Nr. 70 450 000
(für Jugendliche)

Speziell zum Thema Verhütung

Verhüten – null problemo?
Comic: Best.-Nr. 13 100 110
CD: Best.-Nr. 13 100 210
(für Jugendliche)

Rolfi geht auf's Ganze
Best.-Nr. 70 553 000
(für Jugendliche)

Bis unsere Kinder dann wirklich auf eigenen Füßen stehen, dauert es allerdings noch seine Zeit, und bis dahin sind wir Eltern offenbar immer noch die wichtigsten Personen, wenn es darum geht, mit ihnen über Sexualität zu sprechen. Selbst die allgemeine Durchsetzung des Sexualkundeunterrichts in den Schulen und die weite Verbreitung von Jugendzeitschriften, die sich ja auch dieses Themas angenommen haben, hat unserer Schlüsselstellung bei der Sexualaufklärung nicht den Rang ablaufen können. Im Gegenteil: Zieht man den Vergleich zu den 80er Jahren, so sind Eltern heute deutlich häufiger in der Vertrauensrolle als damals. Vor allem: Wir dürfen uns nicht vor der Verantwortung drücken, Werte zu vermitteln – also mit unseren Kindern über Liebe, Lust und Zärtlichkeit, Verantwortung und Achtung, Treue, Vertrauen und Geborgenheit als Grundlage jeder sexuellen Beziehung zu sprechen.

„Gute“ Aufklärung und die Folgen

Das „Wie“ der Aufklärung hat messbare Konsequenzen, und das elterliche Gespräch beeinflusst das konkrete Verhalten: Wenn im Elternhaus über Sexualität und Verhütung gesprochen werden kann, wenn Eltern über das Sexualleben ihrer Kinder Bescheid wissen und offen und gesprächsbereit sind, sinkt – dies ein Ergebnis der Befragung der BZgA (→ Seite 78) – die Wahrscheinlichkeit erheblich, dass unsere Töchter und Söhne ihren ersten Geschlechtsverkehr ungeschützt erleben. Und sie werden auch weiterhin mit größerer Wahrscheinlichkeit auf sichere Verhütungsmittel (Pille und Kondom) zurückgreifen. Das heißt: Jungen wie Mädchen achten dann sehr viel häufiger „immer genau“ (so war die Formulierung, die die Jugendlichen bei der Befragung ankreuzten) auf Maßnahmen zur Empfängnisverhütung. Also: Trotz Medien und Sexualkundeunterricht sind das Gespräch mit den Eltern und ein offenes vertrauensvolles Klima durch nichts zu ersetzen.

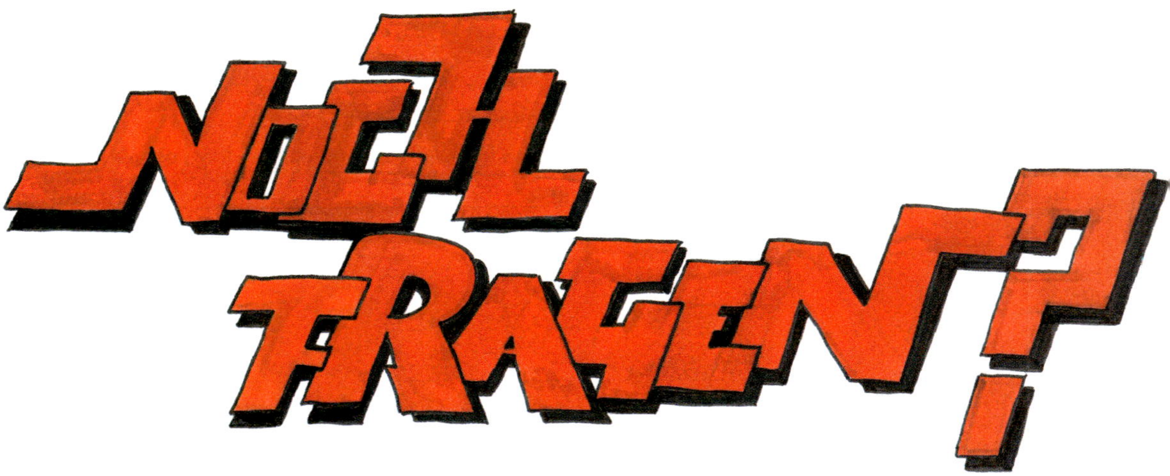

Fragen, die Jugendliche wirklich interessieren

Wenn man in Schulen und Jugendgruppen (anonym oder direkt) nachfragt, erfährt man, dass die aufgeklärte Jugend gar nicht so selten ähnliche Fragen beschäftigen, die auch wir damals hatten und nicht zu stellen wagten:

- Onanieren – tun das Jungen und Mädchen? Gibt es ein Zuviel? Kann Onanieren schädlich sein?
- Ich habe Angst vor dem „ersten Mal“ – tut das weh? Wie ist das mit dem Jungfernhäutchen? Was ist, wenn ich es nicht „schaffe“? Sieht man mir an, wenn ich nicht mehr Jungfrau/Jungmann bin? Ab wann bin ich alt genug, Sex zu haben?
- Mein Freund will, ich nicht – bin ich frigide? Meine Freundin will noch nicht mit mir schlafen – liebt sie mich denn überhaupt? Ich bin 17 – alle meine Freunde haben schon mal, ich nicht. Bin ich normal?
- Haben immer beide gleichzeitig einen Orgasmus? Was ist, wenn ich keinen Orgasmus habe? Soll ich ihn vortäuschen? Muss man immer können, wollen und „kommen“? Muss ich oralen/analen … Sex mögen?
- Was „mögen“ eigentlich Männer beziehungsweise Frauen? Empfinden sie gleich, haben sie die gleichen Gefühle? Wie geht das denn zwischen Frauen beziehungsweise Männern?
- Manchmal fallen mir Sexszenen mit Jungen (als Junge) beziehungsweise Mädchen (als Mädchen) ein – ist das normal? Was ist, wenn ich kleine Jungen, kleine Mädchen „süß“ finde? Bin ich „pervers“?
- Welche Verhütungsmittel gibt es, welche Vor- und Nachteile haben sie? Was eignet sich für Jugendliche, für mich? Was denken die Leute, wenn ich mir Kondome kaufe? Müssen es meine Eltern erfahren, wenn ich mir die Pille verschreiben lasse?
- Aids, Tripper und Co: Geschlechtskrankheiten – was ist das überhaupt? Wie vorbeugen, verhüten? Woran erkenne ich, dass ich mich angesteckt habe – und was dann?
- Ich bin/meine Freundin ist schwanger! Was jetzt?

Mädchen-Eltern und Jungen-Eltern

Vielleicht haben wir das schon immer geahnt. In Zahlen ausgedrückt ist es jedoch immer noch erstaunlich und sollte zum Nachdenken anregen: „Nach eigener Aussage übernehmen 72 Prozent der Eltern die Sexualaufklärung ihrer Töchter selbst – aber nur 55 Prozent bei den Söhnen. 18 Prozent der Mädchen-Eltern und 24 Prozent der Jungen-Eltern bekennen, Probleme mit ihrer Rolle als Vermittler von Sexualaufklärung zu haben. (…) Die Jugendlichen selbst bestätigen diese Angaben in der Tendenz: Zwei Drittel der Mädchen, aber nur die Hälfte der Jungen sind von ihren Eltern schon einmal ausführlich über Möglichkeiten der Empfängnisverhütung beraten worden.“ So fasst die BZgA ein Ergebnis ihrer Befragung (→ Seite 78) zusammen. Offenbar wird auch heute noch die Mitverantwortung der Söhne bei der Empfängnisverhütung von den Eltern viel zu wenig ernst genommen. So wissen denn auch

Ich würde mich mit meinem Sohn nie darüber unterhalten, wie Kondome angewendet werden. Er ist gerade 14, und das wäre ihm viel zu peinlich. Die haben doch heute andere Möglichkeiten, an diese Informationen heranzukommen. Oder das müsste mein geschiedener Mann machen. Aber ich weiß auch nicht, ob er mit ihm über solche Dinge spricht.

Karin, 48 Jahre

Jungen viel weniger, genau genommen zu wenig, über biologische Fakten und stehen auch deshalb im Verhütungsverhalten den Mädchen erkennbar nach. Das ist mehr als fragwürdig.

Jungen haben leider auch sonst in sexuellen Fragen sehr viel weniger verlässliche Ansprechpartner als Mädchen. Während diese oft noch auf eine beste Freundin als Vertrauensperson gerade auch bei diesem Thema zurückgreifen können, geben fast ein Viertel der befragten Jungen an, derzeit niemanden zu haben, mit dem sie (vernünftig, also von den Prahlereien im Freundeskreis abgesehen) über sexuelle Themen sprechen können. Häufig übernimmt dann erst wieder die feste Freundin die Rolle der Vertrauten und Aufklärerin.

Betreten verboten!

Eltern müssen aufklären – aber was sie nie vergessen sollten: Sex ist Privatsache! Dies gilt für Jugendliche wie für Erwachsene, und jede ungebetene elterliche Einmischung in das Sexualleben ihrer jugendlichen Kinder erleben diese zu Recht als Grenzüberschreitung. Wir teilen unsere sexuellen – intimen – Erfahrungen nicht mit unseren Kindern. Ebenso haben diese ein Recht auf Intimsphäre. Eltern sind – wenn alles gut geht – Anlaufstelle und Berater, aber nie Voyeure!

Die Risiken der Sexualität

Wir haben – zu Recht – unzählige Befürchtungen, was das Sexualleben unserer Kinder angeht. Denn jeder Sexualkontakt birgt vielfältige Risiken, vor denen wir unsere Kinder schützen wollen. Die Aufklärung über die Gefahren der Sexualität ist jedoch eine schwierige Gratwanderung. Denn kann es unser Anliegen sein, unseren Kindern Sex als etwas primär Gefährliches nahe zu bringen?

Trotzdem müssen Eltern vor den Gefahren warnen und möglichst nicht nur einmal, sondern immer wieder und besonders dann, wenn „es so weit ist". Aber: Warnen heißt nicht Angst machen.

Aufklären über die Risiken der Sexualität bedeutet also erstens: Faktenwissen vermitteln, sinnvollerweise auch durch Medien (Bücher, Broschüren – anzufordern bei den Gesundheitsämtern – ,Videos und Hinweise auf Internetseiten zum Thema), die meist fundierter informieren können als wir Eltern.

Es heißt zweitens aber auch: Nicht nur auf das, was man sagt, kommt es an, sondern wie man es sagt. Die Atmosphäre, die wir in unserer Familie herstellen können und konnten, ist wohl die entscheidende Grundlage, die ein gutes Gespräch ermöglicht. Gut ist ein Gespräch dann, wenn es sein Ziel erreicht. Das Ziel ist – darin werden sich sicher alle einig sein –, dass Jugendliche ohne irrationale Ängste, aber mit dem nötigen Sachwissen über die Folgen sexueller Kontakte verantwortungsvoll entscheiden können, ob, wie und mit wem sie Geschlechtsverkehr haben wollen.

Safer Sex

Das Wort vom sichereren Sex hat vor allem seit der Ausbreitung von Aids Konjunktur, und seine Bedeutung kennt heute – theoretisch – jedes Kind. Ohne Kondom läuft gar nichts. Gib Aids keine Chance! ... Die Verhütung dieser immer noch unheilbaren Krankheit steht im Mittelpunkt des öffentlichen Interesses. Aber es gibt auch andere Geschlechtskrankheiten oder Krankheiten, die häufig durch ungeschützten Geschlechtsverkehr übertragen werden. Sie sind zwar inzwischen meist gut behandelbar, die Wahrscheinlichkeit, daran zu erkranken, ist jedoch nicht geringer, als Aids zu bekommen. Deshalb: Auch über diese „alten" Geschlechtskrankheiten sollten Jugendliche Bescheid wissen. Denn nur wenn sie erkannt werden, können sie geheilt werden, und nur dann wird sich die rückläufige Tendenz ihrer Verbreitung weiter fortsetzen.

Geschlechtskrankheiten – STDs

Zu den STDs (sexually transmitted deseases – durch den Geschlechtsverkehr übertragbare Krankheiten) zählen heute außer den „klassischen" Geschlechtskrankheiten Lues (Syphilis), Tripper (Gonorrhoe), weicher Schanker (Ulcus molle) und der venerischen Lymphknotenentzündung (Lymphogranuloma venerum) auch Genitalherpes, Feigwarzen (Condylomata acuminata), Trichomonaden, Pilze und Chlamydien sowie Hepatitis B (→ Tabelle, Seite 144).

! Deutliche Hinweise auf eine Geschlechtskrankheit sind

- ungewöhnlicher Ausfluss aus Scheide, Penis oder After,
- Hautveränderungen an Scheide, Penis oder After (Warzen, Pickel, Knoten, Geschwüre oder Rötungen),
- anhaltender Juckreiz an den Geschlechtsteilen,
- Brennen beim Wasserlassen.

Bei diesen Symptomen sofort zum Arzt!

Geschlechtskrankheiten im Überblick

Krankheit	**Erreger**	**Krankheitszeichen**	**Vorbeugung/ Behandlung**
Chlamydien	Bakterien	Oft keine Beschwerden, aber auch Brennen beim Wasserlassen, Ausfluss. Bei der Frau Unterleibsschmerzen, Zwischenblutungen. Gefahr der Eileiterentzündung mit der Folge der Unfruchtbarkeit.	Antibiotika
Feigwarzen	Viren	Warzen an Penis, Scheide und After.	Lokale Behandlung mit Salben
Genitalherpes	Viren	Erst Jucken, dann Bläschen, die platzen.	Behandlung mit Aciclovir
Hepatitis B	Viren	Leberentzündung, die akut zum Tod führen kann. Bei „Dauerträgern" (10 Prozent der Infizierten) Gefahr der Leberzirrhose und des Leberkrebses.	Eine wirkliche Heilung gibt es nicht! Deshalb auf jeden Fall Impfung!
Lues (Syphilis), eine bakteriell übertragene Geschlechtskrankheit. (Hat in Deutschland inzwischen an Bedeutung verloren, da bei rechtzeitiger Therapie gut behandelbar.)	Bakterien	Schmerzlose Geschwüre an Scheide, Penis, After oder im Mund, die wieder verschwinden. Zwei Monate nach der Infektion Anschwellen der Lymphknoten, Hautausschlag und Fieber.	Antibiotika, vor allem Penizillin
Tripper (Gonorrhoe) ist eine bakteriell übertragene Geschlechtskrankheit. (Hat in Deutschland inzwischen an Bedeutung verloren, da bei rechtzeitiger Therapie gut behandelbar. Ausnahmen: penizillinresistente Bakterien, wie sie durch Sextourismus eingeschleppt werden können.)	Bakterien	Beim Mann: Brennen beim Wasserlassen, wässriger oder eitrig grünlicher Ausfluss aus der Harnröhre. Bei Frauen verläuft die Erkrankung manchmal zu Anfang unbemerkt – es kann zu Ausfluss als Folge einer Entzündung der Unterleibsorgane kommen.	Antibiotika
Venerische Lymphknotenentzündung. (In Deutschland selten, kann aber im Ferntourismus erworben werden.)	Bakterien	Zwei Wochen nach der Ansteckung Knötchen, Geschwüre an Muttermund, Penis, After. Später Schwellung der Lymphknoten bis zum Platzen, Fisteln bis hin zu Verengungen an Harnröhre und Enddarm.	Antibiotika
Weicher Schanker. (In Deutschland selten, kann aber beim Ferntourismus erworben werden.)	Bakterien	Ein erbsgroßes, weiches, druckschmerzhaftes Geschwür am Genitale (selten an Lippe und Zunge) mit aufgeworfenen Rändern und schmierig-eitrigem Grund. Schwellung der Lymphknoten, Entzündung der Lymphbahnen.	Antibiotika (aber kein Penizillin)

... und besonders Aids

Die heute bekannteste der durch ungeschützten Geschlechtsverkehr übertragbaren Krankheiten ist sicher Aids: das **A**cquired **I**mmuno **D**eficiency **S**yndrome (deutsch: erworbenes Immunschwäche-Syndrom). Diese Krankheit wird durch das HI (**H**uman **I**mmunodeficiency)-Virus ausgelöst. Inzwischen gibt es zwar Behandlungsmöglichkeiten, die die Vermehrung der Viren im Körper nach einer Infektion verlangsamen. Eine Therapie, die zur Heilung führt, ist bislang noch nicht gefunden.

Lesetipps

Broschüren der **BZgA** zum Thema Geschlechtskrankheiten (Bezugsadresse und weitere Buchtipps zum Thema Sexualität → Seite 138)

Alles ganz easy
Best.-Nr. 70 330 000
(für Jugendliche)

Pssst!
Best.-Nr. 13 090 000
(für Jugendliche)

Aids von A bis Z
Best.-Nr. 70 010 000
(für Eltern und Jugendliche)

Aids zeigt viele verschiedene Symptome, die Menschen mit einem intakten Immunsystem im Allgemeinen nicht bekommen. Es sind diese Krankheiten, die auch heute noch innerhalb weniger Jahre nach dem Ausbruch zum Tode führen. Deshalb hat Aids viel mehr als alle anderen Geschlechtskrankheiten seit seinem ersten Auftreten das Sexualverhalten der Menschen in den Industrienationen beeinflusst.

Eltern sollten jedoch auch in den „Zeiten von Aids“ vermeiden, Ängste zu schüren. Wie jede Aufklärung über die Risiken der Sexualität soll auch die Aufklärung über die Gefahren einer HIV-Infektion effektiv sein, das heißt: Jungen und Mädchen einen angstfreien, verantwortungsvollen und sicheren Umgang mit der eigenen Sexualität und der des Partners/der Partnerin ermöglichen. Vermitteln Sie Ihrer Tochter, Ihrem Sohn: Gegen Aids kann man sich schützen! Das sollte sie, er aber auch konsequent tun.

! So hat Aids keine Chance!

Den besten Schutz vor Aids bieten

- Enthaltsamkeit,
- partnerschaftliche Treue,
- Safer Sex. Dazu gehören außer dem konsequenten Gebrauch von Kondomen alle Formen und Variationen sexueller Kontakte, bei denen keine Samen- oder Scheidenflüssigkeit und kein Blut in den Körper der Partnerin, des Partners gelangen können, also Streicheln, Küssen, Petting oder (gemeinsame) Selbstbefriedigung.

Das zweite Risiko: Die unerwünschte Schwangerschaft

Als Risiko der Sexualität wird die Schwangerschaft dann gesehen, wenn sie, aus welchen Gründen auch immer, nicht erwünscht oder gar für die Mutter gefährlich ist. Jugendliche (und ihre Eltern!) erleben die mögliche Schwangerschaft in den meisten Fällen als Risiko. Zu Recht: Denn den Konsequenzen einer unbeabsichtigten Schwangerschaft, also der Aufgabe, ein Kind auszutragen und großzuziehen, sind jugendliche Mütter psychisch, emotional und sozial meist nicht gewachsen. Und auch die Entscheidung, die Schwangerschaft abbrechen zu lassen oder das Kind zur Adoption freizugeben, kann zu einer Belastung werden, die das junge Mädchen nicht verkraftet.

Wenn junge Mädchen schwanger werden, bedeutet dies zudem ein (statistisch) viel größeres gesundheitliches Risiko für Mutter und Kind, als dies bei einer erwachsenen Frau der Fall ist. Je jünger die Mutter, desto eher sind Schwierigkeiten in der Schwangerschaft zu erwarten, desto größer ist die Gefahr einer Frühgeburt und desto wahrscheinlicher ist es, dass die Babys mit einem zu geringen Geburtsgewicht geboren werden. Auch Komplikationen bei der Geburt mit allen möglichen Folgen für das Baby, eine höhere Säuglingssterblichkeitsrate eingeschlossen, sind eher zu erwarten als bei Müttern über 20 Jahre.

Auch für die junge Mutter birgt die zu frühe Schwangerschaft höhere Risiken als später. Deshalb ist die Verhütung einer Schwangerschaft zum jetzigen Zeitpunkt dringend geboten. Und die Aufklärung darüber ist ein absolutes Muss – für Mädchen und Jungen (→ Seite 136 ff.)! Immerhin ist das Risiko, schwanger zu werden, unvergleichlich höher als das Risiko, Aids zu bekommen!

Für Mädchen-Eltern

Auch wenn in Ihrer Familie ein offenes Gespräch über Sexualität möglich ist: Jedes Mädchen, das sich mit dem Gedanken befasst, in nächster Zukunft zum ersten Mal mit einem Mann zu schlafen, sollte sich darüber hinaus ausführlich von einer Frauenärztin, einem Frauenarzt in Verbindung mit einer körperlichen Untersuchung über für sie geeignete Empfängnisverhütungsmittel beraten lassen.

Und spätestens in der Pubertät sollten Sie ihr die Versicherungskarte zur freien Verfügung aushändigen. Es gibt zwar viele Mädchen, die gern ▶

mit ihrer Mutter zum ersten Mal zum Frauenarzt gehen. Ebenso viele ziehen es jedoch vor, die Entscheidung, wann und zu wem sie gehen, selbstständig oder gemeinsam mit ihrer besten Freundin zu treffen. Und das ist ihr gutes Recht!

Empfängnisverhütung

Wahrscheinlich wissen Sie aus eigener Erfahrung ja Bescheid ... Aber eine kleine Rekapitulation zur Auffrischung Ihrer Kenntnisse kann sicher nicht schaden.

Die natürliche Familienplanung (NFP)

Beginnen wir mit der „NFP" (zum Beispiel: Empfängnisverhütung nach Knauss-Ogino, Basaltemperatur-Messung, Schleimmethode nach Billings). Sie basiert darauf, dass eine Frau nur kurze Zeit innerhalb ihres Zyklus empfängnisbereit ist. Sie verzichtet deshalb auf den Einsatz chemischer oder mechanischer Verhütungsmittel, sondern versucht allein durch Beobachtung des Körpers und durch sexuelle Enthaltsamkeit während der fruchtbaren Tage (fünf Tage vor bis drei Tage nach dem Eisprung) eine Schwangerschaft zu verhüten. Der Vorteil dieser Verhütungsmethode liegt wegen ihrer „Natürlichkeit" auf der Hand. Der Nachteil ebenfalls: Um die Sicherheit dieser Verhütungsmethode zu gewährleisten, die nach dem Pearl-Index bei korrekter Befolgung nur 5 beträgt, sind notwendig

- eine sehr genaue Beobachtung des Körpers (Temperaturmessung und Überprüfung des Muttermundschleims),
- Erfahrung im sexuellen Umgang,
- Regelmäßigkeit des Tagesablaufs,
- Verlass auf die Regelmäßigkeit des Monatszyklus, der ja durch äußere Faktoren wie Stress, Krankheit, Urlaub nicht vorhersehbaren aber entscheidenden Schwankungen unterliegen kann.

Der Pearl-Index

Die meisten Verhütungsmethoden erreichen heute ein relativ hohes Maß an Sicherheit. Aber manche eben doch nur ein relativ hohes gemessen an anderen. Diese Sicherheit im Vergleich zu anderen wird international nach dem Pearl-Index angegeben. Er gibt an, wie viele von 100 Frauen, die ein Jahr lang eine bestimmte Verhütungsmethode angewandt haben, schwanger wurden. Je geringer also die Indexzahl, desto sicherer die Methode.

Eine ebenfalls „natürliche" Empfängnisverhütung ist das „Aufpassen", der Coitus interruptus, also die Unterbrechung des Geschlechtsverkehrs vor der Ejakulation des Mannes. Um eine Schwangerschaft auszuschließen, ist diese Methode jedoch gänzlich ungeeignet und für Jugendliche absolut „verboten".

Die „Barriere-Methoden"

Das sind Methoden der Empfängnisverhütung, die durch eine Barriere den Kontakt von Samenfaden und Ei verhindern.

Das Kondom

Die bekannteste und sicherste unter ihnen ist das Kondom. Seine Vorteile: Es schützt auch vor Geschlechtskrankheiten, hat keinerlei Risiken und Nebenwirkungen, und: Männer sind ausnahmsweise die aktiven „Verhüter"! Ein weiterer Vorteil: Man verwendet es nur dann, wenn man es braucht, was es gerade für Jugendliche ideal macht. Einziger wirklicher Nachteil: Die Anwendung bedarf einiger Übung. Der Pearl-Index ist mit 3 relativ hoch; ohne die Schwangerschaften, die auf Anwendungsfehler zurückzuführen sind, wäre er sicher niedriger.

! Was beim Kondomkauf wichtig ist

- Bei Gebrauch von Kondomen immer auf das Verfallsdatum achten! Danach kann das Latex brüchig geworden sein.
- Markenkondomen ist der Vorzug zu geben.
- Automatenware sollte auf Schäden an der Packung geprüft werden.

Einen Kondomtest finden Sie in **test 6/99.**

Das Diaphragma

Ebenfalls auf dem Barriereprinzip beruht die Wirkung des Diaphragmas (Scheidenpessar). Hier ist wie meistens in der Empfängnisverhütung die Frau gefordert. Das Scheidenpessar ist eine kuppelartig über eine Spiral- oder Flachfeder gespannte Latex-Gummi-Membran. Es wirkt in der Scheide wie eine Zwischenwand und verhindert so das Zusammenkommen von Sperma und Ei. Vor dem Geschlechtsverkehr wird es beiderseits mit einer samenabtötenden (spermiziden) Salbe bestrichen und in die Scheide eingeführt. Dort bleibt es mindestens acht Stunden, bevor es entfernt und abgespült wird und bis zur nächsten Verwendung beiseite gelegt werden kann. Das Diaphragma muss vom Arzt individuell angepasst werden. Seine Größe muss gerade bei

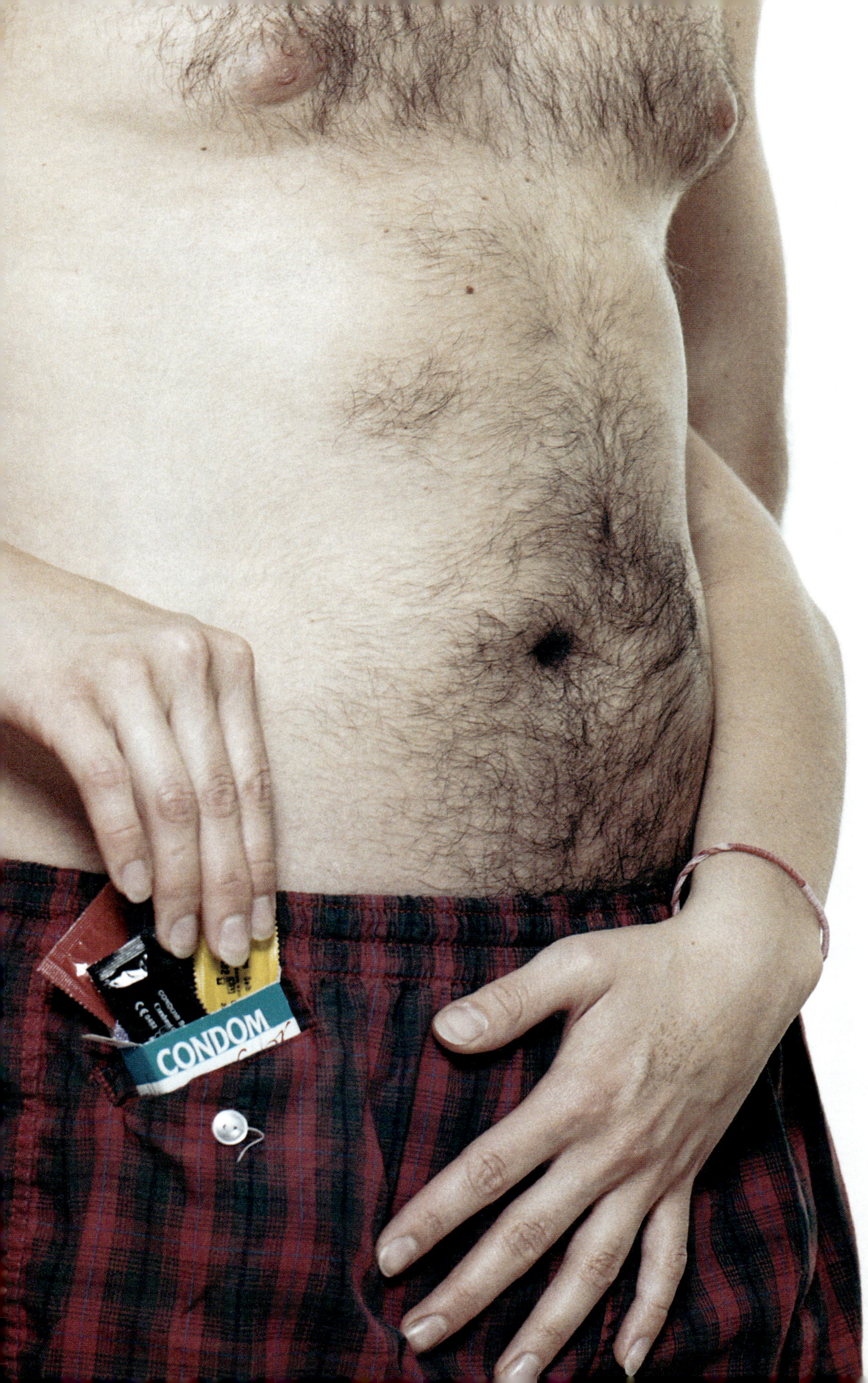
CONDOM

jungen Mädchen, die noch im Wachstum sind, regelmäßig (alle sechs Monate) kontrolliert werden. Vorteil: Es hat keine Risiken und Nebenwirkungen und wird nur dann angewendet, wenn es gebraucht wird. In Verbindung mit der spermiziden Salbe ist es relativ sicher (Pearl-Index 4). Nachteil: Die Anwendung muss geübt werden. Anleitung und Übung gibt es beim Arzt oder in den Beratungsstellen von Pro Familia, die in Deutschland ebenfalls die Anpassung von Diaphragmen vornehmen.

Chemische Verhütung

Die Spirale

Die Spirale (IUP – Intrauterinpessar) wirkt auf mehreren Wegen empfängnisverhütend. Das heute übliche biegsame, nur wenige Zentimeter große „T" aus Kunststoff wirkt erstens als Fremdkörper, der eine ständige leichte Reizung der Schleimhaut hervorruft, die die Einnistung des befruchteten Eis verhindert. Der Kupferdraht, mit dem der Kunststoff umwickelt ist, tötet durch die Abgabe kleinster Kupfermengen eindringende Samenzellen ab. (Ganz neu sind Spiralen, die anstatt des Kupfers ein Gestagendepot enthalten. Diese Hormonspirale wirkt also zusätzlich noch durch das abgegebene Hormon.) Das IUP wird vom Arzt eingesetzt und kann mehrere Jahre in der Gebärmutter bleiben. Der Vorteil: hohe Sicherheit (Pearl-Index 1 bis 3). Die Frauen müssen sich über Jahre keine Gedanken mehr über Empfängnisverhütung machen. Der Nachteil: Nebenwirkungen wie Krämpfe im Unterbauch, Fremdkörpergefühl, starke Menstruationsblutungen und Zwischenblutungen. Bei etwa 2 von 100 Frauen stellen sich durch Infektionen Eierstock- und Eileiterentzündungen ein, die zur Unfruchtbarkeit führen können. Die Spirale ist am ehesten für Frauen geeignet, die schon Kinder zur Welt gebracht haben. Jugendliche sollten andere Verhütungsmittel wählen.

Gels, Cremes und Zäpfchen

Auf der chemischen Wirkung von Spermiziden beruht die Empfängnisverhütung mit Gels, Cremes und Zäpfchen. Durch ihre Schaumbildung können sie eindringende Samenzellen oft, aber leider nicht immer, beseitigen. Ihre Sicherheit nach dem Pearl-Index liegt bei 6 bis 10. Deshalb eignen sich derartige Mittel nur in Verbindung mit dem Diaphragma zur sicheren Verhütung.

Sie sind ohne Rezept in Apotheken und Drogerien erhältlich. Auch sie werden nur dann angewendet, wenn sie gebraucht werden.

Hormonelle Verhütung

Die Pille

Die Pille, die allein auf einem hormonellen Wirkprinzip beruht, ist das einzige Verhütungsmittel, das einen fast hundertprozentigen Schutz vor einer Schwangerschaft garantiert. Der Pearl-Index liegt zwischen 0,2 und 0,5. Die Hormone Östrogen und Gestagen (ein Ersatzhormon für das körpereigene Progesteron) verhindern das Heranreifen von Eizellen, den Eisprung und die Vorbereitung der Gebärmutterschleimhaut auf das Einnisten des Eis. Zudem machen sie auch den Schleimpfropfen im Gebärmutterhals so zäh, dass Spermien ihn nicht durchdringen können.

Die Pille – wer bezahlt sie?

Für Mädchen unter 18 Jahren werden die Kosten für die Pille, auch wenn sie zur Empfängnisverhütung verwendet wird, von den Krankenkassen übernommen. Bis 20 Jahre müssen junge Frauen nach der so genannten Festbetragsregelung (die Krankenkassen dürfen die Kosten für empfängnisverhütende Präparate nur bis zu einem Höchstbetrag ersetzen) meistens nur eine Zuzahlung leisten. Ab 20 Jahren müssen die Kosten für die Empfängnisverhütung selbst getragen werden. Ein Kassenrezept gibt es nur dann, wenn die Pille zum Beispiel der Behandlung von Menstruationsstörungen dient.

Die Pille ist ein rezeptpflichtiges Medikament. Da es eine Vielzahl in der Zusammensetzung und genauen Wirkweise ganz unterschiedliche Präparate gibt, ist es wichtig, dass Frau und Arzt gemeinsam das genau richtige, das heißt am besten verträgliche Medikament finden. Jungen Mädchen sollte die Pille nur dann verschrieben werden, wenn der Zyklus über längere Zeit stabil ist und eine gründliche körperliche Untersuchung stattgefunden hat. Zudem sollte eine familiäre Belastung in Bezug auf Fettstoffwechselstörungen, Bluthochdruck und Diabetes ausgeschlossen werden. Denn die Nachteile der Pille sind die möglichen Risiken, wie Thrombosen, Bluthochdruck, Herzinfarkt und ein erhöhtes Schlaganfallrisiko. Die Nebenwirkungen wie zum Beispiel Übelkeit, Libidoverlust, Kopfschmerzen, Brustspannen sind von Frau zu Frau verschieden. (Sehr gut vertragen werden die neueren Präparate, so genannte Mikropillen, die nur eine geringe Östrogendosis enthalten. Sie sind deshalb für junge Mädchen besonders geeignet.) Ein weiterer Nachteil ist, dass frau immer verhüten muss, auch wenn sie gar nicht vorhat, mit einem Mann zu schlafen. Vorteile der Pille sind ihre Sicherheit und die Bequemlichkeit in der Anwendung und in einigen Fällen gerade bei jungen Mädchen ihre therapeutische Wirkung bei Menstruationsbeschwerden und unter Umständen bei Akne.

Die Dreimonatsspritze

Die Dreimonatsspritze als „Depotspritze" wirkt wie die Pille aufgrund einer ständigen Hormonzufuhr (in diesem Fall wie bei der so genannten Minipille allein durch Gestagen). Der Vorteil: Die lange Wirkdauer von bis zu drei Monaten bewirkt eine sichere Verhütung ohne die Gefahr von Einnahmefehlern. Ein großer Nachteil vor allem bei jungen Mädchen ohne „Pillenerfahrung": Beim Auftreten von Unverträglichkeiten oder unerwünschten Wirkungen ist ein schnelles Absetzen nicht möglich. Zudem kann nach Absetzen der Pille eine lange Zeit vergehen, bis sich der körpereigene Rhythmus wieder einstellt. Sie sollte deshalb jungen Mädchen nicht verschrieben werden.

Die „Pille danach"

Die „Pille danach" ist eigentlich kein Verhütungsmittel. Sie ist eine reine Notfallmedikation, wenn einmal die Verhütung vergessen wurde, das Kondom geplatzt ist oder nach einer Vergewaltigung. In einem Zeitraum von maximal 48 Stunden nach dem Verkehr wird mehrfach eine hohe Dosis Östrogen und Gestagen verabreicht. Dies verhindert das Einnisten einer möglicherweise befruchteten Eizelle. Diese Methode sollte nicht zuletzt wegen der hohen Hormondosen und möglicher starker Nebenwirkungen Ausnahmesituationen vorbehalten bleiben.

Ein für alle Mal

Die Sterilisation, die natürlich jede weitere Empfängnisverhütung für immer unnötig macht, kommt für Jugendliche nicht infrage, da sie nicht rückgängig zu machen ist. Kein Jugendlicher kann eine solche lebenslang unwiderrufliche Entscheidung treffen.

Verhütung im Überblick: Was eignet sich für wen?

Verhütungsmittel	Mögliche Nebenwirkungen	Risiken	Für wen geeignet?	Sicherheit
Kondom (überall erhältlich)	Keine	Keine	Für alle. Vor allem bei wechselnden Partnern als Infektionsschutz ein Muss!	Sehr sicher
Pille (muss vom Arzt verschrieben werden)	Blutungsstörungen, Übelkeit, Brustspannen, Libidoverlust, Kopfschmerzen, (Sehstörungen), Gewichtszunahme	Mögliche Spätfolgen: Thrombosen, Embolien, Herz-Kreislauf-Erkrankungen, mögliches Risiko für Brustkrebs, Gewebewucherungen in der Leber	Frauen, die einen bequemen und sicheren Schutz suchen. Nicht für Raucherinnen	Sehr sicher
Diaphragma/Portiokappe (muss vom Arzt angepasst werden)	Keine	Keine	Für Frauen, die sich die Handhabung zutrauen	Sicher
Natürliche Methoden: symptothermale Methode Schleimmethode Methode nach Knauss-Ogino (ausführliche Beratung über NFP= natürliche Familienplanung notwendig)	Keine	Keine	Für Frauen mit geregeltem Lebensrhythmus. Verlangt große Selbstkontrolle und Disziplin! Deshalb für Jugendliche eher ungeeignet	Relativ sicher
Spirale (IUP) (vom Arzt einzusetzen)	Verstärkte Blutung, Menstruationsschmerzen, unregelmäßige Blutungen	Eileiterentzündungen, Unfruchtbarkeit, Eileiterschwangerschaften, Fehlgeburten, Perforation der Gebärmutter (sehr selten)	Nicht für Jugendliche geeignet	Sicher
Schaumzäpfchen/Gels/Cremes (in Apotheken und Drogerien erhältlich)	Brennen und Wärmegefühl in der Scheide und am Glied	Kann in Kombination mit Kondomen (was wegen der Sicherheit empfohlen wird) den Gummi des Kondoms angreifen	Ohne weiteren Schutz nicht zu empfehlen	Unsicher
Sterilisation (durch den Arzt)	Vorübergehende Wundschmerzen	Entzündungen (selten)	Nicht für Jugendliche geeignet, da endgültig	Sehr sicher
Coitus interruptus	Keine	Keine	Für niemanden	Sehr unsicher

Nur für den Notfall!

Verhütungsmittel	Mögliche Nebenwirkungen	Risiken	Für wen geeignet?	Sicherheit
„Pille danach“ als Maßnahme für den Notfall. Muss 48 Stunden nach dem ungeschützten Verkehr eingenommen werden – nur vom Arzt erhältlich	→ Pille Starke Übelkeit	Nur für den Notfall!	Nur für den Notfall!	Relativ sicher

Für Jugendliche noch einmal zusammengefasst

Geeignete Methoden sind

- das Kondom (es sollte jedem Jugendlichen wegen des Infektionsschutzes dringend ans Herz gelegt werden, auch wenn gleichzeitig hormonell verhütet wird),
- die Pille,
- das Diaphragma.

Ungeeignete Methoden sind

- der Coitus interruptus,
- die natürliche Familienplanung,
- die Spirale (wegen möglicher aufsteigender Infekte),
- die Dreimonatsspritze
- die Sterilisation.

Wissen und Verhalten – offenbar zwei Paar Schuhe

Wenn Sie Glück haben, sind Ihre Kinder bestens informiert. Dennoch gibt es auch heute noch eine viel zu große Zahl von Jugendlichen, für die Safer Sex und Verhütung ein Fremdwort zu sein scheint. Noch immer gibt es viel zu viele Jugendliche, bei denen sich ihr „erstes Mal“ so überraschend ereignete, dass sie einfach „nicht mehr daran dachten“. Dieses Überraschtwerden scheint im Übrigen vor allem für jüngere Jugendliche zu gelten und für die, die eher „ganz spontan“ mit einer Zufallsbekanntschaft schlafen. Was nicht weiter verwundert, ist dann auch oft die Begründung: Ich hatte zu viel Alkohol getrunken, um noch darüber nachzudenken (Alkohol als Ursache für nachlässiges Verhalten spielt in den letzten Jahren eine immer größere Rolle). Ebenfalls immer häufiger geben Jungen (etwa doppelt so häufig wie noch im Jahr 1996) und Mädchen (dreimal so häufig) folgende Begründung: „Ich habe zwar daran gedacht, aber ich hatte nichts dabei.“ Jungen und Mädchen, die solche Gründe nennen, wissen also sehr wohl Bescheid. Ihr sexuel-

Meine Periode muss nur einen Tag später kommen – schon gerate ich in Panik. Obwohl es gar nicht sein kann, denke ich ...
Greta, 16 Jahre

les Wissen und ihr sexuelles Verhalten liegen jedoch weit auseinander. Viele Gründe mögen dabei eine Rolle spielen. Nur einige seien genannt: Tatsächlich befürchten immer noch einige Jugendliche (wie auch Erwachsene!), es schade der Spontaneität ihrer Sexualität, wenn sie verhüten. Manche, vor allem Mädchen, unterliegen der irrigen Vorstellung, es sei gar moralisch anstößig, auf das „erste Mal" oder auf Sex allgemein vorbereitet zu sein und damit ihr sexuelles Interesse zu zeigen. Bei einigen Jugendlichen offenbart sich aber auch eine „typisch jugendliche" Einstellung, nämlich der Jugend-Egozentrismus (→ Seite 49), der zur Fehleinschätzung führt: „Mir wird schon nichts passieren. Ich bin einzigartig. Für mich gelten nicht dieselben Naturgesetze wie für den Rest der Welt." Aus dieser Einstellung heraus zeigen sie dann das wohl typisch jugendliche Risikoverhalten: „No risk, no fun."

Und es ist doch passiert:

Ihre Tochter ist schwanger

Wahrscheinlich geht es allen (Mädchen-)Eltern so: Wenn die Tochter ihnen ihre (ungewollte) Schwangerschaft eröffnet, fallen sie aus allen Wolken. Gehören Sie zu den Eltern, die mit dieser Nachricht konfrontiert werden, wird sicher auch Ihr erster Gedanke ein entsetztes „Nein, nur das nicht!" sein. Denken Sie ihn, wahrscheinlich haben Sie Recht damit. Worauf es jetzt aber ankommt, sind die darauf folgenden Gedanken. Seien Sie ganz ehrlich! Welche gehen Ihnen durch den Kopf? Denken Sie zuerst an die Nachbarn, die Großeltern, den Chef, oder denken Sie an Ihre Tochter?

Wenn Sie an Ihre Tochter denken, kommen Sie nicht auf die Idee, jetzt auch noch Vorhaltungen zu machen mit Sätzen wie: „Hättest du nicht besser aufpassen können!" oder: „Das kommt davon, das hätte ich dir gleich sagen können" und: „Wenn das die Nachbarn erfahren" und was manche Eltern dergleichen mehr auf Lager haben. Was Ihre Tochter jetzt braucht, ist Unterstützung.

Es ist schön, wenn Ihre Tochter diese Unterstützung bei Ihnen sucht. Oft sind jedoch neutrale Personen eine größere Hilfe, da sie möglicherweise besser zuhören können. Bieten Sie Ihrer Tochter immer Ihre Hilfe an, ermöglichen Sie ihr aber auch Gespräche mit anderen Vertrauten ihrer Wahl. Vereinbaren

Sie notfalls – denn selbst die kompetentesten Töchter reagieren in einer solchen Situation oft vollkommen rat- und kopflos – auch den Termin beim Frauenarzt und in einer Beratungsstelle und nicht erst, wenn Ihre Tochter sich gegen das Kind entschieden hat. Sie braucht lange vor einer Entscheidung Hilfe beim Sortieren ihrer Gedanken, Befürchtungen, Ängste, Wünsche und Vorstellungen, denn Ihre Tochter steht vor einer der schwierigsten Entscheidungen: Möchte ich das Kind austragen und großziehen, traue ich mir das zu, oder muss ich es abtreiben lassen, weil ich genau das nicht kann? Gleichgültig, wie sich Ihre Tochter entscheiden wird: Sie trifft einen Entschluss mit lebenslangen Auswirkungen, und zwar nicht nur, wenn sie sich für das Kind entscheidet.

Kontakte
Bundesweite Schwangeren-Notrufnummer: 02 11/7 00 80 00
täglich 9-13 Uhr
Weitere Adressen
→ Seite 382f.

Ihre Aufgabe

Ihre Unterstützung ist nun einmal mehr gefragt:

- Stehen Sie zu Ihrer Tochter. Sätze wie: „Meine Eltern werfen mich raus" und: „Mein Vater bringt mich um, wenn er erfährt, dass ich schwanger bin" zeigen, dass dies leider immer noch keine Selbstverständlichkeit ist.
- Hören Sie zu!
- Beraten Sie sie, wenn sie das Für und Wider eines Kindes zum jetzigen Zeitpunkt abwägt. Aber: Die Gewichtung der einzelnen Argumente ist allein Sache Ihrer Tochter. Sie können und dürfen ihr die Entscheidung nicht abnehmen. Es ist ihr Leben und ihre Zukunft, um die es jetzt geht. Sie können Ihre Tochter weder zum Austragen des Ungeborenen noch zum Abbruch zwingen. (Ein wenig anders sieht die Situation aus, wenn Ihre Tochter unter 16 Jahre ist. Droht ihr durch die Schwangerschaft und Geburt schwerer gesundheitlicher Schaden, können Sie eine Entscheidung gegen die Schwangerschaft auch gegen den Willen ihrer Tochter durchsetzen.)
- Informieren Sie sich: Wer hilft weiter? Wie sieht die Rechtslage aus? Welche staatlichen, freien, kirchlichen Einrichtungen bieten Beratung, Hilfe und Unterstützung an?
- Nutzen Sie Ihre Erfahrung: Was kann Ihre Familie leisten? Wo braucht die Familie oder Ihre Tochter Hilfe?
- Und nicht zuletzt: Bieten Sie Ihre Hilfe an, egal zu welchem Entschluss Ihre Tochter kommen wird.

Die Rechtslage

Paragraph 218 des Strafgesetzbuches dient dem Schutz des ungeborenen Lebens. Er lautet: „Wer eine Schwangerschaft abbricht, wird mit Freiheitsstrafe bis zu drei Jahren oder mit Geldstrafe bestraft." Jeder weiß, dass dieser Paragraph einen Zusatz hat. Dieser – § 218 a StGB – erklärt einen Schwangerschaftsabbruch in folgenden Fällen für nicht rechtswidrig:

- Wenn die Austragung ein erhebliches gesundheitliches Risiko für die Schwangere darstellt (medizinische Indikation – je jünger das Mädchen ist, umso eher kann eine medizinische Indikation für einen Abbruch bestehen).
- Wenn die Schwangerschaft aufgrund einer Vergewaltigung entstanden ist.
- Wenn die Geburt eines behinderten Kindes zu erwarten ist.

In diesen drei Fällen kann ein Schwangerschaftsabbruch innerhalb der ersten 22 Wochen nach einer Beratung bei einer anerkannten Beratungsstelle durch einen Arzt vorgenommen werden, ohne dass es sich um einen Straftatbestand handelt.

Rechtswidrig, aber straflos kann ein Schwangerschaftsabbruch bleiben – ebenfalls nach § 218 a StGB –, wenn

- die Schwangere den Abbruch verlangt und dem Arzt durch eine Bescheinigung einer nach dem Schwangerschaftskonfliktgesetz anerkannten Schwangerschaftskonfliktberatungsstelle nachgewiesen hat, dass sie sich mindestens drei Tage vor dem Eingriff hat beraten lassen,
- der Abbruch von einem Arzt vorgenommen wird,
- seit der Empfängnis nicht länger als zwölf Wochen vergangen sind.

Und der Erzeuger?

Es soll zwar Jungen geben, die sich auch heute noch aus der Verantwortung stehlen wollen, wenn ihre Freundin schwanger wird. Im Allgemeinen wissen Jungen aber sehr gut um ihre Mitbeteiligung an dieser Schwangerschaft, und sie wird sie (hoffentlich) auch „mitnehmen": beschäftigen, vielleicht in Selbstvorwürfe stürzen, wütend auf sich oder die Freundin werden lassen, vielleicht auch stolz und glücklich machen. „Gesteht" Ihnen Ihr Sohn, dass er beziehungsweise seine Freundin ein Kind erwartet, braucht auch er Ihre Unterstützung. Sehr wahrscheinlich ist auch Ihr Sohn einem Wechselbad der

Gefühle ausgesetzt und benötigt dringend Gesprächspartner – auch wenn die Entscheidung über das Leben des Ungeborenen allein bei der Mutter liegt.

- Bieten Sie ihm und seiner Freundin Ihre Gesprächsbereitschaft und Hilfe an.
- Ermutigen Sie ihn beziehungsweise beide, eine Beratungsstelle (nicht nur im Fall einer Entscheidung gegen das Kind) aufzusuchen.
- Erinnern Sie ihn immer wieder an seine Verantwortung: Mann darf sich vor dieser Verantwortung nicht drücken, und sie bedeutet nicht nur die Unterhaltspflicht, die entsteht, wenn das Mädchen sich für das Kind entscheidet.
- Und vergessen Sie nicht: Sollte die Freundin Ihres Sohnes sich für das Kind entscheiden, wird Ihr Sohn Vater und Sie werden Großeltern mit allen dazugehörigen Freuden, Pflichten und Lasten. Also: Auch Sie sind beteiligt.

Hilfen für junge Mütter

Ausführliche Auskunft und intensive Beratungen für junge Mütter bieten die Schwangerschaftsberatungsstellen. Die gibt es bei Pro Familia, dem Diakonischen Werk, bei der Caritas, dem Sozialdienst katholischer Frauen, dem Deutschen Roten Kreuz, dem Deutschen Paritätischen Wohlfahrtsverband, der Arbeiterwohlfahrt und anderen (Adressen → Seite 381ff). Informationen sind auch über das örtliche Gesundheitsamt zu bekommen.

Finanzielle Hilfen über das Kinder- und Erziehungsgeld hinaus sind die Sozialhilfe und das Wohngeld. Weitere finanzielle Unterstützung ist über die Bundesstiftung „Mutter und Kind – Schutz des ungeborenen Lebens" möglich, einer Stiftung, die werdende Mütter in Konflikt- und Notsituationen hilft.

Alle werdenden Mütter, die in der gesetzlichen Krankenversicherung versichert oder mitversichert sind, haben einen Anspruch

- auf Vorsorgeuntersuchungen sowie ärztliche Betreuung und Hebammenhilfe während der Schwangerschaft,
- auf eine stationäre Entbindung,
- unter bestimmten Voraussetzungen auf häusliche Krankenpflege und eine Haushaltshilfe nach der Geburt,
- auf Mutterschafts- und Entbindungsgeld.

Unterstützung ist wichtig!

Junge Mädchen sind meist überfordert, wenn es darum geht, ihr Recht auf Unterstützung wahrzunehmen:

- Helfen Sie Ihrer Tochter bei den Formalitäten, die nötig werden, um Hilfen zu bekommen.
- Unterstützen Sie sie bei den Verhandlungen mit der Krankenkasse, eventuell dem Sozialamt und dem Jugendamt.
- Vielleicht braucht sie Ihre Begleitung zum Frauenarzt.
- Halten Sie Ihre Tochter an, alle Vorsorgeuntersuchungen wahrzunehmen. Denn nur eine regelmäßige ärztliche Betreuung kann gewährleisten, dass mögliche Gefahren für die Gesundheit von Mutter und Kind frühzeitig erkannt und abgewendet werden können.
- Klären Sie sie über die Risiken von Alkohol, Nikotin und Medikamenten während der Schwangerschaft auf, und unterstützen Sie sie – wenn nötig – bei ihren Anstrengungen, das Rauchen, Trinken aufzugeben.

Schwul, lesbisch – na und?

Jugendliche und Homosexualität

Glücklicherweise ist es heute kein Tabu mehr und auch bei uns in den letzten Jahrzehnten sowohl in Wissenschaft und Rechtsprechung als auch in der Öffentlichkeit als normale Variation sexuellen Erlebens anerkannt: Nicht alle Menschen fühlen sich vom anderen Geschlecht angezogen. Zwar orientieren sich Menschen vorwiegend heterosexuell, doch gab und gibt es daneben immer auch Männer und Frauen, die sich auch, vorwiegend oder ausschließlich, vom eigenen Geschlecht sexuell angezogen fühlen. Das heißt also: Sie sind bisexuell, und beide Geschlechter sind für sie sexuell attraktiv, oder sie sind homosexuell, das heißt, nur das eigene Geschlecht ist sexuell attraktiv.

Sexuelle Orientierung der Jugendlichen und jungen Erwachsenen in Deutschland

Und wieder gibt es Zahlen:
1996 haben sich 79,8 Prozent der befragten 16- bis 24-jährigen Frauen und 75,2 Prozent der Männer dieser Altersgruppe als ausschließlich heterosexuell bezeichnet. Vorwiegend heterosexuell nannten sich 12,7 Prozent der Frauen und 14,3 Prozent der Männer, bisexuell 2,3 Prozent der Frauen und 1 Prozent der Männer. Als ausschließlich homosexuell verstanden sich 2,9 Prozent der jungen Männer und 0,5 Prozent der jungen Frauen, als vorwiegend homosexuell 0,3 Prozent der Frauen und 0 Prozent der jungen Männer.

Warum sind manche Menschen so und andere so?

Sicher steckte in vielen Forschungsvorhaben zum Thema Homosexualität des vergangenen Jahrhunderts ein ganz offenkundiges Interesse: Wie kann Homosexualität verhindert werden? Das hat sich glücklicherweise inzwischen geändert. Zumindest erscheint die Suche nach den Ursachen der unterschiedlichen sexuellen Orientierungen heute als wertneutrales Forschungsinteresse, das mit großem Engagement verfolgt wird. Trotz dieses Engagements von Soziologen, Psychologen, Medizinern und Endokrinologen weiß die Wissenschaft aber immer noch nicht genau, warum sich ein Mensch zum eigenen Geschlecht hingezogen fühlt. Diskutiert werden aktuell:

• biologische Faktoren, zum Beispiel eine genetische Komponente (Homosexualität ist also teilweise erblich bedingt) oder eine hormonale „Prägung" des Embryogehirns und sichtbare Unterschiede im Gehirn;
• psychosoziale Erklärungsmodelle, also etwa eine bestimmte frühe Vater-Mutter-Kind-Beziehung und/oder spezifische soziale Beziehungen überhaupt;
• eine Kombination zum Beispiel für Homosexualität: Der (biologische) Beginn erwachsener Sexualität liegt in der Phase, in der noch gleichgeschlechtliche Freundschaftsbeziehungen vorherrschen, richtet sich also auf diese.

Der gegenwärtige Stand: Wie jede sexuelle Entwicklung überhaupt, ist auch die Entwicklung zu einer bestimmten sexuellen Orientierung hin ein sehr komplexes Zusammenspiel von biologischen, sozialen und psychologischen Faktoren.

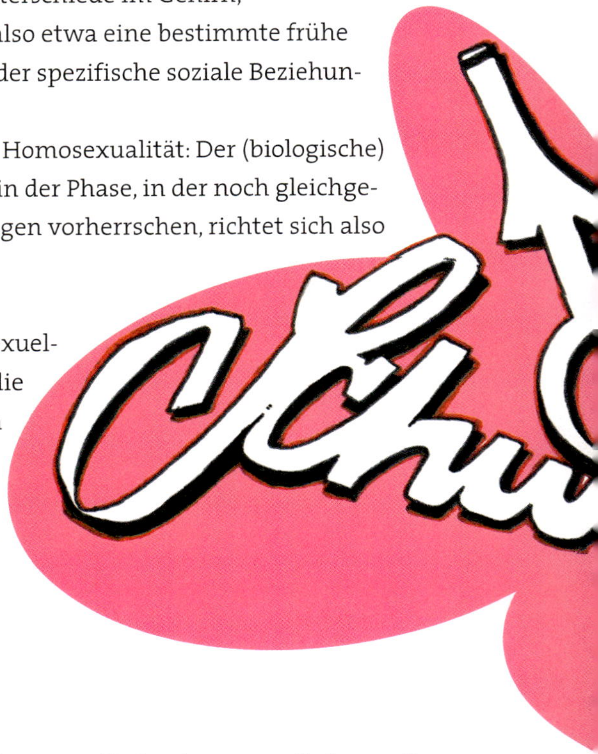

Das „Coming-out" – zwei Schritte

Das Coming-out betrifft erst einmal die Jugendliche, den Jugendlichen selbst. Für die meisten handelt es sich dabei um einen langen Prozess der Annäherung an die Erkenntnis: Ich bin schwul, ich bin lesbisch. Viele haben die unterschiedlichsten heterosexuellen Beziehungen „ausprobiert", bis sie merken: Das passt nicht zu mir.

Für keine Jugendliche, keinen Jugendlichen ist es leicht zu verkraften, wenn die anfängliche Unsicherheit die eigenen sexuellen Gefühle, Phantasien und Präferenzen betreffend nach und nach in die immer deutlichere Erkenntnis mündet, dass sie, er in Bezug auf die sexuelle Orientierung wirklich „anders" ist als die meisten. Und nicht wenige reagieren darauf mit Panik, Angststörungen oder depressiven Stimmungen. Alkohol, Drogen oder Versuche, die eigene sexuelle Ausrichtung zu leugnen, sind mögliche „Selbstheilungsversuche". Nicht selten endet der Identitätsfindungskampf in einem Selbsttötungsversuch. Experten vermuten, dass viele (die Schätzung geht bis zu 30 Prozent) Selbsttötungen und Selbsttötungsversuche bei Jugendlichen von

Homosexuellen (schwul/lesbisch) begangen werden und dass die Suizidalität – also die Selbsttötungsbereitschaft – bei diesen Jugendlichen zwei- bis dreimal höher liegt als bei den heterosexuellen Gleichaltrigen.

Angst, Depression und Suizidalität sind meistens die Folge einer fundamentalen Verunsicherung über die eigene Identität. Denn es gibt wohl wenige Jugendliche, die in dieser Phase nicht eine „Umwertung all der Werte" erleben, mit denen sie seit frühester Kindheit aufgewachsen sind. Alle Lebensentwürfe, die sie bisher für sich formuliert und alle Zukunftsvisionen, die sich selbstverständlich am durchschnittlich zu erwartenden Werdegang orientiert haben, scheinen plötzlich nicht mehr zu passen.

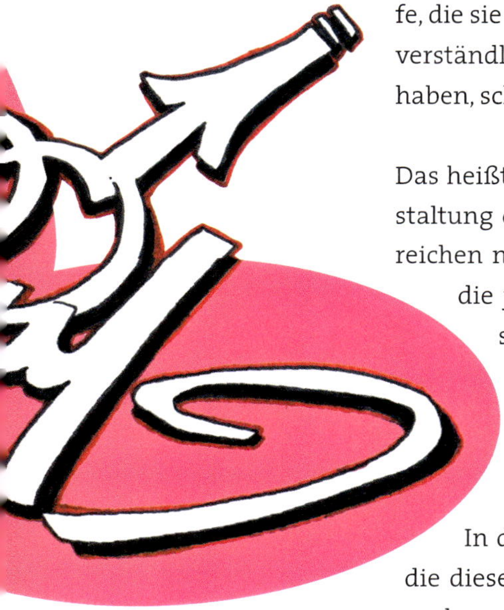

Das heißt auch: Die allgemein übliche und deshalb als natürlich erlebte Gestaltung der sozialen Beziehungen (Ehe, Kinder, Familie) taugt in vielen Bereichen nicht mehr als Vorbild. Noch mehr: Der Weg der Identitätsfindung, die ja ganz viel mit Nachahmung und Identifizierung zu tun hat, hat sich grundlegend geändert. Denn im Gegensatz zu heterosexuellen Jugendlichen bieten sich ihnen ja nicht die Eltern und nur selten die Erwachsenen, mit denen sie bisher aufgewachsen sind, als Modell und Vorbild an.

In dieser Situation brauchen Jugendliche den Austausch mit anderen, die dieselben Erfahrungen mit sich und mit anderen gemacht haben und machen, die – wie sie – erst einmal unsicher sind, wie es weitergehen wird. Und sie brauchen neue Vorbilder, an denen sie sich orientieren können.

Schwule/lesbische Selbsthilfegruppen setzen genau hier an. Sie unterstützen nicht nur bei Anpassungsproblemen, die die neue Situation mit sich bringt, sondern helfen vor allem bei der Identitätsfindung: Hier finden die Jugendlichen für sich „passendere" Antworten auf die Fragen: Wer bin ich eigentlich? Und wer will ich sein? Doch bis Jugendliche den Weg dorthin finden, vergeht oft viel Zeit. Denn davor muss der zweite Schritt des Coming-out gewagt werden: Das Outing gegenüber anderen.

Anonymes Outing

Da für Jugendliche gerade in dieser Phase, in der sie noch nicht wagen, sich zu outen, Gespräche, in denen sie über sich und ihre Gefühle und Erfahrungen sprechen können, so wichtig sind, haben inzwischen verschiedenste Organisationen die Möglichkeit des „anonymen Outings" eingerichtet. Pro Familia (→ Seite 382) und die Aidshilfe (Adressen im Telefonbuch) zum Beispiel bieten eine solche anonyme telefonische Beratung an. Auch über das Internet (zum Beispiel unter „schwul" suchen) sind anonyme Kontakte möglich.

Eva
+
Eva

Kein Tabu?

Glücklicherweise kein Tabu mehr! So sollte es sein. Doch leider ist dem nicht überall so. „Schwule Sau“, „Tunte“, „vom anderen Ufer“ ... (Sie werden die Liste um einiges verlängern können) gehören nach wie vor zu den schlimmsten Schimpfwörtern, die sich Schülerinnen und Schüler (und nicht nur diese) an den Kopf werfen. Und in diesem Klima entdeckt eine Jugendliche, ein Jugendlicher nun, dass sie, er in einem wichtigen Bereich menschlicher Identität sich nicht so erlebt wie die anderen. Das bedeutet: Der zweite Schritt des Coming-out, also auch öffentlich zu seiner sexuellen Orientierung zu stehen, birgt viele Risiken. Die Angst vor gesellschaftlicher Diskriminierung, vor Verhöhnung, Zurückweisung, Ausgrenzung und vor Beziehungsabbrüchen in der Familie und dem Freundeskreis ist groß. Wen wunderts? Die abwehrenden und ablehnenden Reaktionen der Umwelt sind, auch wenn die Medien ein anderes Bild vermitteln, nicht geeignet, mit Selbstbewusstsein die eigene sexuelle Ausrichtung zu akzeptieren und zu leben.

Diese Zeit bedeutet für viele eine Zeit der Einsamkeit, in der sie sich zurückziehen, obwohl sie gerade jetzt auf Austausch, Unterstützung und Bestätigung angewiesen sind.

Wie Eltern helfen können

Leider sind auch Eltern heute häufig immer noch nicht in der Lage, Homosexualität als Variante des menschlichen Zusammenlebens zu akzeptieren. Immer noch gilt vielen Homosexualität als Perversion, als Schande, die vor den Nachbarn und der weiteren Familie verheimlicht werden muss. Die Folge: Noch immer haben Jugendliche Angst, auch und gerade gegenüber ihren Eltern zu ihrer sexuellen Orientierung zu stehen, weil ihnen möglicherweise Sanktionen von Mitleid und Vorwürfen über Entsetzen, Verachtung bis hin zum Ausschluss aus dem Familienverband drohen.

Aber auch „aufgeklärte Eltern“ brauchen einige Zeit, um das Coming-out ihrer lesbischen Tochter, ihres homosexuellen Sohnes zu verarbeiten. Denn in den Zukunftsvisionen, die sie für ihre Kinder und deren Werdegang entwickelt haben, gehen sie im Allgemeinen von ihren eigenen Lebenserfahrungen aus. Und in ihrem eigenen Lebensentwurf haben sie fast immer ein

Kontakte
Über das Internet:
www.gaystation.de
www.dbna.de
www.anyway.de

Telefonisch:
Beratungsnummer für Schwule, Lesben und ihre Angehörigen: 1 94 46.
Die Nummer gilt im ganzen Bundesgebiet für die Beratungsstellen in den größeren Städten.

Weitere Adressen → Seite 383.

Lesetipps
Jürgen Lemke
Verloren am anderen Ufer?
Schwule und lesbische Jugendliche und ihre Eltern
Berlin, 1994
12,80 DM

Eine Broschüre der **BZgA**
Unser Kind fällt aus der Rolle
(für Eltern)
Best.-Nr. 13 080 000
Bezugsadresse → Seite 138.

Leben als Großeltern mit Enkeln eingeplant. Viele von ihnen hegen dann immer noch die Hoffnung, durch Psychotherapie ihrem Sohn, ihrer Tochter zu einem „normalen" Leben verhelfen zu können.
Dabei brauchen gerade homosexuelle Jugendliche die vorbehaltlose Unterstützung und das sachgerechte und informierte Verständnis ihrer Eltern. Denn unsere Gesellschaft macht es ihnen auch heute nicht leicht, so zu leben, wie es für sie richtig und gut ist. Wenn sich Ihre Tochter, Ihr Sohn Ihnen gegenüber „outet", ist Folgendes wichtig:

- Stehen Sie zu ihr, ihm (immer noch gibt es viele homosexuelle Jugendliche, die von zu Hause ausziehen müssen, weil ihre Eltern ihre sexuelle Orientierung nicht akzeptieren können).
- Informieren Sie sich (→ Kontakte und Lesetipps, links). Nur so können Sie mit den vielen Vorurteilen aufräumen, die höchstwahrscheinlich auch Sie mit sich herumtragen und es Ihnen erschweren, mit der Offenbarung vernünftig umzugehen.
- Und wenn Sie sich selbst von der neuen Situation überfordert fühlen: Suchen auch Sie Gesprächspartner, mit denen Sie sich austauschen können. Es gibt inzwischen auch Selbsthilfegruppen für Eltern schwuler, lesbischer Jugendlicher.

Und Psychotherapie?

Depression, Angst und Suizidalität: Diese psychische Verfassung erschwert es natürlich, den zweifelsohne immer noch schwierigeren Lebensweg als lesbische Frau oder schwuler Mann aktiv und mit Optimismus selbst in die Hand zu nehmen. Homosexuelle Jungen und Mädchen brauchen fast immer Unterstützung, um ihre eigene (die Betonung liegt auf eigene) sexuelle Identität zu entwickeln, das heißt im weitesten Sinn sich selbst annehmen zu können. Wenn die Unterstützung von Eltern, Lehrern, Freunden und Freundinnen nicht ausreicht, wenn die Angst vor der eigenen sexuellen Entwicklung zu groß wird, dann ist Psychotherapie sinnvoll, nicht um die sexuelle Orientierung zu ändern, sondern als Beistand, sich als die, der zu finden und annehmen zu können, die, der man ist.

Schullaufbahn:

Viele Wege führen zum Ziel

Schulpflicht

Noch immer besucht Ihr Kind die Schule – wie in Deutschland übrigens 93 Prozent der 14- bis 17-Jährigen –, und das wird es, wenn Sie hier leben, wohl auch bis zur Vollendung seines 18. Lebensjahres tun müssen/dürfen. Denn so lange besteht bei uns Schulpflicht. Das Thema Schule wird Sie also noch einige Zeit mehr oder weniger beschäftigen.

Die Schulpflicht ist gesetzlich verankert und bedeutet: Alle „bildungsfähigen" Kinder und Jugendlichen sind zu einem Mindestschulbesuch verpflichtet. Dieser beginnt in aller Regel am 1. August für die Kinder, die bis 30. Juni des betreffenden Jahres sechs Jahre geworden sind, und umfasst je nach Bundesland neun oder zehn Schuljahre (Berlin, Brandenburg, Nordrhein-Westfalen) an einer allgemein bildenden (Voll-)Schule und drei Jahre an einer Berufsschule (Teilzeitschule).

Die Pflicht, die Schule zu besuchen, betrifft nicht nur den regulären Unterricht. Die Teilnahme an Schulveranstaltungen aller Art – von Ausflügen und Sportveranstaltungen, von Projekttagen bis hin zu Klassenreisen und Theaterveranstaltungen – ist für alle Schülerinnen und Schüler verpflichtend. Die Schulpflicht besteht auch dann, wenn eine Schülerin, ein Schüler an einer bestimmten Veranstaltung aus welchen Gründen auch immer nicht teilnehmen kann. Hat sich ein Jugendlicher zum Beispiel ein Bein gebrochen, darf er beim Sportfest nicht zu Hause bleiben. Er muss zuschauen oder in einer anderen Klasse am Unterricht teilnehmen. Dasselbe gilt für Schülerinnen und Schüler, die – unabhängig vom Grund – nicht an einer Klassenreise teilnehmen. Sie müssen diese Zeit in einer anderen Klasse absitzen.

Befreiung vom Unterricht

Keine Regel ohne Ausnahme! Unter bestimmten Voraussetzungen sind Befreiungen vom Unterricht möglich. Das Schulgesetz spricht hier allgemein von „dringenden Ausnahmefällen". Zu diesen gehören zum Beispiel wichtige persönliche Gründe. Also etwa der 70. Geburtstag der Großmutter, eine Hochzeit, ein Todesfall in der Familie oder ein Umzug. Auch ärztlich verordnete Erholungsaufenthalte rechnen dazu, jedoch nicht Reise- oder Urlaubstage, weil vielleicht die Flüge außerhalb der Ferientermine billiger sind. Schüler können vom Unterricht auch befreit werden, wenn sie im Ausland eine Schule besuchen oder an einem Schüleraustausch im Rahmen von Schulpartnerschaften teilnehmen. Für eine Sportveranstaltung gilt dies, wenn sie von einem Verein als aktiver Teilnehmer benannt wurden. Auch die Teilnahme an wissenschaftlichen und künstlerischen Wettbewerben, an religiösen Veranstaltungen oder an einem ehrenamtlichen Einsatz kann ihnen nicht verwehrt werden. Über die Befreiung von einzelnen Stunden entscheidet die jeweilige Lehrerin, der jeweilige Lehrer. Bei Beurlaubungen für mehrere Tage muss die Schulleitung ihre Zustimmung geben.

Ein zu teures Vergnügen?

„Zu teuer" sollte nie ein Grund sein, warum eine Schülerin, ein Schüler nicht an einer Klassenreise teilnehmen kann. Entweder müssen alle verfügbaren schulischen, städtischen oder staatlichen Mittel ausgeschöpft werden (erkundigen Sie sich bei der Klassenleitung – es ist Ihr gutes Recht!), oder die Klasse sollte ein anderes Reiseziel auswählen. Es muss nicht immer Rom, Athen oder die Nordsee sein!

Schulpflicht nicht nur für Schüler, sondern auch für Eltern

Für die Erfüllung der Schulpflicht sind die Erziehungsberechtigten verantwortlich. Das heißt also: Immer noch sind Sie es, an die sich der Staat für die Durchsetzung der Schulpflicht hält. Sie müssen dafür sorgen, dass Ihre jugendliche Tochter, Ihr jugendlicher Sohn

- pünktlich und regelmäßig die Schule besucht,
- im Unterricht und bei sonstigen schulischen Veranstaltungen mitarbeitet,
- die Hausaufgaben erledigt,
- die erforderlichen Leistungsnachweise erbringt.

Sie müssen Ihr Kind

- mit den erforderlichen Lernmitteln ausstatten,
- für „seine Gesundheitspflege als Voraussetzung des Schulbesuchs sorgen".

Ob und wie ich lerne ist meine Sache! Du hast mir gar nichts zu sagen.
Julian, 15 Jahre

Dieser Pflicht können Sie sich nicht entziehen – auch nicht, wenn sich etwa Ihre 17-jährige Tochter weigert, die Schule zu besuchen, oder Ihr Sohn vielleicht einfach keine Lust mehr hat, Hausaufgaben zu machen.

Auch Arbeitgeber und Ausbilder sind im übrigen verpflichtet, Schulpflichtige, die bei ihnen arbeiten oder in Ausbildung sind, zum Schulbesuch anzumelden und freizustellen. Kommen Eltern, Ausbilder und Arbeitgeber dieser Pflicht nicht nach, kann dies als Ordnungswidrigkeit oder sogar Straftat (mit einer Strafe bis zu 5 000 DM) geahndet werden.

… und für den Staat

Der allgemeinen Schulpflicht des Schülers entspricht der Bildungsauftrag des Staates. Das heißt: Der Staat ist verpflichtet, allen jungen Menschen gemäß ihren individuellen Fähigkeiten die Bildung zu ermöglichen, die den gesellschaftlichen – menschlichen, kulturellen und sozialen – Anforderungen des Lebens entspricht. Oder anders: Es muss Schulen geben, die Kinder und Jugendliche bis zu ihrem 18. Lebensjahr besuchen können.

Das Schulsystem in Deutschland

Der Schulaufbau

Die Schullaufbahn aller Schulpflichtigen umfasst mehrere Stufen. Die beiden Schulstufen, die für alle Kinder und Jugendlichen in Deutschland verpflichtend sind, sind die Primarstufe und die Sekundarstufe. Die Primarstufe entspricht den vier Grundschuljahren (in Berlin und Brandenburg sind es sechs).

Die Sekundarstufe baut auf sie auf. Sie wird noch einmal unterteilt in Sekundarstufe I oder Mittelstufe, die die Jahre 5 bis 10 umfasst, und die Sekundarstufe II oder Oberstufe, also die Jahre 11 bis 13 (in einzelnen Ländern auch 11 und 12). Nach der Sekundarstufe I sind Schüler, die nicht die Sekundarstufe II einer allgemein bildenden Schule besuchen, in einer berufsbildenden Schule schulpflichtig.

Ganz schematisch und ohne Rücksicht auf die Besonderheiten der einzelnen Bundesländer sieht also der Schulaufbau in Deutschland so aus:

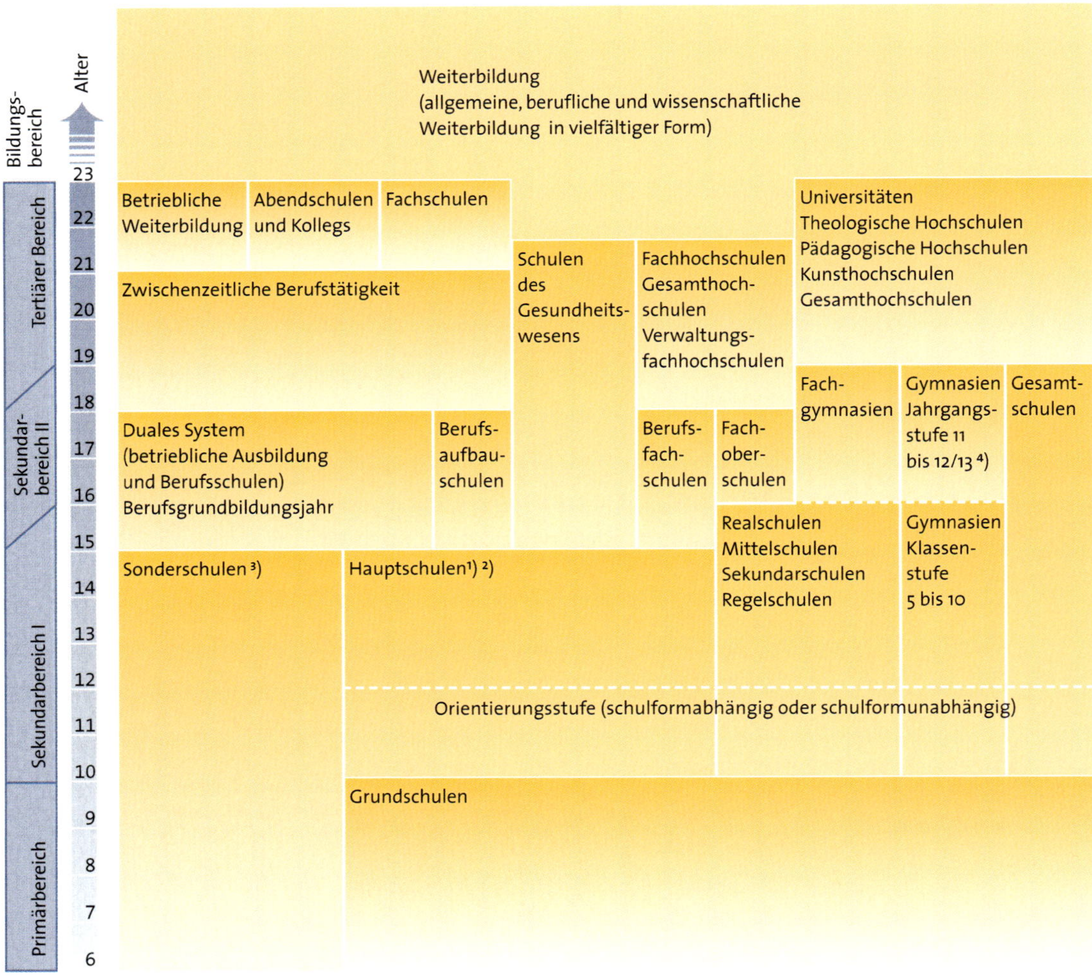

1) Rund 30 Prozent der Hauptschüler/innen besuchen über das neunte Schuljahr hinaus auch ein zehntes Schuljahr an der Hauptschule.

2) Die Mittelschule in Sachsen, die Sekundarschule in Sachsen-Anhalt und die Regelschule in Thüringen vermitteln den Haupt- und Realschulabschluss.

3) Entsprechende Einrichtungen bestehen auch im Bereich von Realschulen und Gymnasien sowie bei beruflichen Schulen.

4) In den Ländern Mecklenburg-Vorpommern, Sachsen, Sachsen-Anhalt und Thüringen zwölf Jahrgangsstufen

Nach Jürgen Staupe, Schulrecht von A–Z, Seite 203, Verlag C. H. Beck, München 1996

Die Schularten

Während ihrer Schullaufbahn besuchen alle Schulpflichtigen mehrere Schularten. Wir kennen natürlich die Grundschule und darauf aufbauend eine Vielzahl von unterschiedlichen Schularten, zum Beispiel die Hauptschule, die Realschule, die Gesamtschule, das Gymnasium. Das gesamte Schulsystem, mit dem der Staat seinem Bildungsauftrag nachkommt, unterliegt seiner Schulaufsicht. Diese nun ist in Deutschland nicht Sache des Bundes. Unsere föderalistische Verfassung hat sie in den Verantwortungsbereich der einzelnen Bundesländer gelegt.

Allgemeine Verwirrung: Die Kulturhoheit der Länder

Die Grundzüge des Schulsystems werden von der Schulgesetzgebung der einzelnen Länder festgelegt. Das heißt, wie „Schule" konkret aussieht, regelt das Schulrecht, und davon gibt es 16 verschiedene, eben so viele, wie es Bundesländer gibt. Dass diese „Kulturhoheit der Länder", die im Grundgesetz verankert ist, eine Vielfalt unterschiedlichster Strukturen, Stundentafeln und Rahmenpläne hervorgebracht hat, schafft erst einmal Verwirrung. Denn Länder-, nicht Bundesgesetze regeln den Schulaufbau, die verschiedenen Schularten und die Leistungsdifferenzierung, die ihnen möglicherweise zugrunde liegt. Sie legen die Lernziele und Lehrpläne fest, die Anzahl der Schulstunden, die Wahl- und Pflichtfächer, die Sprachenabfolge, Inhalte und Didaktik der einzelnen Fächer, die Schulbücher und andere Lehr- und Lernmittel, die Rechte und Mitbestimmungs- und Mitsprachemöglichkeiten von Eltern und Schülern, kurz: das gesamte Schulwesen.

Nur einige ganz offensichtliche Beispiele dafür, welche weitreichenden Folgen das hat: In Berlin und Brandenburg etwa besuchen Kinder sechs Jahre die Grundschule. Einige Länder, zum Beispiel Bremen, Hamburg und Niedersachsen, bieten so genannte schulformunabhängige Orientierungsstufen an, die Schülern und Eltern noch einmal zwei Jahre Zeit lassen, bevor die zukünftige Schullaufbahn festgelegt werden muss. In anderen Ländern wiederum wird schon nach der vierten Grundschulklasse differenziert.

Auch wer über die Wahl der weiterführenden Schulart entscheidet, ist in den einzelnen Ländern ganz unterschiedlich geregelt. In Bayern zum Beispiel sind der Notendurchschnitt des so genannten Übertrittszeugnisses und ein Gutachten der Grundschule (und eventuell ein dreitägiger Probeunterricht als „Eignungsprüfung") ausschlaggebend dafür, ob ein Kind die Realschule oder das Gymnasium besuchen kann. Die Eltern haben also (wie zum Beispiel auch in Baden-Württemberg und Sachsen) keine Entscheidungsbefugnis. Ganz anders ist dies etwa in Hessen, Brandenburg, Bremen. Die Grundschule spricht zwar Empfehlungen aus, die Eltern sind jedoch nicht daran gebunden.

Auch die Dauer und Gestaltung der weiterführenden Schulen werden teilweise sehr unterschiedlich gehandhabt. In Berlin zum Beispiel besuchen Jugendliche die Hauptschule immer bis einschließlich der zehnten Klasse, während in den meisten anderen Bundesländern die Hauptschule mit der neunten Klasse beendet ist. Dort werden (freiwillige) zehnte Klassen nur für besonders engagierte und leistungsstarke Schülerinnen und Schüler angeboten. In wieder anderen Bundesländern gibt es die Hauptschule überhaupt nicht. Jede Schülerin, jeder Schüler wird automatisch bis zum so genannten mittleren Abschluss geführt, der dann bei Erreichen eines bestimmten Notendurchschnitts bescheinigt wird. Eine Realschule im alten Sinn, also als „mittlere Schulform" eines dreigliedrigen Schulsystems, gibt es ebenfalls nicht überall.

Auch die Organisation der Sekundarstufe II wird je nach Bundesland ganz unterschiedlich gehandhabt. In Baden-Württemberg zum Beispiel wird zurzeit das Abitur nach der zwölften Klasse erprobt. In einigen neuen Bundesländern ist dies die Regel, während andere wieder strikt an der dreijährigen Oberstufe festhalten. In Bayern beginnen das Kurssystem der Oberstufe und die Auflösung des Klassenverbandes erst mit der zwölften Klasse. In den anderen Bundesländern sieht dagegen schon die elfte Klasse die Aufteilung in Leistungskurse und Grundkurse vor. Nicht einmal die Abiturprüfung ist bundesweit einheitlich geregelt. In einigen Ländern – zum Beispiel in Bayern, Baden-Württemberg, Mecklenburg-Vorpommern, Thüringen, dem Saarland, Sachsen und Sachsen-Anhalt – gibt es das so genannte Zentralabitur: Die jeweilige Schule hat also auf die endgültige Auswahl der Prüfungsthemen und -fragen keinen Einfluss, während in den anderen Ländern die einzelne Schule die Themen und Fragen vorgibt.

Am offensichtlichsten werden die Länderunterschiede in der Schulpolitik, wenn man die Verteilung der Schulpflichtigen auf die jeweilige Schulart vergleicht. In Sachsen-Anhalt zum Beispiel schließen 14 Prozent mit dem Hauptschulabschluss ab, während dies in Bayern 38,9 Prozent tun. Dafür schaffen in Bayern nur 18,1 Prozent das Abitur, während in Hamburg fast ein Drittel aller Schulabgänger mit Ende ihrer Schulzeit die allgemeine Hochschulreife, das Abitur, in der Tasche haben.

Die Kultusministerkonferenz

Um die Unterschiede zwischen den Bundesländern möglichst gering zu halten, wurde schon 1948 die „Ständige Konferenz der Kultusminister und Kultursenatoren der Länder in der Bundesrepublik Deutschland" (KMK) gegründet. Sie soll durch ihre Beschlüsse, die einstimmig getroffen werden müssen, und durch Empfehlungen an die Länder gewährleisten, dass trotz der Unterschiede der einzelnen „Schulwege" die Anforderungen und der „Wert" der jeweiligen Schulabschlüsse nicht nur vergleichbar, sondern aufeinander abgestimmt sind. Ähnlichen Zielen dienen verschiedene weitere Abkommen, die die Ministerpräsidenten der einzelnen Länder beschlossen haben. Am weitreichendsten ist das so genannte Hamburger Abkommen vom 28. Oktober 1964, dessen Ziel es ist, die Grundstruktur unseres Schul- und Bildungswesens trotz des Föderalismus zu vereinheitlichen. In diesem Abkommen (das von einem Bundesland jederzeit kündbar ist) haben sich die Länder zumindest auf den Beginn der Schulpflicht, den Schuljahresbeginn, die Dauer der Ferien, auf die Bezeichnung der Notenstufen und Schularten, auf den Beginn des Fremdsprachenunterrichts, die Sprachenfolge entsprechender Schultypen und auf die gegenseitige Anerkennung der Schulabschlusszeugnisse geeinigt. Dieses Hamburger Abkommen wird laufend durch neue Vereinbarungen der Kultusministerkonferenz erweitert. Auf seiner Grundlage ist deshalb heute jederzeit ein Schulwechsel in einen vergleichbaren Schultyp eines anderen Bundeslandes möglich. Außerdem wird heute jeder Schulabschluss, in welchem Bundesland er auch abgelegt und auf welchem Weg er erreicht wurde, von den Bundesländern wechselseitig als gleichwertig anerkannt.

Wechseln von Brandenburg nach Bayern, vom Saarland nach Sachsen?

Jeder Schulwechsel kann Schwierigkeiten bereiten. Dass diese besonders groß sind, wenn ein Schüler wegen des Umzugs der Familie in ein anderes Bundesland plötzlich auf ein ganz anderes Schulsystem trifft, liegt auf der

Hand. Um sie nicht unüberwindlich zu machen, haben die Länder ein Abkommen getroffen, in dem sie sich verpflichten, in Härtefällen so genannte Übergangshilfen zu geben. Dazu kann gehören, dass für eine Übergangszeit auf die Benotung in einem Fach verzichtet wird. Auch kann in besonderen Situationen – wenn der Wechsel in der Abschlussphase eines Schulabschnitts stattfindet – ganz auf ein Prüfungsfach verzichtet werden, wenn dieses in der bisherigen Schule nicht oder sehr viel weniger unterrichtet wurde. Dafür werden dann in einem anderen Fach höhere Anforderungen gestellt.

Sollten Sie also einen Umzug in ein anderes Bundesland planen und damit Ihre Tochter, Ihren Sohn vor das Problem eines Schulwechsels stellen, erkundigen Sie sich schon im Vorfeld beim neuen zuständigen Schulamt oder gleich bei dem betreffenden Kultusministerium (Achtung: Es heißt in jedem Bundesland anders)

- nach den zu erwartenden Schwierigkeiten,
- nach den möglichen Übergangshilfen,
- nach den neuen, eventuell ganz anderen Schul- und Prüfungsordnungen.

Auf Anforderung erhalten Sie kostenlos oder gegen ein geringes Entgelt die entsprechenden Texte der Rechtsverordnungen, die Aufnahme und Zugangsmöglichkeiten zu den einzelnen Schulen, Leistungsbewertung und Notenausgleich, Prüfungen, Versetzungen und Abschlussprüfungen regeln.

„Private Übergangshilfen“

Nicht selten wird Ihr Kind auch auf private Unterstützung, das heißt auf Nachhilfe angewiesen sein. Sprechen Sie, bevor Sie den ausufernden Markt kommerzieller Anbieter (→ Seite 202) durchforsten, immer mit den jeweiligen Lehrern. Diese müssen sich mit dem Einzelfall, also mit Ihrem Kind, auseinander setzen. Sie müssen seinen aktuellen Wissensstand und eventuelle Lücken im Vergleich zu den Anforderungen der jetzigen Schule einschätzen können. Sie sollten auch versuchen, Prognosen abzugeben, ob die vorhandenen Lücken ohne unzumutbare Einbuße an Lebensqualität aufzufüllen sind. Denn niemals sollte ein Umzug dazu führen, dass Ihre Tochter, Ihr Sohn keine Zeit und keine Energie mehr hat für Freunde, Hobbys und all die jetzt so wichtigen alterstypischen Unternehmungen. Das heißt: Trotz aller Übergangshilfen müssen Sie damit rechnen, dass Ihr Kind bei einem Schulwechsel eine Klasse wiederholen muss. Dies ist kein Weltuntergang und vor allem nicht Schuld Ihres Kindes!

Von der Primarstufe zur Sekundarstufe:

Der Übertritt in die weiterführende Schule

Drei Ziele, drei Wege: Das dreigliedrige Schulsystem

Lesetipps
Susanne Broos (Hg.)
Welche Schule für unser Kind?
Ein Wegweiser für weiterführende Schulen
Reinbek bei Hamburg 1997
16,90 DM

Redaktion LT-Lernmittel unter der Leitung von H. Ehrhardt und A. Kogon
Ratgeber-ABC
Schule – Ausbildung – Beruf: Lern- und Bildungschancen nutzen
Bad Honnef 1998
16,80 DM
(für Eltern und Jugendliche)

Trotz aller Vielfalt im deutschen Schulsystem geht es grundsätzlich um drei Ziele: den Hauptschulabschluss, den mittleren Abschluss, früher die mittlere Reife, und das Abitur, die so genannte Hochschulreife. Dieses dreigliedrige Schulsystem wurde 1993 von der Kultusministerkonferenz noch einmal festgeklopft. In einer „Vereinbarung über die Schularten und Bildungsgänge im Sekundarbereich I" werden zwar integrierte Schularten zugelassen. Den Bundesländern wurde auch zugestanden, zumindest organisatorisch das dreigliedrige Schulsystem zugunsten eines zweigliedrigen aufzugeben, indem die Realschulen und die Hauptschulen in einer neuen Schulform zusammengefasst werden. Doch die Grundlage aller Rahmenpläne ist und bleibt bis auf weiteres die dreigliedrige Struktur von Hauptschul-, Realschul- und gymnasialem Bildungsgang. Das heißt: Die Wege der Kinder trennen sich nach der Grundschule (außer in Gesamtschulen, die als Einheitsschulen allen Kindern offen stehen) in drei verschiedene Richtungen. Und mit Abschluss der Grundschule stehen alle Kinder – und vor allem auch ihre Eltern – vor einer schwierigen Entscheidung: der Wahl der weiterführenden Schule. Schwierig deshalb, weil sie für die meisten Kinder in Deutschland eine Entscheidung bedeutet, die möglicherweise ihr ganzes weiteres Schulleben bestimmt.

Die Hauptschule

Die Hauptschule beginnt als weiterführende Schule mit der fünften oder in den Ländern mit sechsjähriger Grundschule mit der siebten Klasse und endet je nach Regelung der Bundesländer mit der neunten oder zehnten Klasse (→ Seite 172). Sie ist stärker als die alte „Volksschule" auf die zukünftige Arbeitswelt ausgerichtet. Ihr Ziel ist die Vermittlung einer allgemeinen und praxisbezogenen Bildung. Deshalb orientiert sie sich mehr als die beiden anderen Schultypen an lebensnahen Lernsituationen, konkreten Aufgabenstellungen und am praktischen Handeln. Neben allgemein bildenden Fächern (Deutsch, Mathematik, Englisch, Geschichte, Erdkunde und so weiter) werden Inhalte und Techniken wie Arbeitslehre, Hauswirtschaft, Technik, textiles Werken, Wirtschaftslehre, Maschineschreiben oder Informatik unterrichtet.

GRUNDSCHULE
DOPPELTER BUCHSTABEN WERT

Gleichzeitig erhalten Schüler vielfältige Möglichkeiten, Kontakte mit Betrieben und Berufsschulen aufzunehmen, um ihnen mit Abschluss der Hauptschule den Übergang zu einer Berufsausbildung zu erleichtern. Sie richtet sich definitionsgemäß an diejenigen, deren Begabungen, Leistungen und Interessen im anschaulichen Denken und im praktischen Umgang mit konkreten Dingen liegen. Die Hauptschule schafft die Voraussetzungen für die Wahl eines Ausbildungsberufs. Im Anschluss an die Hauptschule besteht die Pflicht zum Besuch der Berufsschule. Der Hauptschulabschluss ermöglicht aber auch den Übertritt in verschiedene berufs- und studienbezogene Schulen wie Berufsfachschulen oder Berufsaufbauschulen. Je nach Bundesland unterschiedlich, bietet die Hauptschule außer dem Hauptschulabschluss auch andere Abschlüsse wie zum Beispiel den „qualifizierenden Hauptschulabschluss" oder nach Besuch der freiwilligen zehnten Klasse einen „mittleren Bildungsabschluss", der dem Realschulabschluss beziehungsweise der Fachschulreife entspricht.

Die Realschule

Die Realschule umfasst – wieder unterscheiden sich hier die Bundesländer – die Klassen 5 (7) bis 10. Sie vermittelt eine erweiterte allgemeine Bildung. Definitionsgemäß strebt die Realschule im Gegensatz zur Hauptschule an, auch zu „tieferen Einsichten und zur Zusammenschau von Sachverhalten" zu führen. Es geht um anschauliches Denken mit dem Ziel, die Gegenstände auch abstrakt und theoretisch zu begreifen. Die Realschule führt zum Realschulabschluss, dem so genannten mittleren Abschluss, der die Voraussetzung für viele gehobene Berufe in Verwaltung, Wirtschaft und im Pflegebereich ist. Gleichzeitig bedeutet er die Fachschulreife. Er berechtigt also zum Übertritt in eine Fachoberschule, in ein Fachgymnasium oder ein Aufbaugymnasium mit dem Ziel einer allgemeinen Hochschulreife.

Das Gymnasium

Das Gymnasium baut auf die Klasse 4 (6) der Grundschule oder auf die schulformunabhängige Orientierungsstufe auf. Es umfasst die Sekundarstufe I und die gymnasiale Oberstufe, also die Klassen 5 (7) bis 13. Die Lehrpläne sind auf eine weit reichende Allgemeinbildung und auf das Universitätsstudium ausgerichtet. Differenziert wird in verschiedene Zweige, zum Beispiel den mathematisch-naturwissenschaftlichen, den neusprachlichen, den humanistischen oder altsprachlichen, die jeweils eine unterschiedliche Gewichtung der einzelnen Fächer und Sprachen bedeuten.

Es gibt darüber hinaus auch musische Gymnasien und Sportgymnasien. Wer die zehnte Klasse erfolgreich abschließt, erwirbt den mittleren Abschluss und kann von dort zum Beispiel zu einer Fachoberschule oder einem Fachgymnasium wechseln. Er ist darüber hinaus zum Übertritt in die gymnasiale Oberstufe berechtigt, die sich durch ein differenziertes Kurssystem auszeichnet, das zwischen Grund- und Leistungskursen unterscheidet. Der erfolgreiche Abschluss der zwölften Klasse entspricht der Fachhochschulreife. Wer das Abitur, die Abschlussprüfung des Gymnasiums, besteht, erhält die allgemeine Hochschulreife, die seit Anfang des 19. Jahrhunderts die Voraussetzung des Studiums an einer Universität ist.

Entscheidung mit lebenslangen Folgen?

Der Übertritt in eine der weiterführenden Schulen setzt also eine der folgenschwersten Entscheidungen während der Schullaufbahn Ihres Kindes voraus. Folgenschwer deshalb, weil im Allgemeinen noch immer die Wahl der Schulart eine endgültige Entscheidung über den in weiter Ferne liegenden Schulabschluss bedeutet. Und dieser kann besonders in Deutschland erfahrungsgemäß über die gesamte berufliche Zukunft bestimmen. Die Frage nach der beruflichen Zukunft stellt sich also schon sehr früh, und die landläufige Meinung ist leider imer noch: Wer nach der Grundschule in die Hauptschule überwechselt, wird eine „Lehre" machen, hat also eine Berufsausbildung im Auge. Wer die Realschule besucht, wird eine berufliche oder schulische Ausbildung in der Verwaltung, im kaufmännischen Bereich oder Pflegebereich machen. Und Gymnasiasten wird die Universität und damit die Welt offen stehen.

Welche Schule für mein Kind?

Diese Abschlüsse inklusive Zukunftsaussichten haben denn auch Eltern im Kopf, wenn sie über die Schullaufbahn ihres Kindes nachdenken. Und angesichts allgemeiner wirtschaftlicher Verunsicherung, verbunden mit dem gut gemeinten Wunsch aller Eltern, dass ihr Kind „es einmal besser haben soll", scheint für viele der Grundsatz zu gelten: Je „höher" die Schule, desto besser. Und vielen Eltern gilt tatsächlich ein „höherer" Abschluss als wesentlich für ein zufriedenes Leben ihres Kindes

Grundschullehrer klagen deshalb schon lange darüber: Die Empfehlungen, Beurteilungen und Berichte, die sie – von Bundesland zu Bundesland unterschiedlich bindend oder nur als Empfehlung – zu formulieren haben, stoßen immer häufiger auf den Widerspruch der Eltern. Diese machen – so die Pädagogen – weniger die bisherige Entwicklung ihres Kindes als vielmehr seine zukünftigen sozialen Chancen zur Grundlage ihrer Entscheidung.

Das Wahlrecht der Eltern

Grundsätzlich gibt es ein Recht der Eltern, darüber zu entscheiden, welche Schule ihr Kind besucht. Dieses Wahlrecht gilt aber nicht absolut. Es kann eingeschränkt werden

- aus schulorganisatorischen Gründen (zum Beispiel die Größe einer Schule oder ihre Erreichbarkeit durch die Schüler),
- aus Gründen, die auf den Anforderungen beruhen, die das Angebot verschiedener Ausbildungsgänge (zum Beispiel die unterschiedlichen Schularten, die nach dem Ausbildungsstand ihrer Schüler differenziert werden) mit sich bringt,
- ganz allgemein durch das Angebot an Schulen, das der Staat beziehungsweise das jeweilige Bundesland bietet (es gibt also kein grundsätzliches Recht zum Beispiel auf ein Gymnasium, wenn ein Bundesland nur noch Gesamtschulen eingerichtet hat, ebenso wenig wie es ein Recht auf eine integrierte Gesamtschule gibt, wenn in einem Bundesland strikt am dreigliedrigen Schulsystem festgehalten wird).

Während das Wahlrecht der Eltern in der Grundschulzeit meist aus „schulorganisatorischen Gründen“ aufgehoben ist, wird es in der Sekundarstufe massiv eingeschränkt durch „Gründe, die aus den Anforderungen der einzelnen Schularten“, also aus dem Problem der so genannten Eignung hervorgehen.

Aber der Abschluss ist weit. Es ist erst einmal sehr viel wichtiger, herauszufinden, welcher Weg dorthin zu einem Kind „passt“, als die Entscheidung davon abhängig zu machen, wozu der jeweilige Abschluss das Kind einmal qualifizieren wird. Deshalb müssen jedem Übertritt in eine weiterführende Schule Überlegungen über die tatsächliche Eignung vorausgehen. Diese Überlegungen müssen Eltern und Grundschullehrer, manchmal auch Lehrer der in Frage kommenden weiterführenden Schule gemeinsam anstellen, gleichgültig wer dann das „letzte Wort“ haben wird.

Die „Eignung" für die Schule

Definitionsgemäß bestimmt sich die Eignung als Eignung des Kindes für eine Schulart. Gefragt wird also nicht: „Welche Schule eignet sich für mein Kind?", sondern umgekehrt: „Eignet sich dieses Kind für ...". Das heißt: Angesichts unseres Schulsystems ergibt sich sehr schnell ein dreigliedriges „Eignungssystem", dem zwangsläufig ein dreigliedriges „Begabungssystem" zugrunde liegt. Da ist das Gymnasium, das „Intelligenz, Sprachbegabung und die Fähigkeit zu logisch-abstraktem Denken" voraussetzt. Da ist die Realschule, die sich vor allem an Kinder richtet, die eher mathematisch-naturwissenschaftlich als sprachlich begabt sind und sowohl theoretisches als auch praktisch-handwerkliches Interesse haben. Und da ist die Hauptschule für Kinder mit vornehmlich handwerklichen und praktischen Interessen, denen die Leistungsfähigkeit, die sowohl das Gymnasium als auch die Realschule voraussetzen, nicht (zumindest zu Ende der Grundschulzeit noch nicht) bescheinigt werden konnte.

Doch eine solche Einteilung, über die sich zudem trefflich streiten lässt, reicht nicht aus. Denn es geht ja nicht nur um die „Noten" und um „Intelligenz" und „Begabung", die sich im Übrigen keineswegs immer mit der schulischen Leistungsfähigkeit decken. Ebenso wichtig ist es für Eltern und Lehrer, sich über die Konzentrationsfähigkeit und Leistungsbereitschaft eines Kindes, über seine Neugier und Motivation, sich selbstständig Neues zu erarbeiten, über sein Durchhaltevermögen und „Sitzfleisch" klar zu werden, wenn sie sich über die Eignung eines Kindes für eine Schulart Gedanken machen. Denn der Weg zum Abschluss ist weit und anstrengend. Dies sollte Eltern motivieren, ihrem Kind nicht jetzt eine Schule unter dem Aspekt des späteren (möglichst hohen) Schulabschlusses zuzumuten, den es, wenn überhaupt, nur unter Aufbietung aller geistigen und emotionalen Kräfte erreichen kann.

Der „richtige Zeitpunkt"

Ab wann kann man Stärken und Begabungen eines Kindes im Hinblick auf seine weitere Schullaufbahn wirklich beurteilen? Die unterschiedlichen zeitlichen Regelungen zum Übertritt in weiterführende Schularten innerhalb der Bundesrepublik zeigen, dass über diese Frage unter den Bundesländern keine Einigkeit herzustellen war. Tatsächlich ist die Frage auch nicht eindeutig zu beantworten. Denn wie die weitere Entwicklung eines Kindes, eines Jugendlichen verlaufen wird, hängt von vielen Faktoren ab. Zudem sind Kinder in ihrer Entwicklung unterschiedlich. Es gibt Kinder, bei denen man schon sehr früh (mit sechs, sieben Jahren) voraussagen kann, welche Fähigkeiten sie zu entwickeln in der Lage sind. Bei anderen wieder kann „der Knoten“ erst viel später „platzen“, eine Feststellung der Eignung ist also erst sehr viel später möglich.

Entwicklungspsychologen gehen heute eher davon aus, dass – orientiert man sich am Durchschnitt – die Entwicklung der Begabung und intellektuellen Leistungsfähigkeit erst etwa ab dem zwölften Lebensjahr relativ stabil bleibt, also auch dann erst die Eignung feststeht. Anders ausgedrückt: Allenfalls bei etwa 20 Prozent der Kinder im Alter von zehn oder elf Jahren – so die Schätzungen der Entwicklungspsychologen – ist die Eignung klar.

Die unterschiedlichen Regelungen zum Übertrittsalter zeigen also, dass je nach Bundesland unterschiedliche schul- und bildungspolitische Programme verfolgt werden. Wer früh differenziert, hat eher die Leistungsstarken und Frühentwickler und deren intellektuelle Förderung im Blick. Wer den Zeitpunkt später ansetzt, legt eher Wert auf Integration und verfolgt das Ziel, auch Spätentwicklern größere Chancen einzuräumen. Im Übrigen: Fast überall in der Welt herrscht eine sechsstufige Grundschule vor.

Das Gymnasium und die Eignung

Wenn Eltern und Lehrer über die Eignung streiten, geht es meist um die Eignung für das Gymnasium. Ersparen wir uns Grundsatzdiskussionen um ein anderes, vielleicht besseres Schulsystem. Wer vor dem Übertritt in eine weiterführende Schule steht, muss von der bestehenden Realität ausgehen. Und die sieht so aus: Eine unerlässliche Voraussetzung für eine gymnasiale Laufbahn ist die schriftliche Beherrschung der Muttersprache. Das heißt, wer zurechtkommen will, muss zügig lesen können und einigermaßen fehlerfrei und schnell schreiben können. Denn in keinem Fach wird sie, er ohne diese Fähigkeit auskommen. Dies gilt letzten Endes auch in den Schulen, in denen – wie in einigen Bundesländern inzwischen wieder zum Programm erhoben – dem Problem der Lese-Rechtschreib-Schwäche beziehungsweise der Legasthenie Rechnung getragen und auf eine Benotung der Rechtschreibleistung erst einmal verzichtet wird. Denn immer wird verlangt werden, dass Schülerinnen und Schüler des Gymnasiums schriftliche Texte rasch verstehen und ihr Wissen schriftlich in verständlichem Deutsch wiedergeben können. Die sprachliche Begabung ist auch notwendig, um – wie immer im

Nur weil die anderen auf so einem Bonzen-Gymnasium sind und ich eine Lehre angefangen habe, meinen sie, sie seien besonders cool.

Karsten, 16 Jahre

Gymnasium – zwei Fremdsprachen zu erlernen. Wer damit Schwierigkeiten hat, und sei er noch so fit in Mathe und in den naturwissenschaftlichen Fächern, wird sich einfach quälen müssen. Und wollen Sie Ihrem Kind diese Quälerei zumuten?

Eignung einmal umgekehrt: Die Eignung der Schule

Es geht ja nicht nur um die Eignung eines Kindes für eine Schulart! „Ihr Kind ist zu unkonzentriert und noch zu verspielt. Es ist sicher nicht geeignet für das Gymnasium." Warum drehen wir den Spieß nicht einfach herum: Vielleicht ist mein Kind nicht „unkonzentriert und verspielt". Vielleicht hat es einfach ganz andere Dinge im Kopf als schulische Aufgaben. Vielleicht ist es phantasievoll, interessiert sich für alles, was um es herum passiert. Vielleicht bastelt und malt es lieber, als dass es liest und so weiter. Passt da nicht besser eine Schule, die auf einen handlungsorientierten Unterricht Wert legt, in der der Praxisbezug im Vordergrund steht und in der mein Kind zum Beispiel in den Fächern Hauswirtschaft, textiles Werken, Technik, Maschineschreiben genau die Fähigkeiten ausbauen kann, die es hat? Sie sehen: Schon die Umformulierung verändert alles – und sicher im Sinne des Kindes. Leider vergessen viele Eltern diese Art des Fragens: Wie lernt mein Kind, was interessiert es, worin liegen seine Stärken, wodurch wird es über-, wodurch unterfordert? Und daraus folgend: Welche Schulart ist geeignet für mein Kind?

Schulen auf dem Prüfstand

Auch die jeweilige Schule muss sich der Überprüfung ihrer Eignung für ein Kind und seine Familie stellen. Dies haben Schulleiter und Lehrkräfte heute im Allgemeinen erkannt und bieten vor allem in größeren Städten, in denen inzwischen die verschiedenen Schulen um die Gunst der Schüler (und deren Eltern) konkurrieren, im Vorfeld des Übertritts Tage der offenen Tür, Vorstellungsveranstaltungen und Sprechstunden an. Nehmen Sie mit Ihrer Tochter, Ihrem Sohn solche Angebote wahr, auch wenn es einige Abende kosten wird. Denn es gibt viele Fragen, die Sie sich und anderen stellen müssen.

Beginnen wir mit dem „Leben" einer Schule. Wie „funktioniert" sie? Wie wird sie von den dort Lernenden und Lehrenden erlebt? Dies herauszubekommen ist nicht einfach. Ein Rat: Verlassen Sie sich nicht blindlings auf den angeblich guten oder schlechten Ruf einer Schule. Denn dieser hinkt oft der Gegenwart hinterher. Außerdem wissen Sie nie, wie ein solcher Ruf entstanden ist. Fragen Sie weiter, und zwar diejenigen, die heute mit der Schule zu tun haben. Das heißt: Fragen Sie Lehrer, Eltern, die Kinder auf dieser Schule haben, und die Schülerinnen und Schüler selbst.

Fragen Sie nach allem, was Sie interessiert, also nach
- dem Schulprogramm,
- dem pädagogischen Konzept,
- der Art des Unterrichts,
- der Pünktlichkeit und Zuverlässigkeit der Lehrkräfte,
- den Ausfallstunden, der Atmosphäre und Stimmung beim Arbeiten, aber auch auf dem Pausenhof,
- den Schulaktivitäten, Projekten, Nachmittagsangeboten und Arbeitsgemeinschaften.

Der Tipp zum Schulwechsel

Schule ist wichtig, sie ist jedoch nicht alles:
- Jedes Kind benötigt Zeit zum Spielen, für Hobbys, für Freunde.
- Jede Familie braucht gemeinsame Freizeit.
- Jede Mutter, jeder Vater braucht Zeit für sich.

Ist zu befürchten, dass für all dies an der neuen Schule keine Zeit mehr ist, da die Leistungsanforderungen die ständige Anstrengungsbereitschaft der gesamten Familie notwendig machen, dann ist dies garantiert nicht die geeignete Schule.

Dazu kommt: Zum dreigliedrigen Schulsystem gehört leider immer noch das Bild des Auf- und Abstiegs. Das heißt: Trotz der überall zum Programm erhobenen so genannten Durchlässigkeit zwischen den einzelnen Schularten auch nach „oben" geschieht das „Absteigen" immer noch sehr viel schneller als das Um- oder gar Aufsteigen. Wenn beim Aufsteigen auch allerlei Hürden und Stolpersteine zu erwarten sind, ist es allemal leichter, diese zu überwinden, als ein „Absteigen" zu verkraften, dem viele Fehlschläge, Enttäuschungen und Kränkungen vorausgegangen sind (→ Seite 186).

Und seien Sie hellhörig! Wie reagieren die Schulleitung und die Lehrkräfte, wenn Sie sie mit Ihren Fragen „überprüfen? Zeigen sie Verständnis, sind sie offen oder scheint der öffentliche Ruf der Schule wichtiger zu sein als Ihr konkretes Anliegen?

Erkundigen Sie sich bei Lehrern, bei Schülern und Eltern nach dem Verhältnis von Schule, Elternhaus und Schüler. Sind Gespräche möglich? Werden Eltern- und Schülersorgen, Kritik und Anregungen ernst genommen? Und vor allem: Fragen Sie nach Förder- und Hilfsmöglichkeiten für den Fall, dass es einmal schwierig werden sollte. Besteht die Tendenz, „schwierige" Schüler, seien sie dies nun im Bereich der Leistung oder des Verhaltens, auszugrenzen, oder gibt es Anstrengungen, gerade solchen Schülern Unterstützung zu bieten? Begreift sich die Schule also als reiner Wissensvermittler, oder nimmt sie ihren pädagogischen Auftrag ernst?

Und fragen Sie nicht nur – schauen Sie sich um! Wie sieht die Schule aus? „Lebt" sie? Wie geht es auf dem Pausenhof zu? Sehen Sie Jugendliche, die sympathisch wirken? Sehen Sie Lehrer auf dem Pausenhof, die eventuell auch ansprechbar sind? Und zum Schluss: Können Sie sich Ihr Kind unter all diesen Schülern vorstellen, in dieser Schule, bei diesen Lehrern?

Ebenso wichtig sind jedoch vermeintliche Äußerlichkeiten:

- Wie ist die Schule gebaut? Wie groß ist sie? Könnten Sie sich vorstellen, in diesem Gebäude einen großen Teil Ihres Alltags zu verbringen?
- Wie viele Schüler hat die Schule? Wägen Sie ab: Große Schulen bieten oft mehr Wahlmöglichkeiten sowohl bei außerschulischen Aktivitäten als auch bei Wahlpflichtfächern und später bei den Leistungskursen. Kleine Schulen sind für Schüler übersichtlicher und „funktionieren" im Allgemeinen sozial besser.
- Wie ist der Schulweg? Ihre Tochter, Ihr Sohn wird ihn viele Hundert Male gehen/fahren müssen.
- Und nicht zuletzt: Wie weit ist die Schule von Ihrer Wohnung entfernt? Oft wiegen die Nähe einer Schule, die Kürze des Schulweges und die Erreichbarkeit der Klassenkameraden mögliche Abstriche an der Exklusivität des Schulprogramms auf.

Schule kontra Freundschaft?

Sie haben die beste Schule für Ihr Kind gefunden und nun: Ihr Kind will nicht! Denn die beste Freundin, der beste Freund wird auf eine andere Schule gehen. Es gibt leider kein allgemein gültiges Rezept für die Lösung dieses Problems. Sie hängt von so vielen Faktoren ab. Geht es nur um zwei Gymnasien mit grundsätzlich ähnlichem Angebot, werden Sie sicher ganz anders mit

USA

dem Wunsch Ihres Kindes umgehen, als wenn zwei unterschiedliche Schularten zur Debatte stehen. Wird der Freund Ihres Sohnes zum Beispiel die Hauptschule besuchen, während es für Sie und Ihr Kind eigentlich immer klar war, dass die Realschule genau das Richtige ist? Oder will Ihre Tochter auf ein Gymnasium, nur weil ihre beste Freundin dorthin geht, obwohl Sie genau wissen, dass sie sich überfordert?

Auf jeden Fall sollten Sie folgende Fragen zu klären versuchen:
- Was waren meine Gründe, diese Schule auszuwählen? Bin ich wirklich überzeugt, dass sie die beste Schule für mein Kind ist?
- Wie intensiv ist die Freundschaft, um die es geht? Ist sie tragfähig genug, weiter zu bestehen trotz unterschiedlicher Schulen, aber auch: Ist sie so tragfähig, dass sie Entscheidungen, die so weit reichende Folgen wie die Wahl der Schule haben, beeinflussen sollte? Denken Sie daran, enge und langwährende Freundschaften sind bei jüngeren Kindern eher untypisch. Sie sind fast immer dem Jugendalter vorbehalten (→ Seite 62 ff.).

Wenn Sie sicher sind, dass es Ihrem Kind an der Schule Ihrer Wahl gut gehen wird, werden Sie Ihr Kind überzeugen können, dass die Freundschaft durch den Besuch verschiedener Schulen nicht aufs Spiel gesetzt wird (und Sie zum Beispiel durch Hilfen bei der Terminplanung dazu beitragen werden). Zudem – und dies ist die Regel – wird es sicher in der neuen Schule in Kürze neue Freunde finden. Auch hierbei kann es, so sollten Sie ihm zusichern, Ihrer Unterstützung sicher sein.

Die Würfel sind gefallen – ein für alle Mal?

Wie schwierig auch die Entscheidung war: Die Mehrzahl der Schüler und ihrer Eltern hat – glaubt man den einschlägigen Umfragen – die richtige Wahl getroffen. Und die anderen?

Da sind die Schüler, die den Anforderungen des von ihnen besuchten Schultyps trotz großer Anstrengungen nicht gerecht werden können. Bevor – entweder verordnet oder freiwillig – ein Schulwechsel ins Auge gefasst wird, sind Wochen und Monate (dies im Falle eines Probehalbjahres) oder gar Jahre ins Land gegangen, die auch für stabile Jugendliche emotional nur schwer zu verkraften waren. Die Reihe der Misserfolge in Verbindung mit der meist wenig aufbauenden Kritik der jeweiligen Lehrkraft hat wenig dazu beitragen können, dass die Betroffenen voll Zuversicht und Selbstbewusstsein in die Zukunft blicken. Und ihnen fehlt damit eine unerlässliche Voraussetzung für eine erfolgreiche Schulkarriere. Viel zu oft bleibt es dann nicht beim ersten Schulwechsel. Wer einmal begonnen hat, an sich selbst zu zweifeln, gerät oft auch in der nächsten Schule schnell in einen Teufelskreis von mangelndem Engagement und Misserfolgserlebnissen (→ Seite 209). Aus diesem Grund empfehlen Pädagogen und Psychologen, lieber die Möglichkeit eines späteren „Aufstiegs" ins Auge zu fassen, als von vornherein das Risiko eines „Abstiegs" einzukalkulieren.

Für „Aufsteiger", also für die Schüler, die plötzlich ganz andere Interessen, Begabungen und Neigungen entwickeln, als die Prognosen ihrer Grundschullehrer es erwarten ließen, bietet die so genannte Durchlässigkeit des Schulsystems trotz einiger Schwierigkeiten immer die Möglichkeit, auch später noch einen anderen Schulabschluss zu erreichen, als ihn die ursprüngliche Wahl der Schulart beinhaltete.

Aufbaumöglichkeiten auf den Hauptschulabschluss: Viele Wege führen zum Ziel

Welche Möglichkeiten des Um- und Aufsteigens zu anderen oder „höheren" Abschlüssen für Schülerinnen und Schüler tatsächlich vor Ort bestehen, hängt vom Bundesland ab. Auskünfte erhalten Sie über die jeweiligen Kultusministerien. Deshalb hier nur ganz allgemein:

Wer einen guten Hauptschulabschluss in der Tasche hat, kann zum Beispiel eine besondere zehnte Klasse der Hauptschule mit Fachschulreife, die den mittleren Abschluss ermöglicht (→ Seite 175 f.), absolvieren. Er kann auch eine Aufbauschule besuchen, die auf der Hauptschule aufbauend zu einem mittleren Abschluss führt. Es gibt auch Berufsschulen, Berufsfachschulen und Fachschulen mit Fachschulreife, die alle zum Erwerb des mittleren Bildungsabschlusses, der dem Realschulabschluss entspricht, führen.

Mit dem Erwerb der Fachschulreife ist die erste Hürde geschafft: Der Schüler hat sich erstens in der Regel auf der Suche nach einem Ausbildungsplatz einen Vorteil gesichert, weil der mittlere Abschluss sehr oft dem Hauptschulabschluss vorgezogen wird und zudem in manchen Ausbildungsgängen die Ausbildung verkürzt. Er hat bei einem entsprechenden Notendurchschnitt aber auch die Berechtigung erworben, in einen weiterführenden Zweig der Sekundarstufe II überzutreten und auf diesem Weg die Fachhochschulreife oder die allgemeine Hochschulreife zu erreichen. Kurz: Er ist berechtigt „weiterzumachen“,

- wenn das Lernen plötzlich Spaß macht und die Berufswelt noch nicht lockt, zum Beispiel an einer Fachoberschule, an einem Aufbaugymnasium, der technischen Oberschule oder Wirtschaftsoberschule (Baden-Württemberg), die als Vollzeitschule zur Fachhochschulreife führen,
- wenn er nicht mehr nur die Schulbank drücken will, zum Beispiel an einer als berufsbegleitende Teilzeitschule konzipierten Fachoberschule, die in drei Jahren zur Fachhochschulreife führt, oder an einer Berufsoberschule oder Berufsfachschule.

Und für die Jugendlichen, die erst ganz spät auf die Idee kommen, gibt es immer noch den zweiten Bildungsweg, der auch den jungen Menschen, die schon im Berufsleben stehen, weitere Bildungsabschlüsse ermöglicht.

Das freiwillige zehnte Schuljahr – ein Beispiel aus Baden-Württemberg

Das freiwillige zehnte Schuljahr ist offen für jeden Schüler, der in den vorangegangenen zwei Jahren an einem Zusatzunterricht in den Fächern Englisch und Mathematik teilgenommen hat und einen Notendurchschnitt von mindestens „befriedigend“ und damit auch eine Empfehlung der Klassenkonferenz nachweisen kann. Mit erfolgreichem Abschluss dieses Schuljahres und dem Bestehen der Abschlussprüfung hat man die Fachschulreife beziehungsweise den mittleren Bildungsabschluss erworben.

Die FOS

Die Fachoberschule (FOS) setzt einen mittleren Abschluss voraus und führt in zwei Jahren (Klasse elf und zwölf) zur Fachhochschulreife. Die elfte Klasse setzt neben fachspezifischen theoretischen Fächern Schwerpunkte in der fachpraktischen Ausbildung, während die zwölfte Klasse die theoretische Ausbildung beinhaltet. Das elfte Schuljahr kann erlassen werden, wenn der Schüler bereits eine Berufsausbildung abgeschlossen hat.

Fachoberschulen gibt es für folgende Bereiche:

- Technik
- Wirtschaft
- Sozialwesen
- Ernährung/Hauswirtschaft
- Gestaltung
- Verwaltung
- Landwirtschaft
- Seefahrt

Auch Sonderwege führen zum Studium

Der „normale" Weg – viele Eltern sehen dies immer noch so – führt vom Eintritt ins Gymnasium mit zehn (zwölf) Jahren bis zum Abitur. Ist dies bestanden, geht es auf die Hochschule oder zur Universität. Ebenso „normal" sind jedoch die eben beschriebenen Wege. Darüber hinaus gibt es eine Vielzahl von Sonderwegen, und die sehen ganz anders aus.

Zum Beispiel ist es möglich, das Abitur als Nichtschüler zu machen, das heißt sich über einen Fernlehrgang oder durch Privatunterricht (Erwachsenenbildung) selbst vorzubereiten. Und selbst wenn man schon lange im Berufsleben steckt (im Übrigen mindestens fünf Jahre), ist es möglich, durch das Begabtenabitur doch noch die Hochschulreife zu erhalten, zum Beispiel, wenn man sich außer in die Grundlagen der allgemeinen Prüfungsfächer schon in das Studienfach, das man einmal studieren will, eingearbeitet hat. Oder – dies nur in einzelnen Bundesländern – wenn man als Meisterin oder Meister eine Hochschulaufnahmeprüfung ablegt oder ein so genanntes Probestudium besteht. Daneben gibt es Fachakademien und Fachschulen (zum Beispiel in Bayern), die zur Hochschulreife führen.

Schulalltag – und alles, was dazugehört

Schulstress für Eltern

Eigentlich müsste jetzt doch alles klappen. Die Anfangsschwierigkeiten der Grundschuljahre sind vorbei, der Übertritt ist geschafft, und die Mehrzahl der Schülerinnen und Schüler scheint auch mit dieser Wahl zufrieden zu sein. Also alles in bester Ordnung? Leider ist dem nicht so. Eltern können ein Lied davon singen. Gerade wenn sich alles so schön eingespielt hat, beginnt der Stress von neuem – und das ist ganz normal!

Ein ganz normaler Tag: Was Mütter und Väter „stressen" kann

Morgen mache ich es – morgen früh werde i c h sie fragen: Hast Du mal fünf Mark?
Gabi, 40 Jahre

Wenn Eltern es besonders gut meinen, kann alles Nerven kosten. Das beginnt schon am frühen Morgen: Da ist zuerst die Verantwortung für das pünktliche Aufstehen, dann das Frühstück, das ja so wichtig ist (aber für viele Jugendliche einfach viel zu früh), der Stress, bis Tochter oder Sohn endlich mehr oder weniger rechtzeitig aus dem Haus sind, nicht ohne wie üblich die Hand nach Geld für Getränke in der Pause ausgestreckt zu haben. Wobei wir es längst aufgegeben haben, uns darüber aufzuregen, wie unsere Sprösslinge gekleidet und zurechtgemacht sind. Wir ärgern uns auch nicht mehr, dass das von Mutter, Vater mit so viel Liebe vorbereitete gesunde Pausenbrot mal wieder – weil uncool – „vergessen" wurde, ebenso wenig wie darüber, dass – wie wir mit einem vielleicht nicht ganz zufälligen Blick ins „Kinderzimmer" feststellen – der Sportbeutel, das Heft mit den Mathehausaufgaben, das Biologiebuch immer noch auf dem Schreibtisch liegen. Graue Haare dagegen kann man bekommen, wenn man daran denkt, dass in der dritten Stunde eine Englischarbeit ansteht oder dass heute eine Chemieabfrage stattfinden könnte und dass Tochter, Sohn natürlich wieder nichts, aber auch gar nichts vorbereitet hat.

Dann der Nachmittag! „Wie war es in der Schule? Wie war Mathe, habt ihr Deutsch zurückbekommen? Hast du Hausaufgaben gemacht, und du solltest mal wieder Englisch üben!" Und das alles in einem Ton, den man noch so gut selbst in den Ohren hat und nie, aber auch nie anschlagen wollte (und der alles andere als geeignet ist, einem Jugendlichen eine Antwort oder gar eine positive Reaktion zu entlocken).

Viele besonders engagierte Eltern werden solche Tage kennen und hoffentlich irgendwann einmal feststellen: Eigentlich ist meine Tochter, mein Sohn alt genug, selbst für die schulischen Angelegenheiten die Verantwortung zu übernehmen. Aber bis dahin ist es oft ein weiter Weg. Das große Problem dabei ist – wie immer, wenn es um die Selbstverantwortung der Jugendlichen geht: Woran lässt sich der richtige Zeitpunkt dafür erkennen? Wahrscheinlich ist der Begriff des Zeitpunkts schon falsch. Es geht vielmehr um ein mehr oder weniger unbestimmtes Gespür, das Eltern dafür entwickeln müssen, wann und in welchen Bereichen der Satz: „Das ist ja nun wirklich ihr, sein Problem" möglich ist. Vielleicht ist das der größte Stress.

Schule – Streitthema Nummer 1

Es gibt kaum eine Familie, in der es nicht hin und wieder wegen des Themas Schule zum Krach kommt: Nach Expertenschätzungen stören Schulprobleme in etwa 80 Prozent der Familien mit Schulkindern manchmal oder auch anhaltend den Familienfrieden.

Ich glaube, ich bin meinen Eltern ziemlich egal. Das einzige, was die an mir interessiert, sind meine Noten. Und dann meckern sie, wenn ich eine Vier hab. Aber wenn ich mich verbessere, merken sie es nicht einmal.

Katrin, 16 Jahre

Worüber wird gestritten? Eigentlich bietet sich alles an, was mit der Schule zu tun hat, da Jugendliche und Eltern manchmal, oft, meistens oder gar immer die Schule und das, was damit zusammenhängt, von einem ganz unterschiedlichen Standpunkt aus betrachten. Woher das kommt? Während wir Eltern, die wir ja immer „das Beste" für unser Kind wollen, vor allem seine Zukunft im Blick haben, zu der ja ohne Frage eine gute Ausbildung und ein ordentlicher Beruf gehören, leben unsere Jugendlichen ganz in der Gegenwart. Und da spielt die Musik. Ich will heute leben, will heute meinen Spaß. Es heißt aber auch: Ich muss heute über mich nachdenken und muss heute einen Umgang mit mir und mit den Menschen um mich herum finden, der zu mir und dem Bild passt, das ich von mir habe. Ich habe heute Probleme, die mir das Leben schwer machen, und vor allem: Ich brauche heute die Anerkennung von meinen Freunden und den Menschen, die mir wichtig sind, damit ich mit mir selbst klarkomme.

Lesetipps
Alfons Schweiggert/
Johann W. Robl
Alles, was Schüler wissen wollen
Hamburg 1999
19,80 DM
(für Jugendliche)

Katharina Block
Geht es Ihnen gut, oder haben Sie Kinder am Gymnasium?
Hamburg 1998
16,90 DM

Jugendliche zwischen 14 und 16, 17 Jahren haben im Allgemeinen andere Vorstellungen von dem, was im Leben wichtig ist. Und dabei ist ihnen die Zukunft – zumindest die, die wir Eltern im Kopf haben – ziemlich egal.

Hausaufgaben

Schule ist kein Halbtagsjob, auch wenn sie – wie meistens in Deutschland, denn Ganztagsschulen gibt es kaum – gegen 14 Uhr zu Ende ist. Durch Hausaufgaben, also schulische Aufgaben, die zu Hause zu erledigen sind, reicht sie oft weit in den Nachmittag oder bis in die Abendstunden hinein. Und welche Mutter, welcher Vater kann nicht von endlosen Diskussionen, Streit und Auseinandersetzungen berichten, die dieses Reizwort in der Familie schon ausgelöst hat?

Wie viel hast du denn auf? Zulässigkeit und Umfang von Hausaufgaben

Auch Hausaufgaben regelt das Schulrecht. Und zwar wieder – im Sinne der Kulturhoheit – länderspezifisch. Aber auch hier hat die Kultusministerkonferenz zumindest für die Sekundarstufe für eine Angleichung gesorgt: Ein allgemeiner Verzicht auf Hausaufgaben ist in Deutschland nicht möglich. Auch die Bestimmungen, wie lange Schüler längstens an ihren Hausaufgaben sitzen sollen, wurden mehr oder weniger erfolgreich angeglichen. Überall in der Bundesrepublik gilt: Mehr als zwei Stunden pro Tag sollen die Hausaufgaben aller Fächer zusammen nicht in Anspruch nehmen. Über das Wochenende, also von Samstag (!) auf Montag, über Feiertage und über die Ferien sind Hausaufgaben nicht erlaubt.

Hausaufgaben aufzugeben verpflichtet im Übrigen die Lehrkräfte, diese auch zu kontrollieren oder eine gegenseitige Hausaufgabenkontrolle in der Klasse zu ermöglichen.

Hausaufgaben und Familie

Hausaufgaben gehören also rechtmäßig zum Familienalltag. Sie sind, positiv formuliert, Bindeglied zwischen Schule und Elternhaus, durch das Eltern konkrete Informationen über Lerninhalte und Leistungsanforderungen erhalten.

Negativ formuliert sind sie der Anteil der schulischen Leistungsanforderung, die auch die Eltern an sich gestellt sehen, und sei es nur durch die Pflicht, täglich die Erledigung der Hausaufgaben anzumahnen. Da im Allgemeinen Eltern sehr viel mehr Interesse an einer prompten, engagierten und fehlerfreien Erfüllung dieser Pflichten haben als die Schülerinnen und Schüler selbst, sind Auseinandersetzungen vorprogrammiert, vor allem wenn die Eltern sich als verlängerter Arm der Schule empfinden. Der alltägliche Hausaufgabenstress belastet die Eltern dann oft ebenso wie ihre Kinder. Und nicht selten wird durch das leidige Thema Hausaufgaben der Familienfrieden nachhaltig gestört.

Wozu Hausaufgaben?

Hausaufgaben sind keine Strafe, obwohl Schüler dies oft so erleben. Sie dienen dazu, „den vorausgegangenen Unterricht nachzubereiten oder den folgenden vorzubereiten". Sie sollen also

- erstens die Möglichkeit bieten, das in der Schule Gelernte zu üben, zu festigen und auf andere Fragestellungen anzuwenden,
- zweitens die Gelegenheit geben, aktiv durch Materialbeschaffung, Erkundungen und Lektüre selbst an der Unterrichtsgestaltung teilnehmen zu können.

Beides zusammen dient dazu, Schüler zu selbstständigem und eigenverantwortlichem Arbeiten zu führen.

Vor allem dieser letzte Satz wird leider von den Beteiligten oft vergessen: von den Lehrern, den Schülern und den Eltern, die die Erledigung der Hausaufgaben auch zu ihrer Sache gemacht haben. Dann werden Hausaufgaben zu Familienaufgaben, Mutter und Vater zu Nachhilfelehrern, und weder das Üben noch das Festigen und schon gar nicht das Selbstständigwerden können dadurch erreicht werden. Und gerade für Jugendliche ist Letzteres wichtig!

Das Ziel ist es ja jetzt, nach und nach zu lernen,

- seine Zeit einzuteilen,
- herauszufinden, was man wann und wie am besten lernt, was auch bedeutet, zu erkennen, zu welchen Zeiten man selbst am leistungsfähigsten ist,
- sich selbst an einem Problem die Zähne auszubeißen,
- wo und wie man nachfragt, nachschlägt, anklickt,
- wie man gegebenenfalls Hilfen organisiert: Dazu gehören besonders die Verabredung mit Klassenkameraden zu Lerngruppen und das Nachhaken bei

dem Lehrer, wenn man die Aufgabenstellung nicht verstanden hat oder einfach nicht auf den Lösungsweg gekommen ist. Dazu zählt auch das Gespräch mit dem Lehrer, wenn man über kürzere oder längere Zeit im Unterricht nicht „mitkommt".

Zu dieser Selbstständigkeit gehört übrigens auch, einzusehen,
- dass es Pflichten gibt, die man erledigen muss,
- dass es effektivere und weniger effektive Arten gibt, diese Pflichten zu erledigen,
- dass man vielleicht auch hin und wieder nachlässig sein darf, die Folgen aber vorher einkalkulieren und danach eventuell ausbaden muss.

Wie Eltern helfen können

Keine Hilfe ist es, wenn Eltern ständig anmahnen, nachhaken, kontrollieren, vorsagen, verbessern. Helfen können Eltern, wenn sie den Lernprozess, selbstständig zu werden, unterstützen, indem sie
- der Tochter, dem Sohn einen ruhigen Arbeitsplatz zu Verfügung stellen,
- je nach Alter der, des Jugendlichen bei der Zeitplanung helfen (nicht durch ständiges Nörgeln und Ermahnen, sondern vielleicht durch das gemeinsame Erstellen eines Wochenplans, in den Schulpflichten und Freizeit eingetragen werden und den es dann von allen Seiten einzuhalten gilt),
- Interesse zeigen, sich erzählen lassen, vielleicht sogar Lernkontrollen (wie Vokabeln abfragen, sich Formeln erklären lassen) anbieten (oder gegebenenfalls „verordnen"), über ein Geschichts- oder Deutschthema diskutieren ...,
- Hilfen zur Selbsthilfe bieten: zum Beispiel Arbeitsmittel (Arbeitshefte, Lernprogramme für den Computer und Ähnliches) zur Verfügung stellen, mit denen Tochter, Sohn selbst Lernkontrollen durchführen können, und auf Nachschlagewerke, Zeitungen, Zeitschriften und die Möglichkeiten der modernen Informationstechnologie (wie Recherchen im Internet) als Fundus bei der Suche nach Informationen zu bestimmten Fragestellungen hinweisen,
- immer wieder betonen, dass der Ansprechpartner bei Hausaufgabenproblemen die Schule ist (Klassenkameraden, möglicherweise ältere Mitschülerinnen und Mitschüler und die Lehrer), und vor allem
- das Vertrauen in die eigene Lern- und Leistungsfähigkeit stärken!

Nur so lernen Schülerinnen und Schüler, effektiv, planvoll, zielgerichtet und selbstständig zu arbeiten, womit wohl das wichtigste Lernziel jeder Hausaufgabenstellung erreicht ist.

Klassenarbeiten ...

Auch dazu einige schulrechtliche Informationen: Klassenarbeiten dienen der Lernzielkontrolle. Sie sollen – so der Anspruch – in erster Linie die Schüler selbst, aber auch ihre Eltern über den jeweiligen Lernstand und die Lernentwicklung informieren. Als solche können sie auch den Lehrkräften als Erfolgskontrolle ihres Unterrichts dienen. Gleichzeitig stellen sie eine Bewertungsgrundlage für die Zeugnisse dar.

Die Anzahl solcher Lernzielkontrollen pro Schuljahr ist in den einzelnen Schulgesetzen der Bundesländer, in Rechtsverordnungen und Erlassen festgelegt. Überall gilt jedoch die Regel: Klassenarbeiten sollten möglichst gleichmäßig über das Schuljahr verteilt werden. Außerdem soll an einem Tag nicht mehr als eine Klassenarbeit geschrieben werden.

... und Zensuren

Schule ist so eine Sache. Meistens spiel ich da eine Rolle: den interessierten Schüler oder so. Dabei denke ich an etwas ganz anderes oder an gar nichts.

Richard, 18 Jahre

Klassenarbeiten werden bewertet, und zwar in Deutschland seit einem Beschluss der Kultusministerkonferenz vom 3. Oktober 1968 in Form einer Kurzbeurteilung, also durch ein sechsstufiges Notensystem (beziehungsweise in der gymnasialen Oberstufe durch ein 15-stufiges Punktesystem). So weit, so gut und allseits bekannt. Was vielleicht nicht bekannt ist und ebenfalls 1968 geregelt wurde: Der Maßstab für die Leistungsbewertung ist – zumindest dem Anspruch nach (!) – nicht die Durchschnittsorientierung an der Klasse (wie vor 1968), sondern die so genannte verbindliche Anforderung, die durch die Lehrpläne eines Faches gegeben ist. Wer also zum Beispiel die Note gut (2) erhält, hat bestätigt bekommen, dass seine Leistung „den Anforderungen voll entspricht". Dass die Kultusminister mit dieser Neuregelung ihr selbst gestecktes Klassenziel – die Objektivität der Zensurengebung – nicht erreicht haben, nicht erreichen konnten, liegt auf der Hand. Die Beurteilung einer schulischen Leistung wird sich wahrscheinlich nie ganz vom Maßstab unabhängig machen können, den die Persönlichkeit des Lehrers, die Klasse, die Schule und mit dieser ihr Einzugsgebiet, der Schulbezirk, das Land vorgeben. Schüler, die schon einmal den Lehrer, die Klasse, die Schule gewechselt haben, können dies bestätigen.

Die Abstände zwischen den einzelnen Noten – auch dies muss immer wieder betont werden – sind alles andere als genau definiert oder gleichmäßig. Wer eine Drei hat, weiß nur, dass er schlechter abgeschnitten hat als jemand, der eine Zwei bekommen hat. Er weiß jedoch nicht, um wie viel schlechter und wie groß der Abstand zu einer Vier ist.

Benotet werden – auch das ist bekannt – nicht nur Klassenarbeiten. Es gibt „mündliche Zensuren", das heißt Noten für mündliche Lernzielkontrollen (Abfragen), für Mitarbeit und mündliche Beiträge in einem Fach. Auch diese Bewertungen bilden die Grundlage für das Zeugnis.

... und Zeugnisse!

Zeugnisse sind Orientierungshilfen, die eine Standortbestimmung ermöglichen. Sie sollen informieren und belegen, dass und wie ein Schüler ein bestimmtes Bildungsziel, in der Regel das Klassenziel, erreicht hat, und sie entscheiden über das Weiterrücken oder „Sitzenbleiben". Als solche sind sie Dokumente, also urkundliche Nachweise.

In den meisten Bundesländern informiert das Jahreszeugnis über die Leistungen des ganzen Schuljahres. Das Halbjahreszeugnis ist ein Zwischenbericht, der signalisiert: „Weiter so!" oder: „Jetzt aber ran!". Wie die einzelnen Zensuren aus mündlicher und schriftlicher Benotung in das Zeugnis eingehen, ist wieder Ländersache und darüber hinaus von Schulart zu Schulart und von Fach zu Fach verschieden. In der Regel werden Durchschnittsnoten gebildet, wobei die Gewichtung von mündlichen und schriftlichen Noten ganz unterschiedlich gehandhabt werden kann. Im Zweifelsfall können Sie bei den jeweiligen Lehrkräften erfragen, wie sich im Einzelfall eine Note im Zeugnis zusammensetzt.

Durchschnittsnoten?

Wer genau darüber nachdenkt, wird erkennen, wie fragwürdig eine solche Technik der Zeugnisnotenbildung ist. Denn manchmal ist eine Drei fast eine Zwei, manchmal auch gerade noch keine Vier – ein Durchschnitt aus solchen fast Zweien oder fast Vieren ist also ein ziemlich unbestimmtes Etwas, das sicher nicht mehr Aussagekraft besitzen kann als die Einzelnoten. Im Gegenteil: Aller Wahrscheinlichkeit nach poten- ▶

ziert sich die Ungenauigkeit mit der Folge, dass Zeugnisnoten ein Schätzurteil sind, die in keiner Weise dem berechtigten Anspruch nach gültiger Vergleichbarkeit gerecht werden, wie sehr dies auch durch einheitliche Lehrpläne, vergleichbare Stundentafeln, Notendefinitionen und verbindliche Regelungen über die Anforderungen in einem Fach versucht wird. Zudem weiß jeder, dass trotz „allgemein gültiger Bewertungsgrundsätze" und des „Gebots streng sachbezogener Entscheidungen" jedem Lehrer„ein gewisser Beurteilungsspielraum" zugestanden wird. Was in diesem Raum dann welche Rolle spielt, ist häufig schwer zu durchschauen, oft auch für den Beurteilenden, Benotenden selbst. Denn immer spielen ja auch die so genannten Hof-Effekte eine Rolle, womit Fachleute die allseits bekannte Ausstrahlung bezeichnen, die zum Beispiel von einem guten oder aber weniger guten Gesamteindruck ausgeht und von dort die Einzelbeurteilung sicher meist ganz ungewollt und unbewusst beeinflusst.

Eltern und Zeugnisse

Der Zeugnistag kann für böse Überraschungen sorgen: sei es, weil unsere Tochter, unser Sohn die schlechten Zensuren während des Schuljahrs „um des lieben Friedens willen" verschwiegen hat, sei es aufgrund der oben genannten Probleme, die einer Notengebung innewohnen. Sollte sich Ihre Tochter, Ihr Sohn wirklich „ungerecht" beurteilt fühlen und macht sie, er sich dabei auch nichts vor, motivieren Sie sie, ihn, sich selbst an die entsprechende Lehrkraft zu wenden. Noten können (zugegebenermaßen in wenigen Einzelfällen) revidiert werden.

Kommt es hart auf hart, können auch Sie sich die Einzelnoten, die zur jetzigen Gesamtnote geführt haben, zeigen lassen. Denn Lehrer sind verpflichtet, auf Verlangen das Notenkonto eines Schülers mit allen Noten offen zu legen. Können sie nicht mindestens zwei mündliche Noten, die schriftlich fixiert und dem Schüler mitgeteilt worden sind, aus dem entsprechenden Fach vorweisen, darf keine Note ins Zeugnis. Gegen eine solcherart unbegründete Fünf oder Sechs können Sie dann Widerspruch einlegen. Diesen Schritt sollten Sie jedoch nur dann ins Auge fassen, wenn wirklich das weitere schulische Schicksal Ihrer Tochter, Ihres Sohnes davon abhängt (→ Seite 186).

Noten liegen im Ermessen der Lehrer

Es gibt zwar länder-, schul- und fachabhängige Regelungen, wie die einzelnen Noten innerhalb der Gesamtbeurteilung gewichtet werden – letztlich liegt es aber im Ermessen der Lehrer, wie sie aus den mündlichen und schriftlichen Leistungen die Note ermitteln. Dies hat das Bundesverwaltungsgericht anlässlich einer Klage eines Schülers entschieden, der zweimal wegen einer Fünf in Griechisch durchgefallen war, deshalb von der Schule abgehen musste, aber zwei Jahre später als Externer das Abitur mit Glanz bestand. Die Richter ordneten die Notengebung dem „originär-pädagogischen Aufgabenbereich" des Lehrers zu. Wenn also keine groben Formfehler vorliegen, ist selbst in einem versetzungsrelevanten Fach kein Anfechten möglich.

Hat die Überraschung am Zeugnistag ihren Grund jedoch in der „Verschwiegenheit" Ihrer Tochter, Ihres Sohnes, bleibt wohl nur eines: mit der Tochter, dem Sohn ein ernstes Wort zu reden, dass diese „Rücksicht auf den Familienfrieden" sich nicht lohnt, nur ihr, ihm selbst schadet und zudem ziemlich dumm ist. Dann sollte aber sehr schnell versucht werden, in einem sachlichen (!) Familiengespräch – also gemeinsam – herauszufinden, warum das Zeugnis so schlecht ausgefallen ist, und es sollte – ebenfalls gemeinsam – eine Verbesserung der Situation angegangen werden. Lehrer und Beratungslehrkräfte können als Ansprechpartner in Anspruch genommen werden.

Schlechte Noten!

Sinnvoller als sich am Zeugnistag überraschen zu lassen, ist es jedoch für alle Beteiligten, wenn

- Schülerinnen und Schüler ihre Eltern auch während des Schuljahrs auf dem Laufenden halten,
- Eltern das ganze Schuljahr über am Schulalltag (also nicht nur an den Noten) ihrer Kinder interessiert sind. Dazu gehören Nachfragen, Nachlesen und hin und wieder ein Besuch der Lehrersprechstunden oder Elternsprechtage. Eltern wissen dann auch ohne Zeugnis, „wie ihre Tochter, ihr Sohn steht".

Denn kein schlechtes Zeugnis, kein „Durchfallen" geschieht von heute auf morgen. Meist hat sich die Katastrophe schon lange angedeutet. Es ist wenig effektiv, wenn Sie erst dann „Konsequenzen ziehen“, wenn Ihnen das Ergebnis schwarz auf weiß mit dem amtlichen Zeugnisdokument vorliegt.

Kommt Ihre Tochter, Ihr Sohn mehrmals mit einer „verhauenen“ Arbeit nach Hause, heißt das unter anderem auch, dass sie, er offensichtlich jetzt und nicht erst in einem halben Jahr Unterstützung braucht. Sie sollten also nicht darauf vertrauen, dass die schlechten Ergebnisse nur „Ausrutscher“ waren.

Wie Eltern helfen können

Eltern haben viele Möglichkeiten, ihrer Tochter, ihrem Sohn wieder auf die Sprünge zu helfen:

- sei es durch Motivation und Rückenstärkung, vielleicht auch durch Beruhigung und Trost,
- sei es durch verstärkte Hilfe zur Selbsthilfe,
- sei es durch mehr Kontrolle, weil es mit der Selbstständigkeit in Bezug auf die Pflichterfüllungen vielleicht doch noch nicht so klappt,
- sei es durch „Nachhilfe“,
- sei es durch die Einsicht, dass eine andere Schullaufbahn vielleicht die geeignetere wäre.

Welche dieser Unterstützungsmaßnahmen im Einzelfall geeignet sind, hängt von den Ursachen des Leistungsabfalls ab. In vielen Fällen wird es sich herausstellen, dass es nicht nur einen Grund dafür gibt, dass Ihre Tochter, Ihr Sohn mehrere schlechte Klassenarbeiten hintereinander geschrieben hat. Versuchen Sie, diesen Ursachen auf die Spur zu kommen. Der erste Schritt ist das ruhige und sachliche Gespräch mit der, dem Jugendlichen.

Fragen, die geklärt werden sollten:

- Hat sie, er einfach keine Lust zum Lernen gehabt, war also einfach „faul“?
- Fehlt es an Konzentration, sei es aus erfreulichen Gründen (Disko, Freundin, intensive sportliche Aktivitäten) oder eher aus unerfreulichen und belastenden (Krach mit Freunden, Streit in der Familie, Probleme in der Klasse)?
- Hat sie, er den Stoff nicht verstanden und war zu schüchtern, zu faul oder zu uninteressiert, nachzufragen und um Hilfe zu bitten?
- Oder hat sie, er zwar alles verstanden, auch genug geübt, aber jedes Mal vor der Klassenarbeit oder Abfrage solche Angst bekommen, dass das berühmte Brett vor dem Kopf jedes Denken unmöglich gemacht hat?

Der zweite Schritt: das Gespräch mit den Fachlehrern. Gute Lehrkräfte können in der Regel abschätzen, wie groß die Lücken sind, ob momentane oder langfristige Konzentrationsschwierigkeiten, fehlendes Engagement, „Sitzfleisch" und Fleiß oder grundsätzlichere Schwierigkeiten mit dem Stoff die Ursachen sind. Sie können aus ihrer Kenntnis des einzelnen Schülers und vieler Schülergenerationen heraus oft auch am besten beurteilen, ob die schlechten Leistungen auf einen vorübergehenden – möglicherweise typisch pubertären – Durchhänger zurückzuführen sind oder ob sie sich vielleicht doch zu einem allgemeineren Problem mit der Schule (→ Seite 201, 211, 213) auszuwachsen drohen.

Warum Schüler „schlecht" sind und was Eltern dagegen tun können

Sicher – unser Schulsystem könnte verbessert werden. Auch die Lernarrangements und Lehrmethoden im deutschen Bildungssystem gehören dringend reformiert. Viel zu selten oder überhaupt nicht haben projektbezogenes Lernen und selbst gesteuerte Lernformen als Ablösung des reinen Frontalunterrichts auf der einen Seite und des sturen Auswendiglernens auf der anderen Seite Eingang in unsere Schulen gefunden. Um das heutige Schulsystem zu reformieren und Schüler und Lehrer auf Dauer stärker zu motivieren, bedarf es veränderter Stundentafeln, ganz anderer Klassenräume, einer flexibleren Zeiteinteilung und vor allem Lehrer, die es gelernt haben, eigenverantwortliche und kooperative Lern- und Arbeitstechniken zu vermitteln. Nur so – meinen heute viele Pädagogen – ließen sich die weit verbreiteten Lern-, Leistungs- und Motivationsprobleme bei Schülern wie Lehrern positiv verändern. Aber auch dann, wenn diese Einsichten irgendwann einmal den Schulalltag erreicht haben, wird es das Problem der „schlechten Schüler" geben.

Einfach keine Lust

Keine Lust zu haben, ist in den Schuljahren sieben bis zehn sicher eine der häufigsten Ursachen. Es gibt – insgeheim müssen wir unseren Jugendlichen ja Recht geben – in dieser Zeit sehr viel Interessanteres und Aufregenderes zu lernen als Matheformeln, Geschichtsdaten und Englischvokabeln. Aber: Diese Zeit ist leider auch die Lebensphase, die sowohl von der Gehirnentwicklung als auch von der Gesellschaft dafür vorgesehen ist, Wissen anzueignen und vor allem Techniken zu erlernen, wie man dies am besten tut. Ganz gewiss ist dies aber auch die Zeit, in der gelernt werden muss, dass Lust nicht unbedingt immer der einzige Motor für Anstrengung sein kann. Zu lernen, dass man etwas tun muss, ohne allzu große Lust dazu zu verspüren, ist sicher ein ebenso wichtiges Lernziel der Sekundarstufe wie all die anderen.

Das wird Ihrer Tochter, Ihrem Sohn zwar nicht unmittelbar einleuchten. Es ist aber schon hilfreich, wenn Sie das im Kopf haben. Also: Wenn wegen mehrerer schlechter Klassenarbeiten die Versetzung fraglich wird oder wenn die Lehrer und Sie befürchten, dass die jetzt produzierten Lücken das spätere Vorwärtskommen gefährden, sind Sie gefordert. Greifen Sie auf die vielleicht schon abgelegte, da nicht mehr altersgemäße Methode der Hausaufgabenkontrolle zurück. Fragen Sie nach, was in dieser Woche alles an Pflichten ansteht, und helfen Sie bei der Einteilung und Planung. Es ist sicher nicht effektiv, alle Vergnügungen und Freizeitaktivitäten zu streichen, aber manchmal sind kleinere Einschränkungen nicht zu umgehen (zum Beispiel erst fernsehen, wenn die Vokabeln sitzen, Verabredungen mit Freunden erst nach Erledigung der Hausaufgaben, nur ein Diskobesuch pro Woche, erst einmal das Jobben aufgeben). Wenn Sie Glück haben, wird Ihre Tochter, Ihr Sohn wieder mehr Spaß an der Schule haben, wenn sie, er wieder „mitkommt“ und dann auch wieder Erfolgserlebnisse verbuchen kann.

Wenn die Schule doch nur einmal etwas rüberbringen würde, was ich im Leben wirklich brauchen kann!
Sascha, 16 Jahre

Aber Vorsicht: Manchmal haben Schüler deswegen „keine Lust“, weil es einfach zu schwer fällt, den Anforderungen der Klassenstufe oder auch der Schule insgesamt zu genügen. Und oft wird ihnen dann mit dem Vorwurf der „Faulheit“, des „Desinteresses“ schlicht unrecht getan. Wenn Sie den Eindruck haben, dass Ihre Tochter, Ihr Sohn zu dieser Gruppe gehört, sind Vorwürfe unangebracht. Eingehende Gespräche mit den entsprechenden Lehrern, eventuell mit einem Schulberater oder einem Schulpsychologen sind dann dringend geboten.

Schulpsychologische Beratung

Schüler und die Sorgeberechtigten haben einen Anspruch auf schulpsychologische Beratung. Die Mitarbeiter der Beratungsstellen stehen unter besonderer Schweigepflicht (auch gegenüber der Schule). Die Beratungsstellen sind neutral, vertreten also nicht Ansprüche der Schule. Ratsuchende können sich direkt an eine der Beratungsstellen wenden. Die Angebote der Beratungsstellen sind kostenlos. Adressen können Sie ▶

entweder bei der zuständigen Schulbehörde erfragen oder dem örtlichen Telefonbuch entnehmen unter Schulpsychologischer Dienst oder Schulberatung. Im Internet finden Sie weitere Informationen sowie die Adressen unter www.schulpsychologie.de

Wenn die Lücken zu groß sind: Nachhilfe

Rund ein Fünftel der Schülerinnen und Schüler im Alter zwischen 11 und 17 Jahren erhält heute Nachhilfeunterricht, ein Viertel davon gewissermaßen im Dauerabonnement als schulbegleitende und vorbeugende Maßnahme. Was Eltern dafür ausgeben, beläuft sich inzwischen auf Millionen DM. Nicht zu Unrecht ist deshalb schon von einem „heimlichen Schulgeld" gesprochen worden. Dass etwas nicht stimmt, wenn Eltern ihren Kindern neben dem staatlichen Schulunterricht noch dauernden Zusatzunterricht durch Privatlehrer und -institute zukommen lassen müssen, liegt auf der Hand. Zum einen scheint hier die Schule zu versagen, zum anderen aber auch die Eltern, die offensichtlich die Interessen, Möglichkeiten und Fähigkeiten ihrer Kinder dem Traum eines (möglicherweise zu hoch gesteckten) Bildungsziels unterordnen.

Also: Wenn Kinder nur durch dauernden privaten Zusatzunterricht dem (staatlichen) Unterricht folgen können, ist etwas faul: Eltern sollten dann entweder klären, ob das Dauerabonnement inzwischen ihre Tochter, ihren Sohn nicht davon abhält, sich selbst den Stoff zu erarbeiten, und damit das Gegenteil dessen bewirkt, was durch Nachhilfe beabsichtigt wird (nämlich einen Schüler zu befähigen, sich wieder aktiv am Unterricht zu beteiligen und dort zu verstehen, worauf es ankommt). Oder sie sollten – dies ist manchmal durchaus angebracht – im Gespräch mit anderen Eltern herausfinden, ob in der Klasse mehrere Kinder Schwierigkeiten haben „mitzukommen", und dann „auf die Barrikaden gehen", also zuerst mit den Fachlehrern, dann mit der Schulleitung über den offensichtlich mangelhaften Unterricht sprechen und auf Verbesserung drängen, um nicht privat für das Versagen der Schule herhalten zu müssen. Oder sie sollten – gegebenenfalls mit den Lehrern der Schule und den Nachhilfelehrern – klären, ob ihre Tochter, ihr Sohn nicht leistungsfähiger, selbstständiger und vor allem glücklicher auf einer anderen Schule wäre.

Nachhilfe hat dann einen Sinn, wenn Sie gemeinsam mit Ihrer Tochter, Ihrem Sohn und den entsprechenden Fachlehrern feststellen: Es haben sich Lücken im Stoff ergeben, die sie, er aller Wahrscheinlichkeit nach nicht allein füllen kann. In einem solchen Fall kann Nachhilfe dazu beitragen, alte und neue Lücken zu entdecken und aufzuarbeiten und gleichzeitig das vielleicht verloren gegangene Interesse und die fehlende Eigenmotivation wieder anzukurbeln.

Die meisten Lehrer sind einfach zu alt. Die können sich doch gar nicht mehr in die Lage von Schülern reinversetzen. Die sehen das alles wie vor 30 Jahren.

Konstantin, 17 Jahre

Auf der Suche nach Nachhilfe

Beginnen wir mit einem wohl eher seltenen Glücksfall: Sie als Mutter oder Vater können Nachhilfe geben. Selten ist dieser Glücksfall deswegen, weil wenige Eltern

- die Kenntnisse parat haben, die heute in der Sekundarstufe gefordert werden,
- die Zeit, Energie und Ausbildung besitzen, den Stoff, den es zu erarbeiten gilt, didaktisch so aufzubereiten, dass sie ihn verständlich und im Sinne des heute verlangten „Schulwissens" vermitteln können,
- – last but not least – die Möglichkeit haben, sich und ihren jugendlichen Kindern, mit denen sie in der Regel gerade jetzt um so wichtige Themen wie Selbstständigkeit, Eigenverantwortung und Loslösung ringen, einen konfliktfreien Raum zu schaffen, in dem sich gut lernen, denken und lehren (!) lässt.

Wie gesagt: Ein solcher Glücksfall ist selten. Fast unmöglich ist er dann, wenn sich die Lücken ergeben haben – und dies ist ja bei Jugendlichen eher die Regel denn die Ausnahme –, weil die „Null-Bock"-Haltung, die zu den Lücken geführt hat, aus Opposition gegen die Eltern gewählt wurde. In diesen Fällen ist die Suche nach einer neutralen Person als Nachhilfelehrer meist unumgänglich.

Eine zweite (gute) Möglichkeit: Sprechen Sie mit dem jeweiligen Fachlehrer. Vielleicht kennt er ehemalige Schülerinnen und Schüler oder auch Schüler aus einer der höheren Klassen, die gerade im Problemfach Ihrer Tochter, Ihres Sohnes fit sind und nach Einschätzung des Lehrers auch die Fähigkeit haben, ihr Wissen weiterzugeben. Vorteile dieses Nachhilfeunterrichts: Er ist in der Regel sehr viel billiger als andere Angebote. Und: Von Altersgenossen nehmen viele Jugendliche leichter Tipps, Ratschläge und Unterweisung an als von erwachsenen Autoritätspersonen. Zudem erfahren interessierte Nachhilfeschüler hier allerlei Wissenswertes über Eigenheiten und Spezialgebiete ihrer Lehrkräfte, was für die weitere Schulkarriere durchaus von Vorteil sein kann. Der Nachteil: Ältere Schüler oder „Ehemalige" haben naturgemäß keine didaktische Ausbildung. Sind die Lücken sehr groß und fehlt es auch an grundlegenden Lerntechniken, sind sie oft überfordert. Manchmal mangelt es ihnen auch an der Ernsthaftigkeit, und dann wird gemeinsames „Quatschen" oder Musikhören interessanter als die Vorbereitung auf die nächste Mathearbeit. (Sorgen Sie dafür, dass ein solcher Nachhilfeunterricht in Ihren vier Wänden stattfindet. Ein wenig Kontrolle ist manchmal gar nicht schlecht.)

Eine dritte (gute) Möglichkeit: Fachlehrer, die privat Nachhilfeunterricht geben. Ihr Vorteil: Sie wissen in der Regel am besten, worauf es sowohl im Fach selbst als auch beim Lernen des Stoffes ankommt. Sie sind darüber hinaus mit den tatsächlichen Anforderungen in Klassenarbeiten und Prüfungen vertraut und haben (hoffentlich mit Erfolg) die Technik des Lehrens erlernt. Ihr Nachteil: Sie sind natürlich teurer als Schüler und Studenten, die ihr Taschengeld oder das Bafög aufbessern wollen. Ein rechtlicher Hinweis: Es ist nicht zulässig, dass Nachhilfe von einem Lehrer in dem Fach erteilt wird, in dem er Ihr Kind an der Schule unterrichtet.

Eine vierte Möglichkeit: private Nachhilfeinstitute. Sie sind in den letzten Jahren wie Pilze aus dem Boden geschossen. Ein ganzer Industriezweig ist somit als „Bildungsreparaturdienst" – dieser Begriff stammt von dem bekannten Jugendforscher Hurrelmann – entstanden. Die Zeitungen sind voll von Inseraten privater Schulen für Ergänzungsunterricht und Lernhilfen. Im günstigen Fall sind sie in der Lage, gezielt durch qualifizierte Lehrkräfte (zum Beispiel arbeitslose, beurlaubte, pensionierte Lehrer, Lehramtsanwärter, Diplommathematiker, Chemiker, Physiker) auf die individuellen Probleme einer einzelnen Schülerin, eines einzelnen Schülers einzugehen. Im Klein(!)gruppen-Unterricht oder in einer Einzelnachhilfe sollen außer Stoffvermittlung auch Lerntechniken und eine vernünftige Arbeitshaltung vermittelt und damit den Kindern und Jugendlichen der Anschluss und das selbstständige Weiterkommen ermöglicht werden. Im ungünstigen Fall (und Experten haben etwa zwei Drittel der Institute im Verdacht) handelt es sich um „Lernfabriken", die die Not der Schüler als Markt entdeckt haben und ihre Schäfchen durch Wucherpreise und langfristige Knebelverträge ins Trockene zu bringen versuchen.

Also, Achtung bei der Wahl eines Nachhilfeinstituts:

- Lassen Sie sich die Qualifikation des Lehrpersonals belegen.
- Holen Sie Erkundigungen über die Erfolgsquoten ein – eventuell bei anderen Nachhilfeschülern, aber auch in der Schule Ihrer Tochter, Ihres Sohnes. Vertrauen Sie jedoch niemals irgendwelchen Erfolgsgarantien, die das Institut geben zu können verspricht. Wer diese gibt, ist unseriös.
- Erkundigen Sie sich nach der Gruppengröße und der Gruppenzusammensetzung. Kleingruppen bis maximal fünf Schüler desselben Fachs und derselben Schulart sollten die Regel sein.
- Vergleichen Sie die Preise einzelner Institute.
- Lesen Sie die Vertragsbedingungen gründlich – mit allem Kleingedruckten! – vor Abschluss des Vertrags durch.
- Vereinbaren Sie einige Probestunden vor Vertragsabschluss.
- Vermeiden Sie Dauerverträge, die länger als ein halbes Jahr gehen.

Nachhilfe – die wichtigsten Merksätze

Für Schüler...

→ Nicht zu schnell Nachhilfe in Anspruch nehmen. Sich selbst etwas erarbeiten ist alle Mal besser.

→ Nicht zu lange Nachhilfe in Anspruch nehmen. Sinn einer guten Nachhilfe ist Hilfe zur Selbsthilfe.

... und Eltern

→ Nicht das Kind, seine individuellen Möglichkeiten und Fähigkeiten aus den Augen verlieren.

→ Nicht alle Probleme in der Schule sind durch Nachhilfe zu lösen.

Prüfungsangst – und wie ich sie bewältige

Ein bisschen Prüfungsangst ist nicht schlecht. Denn wer gar nichts davon verspürt, gerät leicht in die Gefahr, sowohl die Vorbereitung als auch die Klassenarbeit zu lässig anzugehen. Wenn aber vor jeder Klassenarbeit die Angst zu schlaflosen Nächten, Bauch- und Kopfschmerzen, Durchfall oder Herzrasen führt und sich während einer Klassenarbeit in Symptomen wie Konzentrationsunfähigkeit, Gedankenblockaden und Vergesslichkeit zeigt, also das Denken unmöglich macht, dann ist Stressmanagement angesagt.

Das heißt nun nicht, dass jeder Schüler, der unter Prüfungsangst leidet, eine Psychotherapie braucht oder gar Beruhigungstabletten schlucken sollte. Oft helfen ganz einfache „Hausmittel“:

• Sich genau informieren, was „drankommt", um nicht vor einer Stoffmenge, die nicht zu bewältigen ist, in die Knie zu gehen.
• Die Prüfungssituation vorher „durchspielen". Dazu gehört auch, viele ähnliche Aufgaben und Fragen durchdenken, durchsprechen und vor einer schriftlichen Arbeit schriftlich beantworten.
• Kurz vor der Arbeit, der Prüfung nicht mehr mit anderen darüber sprechen – denn immer gibt es etwas, was man dann plötzlich nicht weiß, und dann geraten Anfällige in Panik.
• Sich entspannen! Viele Schülerinnen und Schüler profitieren von Entspannungsübungen. Wer ganz sicher gehen will, kann eine der vielen unterschiedlichen Techniken und Methoden bei der Volkshochschule, bei ausgebildeten Krankengymnastinnen und -gymnasten oder einer der städtischen, kirchlichen und staatlichen Bildungsstätten oder Beratungsstellen erlernen. Es gibt inzwischen auch Anleitungen in Buchform und als Audiokassetten, die bei nicht allzu großer Angst ebenfalls ihre Dienste tun.

Drei Möglichkeiten der Entspannung

Vielleicht helfen auch schon folgende Übungen, die für jeden geeignet sind und die Jugendliche erst einmal selbst trainieren können.
→ Eine Möglichkeit: Die Angst sitzt im Körper, auf der Brust, im Nacken, im Bauch. Also: Sich bildlich vorstellen, wie die Angst, die – dies als Beispiel – im Nacken sitzt, davonfließt und nachspüren, wie der Nacken ganz warm und schwer wird …
→ Zweite Möglichkeit: Die Angst lässt das Herz rasen, der Atem geht rasch und flach, der Brustkorb hebt sich kaum. Also: Vier- oder fünfmal ganz langsam und ganz tief in den Brustkorb einatmen und ganz langsam ausatmen. Dem Atem nachhören – und noch einmal, ganz tief, ganz langsam einatmen, ausatmen …
→ Dritte Möglichkeit: Alles ist verspannt. Also, wie paradox es auch klingt – noch mehr anspannen. Zum Beispiel die Fäuste ballen, anspannen, den Unterarm entlang bis in den Oberarm, zur Schulter, dann ganz langsam entspannen, fallen lassen, und noch einmal …

Welche Methode man auch wählt, der Erfolg setzt viel Training voraus. Die Technik der Entspannung muss zur Gewohnheit werden, um auch im Ernstfall – am Abend und am Morgen vor der Klassenarbeit im Bett oder kurz bevor die Aufgaben ausgeteilt werden – zu funktionieren.

Prag

Wenn alles zu spät war: „Durchgefallen“

Sitzenbleiben ist kein Weltuntergang! Der Nachteil: Man braucht ein Jahr länger, bis endlich der Schulabschluss erreicht ist, und man muss die Klasse wechseln und verliert dadurch möglicherweise Freunde. Der Vorteil: Wenn sich so viele Lücken ergeben haben, dass man das Klassenziel nicht erreichen konnte, kann eine Wiederholung der Klasse eine gute Möglichkeit sein, sie aufzufüllen. Kann! Denn leider – so beklagen viele Lehrerinnen und Lehrer – vertut die Mehrzahl der Schülerinnen und Schüler, die sitzen geblieben sind, die ihnen gebotene Chance. Mit der Fehleinschätzung „Das habe ich ja alles schon einmal gehört, also kann ich es!“ verpassen sie wiederum den Anschluss und sind bald wieder genau da, wo sie vor einem Jahr waren, nämlich vor dem Aus. Die Konsequenz: Hat Ihre Tochter, Ihr Sohn das Klassenziel nicht erreicht, so sind Sie vor allem in den ersten Schulwochen gefordert. Es gilt, was oben unter der Überschrift „Schlechte Noten“ (→ Seite 198) gesagt wurde.

Aus der (Alb-)Traum? – Schulwechsel

Auch das Schulrecht untersagt es: Man kann nicht ständig wiederholen. Dies gilt nicht nur dann, wenn eine Klassenstufe zum zweiten Mal nicht geschafft wurde. Je nach Bundesland, Schultyp und Schulstufe gibt es unterschiedliche Regelungen, die letztlich dasselbe bedeuten: Vonseiten der Schule wird dem Schüler ein „weiteres Verbleiben auf der Schule“ wegen schlechter Leistungen versagt. Ist er nun ein Schulversager? Wenn die betroffenen Schülerinnen und Schüler (und ihre Eltern!) dieses Gefühl haben, ist etwas schief gelaufen und leider manchmal eine Vorstufe für tatsächliches Schulversagen erreicht.

Denn nicht der Wechsel auf eine andere Schule ist das Problem, sondern der Knacks im Selbstwertgefühl, den viele Schülerinnen und Schüler aus einer solchen Situation davontragen. Und dieser Knacks führt tatsächlich manchmal dazu – dies die Beobachtung von Real- und Hauptschullehrern –, dass die betroffenen Schülerinnen und Schüler sich aufgeben, auch in der neuen Schule kein Selbstvertrauen, keine Motivation und keine Lust auf Lernen entwickeln und im freien Fall nach unten bis zum Schulabgang ohne Abschluss durchrauschen. Dabei könnte es ganz anders sein: Jugendliche, denen ein

Wechsel angeraten oder amtlicherseits verordnet wird, erhalten jetzt eine zweite Chance, eine Schule zu finden, die ihrer Eignung und ihren Fähigkeiten, aber vor allem auch ihren Interessen entspricht.

Sie als Eltern stehen also vor der großen Aufgabe, mit Ihrer Tochter, Ihrem Sohn gemeinsam die Frage der Schullaufbahn ganz neu anzugehen. Wenn sie, er nicht von selbst darauf kommt: Motivieren Sie Ihre Tochter, Ihren Sohn, sich beraten zu lassen, sei es bei einer Schulberatungsstelle, bei den infrage kommenden neuen Schulen oder – dies gilt für ältere Schüler, die vielleicht erwägen, gleich den Schritt ins Berufsleben zu wagen – beim Arbeitsamt oder in einem Berufsinformationszentrum. Vergessen Sie den Albtraum der letzten Wochen, Monate oder vielleicht Jahre, und begreifen auch Sie den Schulwechsel als Chance. Es gibt mehr Schularten und Schulabschlüsse, als Sie denken (→ Seite 187).

Ein neuer Sport: Schuleschwänzen

Fast 70 000 Schülerinnen und Schüler – so wird geschätzt – machen in Deutschland regelmäßig blau. Warum? Fliehen sie vor dem Leistungsdruck, befürchten sie zu versagen, haben sie Angst vor Schikanen von Mitschülern oder eventuell auch Lehrern? Oder ist es einfach „cooler" und weniger langweilig, sich in Kaufhäusern, Videoshops, auf der Straße, in Kneipen, Cafés herumzutreiben, als brav die Schulbank zu drücken? Gründe gibt es wahrscheinlich ebenso viele wie es Schulschwänzer gibt. Deshalb kann es allgemein gültige Patentrezepte dagegen nicht geben. Was sicher ist: Solange Jugendliche noch schulpflichtig sind, tragen die Eltern die Verantwortung für den regelmäßigen Schulbesuch ihrer Sprösslinge.

Verantwortung ja, nur wie sollen Eltern sie wahrnehmen, wenn sie wie in der Mehrzahl der Fälle gar nichts vom Blaumachen ihrer Kinder erfahren? Versagt die Schule nicht, wird sie die Kontrolle durch die Eltern einfordern, wenn ein Schüler „unentschuldigt dem Unterricht fernbleibt". Sie wird regelmäßig auf elterliche Entschuldigungsschreiben und ärztliche Atteste bestehen und, wenn solche Schreiben von den Missetätern nicht beigebracht werden, die Eltern benachrichtigen. Und dann? Dann haben die Eltern „den schwarzen Peter". Denn es ist nicht einfach, sich jetzt pädagogisch sinnvoll zu verhalten. Unterstützen Sie Ihre Tochter, Ihren Sohn richtig, wenn Sie mit einer nachgelieferten Entschuldigung aushelfen? Oder ist dies gerade der falsche Weg?

Voraussetzung einer klugen Entscheidung ist das Gespräch. Kann Ihre Tochter, Ihr Sohn triftige Gründe nennen, die Ihnen einleuchten und Ihnen glaubhaft machen, dass das Schwänzen eine Ausnahme war? Oder zeigt sich, dass tiefer liegende Probleme hinter dem Schwänzen verborgen sind, seien diese nun drohende Misserfolgserlebnisse, momentane oder dauernde Leistungsverweigerung, „null Bock auf Schule", Angst vor Lehrern und Mitschülern, fehlender Widerstand gegen Verlockungen außerhalb der Schule oder gegen den schlechten Einfluss von Freunden oder Cliquen? Oder leidet Ihre Tochter, Ihr Sohn unter Schulangst im Sinne einer Angststörung (→ Seite 356 ff.), die sie, er nur durch ein Vermeidungsverhalten unter Kontrolle halten kann? Wenn das Schwänzen eine Ausnahme war, dürfen Sie wohl einmal (!) Gnade vor Recht ergehen lassen. Die Voraussetzung ist, dass Sie Ihrem jugendlichen Blaumacher wirklich vertrauen können und diese Entschuldigung als „Notlüge" auf jeden Fall die einzige und letzte bleibt. In all den anderen Fällen müssen Sie sich Sorgen machen.

Was Sie tun müssen

- Sprechen Sie mit den Lehrkräften und der Schulleitung Ihrer Tochter, Ihres Sohnes. Bestehen Sie auf Ihrem Recht, pädagogische Hilfe zu erhalten (→ Seite 201). Viele Schulen wälzen das Problem leider allzu gern auf die Eltern ab, froh, eine schwierige Schülerin, einen schwierigen Schüler weniger zu haben.
- Was aber noch viel wichtiger ist: Versuchen Sie auf jeden Fall, mit Ihrer Tochter, Ihrem Sohn ins Gespräch zu kommen. Versichern Sie, dass es nicht um Strafe, sondern um Hilfe geht, und sei es auch nur um die Hilfe, einen ordentlichen Abgang von der Schule in die Wege zu leiten.
- Auch wenn Ihre Tochter, Ihr Sohn sich alles andere als hilfsbedürftig erlebt: Die Erfahrung mit notorischen Schulschwänzern hat gezeigt, dass es meist Probleme sind, die hinter diesem Verhalten stecken, und dass aus dem Schwänzen wiederum neue Probleme erwachsen. Versuchen Sie also, Ihre Tochter, Ihren Sohn zu motivieren, eine erwachsene Vertrauensperson ihrer, seiner Wahl aufzusuchen. Vielleicht kann dies sogar der Vertrauenslehrer der Schule sein. Aber wahrscheinlich wird ein Jugendlicher eine neutrale Person

vorziehen. Vermitteln Sie gegebenenfalls ein Gespräch in einer Beratungsstelle (→ Seite 382). Sollte Ihre Tochter, Ihr Sohn gar kein Problembewusstsein entwickeln können – sich also auch weigern, eine solche Beratung in Anspruch zu nehmen – , gehen Sie selbst zu einem solchen Gespräch. Sie brauchen jetzt Rückenstärkung!

- Sollten alle Ihre Versuche fehlschlagen, Ihre schulpflichtige Tochter, Ihren schulpflichtigen Sohn wieder zu einem geregelten Schulbesuch zu motivieren, ist der Gang zum Jugendamt unvermeidlich. Lassen Sie sich einen Beratungstermin geben und klären Sie, ob Ihr Kind vielleicht in einer Heimschule besser motiviert und kontrolliert werden kann, seiner Schulpflicht nachzukommen. Manchmal brauchen Jugendliche vielleicht auch nur für kurze Zeit eine geregelte Tagesordnung, die ihnen hilft, wieder Tritt zu fassen. Der Schritt zum Jugendamt ist sicher nicht leicht – aber gehen Sie ihn, wenn Sie nicht mehr weiter wissen.

Hotline für Schulschwänzer

Kontakt
Bundesweite Hotline
für „Schulverweigerer"
Tel. 0 45 21/7 06 96 16

Es gibt viele organisierte Formen, dem notorischen Schwänzen zu begegnen. In Bayern zum Beispiel wird versucht, mittels Aufgreifen durch die Polizei, die die Sünder umgehend in die Schule bringt, des Problems Herr zu werden. Schulverweise und bei noch Schulpflichtigen „Zwangseinweisungen" ins Heim sind andere Maßnahmen, auf die zurückzugreifen sich manche gezwungen fühlen. Einen neuen Versuch hat nun das Christliche Jugenddorfwerk gestartet: In psycho- und sozialtherapeutischen Schulwerkstätten sollen notorischen Schulschwänzern wieder mehr Erfolgserlebnisse vermittelt werden, um den Spaß an der Schule zu fördern. Der Eintritt in eine solche Einrichtung ist freiwillig. Wer mitmachen will, verpflichtet sich jedoch vertraglich, dabeizubleiben. Erste Erfolgsmeldungen lassen hoffen. Vielleicht kann Ihre Tochter, Ihr Sohn durch ein solches Angebot erreicht werden.

Auch das gibt es: Keinen Bock mehr auf Schule

Wahrscheinlich geht es allen Jugendlichen, die die Schulpflicht hinter sich gebracht haben, einmal oder auch öfter durch den Kopf: Jetzt einfach aufhören, jobben, Geld verdienen – wäre das nicht besser, als ewig weiterzupauken? Glücklicherweise belassen es die meisten Jugendlichen bei diesen Phantasien (und gelegentlichem Blaumachen). Doch es gibt auch Jugendliche, die plötzlich und nicht nur einmal lautstark verkünden, die Schule bringe ihnen nichts, und die durch nichts und niemanden von dieser „Einsicht" abzubringen sind. Ihre logische Konsequenz: Ich höre auf. Gehört Ihre Tochter, Ihr Sohn zu diesen Jugendlichen, stehen Ihnen – hoffentlich – anstrengende Diskussionen bevor. Das Ziel dieser Gespräche ist es, herauszufinden: Heißt „aufhören" die Schule beenden oder abbrechen?

Im ersten Fall müssen Sie mit Ihrer Tochter, Ihrem Sohn gemeinsam eine Zukunftsperspektive entwickeln können, die vielleicht tatsächlich eher den Fähigkeiten, Möglichkeiten und Bedürfnissen Ihrer Tochter, Ihres Sohnes entspricht als ein höherer Schulabschluss, der möglicherweise nur Ihren Ehrgeiz befriedigt.

Und im zweiten Fall? Geben Sie auch dann nicht auf, wenn alle Ihre Argumente wie „verbaute Zukunft" oder „vertane Berufschancen" längst in einem Redeschwall der Tochter, des Sohnes untergegangen sind. In den wenigsten Fällen ist dieser Entschluss wirklich durchdacht, wie vehement und beredsam Ihr Sprössling ihn auch zu begründen vermag. Denn in der Phantasie nehmen sich solche Schulabgänge ohne Abschluss meist schöner aus, als sie in Wirklichkeit sind. Was viele Jugendliche nicht wissen oder wahrhaben wollen: Die Schulbank ist fast immer bequemer als ein Arbeitsalltag.

Das Wichtigste: Versuchen Sie mit Ihrer Tochter, Ihrem Sohn herauszufinden, was sie, ihn wirklich(!) veranlasst, die Schule abbrechen zu wollen. Es gibt viele Gründe, die es Jugendlichen unnötig, sinnlos oder auch unmöglich erscheinen lassen, weiterzumachen. Manche sind den Jugendlichen bewusst. Manche aber versuchen sie durch eine allgemeine „coole Null-Bock-Haltung" auch vor sich selbst zu verbergen. Bei aller Schwierigkeit, den wahren Gründen für einen drohenden Schulabbruch auf die Spur zu kommen: Das Bemühen, sie herauszufinden, ist die Voraussetzung, um sie beseitigen zu können.

Gründe, über die Schülerinnen und Schüler nicht gerne sprechen:

- Ich schaffe es doch nicht: Vielleicht deswegen, weil das altsprachliche Gymnasium für die praktisch und naturwissenschaftlich interessierte Tochter oder den musisch orientierten und begabten Sohn doch nicht das Richtige war und dauernde Misserfolge jede Lust am Lernen verleidet haben. Vielleicht aber auch, weil eine depressive Störung und die Angst zu versagen seit einiger Zeit ein Selbstvertrauen und eine realistische Einschätzung der eigenen Leistungsfähigkeit zunichte gemacht haben (→ Seite 356 ff.).
- Ich habe jeden Morgen Angst, zur Schule zu gehen: Vielleicht, weil schlechte Erfahrungen mit Klassenkameraden – von Ausgrenzung über Mobbing bis zu aggressiven Übergriffen und Erpressung – zum Schulalltag gehören (→ Seite 221) oder ein Lehrer bei seiner Kritik nicht vor Verletzungen und Kränkungen zurückschreckt. Vielleicht aber auch, weil eine ausgeprägte Schulphobie jeden Schulbesuch zur Qual oder gar unmöglich macht (→ Seite 356 ff.).

- Ich kann nicht mehr: Vielleicht, weil ständige Auseinandersetzungen mit Freunden und Freundinnen oder ein nicht enden wollender Liebeskummer an den Kräften zehren. Vielleicht aber auch, weil zu Hause alles drunter und drüber geht, weil Arbeitslosigkeit, permanente Geldsorgen, Wohnungsnot, Alkoholprobleme, eine chronische Krankheit in der Familie, möglicherweise aber auch andauernde Konflikte zwischen den Eltern oder deren Trennung den familiären Alltag bestimmen und deswegen keine Energie mehr für Schule und alles, was dazu gehört, übrig bleibt.

- Ich mag nicht mehr: Vielleicht, weil die Angst vor zukünftiger Arbeitslosigkeit jede schulische Anstrengung sinnlos erscheinen lässt. Vielleicht, weil die Messlatte in der Familie zu hoch hängt, sei es durch konkrete Anforderungen, sei es aber auch nur, weil Vater und Mutter so erfolgreich sind, dass ein Nacheifern aussichtslos erscheint. Vielleicht, weil sich keiner bisher dafür interessiert hat, was die Tochter, der Sohn aus ihrem, seinem Leben macht und sie, er deshalb keinerlei Zukunftsperspektive entwickeln konnte.
- Ich will und kann auch nicht mehr: Vielleicht, weil schlechte Freunde vorgaukeln, Spaß, Geld, Anerkennung, Macht seien jetzt sofort zu erreichen und weitere Anstrengungen lohnten sich nicht. Vielleicht aber auch, weil eigene Alkoholabhängigkeit und Drogenerfahrungen die Motivation und Leistungsbereitschaft so negativ beeinflusst haben, dass ein weiterer Schulbesuch kaum zu leisten ist.

Woran Sie bei der Leistungsverweigerung denken müssen

In der Schule:

→ andauernde Misserfolgserlebnisse
→ berechtigte und unberechtigte Angst, den Abschluss sowieso nicht zu schaffen
→ Ausgrenzung aus der Klassengruppe
→ unlösbar scheinende Konflikte mit oder Angst vor Lehrern oder Mitschülern

Und außerhalb:

→ grundlegende Probleme mit Motivation und Leistungsbereitschaft
→ Freunde, die mehr Zeit und Geld zur Verfügung haben
→ unbewältigte Probleme in der Familie
→ Probleme mit Drogen und Alkohol
→ allgemeine soziale Ängste, Angststörungen (Schulphobie), depressive Störungen

Schritte, die Sie gehen sollten:

- Versuchen Sie, sachlich mit Ihrer Tochter, Ihrem Sohn über die Schulsituation, über mögliche Probleme und belastende Erfahrungen zu sprechen.
- Bestehen Sie auf einem gemeinsamen Gespräch beim Klassenlehrer und beim Schulleiter. Vielleicht erfahren Sie hier mehr über die Gründe, die Ihre Tochter, Ihren Sohn zum Aufgeben veranlasst haben.
- Sprechen Sie auch mit anderen Jugendlichen aus der Klasse oder deren Eltern, um möglichen Gewalt- oder Kränkungserfahrungen in der Schule auf die Spur zu kommen.

- Versuchen Sie Ihre Tochter, Ihren Sohn zu motivieren, ein Beratungsgespräch wahrzunehmen: in einer Schulberatungsstelle, wenn es eher um schulische Probleme geht (→ Seite 201), in einer Familienberatungsstelle bei emotionalen, sozialen und familiären Konflikten (→ Seite 381) oder bei einer Drogenberatungsstelle bei Alkohol- und Drogenproblemen (→ Seite 383). Übernehmen Sie gegebenenfalls die Formalitäten wie Anmeldung und so weiter!
- Suchen Sie medizinische und psychotherapeutische Hilfe, wenn es um psychische Störungen wie Angststörungen und depressive Störungen geht. Sie müssen behandelt werden! Ansprechpartner: Kinder- und Jugendpsychiaterinnen und -psychiater, Kinder- und Jugendlichen-Psychotherapeutinnen und -therapeuten (Adressen gibt es bei Ihrer Krankenkasse).

Und wenn es doch ganz dick kommt: Schulabbruch

Eine erschreckende Zahl: Ungefähr jeder zehnte deutsche Schüler verlässt die Schule ohne Abschluss. Und nicht selten führt dieser Weg ins soziale Aus. Denn was Schulabbrecher kaum realisieren: Sie laufen Gefahr, sozial ausgegrenzt zu werden, da ihnen alle Ausbildungsangebote verwehrt sind. Und sie haben in der Regel auch auf dem Arbeitsmarkt sehr viel geringere Chancen als die, die einen Abschluss vorweisen können.

Deshalb: Wenn ein Schulabbruch offenbar nicht mehr abzuwenden ist, sollten Sie unbedingt versuchen, einen Minimalkonsens herzustellen und einige Minimalbedingungen auszuhandeln: Dazu gehören:
- Versuchen Sie Ihre Tochter, Ihren Sohn wenigstens dazu zu motivieren, einen irgendwie gearteten Abschluss zu erreichen (und sei es durch eine Schulfremden- oder Externenprüfung, → Seite 188 f.). Eine Schülerin, die von der neunten Klasse Gymnasium abgeht, steht schlechter da als eine Schülerin, die einen ordentlichen Hauptschulabschluss vorweisen kann.
- Bestehen Sie darauf – so weit dies in Ihrer elterlichen Macht liegt – , dass Ihre Tochter, Ihr Sohn ein Beratungsgespräch (vielleicht sogar in Verbindung mit einem Eignungstest) bei der Berufsberatung wahrnimmt.
- Weigern Sie sich, die Möglichkeit, erst einmal Pause zu machen, überhaupt ins Auge zu fassen. Ein zu hohes Taschengeld verführt übrigens dazu.
- Zeigen Sie Ihrem Kind aber deutlich, dass Sie es nicht aufgeben, auch wenn

es aufhört. Die Schule ist nicht die einzige Chance. Vielleicht packt Ihr Kind der Ehrgeiz, wenn es endlich das gefunden hat, wofür es sich interessiert. Es gibt Jugendliche, die mit 15, 16 Jahren zu nichts mehr zu motivieren zu sein schienen und dann doch erstaunlichen Ehrgeiz zeigen, wenn sie die Chance bekommen, sich irgendwo zu bewähren. Und manche entdecken ein, zwei Jahre später, dass sie doch die falsche Entscheidung getroffen haben, und sind jetzt für jede Unterstützung bei ihren Bemühungen, vorwärts zu kommen, dankbar.

Ein Wiedereinstieg ist möglich

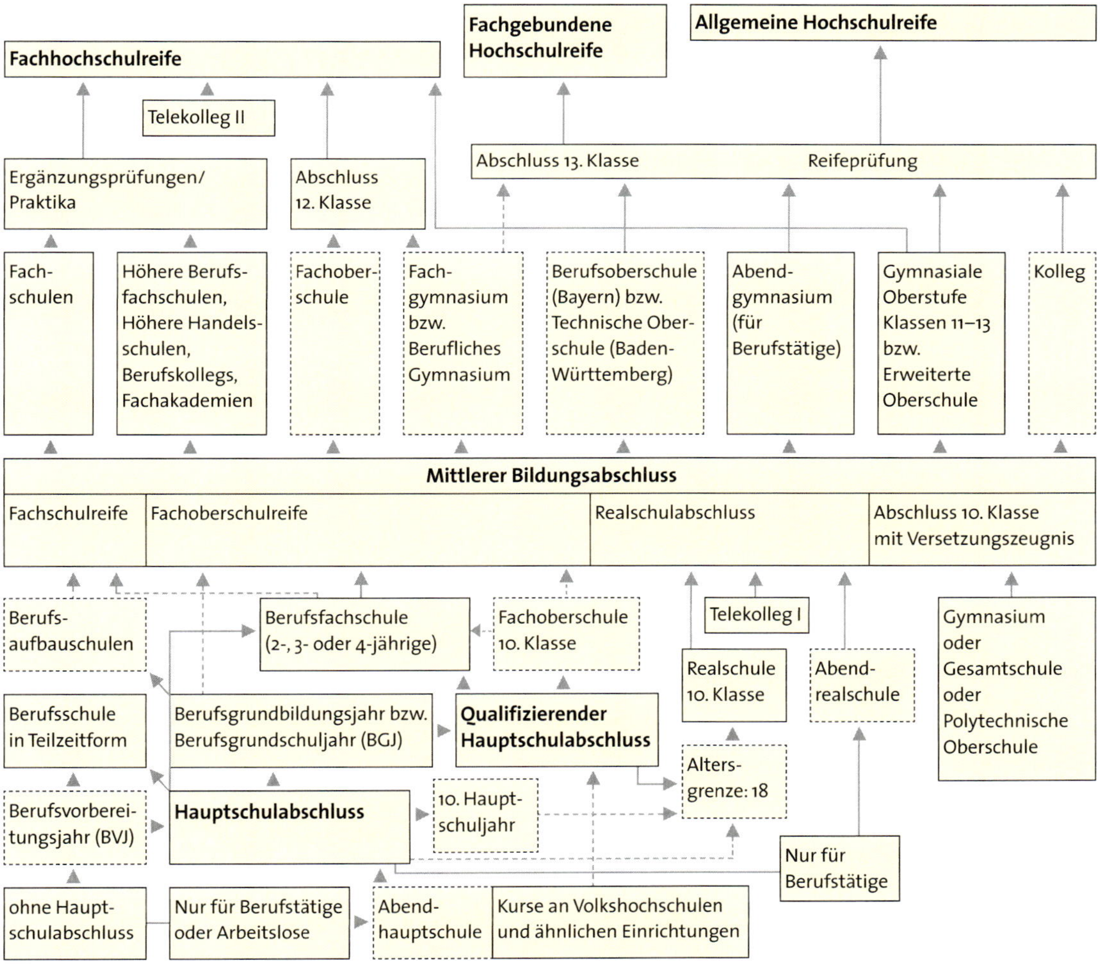

Gestrichelte Linien: Die Einrichtung oder Übergangsmöglichkeit gibt es nicht in allen Bundesländern.

Nach Richard Rathgeber, Endlich 18 – Rechtstips für Volljährige, Falken Verlag, Niedernhausen 1996

Was auch zum Schulalltag gehören kann:

Gewalt in der Schule

Meistens ärgern mich die anderen Mädchen. Als ich in der 7. Klasse war, zum Beispiel, haben sie immer hinter mir hergelästert. Und als wir überlegen mussten, wie wir das Klassenzimmer verschönern könnten, haben sie gesagt: Ganz einfach, wir schmeissen die Lena raus!

Lena, 14 Jahre

Seit einigen Jahren hat das Thema „Gewalt (auch) an deutschen Schulen“ Konjunktur. Die Medien werden nicht müde, von immer neuen und grausameren Vorfällen zu berichten. Glaubt man der Presse, ist die Schule heute ein jugendgefährdender Ort, an dem brutale Gewalt ein fester Bestandteil des Alltags ist. Was alles dazu gehört? Spektakulär und medienwirksam sind vor allem Waffen, aber auch besonders harte „Kampftechniken“ wie das Kickboxen, sexuelle Belästigungen, grober Vandalismus und das „Abziehen“ von Mitschülern.

Aufgeschreckt von den Horrormeldungen in den Medien haben Universitäten und Landesregierungen eine Vielzahl von Studien in Auftrag gegeben, die diesem Phänomen der Gewalt an deutschen Schulen nachgegangen sind. Das Ergebnis: Tatsächlich haben Gewaltvorkommnisse wie Vandalismus, Schlägereien, Erpressungen, also aggressive Akte, die über die üblichen Raufereien auf dem Schulhof hinausgehen, aber auch verbale Gewalt insgesamt statistisch nachweisbar zugenommen. Aber: In Deutschland herrschen nicht „amerikanische Verhältnisse“, zumindest nicht solche, wie sie als typisch für Amerikas Schulen in den Medien dargestellt werden. Fasst man die Ergebnisse der unterschiedlichsten Erhebungen zusammen, lassen sich folgende Fakten als gesichert festhalten:

- Jugendgewalt findet weniger in der Schule als auf der Straße und anderen öffentlichen Räumen statt.
- Die verschiedenen Schultypen sind ganz unterschiedlich davon betroffen. Sonder- und Hauptschulen, vor allem in sozialen Brennpunkten, leiden stärker unter Gewalt als Real- und Gesamtschulen. Gymnasien weisen eine geringe Gewaltrate auf.
- Die Täter sind meist männlich.
- Die Zunahme der Gewaltrate geht zum großen Teil auf einen relativ kleinen Teil von Mehrfachtätern zurück.
- Gewalt (sei sie nun symbolisch oder auch real) gehört zunehmend zum Identifikationskriterium bestimmter Jugendgruppen.
- Auseinandersetzungen eskalieren, weil sich innerhalb dieser Gruppen die Grenzen, ab wann es heißt aufzuhören, verändert haben oder gar ganz verloren gegangen sind.

Das „Abziehen“

Was sich hinter diesem harmlosen Wort verbirgt, ist ein Strafdelikt: Unter Androhung oder Anwendung von Gewalt erpressen Jugendliche – meist sind es ganze Tätergruppen – von Jüngeren und Schwächeren Geld, Markenkleidung oder andere begehrte Gegenstände. Je nach Situation gilt das Delikt strafrechtlich als räuberische Erpressung oder Raubüberfall. Nur: In den wenigsten Fällen kommt es zur Strafanzeige. Die Opfer haben Angst! Und aus den 2 DM, die vor ein paar Tagen noch gereicht haben, werden heute 10 DM und morgen geht es um den Gameboy oder Discman.

Um den Forderungen nachzukommen, werden die Opfer oft selbst zu „Tätern“, die ihre Eltern bestehlen, und haben sich damit – so ihre Angst – jede Chance auf Hilfe verbaut. Ohne Hilfe Erwachsener kommen „abgezogene“ Kinder und Jugendliche meist nicht aus ihrem Dilemma heraus. Werden Sie also zum Detektiv, wenn Sie vermuten, dass etwas nicht stimmt. Verdächtig ist eine Häufung folgender Symptome:

- Ihr Sohn, Ihre Tochter will nicht mehr in die Schule gehen.
- Sie, er hat Angst vor dem Schulweg.
- Die schulischen Leistungen lassen plötzlich nach.
- Kleidung, Ausrüstung, der persönliche Besitz gehen häufig kaputt, ohne dass es einen plausiblen Grund dafür gibt.
- Sie, er „verliert“ Geld, Kleidungsstücke oder „verschlampt“ Gegenstände (meist solche, die gerade „in“ sind oder recht teuer waren).
- Sie, er klagt über Kopfschmerzen, Magenschmerzen, Übelkeit.
- Sie, er hat Ein- und Durchschlafstörungen und klagt über Albträume.
- Sie, er ist häufig krank.
- Sie, er zieht sich immer mehr zurück.
- Sie, er ist spürbar verstimmt, traurig, lustlos, ängstlich und niedergedrückt und hat keine Lust mehr zu leben.

Die anderen schauen weg

Rund ein Drittel der Schüler, die anlässlich einer großen Studie über Gewalt in der Schule zu ihrer Reaktion gegenüber physischer und psychischer Gewalt an Mitschülern befragt wurden, gaben an, sie reagierten „gleichgültig“, wenn sie Zeugen einer Situation mit Erpressung, Prügel oder sexueller Belästigung würden. Und rund 40 Prozent erwägen niemals ein eigenes Eingreifen, um die Situation zu beenden. Trotzdem ▶

wünschen sich sehr viele, dass „Schüler sich nicht so verhalten". Und es kann nicht nur Angst sein, die sie davon abhält, sich ihren eigenen Wünschen entsprechend zu verhalten. Denn – so erfährt man ebenfalls aus dieser Studie – es zeigen sich nur bei etwa 7 bis 14 Prozent Angstreaktionen in gewaltbetonten Situationen.

Wegsehen ist „Beihilfe"

Wer nur nach verschärften Gesetzen ruft, vergisst: Ein hohes Strafrisiko, also das Risiko, besonders schwer bestraft zu werden, hindert Jugendliche dann nicht an gewaltsamen Übergriffen, wenn das Entdeckungsrisiko, also das Risiko, erwischt zu werden, gering ist. Was unmittelbar einleuchtet, haben auch einschlägige Studien nachweisen können: Nicht das Strafrisiko entscheidet über die Wahrscheinlichkeit von Gewalthandlungen, sondern das Entdeckungsrisiko. Deshalb: Freunde und Bekannte, Lehrer, Nachbarn, Passanten müssen reagieren, wenn sie unmittelbare oder mittelbare Zeugen einer solchen Gewalttat werden. Schnelle Reaktion ist gefragt – zum Schutz des Opfers und als Lehre für die Täter. Kein Jugendlicher darf lernen, dass sich eine räuberische Erpressung lohnt!

Vorbeugende Maßnahmen

Dass ein Jugendlicher, den Sie ja nicht mehr „behüten" können, nicht irgendwann einmal in eine derartige Situation kommt, liegt nicht in Ihrer Macht. Was Sie im Vorfeld lehren können: Sollte Ihre Tochter, Ihr Sohn Opfer eines solchen Übergriffs werden, sind zwei Reaktionen absolut Pflicht.

- **Erstens: Gib, was von dir verlangt wird.**
- **Und zweitens: Sprich sofort mit einem Erwachsenen über den Vorfall. Nur so kann ein Opfer aus der verbrecherischen Spirale, die ein solches Abziehen meist bedeutet, herauskommen.**

Übrigens: Wenn Sie als Eltern für Ihre Tochter, Ihren Sohn befürchten, ein Gespräch mit den Lehrern der Schule könnte, wenn es publik wird, Ihr Kind noch mehr gefährden, können Sie oder Ihre Tochter, Ihr Sohn selbst sich direkt mit der Polizei, dem Jugendamt oder der Jugendstaatsanwaltschaft mit der Bitte um Vertraulichkeit in Verbindung setzen.

Psychische Gewalt

Die groß angelegten Befragungen, die eine Zunahme der Gewalt in deutschen Schulen feststellen mussten (→ Seite 218), ergaben jedoch auch: Nicht die physische Gewalt, also brutale Schlägereien, Bedrohung mit Waffen, sexuelle Belästigungen und räuberische Erpressung sind das Hauptproblem: Schulleiter und Lehrkräfte klagen über die zunehmende allgemeine „Verrohung“ der Schüler. Und diese mache sich nicht an den physischen Gewaltdelikten fest, die in der Regel von Einzeltätern oder einer kleinen Minderheit begangen werden. Viel beunruhigender sei, dass das Unrechtsbewusstsein in Bezug auf Regelverletzungen im Allgemeinen und die Hemmschwelle in Bezug auf aggressive Übergriffe im Besonderen insgesamt gesunken seien. Dies zeige sich in den oft beklagten Disziplinschwierigkeiten ebenso wie in den Sachbeschädigungen von Schuleinrichtungsgegenständen oder des Eigentums von Mitschülerinnen und Mitschülern, ob diese Beschädigungen nun aus Nachlässigkeit oder in böser Absicht geschehen.

Und es zeige sich besonders in der heute an allen Schulen weit verbreiteten verbalen Gewalt. Schüler und Lehrkräfte berichten übereinstimmend: Nicht spektakuläre Gewalthandlungen machen den Schulalltag zunehmend aggressiver, sondern die verbale Aggression. Dass Schüler bewusst Streit anfangen, sich über andere in aggressiver Weise lustig machen, andere mit Worten, mit üblen Ausdrücken und gemeinen Gesten beschimpfen, verspotten, drangsalieren, kurz: „fertig machen“, gehört wohl inzwischen zur Tagesordnung und geht alle Schüler an.

Mobbing

Der Begriff des Mobbing hat zurzeit Konjunktur. Er meint die soziale Ausgrenzung Einzelner, indem man sie lächerlich und verächtlich macht, drangsaliert und schikaniert. Diese verbale Gewaltausübung, bisher meist als Phänomen am Arbeitsplatz beschrieben, ist leider auch in der Schule nicht unbekannt und funktioniert unter Schülern nach demselben Muster wie unter Arbeitskollegen. Schüler drangsalieren Mitschüler oft ohne, zumindest für Außenstehende, ersichtlichen Grund. Die Schikane reicht von dummen Sprüchen über aggressive Anmache und soziale Ausgrenzung bis hin zu handfester Gewalt. Manchmal werden die Opfer regelrecht aus der Klasse oder gar aus der Schule „vertrieben“. Mobbing ist eher unter Mädchen als unter Jungen verbreitet. Meist greift sich eine Clique ein Opfer heraus, weil es „anders“

ist: dicker, dünner, hübscher, hässlicher, klüger, dümmer, schüchterner, weil es die „falschen Klamotten", die falsche Frisur, die falschen Schuhe trägt. Vielleicht, weil es eine andere Art hat zu sprechen, seine Freizeit anders gestaltet oder einfach, weil es sich nicht wehren kann. Die massive Ausgrenzung Einzelner aus der Gruppe dient – so kann man vermuten – der eigenen Selbstvergewisserung, der eigenen Stabilisierung und hat für das Opfer fatale Folgen, die oft viel zu spät erkannt werden: Schulunlust, Schulangst, Schulverweigerung, Leistungsabfall, körperliche Symptome wie Übelkeit, Kopfschmerzen, Depressivität bis hin zu Lebensunlust oder einem Selbsttötungsversuch.

Wie helfen?

Selten sucht das Opfer bei Erwachsenen, Lehrern, Eltern Hilfe. Denn viele Opfer machen sich die „Kritik" der Täter zu Eigen und reagieren eher mit Selbstvorwürfen, als dass sie andere anklagen. Wenn sie es dann endlich doch wagen, wird dieser vorsichtige Versuch, über die Vorgänge zu sprechen, oft als Petzen missverstanden und hat meist – sollten die Mobber von diesem Hilferuf erfahren – noch aggressivere Attacken zur Folge. Ein Mobbing-Opfer braucht also spontane Hilfe! Und zwar durch Lehrer, Eltern und hoffentlich andere Mitschüler, die (noch) nicht in den Sog der „Täterclique" geraten sind. Eltern, die den Verdacht haben, dass ihre Tochter, ihr Sohn gemobbt wird, haben in der Regel selbst wenig direkte Einflussmöglichkeiten. Was das Mobbing-Opfer deshalb unbedingt braucht, ist die Unterstützung durch die Schule. Um diese in die Wege zu leiten, ist Ihre Hilfe möglich und leider auch oft notwendig. Denn es gibt immer noch Lehrer, die, darauf angesprochen, dazu neigen, Probleme in der Klasse zu leugnen oder gar dem Opfer die Verantwortung für seine Opferrolle zuzuschreiben. Sollte Ihre Tochter, Ihr Sohn diese Erfahrung gemacht haben, sprechen Sie mit dem entsprechenden Lehrer, der Schulleitung, vielleicht auch mit dem Vertrauenslehrer oder gegebenenfalls mit dem Schulpsychologen, der für die Schule zuständig ist. Es gehört zu den pädagogischen Aufgaben einer Schule, Opfer und Täter (!) einen erträglichen Umgang miteinander finden zu lassen, Konflikte zu thematisieren, zu ihrer Lösung beizutragen und vor allem: an einer Streitkultur zu arbeiten, die es Schülern ermöglicht, Spannungen auszutragen, ohne dass es Opfer und Täter gibt.

Bis dahin jedoch sind Sie gefordert: Fördern Sie, soweit dies in Ihrer Macht steht, das Selbstbewusstsein Ihrer Tochter, Ihres Sohnes. Ermutigen Sie Ihre Tochter, Ihren Sohn beispielsweise, einem Sportverein beizutreten, Tanzunterricht zu nehmen, eventuell vorhandene musische Interessen und Begabungen weiter zu verfolgen, sich in einer kirchlichen oder politischen Organisation zu engagieren – kurz: ein Betätigungsfeld außerhalb der Schule zu finden, das Erfolgserlebnisse verspricht und möglicherweise Chancen bietet, neue Kontakte zu knüpfen.

Manchmal lässt sich aber nur durch einen Schulwechsel der Teufelskreis aus Schikane, Angst, Opferverhalten und neuer Schikane aufbrechen. Sollten Sie mit Ihrer Tochter, Ihrem Sohn zu diesem Entschluss gekommen sein, versichern Sie ihr, ihm: Dieser Schulwechsel ist kein Zeichen von Schwäche, kein Eingeständnis einer Mitschuld, sondern ein mutiger Neuanfang!

Und die Täter?

So viel zu den Opfern. Aber auch die Täter brauchen Hilfe. Zum einen, weil ihr Verhalten nicht ein Verhalten der Stärke ist, sondern vielmehr Ausdruck einer emotionalen und sozialen Unsicherheit (→ Seite 336 ff.). Zum anderen: Jugendlichen, die einmal gelernt haben, durch Herabsetzung anderer ihr eigenes Selbstwertgefühl zu stabilisieren oder ihre eigene Angst auf diese Weise unter Kontrolle zu halten, wird, wenn ihnen nicht geholfen wird, die Chance verbaut, sozial verträgliche Möglichkeiten der Angstbewältigung und Selbstwertregulierung zu entdecken. Und auch für sie ist es unerlässlich, Konflikt- und Problemlösungsstrategien zu erlernen. Auch „Täter" haben ein Recht auf pädagogische Anstrengungen vonseiten der Schule. Das inzwischen als immer wichtiger erkannte große Lernziel einer „Streitkultur" gilt für beide: Opfer und Täter.

Leider geraten gerade in Schulen, die sich des Problems des Mobbings besonders annehmen, die Täter meist in eine Sündenbock-Rolle, die positive Veränderungen eher unmöglich macht, als sie zu befördern. Sprechen Sie also offen mit den Lehrern, Schulpsychologen, der Schulleitung und drängen Sie auf verstärkte pädagogische Anstrengungen gegen die psychische Gewalt. Sie helfen Ihrer Tochter, Ihrem Sohn weder, wenn Sie sich schuldbewusst zurückziehen, noch wenn Sie aus falsch verstandener Unterstützung Ihres Kindes das Problem leugnen.

Wichtig ist herauszufinden, warum Ihre Tochter, Ihr Sohn es „nötig hat", andere zu drangsalieren, zu schikanieren. Oft steckt hinter einem aggressiven Auftreten die mangelnde Fähigkeit, Frustrationen auszuhalten und die Befriedigung von Wünschen aufzuschieben, oder der Versuch, Grenzsetzungen zu erreichen, die man sich selbst noch nicht zu setzen gelernt hat. Häufig soll die Aggressivität gegen andere aber auch mangelndes Selbstbewusstsein, Minderwertigkeitsgefühle und die berechtigte oder unberechtigte Angst, versagt zu haben oder zu versagen, vertuschen oder erträglich machen. Wahrscheinlich ist es nicht einfach, herauszufinden, wo nun tatsächlich „der Hase im Pfeffer liegt". Und manchmal ist es sinnvoll, professionelle Hilfe bei der Suche in Anspruch zu nehmen: Familienberatungsstellen (→ Seite 381) bieten solche Hilfe an.

Was aber in jedem Fall gilt: Auch die „Täter" brauchen Zuwendung. Das heißt, sie brauchen

- das Einmischen der Eltern, Lehrer und Mitschüler,
- klare Grenzen und die Erfahrung, dass Aufmerksamkeit, Anerkennung und Achtung nicht nur auf Kosten anderer erreicht werden können,
- neue Betätigungsfelder, auf denen sie sich bewähren können, in denen sie aber auch die Erfahrung machen können, dass Anstrengung sich lohnt,
- neue soziale Kontakte, um andere Formen des Umgangs miteinander zu lernen.

Motivieren Sie, anstatt zu strafen. Finden Sie gemeinsam mit Ihrer Tochter, Ihrem Sohn heraus, was ihr, ihm „gut tut": ein Sportverein, vielleicht ein Nebenjob, ein Fotokurs oder eine Jugendgruppe ... – es gibt viele Möglichkeiten!

Die Jugendarbeit

Vielfältige Aktivitäten und Möglichkeiten des sozialen Lernens sowie des Umgangs mit Gleichaltrigen bietet die Jugendarbeit: Jugendgruppen, offene Treffs, Sommerfreizeiten, Sportmöglichkeiten, Mädchenprojekte, ein Gospelchor und vieles andere mehr. Jugendorganisationen wie Pfadfinder, Evangelische und Katholische Jugend, die Jugend des Bundes Naturschutz, Sportvereine, Jugend der Arbeiterwohlfahrt, aber auch die Städte und Gemeinden – um nur einige zu nennen – sind Träger dieser Angebote. (Adressen von Jugendorganisationen sind in der Regel bei den Gemeinde-, Stadt- und Kreisjugendringen oder in den Rathäusern zu erfahren.) Alle diese Angebote der Jugendarbeit leben von der Freiwilligkeit und Mitgestaltung der Jugendlichen und sind deshalb eine hervorragende Möglichkeit, ganz neue eigene Fähigkeiten zu entdecken und zu entwickeln.

Und ganz zum Schluss: Rechtsschritte, die das Schulrecht vorsieht

Bisher waren Schulprobleme immer Probleme, die Schüler „machen". Aber: Es gibt auch Lehrkräfte, die problematisch sind. Konflikte gibt es meist, wenn Eltern grobe pädagogische und didaktische Fehler feststellen und vor allem wenn es um Benotungen und Zeugnisse geht. In beiden Fällen gilt: Ein Gespräch ist sinnvoller als Rechtsschritte. Ansprechpartner sind immer – der Reihenfolge nach – die betroffene Lehrerin, der betroffene Lehrer selbst, die Klassenlehrer, die Vertrauenslehrer, die Schulleitung. Und wenn Sie es nicht allein schaffen, finden sich sicher weitere Eltern, die Sie unterstützen, sollten Ihre Vorwürfe berechtigt sein. Tragen Sie Ihre Probleme dem Elternbeirat vor. Oft sind Sie nicht die ersten, die Schwierigkeiten aufzeigen. Und denken Sie daran: Sobald es hart auf hart kommt, sind Fakten gefragt. Dokumente müssen gesammelt werden, Belege müssen vorliegen – vage Vorwürfe nützen nichts.

Erst wenn wirklich alle Möglichkeiten einer gütlichen Einigung und alle Vermittlungsversuche fehlgeschlagen sind, sind rechtliche Schritte angezeigt.

Wenn Gespräche nichts mehr nützen

Schüler und Eltern befinden sich in einem Rechtsverhältnis mit der Schule, und in diesem Rechtsverhältnis gibt es genau definierte Möglichkeiten für Eltern, gegen einen Lehrer vorzugehen: die Rechtsbehelfe. Man unterscheidet formlose und förmliche Rechtsbehelfe.

Formlose Rechtsbehelfe sind:

- die Aufsichtsbeschwerde, die eine sachliche Überprüfung einer bestimmten dienstlichen oder schulischen Maßnahme bezweckt. Sie wird bei der Schule eingereicht, die sie dann mit einer Stellungsnahme an die Schulaufsichtsbehörde weiterleitet.
- die Dienstaufsichtsbeschwerde. Diese können Eltern über die zuständige Schulaufsichtsbehörde direkt an die Regierung richten, wenn sie sich über das dienstliche Verhalten einer Lehrkraft beschweren wollen.

Förmliche Rechtsbehelfe sind:

- der Widerspruch gegen eine bestimmte schulische Maßnahme (er muss innerhalb eines Monats bei der Schule eingelegt werden).
- die Klage vor dem Verwaltungsgericht, wenn der Widerspruch abgelehnt wurde.

Natürlich sollten Eltern nie mit Kanonen auf Spatzen schießen. Deshalb müssen – so formuliert es der Gesetzgeber – „rechtserhebliche Mängel" vorliegen. Damit sind beispielsweise Fälle gemeint, in denen ein falscher Eintrag in die Notenliste vorliegt, die Lehrkraft gleiche Arbeiten unterschiedlich bewertet, einzelne Schüler aus persönlichen Gründen bevorzugt oder benachteiligt oder bei der Durchführung einer Prüfung oder bei der Bildung einer Gesamtnote Verfahrensfehler macht. Widerspruch und Klage sind nur möglich gegen schulische Entscheidungen, die so genannte Verwaltungsakte sind, also zum Beispiel die Zurückstellung vom Schulbesuch, die Überweisung an eine Sonderschule, die Verweigerung des Vorrückens in die nächsthöhere Klasse, der Ausschluss vom Unterricht, darüber hinaus gegen Verfahrensfehler bei Abschlussprüfungen und gegen Abgangszeugnisse. Gegen die Benotung von Tests, Zwischenzeugnisse, Verweise und pädagogische und didaktische Anordnungen können kein Widerspruch und keine Klage eingereicht werden.

Nicht nur für die Schule lernen!

Sprachreisen

Sicher: Wer in Englisch auf Fünf steht, wird nach einer dreiwöchigen Sprachreise nach Brighton nicht notwendigerweise im nächsten Zeugnis eine Zwei vorweisen können. Dennoch haben solche Sprachkurse im Ausland gegenüber einer Nachhilfe zu Hause einen deutlichen Vorteil: Das gelernte Wissen kann sofort praktisch umgesetzt werden, was zur Sprachförderung insgesamt entscheidend beiträgt. Zudem sorgen organisierte Sprachreisen, mehr aber noch ein Schüleraustausch auch dafür, dass Jugendliche Land und Leute im Zusammenhang mit ihrer Sprache kennen lernen und aufgrund dieses Kontakts wirklich die Motivation verspüren, sich auch zu Hause an die Vokabeln zu setzen – und wenn es nur dazu dient, den Brief des braungebrannten „garçon", den die Tochter am Atlantik kennen gelernt hat, auch wirklich richtig zu verstehen.

Sprachreisen sind also zu begrüßen. Aber: Außer dem Nachteil, dass sie sehr teuer sind und somit nicht für jeden erschwinglich, besteht auch die Gefahr, dass sie zu einem Flop werden. Denn leider gibt es gerade in dieser Branche eine ganze Reihe von schwarzen Schafen. Nur jede dritte der rund 150 deutschen Agenturen, die Sprachreisen ins und Schulaufenthalte im Ausland vermitteln, sei – so eine Verbraucherzentrale – tatsächlich seriös. Und die mögliche Mängelliste ist lang: Da ist zum Beispiel eine Jugendliche mit vier anderen deutschen Mädchen bei einer älteren berufstätigen Frau untergebracht, die offenbar nur beabsichtigt, ihre Miete aufzubessern – von angekündigter „Gastfamilie" also keine Spur. Da findet zum Beispiel der Sprachunterricht in einem Touristenzentrum statt, in dem es von Deutschen (meist ebenfalls Schüler) in der Hochsaison nur so wimmelt und sich jeder „wie zu Hause fühlt" – von Kontakten zu „Einheimischen" und Kennenlernen von Sprache, Land und Leuten kann also keine Rede sein. Da sind die Gruppen größer als

Kontakte

Fachverband Deutscher Sprachreise-Veranstalter
Große Bleiche 17
55116 Mainz
Tel. 0 61 31/14 38 45

Aktion Bildungsinformation e.V. (ABI)
Alte Poststr. 5
70173 Stuttgart
Tel. 07 11/29 93 35

Deutscher Akademischer Auslandsdienst
Kennedyallee 50
53175 Bonn
Tel. 02 28/8 82-0

Deutsch-Französisches Jugendwerk
Rhöndorfer Str. 23
53604 Bad Honnef
Tel. 0 22 24/18 08-0

British Council
Hahnenstr. 6
50667 Köln
Tel. 02 21/2 06 44-0

Bildungsabteilung der Spanischen Botschaft
Schlüterstr. 36
10629 Berlin
Tel. 0 30/88 71 59 16

die Klassen zu Hause und zudem kaum nach Leistungsstand und Vorkenntnissen differenziert – von effektivem Unterricht kann also nur geträumt werden.

Zudem werden häufig eine mangelhafte Betreuung auf der Reise und vor Ort (dies ist besonders problematisch bei jüngeren Jugendlichen), plötzlich auftauchende Zusatzkosten oder ungeklärte Rücktritts- und Haftungsbedingungen beklagt. Deshalb der Rat: Bevor Sie buchen, sollten Sie sich gründlich bei neutralen Stellen über den Veranstalter und seine Arbeitsweise informieren.

Auf Folgendes sollten Sie besonders achten:
- Sind die Leistungen genau beschrieben? Wichtige Punkte: Dauer, Kursart, Kursstufen, Lerninhalte, Teilnehmerstärke, Unterbringung, Betreuung, Anreise, Freizeitangebot, Versicherungen, Zusatzleistungen.
- Gibt es Zusatzkosten – wenn ja, welche?
- Erhalten Sie rechtzeitig die Adresse der Privatunterkunft, so dass Sie Kontakt mit der Gastfamilie aufnehmen können? Wird die Familie beschrieben oder haben Sie Wahlmöglichkeiten?
- Besteht die Möglichkeit, als einziger deutschsprachiger Gast in der Familie unterzukommen?
- Erfahren Sie, wie viele Gäste gleichzeitig in der Familie untergebracht sind? Wie weit ist es von der Unterkunft zur Schule?
- Welche Betreuung ist garantiert, sind die Betreuer als solche ausgebildet? Wie viele Betreuer fahren mit?
- Welche Freizeitaktivitäten (Sport, Kunst, Besichtigungen, Ausflüge, Partys) werden angeboten? Welche Freizeitmöglichkeiten sind vor Ort vorhanden?
- Und last, but not least: Wie sieht es mit der Haftung, mit möglichen Preisänderungen, mit Rücktritts- und Umbuchungsmöglichkeiten aus?

Und wenn Sie oder besser gesagt Ihre Tochter, Ihr Sohn mit der Wahl doch Pech gehabt haben sollten: Reklamieren Sie auf jeden Fall! Es gibt zum einen das Recht auf Nachbesserung. Zum Beispiel können Sie darauf bestehen, dass Ihre Tochter, Ihr Sohn in einer anderen Familie untergebracht wird. Zum anderen können Sie auch bis vier Wochen nach der Reise Regressansprüche stellen, falls der Reiseveranstalter nicht das gehalten hat, was er in seinen Prospekten vollmundig versprochen hat.

Taschen-
wörterbuch
I
Englisch-
Deutsch
New England

Lesetipp
Die Aktion Bildungsinformation hat eine Broschüre **Alles über Sprachreisen** herausgegeben, die Sie gegen eine Schutzgebühr von etwa 25 DM erhalten können unter der Adresse
Alte Poststr. 5
70173 Stuttgart
Tel. 07 11/29 93 35

Ein Beispiel: Geld zurück bei mangelhafter Betreuung

Werden Schülerreisen mangelhaft betreut, muss der Veranstalter einen Teil des Preises zurückerstatten. Dies entschied das Amtsgericht Frankfurt zugunsten einer Familie, die gegen einen Reiseveranstalter geklagt hatte: Ihre 15-jährige Tochter hatte zum einen über die verwahrloste Unterkunft in Nizza geklagt, zum anderen aber auch glaubhaft versichern können, dass die Betreuung der Schülergruppe sowohl bei der An- und Rückreise als auch beim Aufenthalt vor Ort nur unzureichend gewesen sei. Zum Beispiel seien die Jugendlichen während der Rückreise mit zweimaligem nächtlichen Umsteigen in Frankreich – entgegen den Angaben des Reisevertrags – ganz auf sich gestellt gewesen.

Der Veranstalter musste von den rund 2 000 DM, die die Reise gekostet hatte, der Familie 800 DM zurückerstatten.

Schüleraustausch

Eine andere, möglicherweise sehr viel preiswertere Variante ist die des Schüleraustauschs. Wenn Sie Glück haben, bietet Ihre Schule jährlich einen solchen Austausch von gleichaltrigen Schülern einer Partnerschule an: Sie nehmen für eine bestimmte Zeit ein Mädchen oder einen Jungen dieser Partnerschule auf. Im Gegenzug darf Ihre Tochter, Ihr Sohn die nächsten Ferien in der Familie dort verbringen. Gibt es keine solche Möglichkeit an der Schule Ihrer Kinder, erkundigen Sie sich bei einer der oben genannten Stellen, die Ihnen auch Auskünfte zu Sprachreisen geben können, oder direkt bei einer der Schulen einer Partnerstadt Ihrer Gemeinde (Adressen erhalten Sie im Rathaus). Die dortige Schulleitung kann Ihr Anliegen sicher an Familien weitervermitteln, die auch an einem Austausch interessiert sind. (Sollten Sie selbst die Landessprache des betreffenden Landes nicht sprechen, hilft Ihnen sicher die entsprechende Lehrkraft Ihrer Tochter, Ihres Sohnes!)

Kontakte
Informationen per Mausklick erhalten Sie unter anderem bei www.auslandsschulwesen.de oder www.stolaf.edu/network/iecc

Es gibt auch die Möglichkeit, die jeweiligen Botschaften des Landes um Auskünfte zu bitten oder über das Internet an Adressen zu kommen. Austauschfamilien gibt es – dies nur am Rande – eher in Frankreich, Spanien oder beispielsweise Italien als in englischsprachigen Ländern. Nur wenige junge Briten, Australier, Amerikaner zieht es in deutsche Familien.

Wenn es geklappt hat

Bei einem Austausch von Familie zu Familie übernehmen die Austauscheltern für den Gast die gleiche Verantwortung wie für ihr eigenes Kind und sind bemüht, dem ausländischen Jugendlichen die Eingewöhnung in den neuen Lebenskreis zu erleichtern. Die gastgebende Familie übernimmt dann auch die Aufenthaltskosten – als Gegenleistung dient eben der Austausch.

Sicher werden Sie, wenn Ihr ausländischer Gast kommt, ihm auch die Besonderheiten Ihrer Stadt, Ihrer Region zeigen und es sich nicht nehmen lassen, ihn in den Genuss typisch deutscher Gerichte kommen zu lassen. Aber seien Sie nicht enttäuscht, wenn die ausländischen Jugendlichen dies wenig zu würdigen wissen. Sowohl historisches und geographisches als auch kulinarisches Interesse ist unter Jugendlichen eher selten. Wahrscheinlich ist Ihrem Gast mehr daran gelegen, mit Ihrer Tochter, Ihrem Sohn in der Stadt bummeln zu gehen, die einschlägigen Geschäfte zu besuchen oder die Diskotheken der Stadt kennen zu lernen. Trotzdem: Ein bisschen Sightseeing sollte er über sich ergehen lassen. Das gehört einfach zu einem Auslandsaufenthalt. (Dies gilt im Übrigen auch für Ihre Tochter, Ihren Sohn, wenn sie, er an der Reihe ist!)

Ein (Viertel-/halbes/ganzes) Jahr im fremden Land – Schulbesuch im Ausland

Immer mehr Schüler wagen es: Sie verbringen längere Zeit im Ausland, sind in einer fremden Familie untergebracht und besuchen dort eine fremde Schule mit fremder Sprache, fremden Mitschülern und gänzlich anderen Anforderungen, als sie es von zu Hause gewohnt sind. Von ihnen wird also viel erwartet. Aber es lohnt sich: Wenn alles läuft wie geplant, haben die Jugendlichen, die das Wagnis unternommen haben, nicht nur die Sprache des Gastlandes fast fließend sprechen gelernt. Sie haben auch eine der wichtigsten Fähigkeiten unserer Zeit bewiesen: nämlich eine „interkulturelle" Neugier, die sie zu toleranten, kritikfähigen und weltoffenen jungen Menschen macht.

Ein Austauschschuljahr bedarf gründlicher Vorbereitung, sowohl vonseiten der Eltern als auch der Jugendlichen selbst. Was stimmen muss, sind sowohl die organisatorischen als auch die psychologischen Voraussetzungen. Vor allem Letztere sind nicht einfach zu erfüllen. Offenheit ist gefragt, Toleranz, Neugier und die Fähigkeit, sich jeder Situation anzupassen. Es nützt nichts, wenn Sie als Eltern für Ihr Kind nur das Beste wollen, es selbst sich aber zum Beispiel noch nicht in der Lage sieht, allein „in die Fremde zu ziehen". Viele Jugendliche sind gerade in dem Alter, das für solche Austauschjahre üblicherweise infrage kommt, noch auf die Nähe zu ihren Eltern, Geschwistern und Freunden angewiesen. Und viele brauchen gerade jetzt die heimatliche Umgebung mit ihren vertrauten Strukturen und Menschen als Stabilisierungsfaktor.

Einige Hinweise zur Planung:
Im Allgemeinen bietet sich die zehnte, elfte Klasse für ein solches Austauschschuljahr im Ausland an. Weit im Vorfeld muss eine geeignete Organisation gefunden werden, die die Austauschfamilie – dies in den Fällen der Gegenseitigkeit – oder die Gastfamilie, in denen die deutschen Jugendlichen als „paying guests" untergebracht sind, und den dortigen Schulbesuch vorbereitet. Und da beginnt oft schon das Problem. Wie immer, wenn sich ein neuer Markt auftut, gibt es schwarze Schafe, die auf Kosten der Kunden eine schnelle Mark machen wollen. Verbraucherschützer und inzwischen auch Politiker, die sich des Problems annehmen, kritisieren bei den Veranstaltern, die zum Beispiel ein High-School-Jahr in den USA vermitteln, zunehmend gravierende Mängel:

Diese Mängelliste beginnt bei der Auswahl der Schülerinnen und Schüler. Seriöse Veranstalter bestehen auf einer strengen Selektion. Auswahlkriterien sollten sein: Englischkenntnisse, Schulleistungen, aber auch psychologische Kriterien wie Selbstständigkeit, Offenheit, Flexibilität. Weitere große Mängel betreffen die Auswahl der Gastfamilie. Inzwischen soll es sogar Organisationen geben, die Schüler losschicken, ohne dass zu diesem Zeitpunkt eine Gastfamilie feststeht, die Teilnehmer also eventuell von einer Übergangsfamilie zur nächsten abgeschoben werden. Mangelhaft – so die Klagen – seien auch bei einigen die rechtlichen Haftungsbedingungen, was bis zu betrügerischem „Abzocken" ohne Gegenleistung führen kann.

Dass die Organisation natürlich nicht die Verantwortung für „zwischenmenschliche" Mängel – Ihr Kind fühlt sich in der Familie nicht wohl, es findet in der Schule keinen Anschluss, es kommt mit der möglicherweise sehr konservativen Umgebung (in den USA vor allem auf dem Land durchaus üblich)

Lesetipps

Aktion Bildungsinformation e. V.
Schuljahres-Aufenthalte in den USA
Stuttgart 1999
21,00 DM

Christian Gundlach
Ein Schuljahr in den USA – 68 Organisationen auf dem Prüfstand
Hamburg 1999
26,80 DM

Max Rauner
Als Gastschüler in den USA. Reise-Know-how
Wiefelstede 1999
26,80 DM

nicht zurecht – übernehmen kann, liegt auf der Hand. Sie sollte aber alles versuchen, auch solche „Mängel" aus dem Weg zu räumen, angefangen vom Wechsel in eine andere Familie bis hin zur Organisation eines Rückflugs, wenn das Heimweh zu groß ist.

Dies sollten Sie bei der Wahl der Organisation beachten

- Das Informationsmaterial sollte ausführlich über Voraussetzungen und Bedingungen informieren (und nicht mit fadenscheinigen Hinweisen auf ein High-School-Diplom locken, das hier wenig Sinn macht, oder einen US-Führerschein, der hier nicht anerkannt wird).
- Die Auswahl der Bewerber sollte sorgfältig sein. Es sollten also ausführliche Auswahlgespräche und Vorbereitungsseminare stattfinden.
- Im Gastland sollte ein Ansprechpartner vorhanden sein, der immer erreichbar ist und auch von sich aus regelmäßig Kontakt zu den deutschen Jugendlichen hält.
- Die Verträge sollten nach deutschem Recht formuliert sein und in Deutschland Bestand haben. Nur so sind Sie sicher, im Falle von Regressansprüchen auch Recht zu bekommen.

Da es in der Regel nicht möglich ist, Wissenslücken, die an der Heimatschule entstehen, durch den dortigen Schulbesuch aufzufüllen – die schulischen Anforderungen und Rahmenrichtlinien sind doch sehr verschieden –, müssen Sie zusammen mit Ihrer Tochter, Ihrem Sohn schon im Vorfeld entscheiden: Ein Schuljahr wiederholen oder mit viel Anstrengungsbereitschaft gleich in die nächste Klasse weiterrücken?

Aber alles in allem: Wenn Sie finanziell (ein Jahr – meist 10 Monate – kostet Sie leicht 10 000 DM und mehr) und organisatorisch in der Lage sind und Ihre Tochter, Ihr Sohn Lust hat, ein Land, seine Menschen, seine Kultur (und vor allem auch die eigenen Fähigkeiten, in der Fremde zu bestehen) kennen zu lernen, dann ist ein Auslandsschuljahr wohl das Beste, was Sie ihr, ihm mit Blick auf die Zukunft ermöglichen können.

Die Qual der Wahl: Berufsfindung

Irgendwann ist auch die Schulzeit vorbei – der ersehnte Abschluss ist geschafft. Und jetzt? „Etwas werden" will jeder. Aber was? Die Auswahl an möglichen Berufen ist riesig, und sie vergrößert sich ständig. Neue Berufe entstehen, alte verändern sich oder verschwinden. Wer vor der Entscheidung steht, hat theoretisch die Wahl zwischen rund 380 staatlich anerkannten Ausbildungsberufen, die jährlich mehr werden. Dazu kommen etwa 80 Berufe (vor allem im pflegerischen und sozialen Bereich), die man nur an speziellen Schulen erlernen kann. Für Abiturienten erweitert sich das Angebot noch um Studienmöglichkeiten an über 300 deutschen Universitäten und Fachhochschulen.

Kontakte
Zum Thema Berufsfindung empfehlenswert sind:
www.machs-richtig.de
www.jobware.de

Aber genau diese Vielfalt wird vielen Jugendlichen zum Problem. Denn je mehr Berufsalternativen und Berufsniveaus zur Auswahl stehen, je mehr Dynamik auf dem Markt der Möglichkeiten herrscht, desto größer die Unsicherheit und Unschlüssigkeit. Berufsberater schätzen, dass sich ein Schulabgänger heute – je nach Abschluss und Alter – aus mehreren hundert Berufen den richtigen aussuchen kann. Wer sollte da keine Entscheidungsschwierigkeiten haben?

Nicht zu wissen, was man nach dem Schulabschluss machen soll, ist deshalb längst kein individuelles Problem mehr. Es sind vielmehr glückliche Ausnahmen, die schon immer wussten, welcher Beruf für sie infrage kommt, und die dementsprechend zielstrebig auf dieses Ziel hinarbeiten können.

Was will ich werden?

Schon früh im Leben stellt sich diese Frage. Kinder formulieren es so: Wenn ich einmal groß bin, dann, ja dann werde ich Astronaut, Star, Feuerwehrmann, Tierärztin. Bis etwa elf Jahre – so die Entwicklungspsychologen – kann

WINAPO
Arbeitsamt online
Arbeitgeber
Arbeitsuchende
Geldleistungen
Spezielle Angebote

jedes Kind alles werden. Die Formulierung seines Berufswunsches unterliegt noch keiner Beschränkung durch die Realität. Einwände wie: „Da braucht man aber ein Abitur" oder: „Astronaut kannst du doch nicht werden, wenn dir doch schon beim Karussellfahren schlecht wird", schränken die Phantasiewahlen des Kindes wenig ein.

Anders wird es bei Jugendlichen. Entwicklungspsychologen haben innerhalb der Adoleszenz verschiedene Stadien gerade in Bezug auf Phantasien und Vorstellungen den künftigen Beruf betreffend festgestellt. Während jüngere Jugendliche sich hauptsächlich an ihrem Interesse orientieren, ziehen Jugendliche im mittleren Jugendalter immer mehr auch den Gesichtspunkt der eigenen Fähigkeiten und Möglichkeiten in Betracht. Sie sind nun zunehmend in der Lage, sich selbst kritisch zu betrachten. Ihre schon ziemlich realistische Selbsteinschätzung ist die Grundlage ihrer Überlegungen zur Frage, was sie einmal werden wollen. Ihre Berufswahl orientiert sich jetzt an ihren Fähigkeiten, Interessen und dem, was sie selbst für wichtig und sinnvoll halten. Der nächste Schritt ist dann, einen Kompromiss zu finden zwischen den eigenen Vorstellungen und den Möglichkeiten und Grenzen, die von außen gesetzt werden (also zum Beispiel durch den Arbeitsmarkt, die Zulassungsvoraussetzungen zu bestimmten Ausbildungsgängen oder durch die finanziellen Möglichkeiten). Dieser Schritt wird von ihnen verlangt, wenn es tatsächlich so weit ist: Etwa ein Jahr vor dem Schulabschluss steht für viele diese Entscheidung für die berufliche Zukunft an.

Lesetipp
Michaela Böhm
Und was dann? Alles, was du über Ausbildung und Jobs wissen willst
Reinbek bei Hamburg 1999
12,90 DM
(für Jugendliche)

Zumindest für die nächste Zukunft ...

Immer weniger scheint heute und in Zukunft das zu gelten, was wir Eltern wohl noch im Kopf haben: Irgendwann mit dem Schulabschluss entscheidet man sich für einen Beruf, beginnt die dafür notwendige Ausbildung, schließt sie ab und übt den Beruf bis zum Rentenalter aus. Tatsächlich entspricht schon bei vielen unserer Generation diese geradlinige berufliche Entwicklung nicht mehr der Realität. Und dies wird zunehmend häufiger der Fall sein. Das Thema Berufswahl scheint immer seltener mit dem Aufnehmen einer bestimmten Ausbildung und dem Eintritt ins Berufsleben abgeschlossen zu sein. „Berufswahl" ist heute zu einem Prozess geworden, der das ganze Leben in Anspruch nehmen kann. Den Beruf fürs Leben wird es für die meisten der heutigen Schulabgänger nicht mehr geben. Und dennoch ist es wichtig, eine gute Entscheidung gerade für den Einstieg zu treffen. Nur wer Spaß an seiner Ausbildung hat, Erfolge erlebt und – dies ist wahrscheinlich die Voraussetzung sowohl für den Spaß als auch für die Erfolge – dafür geeignet ist, wird den Grundstein legen können für sein weiteres Berufsleben – in welchem Beruf auch immer.

Berufsberatung durch die Eltern

Noch immer sind Eltern die wichtigsten Partner, wenn es um die Wahl des zukünftigen Berufs, um Ausbildung und Studium geht. Sie kennen ihr Kind am besten, haben in den vergangenen Jahren beobachten können, wie sich Stärken und Schwächen verteilen, welche Interessen sich im Laufe der Jahre als konstant erwiesen oder welche sich neu herausgebildet haben. Die wichtigste Hilfe, die Sie Ihrer Tochter, Ihrem Sohn anbieten können, ist deshalb das Gespräch, und zwar nicht einmal, sondern immer dann, wenn es sich anbietet.

Zu solchen Gesprächen gehört Offenheit. Machen Sie keinen Hehl daraus, welchen Weg Sie sich gut für Ihr Kind vorstellen können, bei welchen Berufen Sie Schwierigkeiten befürchten und was Ihnen selbst als wichtig und bedenkenswert bei der Berufswahl Ihres Kindes erscheint. Erklären Sie Ihrer Tochter, Ihrem Sohn, warum Sie eine bestimmte Ausbildung, einen bestimmten Beruf für geeigneter halten, und liefern Sie Ihre Argumente dazu. Und erzählen Sie ruhig, dass es auch für Sie nicht leicht war, den Beruf zu finden, der zu Ihnen passt, vielleicht auch, welche Umwege Sie machen mussten, um Ihre berufliche Stellung zu erreichen. Reden Sie darüber, wie Sie heute zu Ihrer Wahl stehen, ob Sie zufrieden sind, was Sie jetzt vielleicht anders planen würden.

Aber: Es geht nicht nur darum, dass Sie reden! Ihre Tochter, Ihr Sohn kann zwar von Ihren Erfahrungen profitieren. Wichtiger ist es für sie, für ihn jedoch, das eigene Durcheinander an Wünschen, Interessen, Vorstellungen, Neigungen und Abneigungen zu klären. Die beste Hilfe, die Sie dabei bieten können, ist zuzuhören. Wenn Sie diese Kunst beherrschen, geraten Sie auch nicht so leicht in die Gefahr, einen der drei großen Fehler elterlicher Berufsberatung zu begehen:

- Besserwisserei: Viele Eltern wissen immer alles besser. Sie kennen ihr Kind besser als es sich selbst. Sie kennen die Berufswelt besser als jeder Berufsberater und vor allem: Sie wissen am besten, was für ihr Kind gut ist.

- Schwarzmalerei: Viele Eltern sehen schwarz: „Du und Krankenschwester?! Du kannst doch kein Blut sehen!“ Oder: „Die Chancen auf dem Arbeitsmarkt sind bei diesem Berufsbild doch ausgesprochen schlecht. Da kannst du dich doch gleich arbeitslos melden!“
- „Ich-Syndrom“: „Als ich so alt war wie du... In meinem Beruf ist aber... Wenn ich du wäre...“ (dies die bewusste Variante dieses Syndroms). Die eher unbewusste: „Meine Tochter, mein Sohn ist wie ich“, oder „...das ganze Gegenteil von mir“, oder „Er ist ganz sein Vater, der Großvater, deshalb...“ (diese falsche Vorstellung ist sehr häufig bei Eltern anzutreffen und nur schwer zu korrigieren).

Auf diese Fehler reagieren gerade Jugendliche, denen es auch sonst – durchaus altersgemäß – oft schwer fällt, von ihren Eltern gute Ratschläge anzunehmen, verständlicherweise mit Protest. Vielleicht indem sie lautstark opponieren und ihren Eltern jegliche Fähigkeit und Berechtigung bei der Unterstützung in der Berufswahl absprechen. Vielleicht auch, indem sie sich einfach zurückziehen oder aber – und dies ist sicher die problematischste Variante – gerade aus Trotz auf einem Berufswunsch beharren, obwohl sie insgeheim ihren Eltern Recht geben.

Wie also beraten? Am wichtigsten ist es, sich Zeit zu nehmen. Vor jedem noch so gut gemeinten Ratschlag müssen Eltern wissen, worum es ihrer Tochter, ihrem Sohn geht, welche Wünsche, Vorstellungen, Ziele, aber auch Befürchtungen und Ängste sie, er mit dem Thema Berufswahl verbindet. Erst wenn Eltern wirklich verstanden haben, wie sich ihr Kind seine berufliche Zukunft vorstellt, ist es Zeit, mit ihm gemeinsam Fragen der Realisierung zu überlegen und erst einmal die verschiedensten beruflichen Möglichkeiten durchzuspielen, mit denen seine Zukunftsvisionen und seine Interessen und Fähigkeiten in Einklang gebracht werden können. Eltern werden dabei sehr schnell merken, dass ihre Qualifikation als Berufsberater begrenzt ist. Denn es geht ja nicht nur um Visionen. Jugendliche, die vor der Berufswahl stehen, beschäftigen ganz konkrete Fragen, und sie erwarten verlässliche Antworten. Und da sind Eltern meist überfordert.

Die große Unsicherheit

Mit dem Schulende betreten alle Jugendlichen Neuland, gleichgültig, ob sie ohne Abschluss von der Schule abgegangen sind oder ein Einser-Abitur in der Tasche haben. Und ob sie nun bewusst darüber nachdenken oder nicht: Ihr Informationsbedarf ist riesig.

Grundsätzliche Fragen:
- Wie geht es weiter? Was liegt mir mehr: eine Ausbildung in einer berufsbildenden Schule, eine betriebliche Ausbildung im dualen Ausbildungssystem, ein weiterer Schulbesuch oder (nach dem Abitur) ein Studium. Oder bewerbe ich mich beim Staat mit dem Ziel einer einfachen, mittleren oder gehobenen Beamtenlaufbahn?
- Welche Berufe gibt es überhaupt? Für welchen eigne ich mich, welcher entspricht meinen Fähigkeiten, Interessen?
- Welche Chancen gibt es für meinen Wunschberuf auf dem Arbeitsmarkt? Welche Alternativen gibt es zu meinem primären Berufswunsch?

Gestern nacht bekam ich plötzlich die Panik. Bald komme ich aus der Schule, danach gleich die Ausbildung ... und dann? Ausziehen, eigene Wohnung ...? Wahrscheinlich finde ich das dann super cool. Aber wenn nicht?!

Melanie, 17 Jahre

Berufsausbildungs- und Studiengänge:
- Welche Voraussetzungen für den vorgestellten Beruf oder das spezielle Studium muss ich erfüllen?
- Wie groß sind die Chancen, einen Ausbildungsplatz, einen Studienplatz im gewünschten Fach zu bekommen?
- Wie lange dauert die Berufsausbildung oder das Studium?
- Wie läuft die Ausbildung, das Studium eigentlich ab?
- Wie kann ich die Ausbildung finanzieren?
- Wie viel verdiene ich während der Ausbildung?

Berufsbilder und Chancen:
- Welche Berufsfelder stehen mir nach der Ausbildung offen?
- Welche Aufgabenbereiche erwarten mich?
- Welche Verdienstmöglichkeiten gibt es?
- Wie sind überhaupt die Zukunftsaussichten?
- Habe ich Aufstiegschancen?
- Wie sind die Arbeitszeiten geregelt?
- Welche Weiterbildungsmöglichkeiten stehen offen?
- Wie groß sind die Wiedereinstiegschancen zum Beispiel nach Babypausen, oder Erziehungsjahren?

Quiz für Eltern

Was ist ein Mechatroniker? Was macht ein Mikrotechnologe? Kennen Sie die Aufgabenbereiche von Mediengestaltern? Und womit genau beschäftigt sich eine Kauffrau, ein Kaufmann für audiovisuelle Medien? Kennen Sie den Beruf des Fachmanns, der Fachfrau für Systemgastronomie, der Fachkraft für Veranstaltungstechnik? Und haben Sie gewusst, dass der uralte Beruf des Glasbläsers eine neue bundeseinheitliche Ausbildungsverordnung erhalten hat? Was IT-Berufe sind, wissen Sie wahrscheinlich? Aber welche und wie viele gibt es denn inzwischen? Und was macht eigentlich ein Computerlinguist?

Glücklicherweise müssen Eltern diese Fragen nicht beantworten können. Denn dafür gibt es ausgebildete Berufsberater. Sie kennen die Berufe und Berufsbilder, die altbekannten, aber auch die vielen neuen – allein im betrieblichen Ausbildungssektor sind in den letzten Jahren sehr viele Ausbildungsberufe umgestaltet oder neu geschaffen worden –, die unseren Kindern ganz andere Möglichkeiten und Perspektiven eröffnen als die, über die wir aus unserer eigenen Erfahrung informieren können. Sie wissen Bescheid über Ausbildungs- und Berufswege, über Ausbildungsvoraussetzungen und Anforderungen, über Zukunftschancen und Aussichten, über finanzielle Perspektiven. Was oft jedoch ebenso wichtig ist: Berufsberater sind in der Lage, in vielen Beratungs- und Gesprächsangeboten als neutrale Gesprächspartner Entscheidungshilfen zu entwickeln.

Die Berufsberatung im Arbeitsamt

Berufsberatung gehört zum Alltag der Arbeitsämter. Berater informieren über die Vielfalt der einzelnen Berufe, ihre Besonderheiten, Anforderungen und Aufgaben, über die Berufsaussichten und die finanziellen Möglichkeiten und über die Situation auf dem Arbeitsmarkt. Sie kennen die Ausbildungsbetriebe und ihre aktuellen Ausbildungsangebote ebenso wie die Möglichkeiten schulischer Ausbildungsgänge vor Ort und die jeweiligen berufsbildenden Schulen. In der Regel nehmen die Berufsberater von sich aus – und zwar schon ein bis zwei Jahre vor Schulabschluss – Kontakt mit den Jugendlichen auf. Sie kommen in die Schulen, halten Sprechstunden, veranstalten Seminare, ermöglichen Berufserkundungen und bieten individuelle Beratungstermine an.

Worüber die Berufsberatung des Arbeitsamts informieren kann

- Grundfragen der Ausbildungs-, Studien- und Berufswahl,
- Bildungswege, Ausbildungsmöglichkeiten, Studiengänge,
- die einzelnen Berufe,
- betriebliche und schulische Ausbildungsgänge,
- Zulassungsvoraussetzungen,
- das aktuelle Ausbildungsangebot, den aktuellen Stellenmarkt am Ort oder in der näheren und weiteren Umgebung,
- Tendenzen auf dem Arbeitsmarkt, in der Berufswelt und in den einzelnen Wirtschaftszweigen.

Sie kann beraten, helfen, eigene Interessen und Fähigkeiten zu erkennen und so notwendige Entscheidungshilfen bieten.

Das BIZ

Berufsinformationszentren – kurz BIZ genannt – gibt es bei mehr als 180 Arbeitsämtern. Dort können sich Jugendliche (und ihre Eltern) erst einmal informieren. Welche Berufe gibt es überhaupt, wie sehen sie aus, welche Voraussetzungen sind erforderlich, wo kann ich welche Berufe erlernen, wie sieht die Ausbildung aus? Aber auch: Wie wird die Arbeitsmarktentwicklung für bestimmte Berufe aussehen? Im BIZ haben die Ratsuchenden Zugang zu vielfältigen Medien: Broschüren, berufskundliche Kurzbeschreibungen und Informationsmappen, durch die man sich über Aufgaben, Anforderungen, Voraussetzungen und Aussichten der einzelnen Berufsgruppen kundig machen kann. Computerprogramme helfen, die eigenen Interessen im Hinblick auf eine Ausbildung, ein Studium oder einen Beruf zu sortieren. Es gibt Filme und Hörprogramme zu Einzelberufen, Berufsfeldern, zu Berufswahlthemen und zu Fragen, die einzelne Studien- und Ausbildungsgänge betreffen.

Die Berufsinformationszentren bieten auch Zugang zu vielfältigen Datenbanken (auch im Internet), in denen man nach offenen Ausbildungsplätzen und offenen Arbeitsstellen suchen kann.

Die Angebote der BIZ richten sich an alle Schüler und Schulabgänger, aber auch an Eltern, Lehrer, Freunde und an alle, die Jugendliche bei der beruflichen Entscheidung unterstützen. Sie erhalten bei Ihrem zuständigen Arbeitsamt Auskunft, wo Sie das nächste BIZ finden. Ein Besuch lohnt sich auf jeden Fall und meist auch mehrmals, um tatsächlich auch alle gebotenen Informationen aufnehmen zu können.

Kein Geheimtipp: Der persönliche Termin bei der Berufsberatung

Sicher: Im BIZ ist immer jemand anzutreffen. Und auch zu den Sprechstunden beim Arbeitsamt kann jeder Jugendliche unangemeldet kommen, wenn er Beratung braucht. Wer jedoch sichergehen will, dass der Berufsberater wirklich Zeit hat, und zwar genau für das Anliegen, das auf den Nägeln brennt, lässt sich einen Termin geben. Anruf genügt.

Einen solchen fest vereinbarten Termin gibt es für Einzelberatung und Gruppenberatung. Gruppenberatungen eignen sich für Jugendliche mit ähnlichen Ausgangsbedingungen, die unter der Moderation des Berufsberaters gemeinsam Lösungsmöglichkeiten für allgemeinere Berufswahlprobleme erarbeiten. Das persönliche Gespräch in einer Einzelberatung dient dazu, individuelle Berufswünsche, Zielvorstellungen und Erwartungen an den Beruf, Interessen und Fähigkeiten zu klären und bewusst zu machen. Hier können Fehlinformationen und Fehleinschätzungen korrigiert werden, und es kann, wenn nötig, über alternative Ausbildungs- und Berufswege nachgedacht werden. Einzelberatungen finden im Arbeitsamt, im BIZ und in der Schule statt.

Wenn es notwendig erscheint, können darüber hinaus Psychologen Expertenhilfe leisten. Sie bieten eine psychologische Begutachtung, standardisierte psychologische Eignungstests und eine eingehende psychologische Beratung dann an, wenn im Gespräch mit dem Berufsberater nicht alle Wenn und Aber, Bedenken, Fragen und Zweifel geklärt werden konnten. Die Beratung beim Psychologischen Dienst erfolgt über eine Empfehlung des Berufsberaters.

Jugendliche profitieren von den Angeboten des Psychologischen Dienstes, wenn

- ihnen die anstehende Entscheidung sehr schwer fällt,
- sie außergewöhnliche Befürchtungen und Ängste in Bezug auf ihre berufliche Zukunft haben,
- sie Hilfe brauchen, sich selbst und ihre Fähigkeiten und Interessen zu klären und ihre Eignung für einen Beruf einzuschätzen.

Begutachtung, Gespräch und Test können helfen herauszufinden, ob die Jugendlichen die für den gewünschten Beruf notwendigen Fähigkeiten, Kenntnisse und Fertigkeiten mitbringen, aber – umgekehrt auch – ob ein bestimmter Beruf tatsächlich den Interessen, Lebenszielen und Zukunftsvisionen entgegenkommt. Ziel der psychologischen Beratung ist es darüber hinaus zu klären, welche psychischen Hinderungsgründe die Berufsfindung erschweren, und sie kann helfen, die Barrieren zu überwinden, die es so schwierig machen, eine Entscheidung zu fällen.

Datenschutz

Daten, die bei der Berufsberatung erhoben werden, unterliegen selbstverständlich dem Datenschutz. Sie sind gegen unbefugte Einsichtnahme und Mitnahme gesichert und werden nach einer bestimmten Zeit vernichtet. Jeder, der eine psychologische Beratung oder Untersuchung in Anspruch genommen hat, hat die Möglichkeit, seine Unterlagen im Psychologischen Dienst einzusehen. Außenstehende erhalten das Gutachten oder die Befundunterlagen nur, wenn vorher eine schriftliche Einverständniserklärung des Ratsuchenden vorliegt. Anonym können die Daten für Forschungszwecke und statistische Erhebungen verwendet werden.

Berufsberatung auch für Eltern

Die Berufsberater des Arbeitsamts wissen, wie wichtig Eltern für ihre Kinder in diesem Entscheidungsprozess sind. Gerade bei jüngeren Schulabgängern bieten sie deshalb gemeinsame Gespräche an, also mit Eltern und Jugendlichen. Um sie zusätzlich in ihrer wichtigen Funktion als Berufsberater zu unterstützen, gibt es gesonderte Elternveranstaltungen. Hier können sich Eltern informieren und Erfahrungen austauschen. Elterninformationsabende und -seminare im Zusammenhang mit der Berufswahl werden vom Arbeitsamt oder vom BIZ angeboten. Elternveranstaltungen gibt es aber auch als schulische Veranstaltungen, die in der Regel gemeinsam von Lehrern und Berufsberatern organisiert werden. Elternvertreter oder Lehrer können, wenn der Wunsch dazu besteht, Berufsberater auch zu Elternabenden oder Elternsprechtagen einladen.

Die einzelnen Schritte zur Berufsfindung

Die Entscheidung darüber, welchen Berufsweg man einschlagen will, fällt man nicht von heute auf morgen. Schon weit im Vorfeld – im Allgemeinen im vorletzten Schuljahr – beginnt die Vorbereitung. Schulen organisieren Betriebspraktika, Betriebserkundungen stehen im Lehrplan, Berufsberater kommen in die Schulen, um die zukünftigen Schulabgänger auf den anstehenden Entscheidungsprozess vorzubereiten und erste Informationen zu liefern. Auch außerhalb der Schule, in der Familie und durch eigene Überlegungen und Informationen ist es nun Zeit, die große Aufgabe der Berufsfindung in Angriff zu nehmen.

Prognosen und wozu sie gut sind

Viele Eltern und andere „Besserwisser" geben gern Prognosen ab: Werde Bäcker, Brot braucht man immer! Wenn du Architektur studieren willst, kannst du gleich zum Sozialamt gehen! Gerade für diesen (oder jenen) Beruf sind die Zukunftschancen doch gleich null! Geh in die Computerbranche, da hast du ausgesorgt ... Und was es dergleichen mehr gibt. Sicher, sie sind gut gemeint, diese Vorhersagen, und mögen hin und wieder auch ihre Berechtigung haben. Doch verlassen sollte man sich nicht darauf. Denn Prognosen können durch wirtschaftliche Entwicklungen und unvorhersehbare politische Entscheidungen schnell hinfällig werden. Beispiele dafür gab es in der Vergangenheit genug. Zudem: Es ist keine gute Idee, sich nur deshalb für eine Ausbildung, ein Studium, einen Beruf zu entscheiden, weil sie gerade im Trend liegen. Viel „zukunftssicherer" ist es, seine eigenen Interessen und Fähigkeiten zu erkunden und das Berufsbild zu finden, das dazu passt. Wer mit Spaß, Freude und Motivation bei der Sache ist, wird Gutes leisten. Und das ist die beste Voraussetzung, beruflich eine Chance zu haben.

Trotzdem: Prognosen, die wahrscheinlich richtig sind

- → Wer keine Berufsausbildung hat, wird auf lange Sicht immer weniger Chancen auf dem Arbeitsmarkt haben.
- → Das Wort „ausgelernt" verliert zunehmend seine Bedeutung. Lebenslanges Lernen und laufende Weiterbildung werden unumgänglich.
- → Wer heute eine Lehre beginnt, wird aller Wahrscheinlichkeit nach während seines Arbeitslebens nicht nur einen Beruf ausüben, sondern mehrere. Umsatteln und Neues ausprobieren, Flexibilität also wird zur Lebensplanung gehören.
- → Computer sind aus der Arbeitswelt nicht mehr wegzudenken. Wer sich nicht auskennt, hat schlechte Karten. Sich darin fortzubilden ist also unerlässlich.
- → Zukunft haben Berufe im Dienstleistungssektor, im Gesundheitswesen, im Bildungs- und Umweltbereich und vor allem im Bereich Telekommunikation und Informationstechnologie.
- → Und immer noch gilt: Handwerk hat goldenen Boden. Aber auch hier sind Flexibilität und Weiterbildung ein Muss.

Fahrplan zum richtigen Beruf

Die Bundesanstalt für Arbeit hat einen „Fahrplan zur Berufswahl" entworfen. Dieser gibt einen Überblick über die einzelnen Stationen auf dem Weg zur endgültigen Entscheidung und zeigt, welche Themen rund um die Berufswahl wann aktuell sind und wer sich dann jeweils als Ansprech- und Gesprächspartner anbietet.

Fahrplan zur Berufswahl

Dieser Fahrplan gibt einen Überblick über die Schritte zur Berufswahl. Er zeigt Ihnen, was Ihre Tochter oder Ihr Sohn zu welcher Zeit mit wem besprechen und klären sollte. Sie sollten den Fahrplan mit Ihrem Kind durchgehen und gemeinsam überlegen, was Sie als Eltern in welcher Phase beitragen können.

Phasen: Informieren – Entscheiden – Bewerben

	WAS	Mit WEM oder WOMIT
vorletztes Schuljahr	Erste Orientierung	Zu Beginn des vorletzten Schuljahres kommt der Berufsberater in die Klasse – in einigen Bundesländern schon drei Jahre vor der Schulentlassung
	Die Interessen und Fähigkeiten erkunden	Computerprogramme im BIZ, Medienkombination MACH'S RICHTIG; Gespräche mit Lehrern und Eltern; Betriebspraktika
	Informationen sammeln über Berufe, die infrage kommen	Medien im BIZ; Schriften der Berufsberatung (z. B. BERUF AKTUELL, Medienkombination MACH'S RICHTIG)
	Schulisches Betriebspraktikum	Mit dem Lehrer vorbereitet und ausgewertet
	Sich über betriebliche und schulische Wege der Berufsausbildung informieren	Schriften der Berufsberatung, Besuch im BIZ-Berufsinformationszentrum, beim Berufsberater und Lehrer nachfragen
	Wunschberufe festlegen, Alternativen einplanen, persönliche Voraussetzungen prüfen (auch Zeugnisnoten)	Medienkombination MACH'S RICHTIG; persönliches Beratungsgespräch mit dem Berufsberater oder der Berufsberaterin; deren Sprechstunden in Schule und Arbeitsamt nutzen – Eltern sollten mitgehen: Termin vereinbaren
	Gezielt über die Wunschberufe informieren	Medien im BIZ, Berufe vor Ort erkunden (zum Beispiel durch individuelle Betriebskontakte der Berufsberatung); Vortragsveranstaltungen nutzen
	Eine Entscheidung treffen über Beruf und Ausbildungsweg	Gespräch zwischen Eltern und Kindern, Rücksprache mit Berufsberater – dann selbst entscheiden
letztes Schuljahr	Nach geeigneten Ausbildungsstellen suchen	Termin vereinbaren: Berufsberatung bietet Ausbildungsstellenvermittlung, regen Sie Ihr Kind zur Eigeninitiative an: Mit ASIS* kann sich jeder selbst über Ausbildungsplätze informieren und Adressen von Betrieben herausfinden
	Bewerbungsunterlagen zusammenstellen (Bewerbungstermine beachten)	Bewerbungsschreiben mit Lehrer/Berufsberater besprechen, Tipps dazu in den Schriften der Berufsberatung und der CD-Rom „Bewerbung um eine Ausbildungsstelle"
	Gezielt vorbereiten auf Tests und Vorstellungsgespräche	Zum Beispiel an einem Bewerberseminar der Berufsberatung teilnehmen
	Bei Absagen nicht entmutigen lassen: am Ball bleiben	Zum Berufsberater gehen – er hilft durch neue Vermittlungsvorschläge, auch für andere Orte
	Ausbildungsvertrag abschließen	Bei Jugendlichen unter 18 Jahren müssen auch die Eltern unterschreiben
	Ärztliche Untersuchung nach dem Jugendarbeitsschutzgesetz	Beim Hausarzt

Quelle: Bundesanstalt für Arbeit (Hg.): Was werden? Eltern & Berufswahl, Ausgabe Oktober 1999

* **A**usbildungs**S**tellen**I**nformations**S**ervice

Jetzt machen wir erst einmal Pause

Arbeitslos? Nö, ich nicht. Und wenn, dann fahre ich halt Taxi. Ich weiß schon, was ich mit meiner freien Zeit anfange. Hauptsache, ich habe Spaß und kann machen, was ich will.

Oliver, 19 Jahre

Manchen Jugendlichen geht das alles viel zu schnell. Dazu kommt: Nicht jeder bekommt gleich einen Studien- oder Ausbildungsplatz. Zulassungsbeschränkungen im gewünschten Studienfach und lange Bewerbungs- oder Wartezeiten für den erhofften Ausbildungsplatz zwingen sie zu Pausen, die es zu füllen gilt. Unabhängig von solchen „Zwangspausen" ist es für viele Abiturienten und Schulabgänger auch gar nicht mehr erstrebenswert, gleich weiterzumachen. Ein nahtloser Übergang von der Schule zur Ausbildung oder zum Studium scheint heute vielen immer weniger attraktiv. „Rumhängen", erst einmal Pause machen oder verschiedene Jobs ausprobieren, eine lange Fernreise, um endlich etwas von der Welt zu sehen – viele Jugendliche träumen von einer „Auszeit", bevor sie eine endgültige Entscheidung treffen und dadurch für immer – so sieht es in ihren Augen aus – ihr Leben verplant haben.

Vielen Eltern stehen die Haare zu Berge, wenn ihre Kinder solche Pläne äußern und damit scheinbar jegliches Verantwortungsgefühl für die eigene Zukunft vermissen lassen. Aber vielleicht ist irgendeine Form einer „psychosozialen Karenzzeit" – so nennen Psychologen diese Zeit der Pause – für manche Jugendliche wichtig, um sich wirklich klar darüber zu werden, wie sie sich ihr weiteres Leben vorstellen. Erst einmal sollten solche Pläne Sie als Eltern also nicht unbedingt beunruhigen.

Zur Beruhigung besorgter Eltern

Tatsächlich bieten sich den Schulabgängern und Abiturienten, die zwischen Schule und Ausbildung, Studium oder Berufseinstieg etwas ganz anderes machen möchten oder auf einen Ausbildungs- oder Studienplatz warten müssen, unzählige Möglichkeiten der Überbrückung. Und diese Überbrückungszeiten müssen nicht verlorene Zeiten sein. Man kann sie nutzen,

- um neue und ganz andere Erfahrungen zu sammeln,
- um neue Kenntnisse zu erwerben oder sein Wissen zu vertiefen,
- um Sprachen zu lernen,
- um Praktika zu absolvieren,
- um sich sozial zu engagieren,
- um Geld zu verdienen.

Sie als Eltern können viel dazu beitragen, dass die Pause, die sich Ihre Tochter, Ihr Sohn genehmigt, nicht tatsächlich die von Ihnen befürchteten negativen

Auswirkungen auf die weitere Zukunft Ihres Kindes hat. Was Sie tun können? Regen Sie Ihre Tochter, Ihren Sohn an, diese für sie, ihn offenbar notwendige Auszeit wirklich bewusst zu nehmen. Dazu gehört eine sinnvolle Begründung, warum erst einmal eine Pause wichtig ist (und sei es nur die, dass der Prüfungsstress zu groß war und eine Regeneration nötig ist). Dazu gehört auch die Formulierung der Fragen, zu deren Klärung die Zeit dienen soll. Und nicht zuletzt gehört dazu eine zeitliche Begrenzung. Was Sie auf keinen Fall tun sollten: diese Auszeit ganz zu finanzieren.

Überbrückungen

Die Wehrpflicht: Wehr- und Zivildienst

Beginnen wir mit einer staatlich verordneten und organisierten Pause: der staatsbürgerlichen Pflicht nach Artikel 12 a Grundgesetz. Jeder junge Mann ab 18 Jahre mit deutscher Staatsbürgerschaft kann zu diesem Wehrdienst verpflichtet werden. (Achtung: Erfasst werden junge Männer schon mit 17, auch die Musterung kann schon bei 17-Jährigen stattfinden, und schon 17-jährige Jugendliche müssen beim Kreiswehrersatzamt eine Genehmigung einholen, wenn sie für länger als drei Monate ins Ausland reisen möchten!) Wer den Dienst an der Waffe mit seinem Gewissen nicht vereinbaren kann, kann zu einem Ersatzdienst, dem Zivildienst, verpflichtet werden. Von diesem Grundrecht der Wehrdienstverweigerung macht inzwischen ungefähr die Hälfte der jungen Männer Gebrauch. Sie leisten ihre Wehrpflicht als Zivildienstleistende ab.

Lassen wir einmal die politischen Aspekte beiseite: Jungen Männern bietet die allgemeine Wehrpflicht – wird sie nun in einer Kaserne oder im Fall der Verweigerung als Zivildienst in einer sozialen Einrichtung abgeleistet – eine organisierte Form des Abwartens und Klärens. Allein unter diesem Aspekt können sowohl der Wehrdienst als auch der Zivildienst für viele Jugendliche wegen ihrer zeitlichen Dauer positive Wirkungen zeigen – wie sehr Jugendliche und ihre Eltern auch über diese „verlorene“ Zeit klagen mögen.

Noch besser ist es natürlich, wenn die jungen Männer diese Zeit auch konkret nutzen können. Inzwischen ist es nämlich durchaus möglich, die Monate nicht nur einfach „abzureißen“. Wer sinnvoll plant, kann schon allein durch die Wahl des Einsatzortes, sei es als Soldat oder als Zivi, darauf Einfluss nehmen, welche für seine Zukunft wichtigen Erfahrungen – bis hin zu berufsfördernden Fortbildungsveranstaltungen – er aus dieser Zeit „mitnehmen" will. Inzwischen ist es durchaus die Regel, dass auch offiziell sowohl die genannten Wünsche, Interessen und zukünftigen beruflichen Schwerpunkte als auch die bei der Musterung üblichen psychologischen Eignungstests als Grundlage der Einsatzplanung verwendet werden. Es empfiehlt sich deshalb, diese Eignungstests und die folgende Eignungsfeststellung ernst zu nehmen. Nur so können wirklich die Begabungen und Interessen in die Standort- und Einsatzplanung mit einbezogen werden. Die Zeit als Wehr- oder Zivildienstpflichtiger muss also nicht unbedingt als notwendiges Übel, sondern kann auch als Möglichkeit betrachtet werden, sich Qualifikationen zu erwerben, die die weitere berufliche Planung erleichtern können.

Tipps für Wehrpflichtige und Zivildienstleistende

→ Klären, welche Möglichkeiten von Zusatzqualifikationen es in welchen Standorten und Einsatzbereichen gibt.

→ Einberufungswünsche rechtzeitig beim Kreiswehrersatzamt angeben.

→ Für Studienbewerber : Klären, ob sie sich vor dem Wehr- oder Zivildienst wegen der Anrechnung von Wartezeiten schon um einen Studienplatz bewerben müssen.

Berufsförderung bei der Bundeswehr

Der Berufsförderungsdienst der Bundeswehr (BFD) ist die Anlaufstelle für junge Männer und inzwischen auch Frauen, die ganz gezielt eine erste Orientierung oder ihre berufliche Weiterbildung planen. Dieser Dienst richtet sich aber in erster Linie an junge Menschen, die sich über einen längeren Zeitraum verpflichten, und weniger an Wehrpflichtige. Die Bundeswehr bietet viele berufliche Bildungsmaßnahmen und ermöglicht auch die Teilnahme an Kursen für Abiturienten und Seminaren bei Einrichtungen außerhalb der Bundeswehr – seien dies Kurse zur Vorbereitung auf das Studium, Anpassungsfortbildungen und die unterschiedlichsten fachlichen und überfachlichen Weiterbildungsseminare für Arbeitnehmer oder Berufsorientierungsseminare und Bewerbertrainingskurse für junge Menschen, die noch nicht wissen, wie es weiter gehen soll. Eine Finanzierung bis zu 1 300 DM, Zuschüsse zu Fahrtkosten und die Kostenübernahme für bürokratische Umschreibungen militärischer in zivile Erlaubnisscheine (zum Beispiel des Führerscheins) sind möglich. Wer sich für eine solche Berufsförderung interessiert, kann Genaueres bei den Förderungsberatern des BFD der Kreiswehrersatzämter erfahren. (Für Zivildienstleistende gibt es solche Möglichkeiten leider nicht.)

Sich informieren – gewusst wo!

Für jeden Wehrpflichtigen fast unersetzlich sind die Broschüren des
Streitkräfteamt – Infoservice –
Postfach 14 01 89, 53107 Bonn
Lesenswert ist auch der
Wegweiser durch die Bundeswehr,
den die Bundeswehr unter der Adresse www.bundeswehr.de/bundeswehr/grundlagen/wegweiser.html ins Netz gestellt hat. Hier werden alle Fragen von A–Z, die sich im Zusammenhang mit der Wehrpflicht ergeben, ausführlich behandelt.
Persönliche Beratung erhält man bei den Wehrdienst- und Sozialberatern der Kreiswehrersatzämter oder im Wehrdienstberatungsbüro (Telefonnummer unter Bundeswehr oder Kreiswehrersatzamt im Telefonbuch).
Auskünfte erteilt auch die Personalabteilung in jedem Truppenteil. Informationen zur möglichen Berufsförderung erhält man darüber hinaus beim

- **Bundesministerium der Verteidigung**
  Presse- und Informationsstab 5
  Referat Nachwuchswerbung
  Postfach 1328
  53003 Bonn
  Tel. 02 28/12 0-0
- zuständigen Kreiswehrersatzamt (KWEA) oder nächsten KWEA mit einem angeschlossenen Berufsförderungsdienst (BFD) (Telefonnummern unter „Bundeswehr" im Telefonbuch und beim
- **Bundesamt für den Zivildienst (BAZ)**
  Öffentlichkeitsarbeit
  50964 Köln
  Tel. 02 21/3 67 3-0

Lesetipps

Allgemeine Literatur zum Wehr- oder Zivildienst:
Heribert Johlen
Wehrpflichtrecht in der Praxis
München 1996, 42 DM

Harald Elbert/Klaus Fröbe
Kriegsdienstverweigerung und Zivildienst
München 1997, 13,90 DM

Information zum Zivildienst
Eine CD-Rom zum Zivildienst hat das Bischöfliche Generalvikariat herausgegeben. Sie erhalten Sie für 23 DM unter folgender Adresse:
Audeo Mediaservice
Weberbach 17–18
54290 Trier
Tel. 06 51/9 75 55 23
Informationen zum Zivildienst gibt es auch auf der Homepage des Generalvikariats:
www.zivi.bistum-trier.de

Und die Finanzen?

Geld spielt natürlich schon bei der Musterung eine Rolle (also daran denken: Antrag auf Erstattung der Auslagen stellen, zum Beispiel Fahrtkosten zur Musterung und Eignungsfeststellung), besonders aber dann, wenn der Dienst tatsächlich beginnt:

Jeder Wehrdienstleistende erhält eine Reihe sozialer Absicherungen während seines Wehrdienstes. Dazu gehören der Wehrsold und gegebenenfalls weitere Unterhaltsleistungen für den Wehrdienstleistenden und seine Angehörigen. Zum Sold kommen noch eine Entfernungspauschale (wenn der Standort mehr als 50 km vom Wohnort entfernt ist), freie Bahnfahrten und Verpflegungsgeld für dienstfreie Tage hinzu. Die Kranken-, Renten- und Arbeitslosenversicherungsbeiträge werden von der Bundeswehr übernommen, auch dann, wenn der junge Wehrpflichtige, wie zum Beispiel bei Schulabgängern, bisher noch keine Versicherungsnummer hat (Formulare für die Antragstellung gibt es bei den Krankenkassen und Gemeindeverwaltungen). Genauere Informationen erhält man beim Sozialdienst der zuständigen Standortverwaltung der Bundeswehr. Für junge Männer, die allein stehende Mieter einer Wohnung sind, gibt es Mietbeihilfe durch die Unterhaltssicherungsbehörde der Gemeinde, in der man wohnt. Genaueres erfährt man bei der Stadt- oder Kreisverwaltung des Wohnorts.

Übrigens: Wer vor der Einberufung einen Arbeitsplatz hat, genießt nach dem Arbeitsplatzschutzgesetz unter bestimmten Voraussetzungen Kündigungsschutz. Ein Ausbildungsvertrag hat meist aufschiebende Wirkung (nähere Auskünfte beim Kreiswehrersatzamt und bei den Gewerkschaften). Für Abiturienten und Absolventen der Fachoberschulen gilt dagegen der Grundsatz: „Grundwehr- oder Zivildienst vor der weiteren Ausbildung".

Soziales Engagement: Das freiwillige soziale oder ökologische Jahr

Das freiwillige soziale und das ökologische Jahr sind Möglichkeiten, nach der Schule erst einmal etwas ganz anderes zu machen, seine Arbeitsfähigkeit zu überprüfen, sich im Dienste des Gemeinwohls zu engagieren und Erfahrungen in Bereichen zu sammeln, mit denen man bisher als Schüler wenig oder gar nichts zu tun hatte. Weder das freiwillige soziale noch das ökologische Jahr sind Praktika im herkömmlichen Sinn. Sie stellen auch keine Berufsausbildung dar. Aber bei Bewerbungen um einen Studienplatz und sicher auch bei Bewerbungen um einen Ausbildungsplatz in einem Betrieb verbessern sich die Chancen. Das Mindestalter für ein solches freiwilliges Jahr ist 16, oft auch 17 Jahre, das Höchstalter 27 Jahre. Die Dauer des „Jahres" beträgt mindestens sechs und höchstens zwölf Monate.

Einsatzorte sind:

- Im sozialen Bereich: Einrichtungen der Wohlfahrtspflege einschließlich der Kinder- und Jugendhilfe oder im Gesundheitsbereich – also in Kinderheimen, Krankenhäusern, Alten- und Pflegeheimen und Einrichtungen für Behinderte.
- Im ökologischen Bereich: Einrichtungen, die im Umweltschutz tätig sind, zum Beispiel in der Biotoppflege, in der Forst- und Waldwirtschaft, in der Gewässerpflege, aber auch bei der Aufklärungsarbeit im Rahmen des Natur- und Umweltschutzes.

Träger des freiwilligen sozialen Jahres sind die Wohlfahrtsverbände, wie die Caritas, das Diakonische Werk, die Arbeiterwohlfahrt, die evangelischen und katholischen Jugendverbände, das Jugendaufbauwerk und der internationale Bund für Sozialarbeit. Träger des freiwilligen ökologischen Jahres sind die Umweltministerien einiger Bundesländer, Internationale Jugendgemeinschaftsdienste und wieder das Jugendaufbauwerk und der Internationale Bund für Sozialarbeit. Informationen erhält man dort (Adressen → Seite 381 und 382). Was man allerdings wissen muß: Auch beim freiwilligen sozialen oder ökologischen Jahr übersteigt die Zahl der Bewerber die Zahl der freien Plätze deutlich.

Den Realschulabschluss hab ich ja – aber keinen Plan, wie es weitergehen soll. Das einzige, was ich wirklich weiß: ich will raus hier! Zum Glück haben die mich beim Diakonischen Werk genommen. Jetzt geht es ab nach München.
Larisse, 17 Jahre

Auch hier: Und die Finanzen?
Lohn gibt es nicht. Aber angemessenes Taschengeld, das heißt meist zwischen 200 und 400 DM pro Monat, kostenlose Unterkunft, Verpflegung und gegebenenfalls auch die Arbeitskleidung. Auch die Sozialversicherungsbeiträge einschließlich der Beiträge für eine Unfallversicherung werden übernommen.

Jobben als Überbrückung

Wer zwischen Schulabschluss und Beginn einer Ausbildung oder eines Studiums erst einmal jobben will, muss sich kundig machen, welche arbeits- und versicherungsrechtlichen Regelungen auf ihn anzuwenden sind. Eine vorübergehende Arbeitsbeschäftigung ist zum Beispiel derzeit nur dann frei von Sozialversicherungsbeiträgen, wenn sie höchstens zwei Monate oder 50 Arbeitstage dauert (hier spielt die Höhe des Verdiensts keine Rolle) oder wenn die wöchentliche Arbeitszeit nicht mehr als 15 Stunden und der Monatslohn nicht mehr als 630 DM betragen (in diesem Fall unabhängig von der Gesamtdauer des Arbeitsverhältnisses).

Informationen gibt es wieder bei den Arbeitsämtern. Übrigens: Vorsicht bei Schwarzarbeit! Fliegt sie auf, kann es teuer werden. Zudem kann man wegen Steuerhinterziehung und vielem mehr rechtlich belangt werden.

Alternativen im Ausland

Immer mehr Jugendliche haben es erkannt: Einen längeren und intensiven Aufenthalt im Ausland einzuplanen, gehört fast dazu, wenn man sich Basisqualifikationen wie Fremdsprachenkenntnisse, Flexibilität und die Kompetenz, grenzüberschreitend zu denken und zu handeln, aneignen will. Möglichkeiten gibt es viele.

Au pair: Der Aufenthalt „auf Gegenseitigkeit"

Als Aupairmädchen (aber nicht nur Mädchen, inzwischen gibt es immerhin schon 1 Prozent Aupairjungen) in einer Familie kann eigentlich jede und jeder Interessierte nahezu in jedes Land dieser Erde vermittelt werden. Voraussetzung: Sie, er ist über 18 Jahre alt. Noch besser, wenn sie, er einigermaßen die Sprache des Gastlandes spricht und nachweisen kann, dass sie, er Erfahrungen mit (kleinen) Kindern hat (eigene kleinere Geschwister, Praktika in Kindergärten, Babysitting und Ähnliches sind meist schon ausreichend). Dass es sich bei einem Au-pair-Aufenthalt nicht um Ferien, Spaß und reines Vergnügen handelt, muss aber allen Bewerberinnen und Bewerbern klar sein. Denn sonst ist die Enttäuschung vorprogrammiert. Erwartet wird von allen: Hilfe bei der Hausarbeit, Kinderbetreuung und der Besuch einer Sprachschule.

In Europa regelt das Europäische Au-pair-Abkommen die Details. Zu diesen gehören zum Beispiel

- die Arbeitszeit (nicht mehr als fünf Stunden pro Tag oder 30 Stunden in der Woche),
- die (zumutbare) Art der Arbeit (Kinderbetreuung und leichte Hausarbeit),
- die Gegenleistung der Familie (Unterkunft und Verpflegung, Familienanschluss, Versicherung, die zeitliche und finanzielle Möglichkeit, einen Sprachkurs zu besuchen, und ein monatliches Taschengeld von etwa 100 DM).

In den USA gelten andere Bedingungen: Hier ist es durchaus üblich, dass die Aupairmädchen bis zu 45 Stunden im Einsatz sind. Dafür gibt es mehr Taschengeld (rund 250 DM) und einen kostenlosen Hin- und Rückflug. In den USA werden zudem ein Führerschein und meist auch nachgewiesene Praktika im Kindergarten oder in einer Jugendgruppe (Referenzen erforderlich) erwartet. Genauere Auskünfte gibt es zum Beispiel beim Verein für Internationale Jugendarbeit (→ nebenstehend).

Kontakt
Verein für Internationale Jugendarbeit
Goetheallee 10
53225 Bonn
Tel. 02 28/69 89 52

Inzwischen gibt es eine Vielzahl von gemeinnützigen und privatwirtschaftlichen Organisationen, die sich um die Vermittlung von Au-pair-Stellen bemühen. Letztere verlangen in der Regel ein Vermittlungsentgelt. Hier gibt es natürlich auch schwarze Schafe – versuchen Sie lieber, mit einer der gemeinnützigen Organisationen klarzukommen. Auf keinen Fall empfiehlt es sich, auf eigene Faust, zum Beispiel auf eine Annonce hin, eine Gastfamilie zu suchen. Professionelle Agenturen suchen für die Bewerberinnen und Bewerber geeignete Familien. Sie haben im Vorfeld die Unterbringung, die Arbeitsbedingungen und die finanziellen Fragen mit den dortigen Familien den gesetzlichen Bestimmungen entsprechend abgesprochen und können die Einhaltung der ausgehandelten Bedingungen garantieren. Die Versicherungs- und Aufenthaltrechtsfragen sind geklärt. Sollten Schwierigkeiten auftreten, sind sie die Ansprechpartner und vermitteln auch, wenn dies nötig sein sollte, eine neue Familie.

Au-pair-Aufenthalte dauern in der Regel ein Jahr. Inzwischen gibt es aber auch kürzere Varianten, zum Beispiel ein „Sommer-au-pair“ von drei bis sechs Monaten. Wer zudem an einer Universität des Landes studieren will, kann dies ebenfalls auf Au-pair-Grundlage tun. Teilnehmer eines solchen „Aupair-Study“-Programms brauchen nur 20 Stunden wöchentlich zu arbeiten, erhalten jedoch kein Taschengeld, sondern nur freie Unterkunft und Verpflegung. Nach Adressen der bekanntesten Vermittlungsagenturen kann man sich beim Verein für Internationale Jugendarbeit erkundigen(→ Seite 253).

Soziale Dienste im Ausland

Wer lieber in einer Gruppe als in einer Familie Auslandserfahrungen sammeln möchte, hat die Möglichkeit, an einem der vielen sozialen Projekte im europäischen und nichteuropäischen Ausland teilzunehmen. Die Wahlmöglichkeiten reichen dabei von der Gräberpflege in Russland bis zur Mitarbeit im deutschen Bereich des Walt-Disney-Parks in Florida, von der Obsternte in Nordschottland bis zum Bau eines Kanals in Südamerika. In der Regel handelt es sich bei diesen sozialen Diensten immer um sozialpädagogische Projekte für Kinder oder Jugendliche, um eine aktive Teilnahme an der Gemeinwesenarbeit oder um Mitarbeit an Gedenkstätten. Die Dauer beträgt meist etwa ein Jahr. Unterkunft und Verpflegung findet man in Gastfamilien, Wohngemeinschaften, Wohnheimen und Camps. Es gibt Taschengeld (die Höhe variiert von Land zu Land). Allerdings entstehen auch Teilnahmekosten, die einige Tausend DM betragen können (wieder abhängig vom Land und dessen wirtschaftlicher Struktur). Teilstipendien der Träger sind möglich.

Oder jobben im Ausland?

Ganz unabhängig, aber dann wirklich auf sich gestellt, geht es auch. Welche Möglichkeiten es gibt und zu welchen Bedingungen man arbeiten, leben und Geld verdienen kann, erfährt man bei der Zentralstelle für Arbeitsvermittlung, Auslandsabteilung, Villemombler Str. 76, 53123 Bonn, Tel. 02 28/7 13-0. Dort sind auch spezielle Broschüren erhältlich, wie zum Beispiel das Heft „Auslandsprogramme“ oder „Jobs und Praktika im Ausland“. Auch die Berufsinformationszentren helfen weiter.

„Geförderte Auszeiten“

Die – freiwillige oder unfreiwillige – Pause bedeutet zum Glück nicht, dass Kindergeld oder Kinderfreibetrag (→ Seite 291 ff.) verloren gehen.

- Die Förderung für Ihre Tochter, Ihren Sohn geht auch über den 18. Geburtstag weiter, wenn zwischen Abitur und Studium oder Berufsausbildung nicht mehr als vier Monate (die so genannte Übergangszeit) liegen. Es reicht zum Beispiel aus, wenn Ihre Tochter, die am 30. Juni die Schule beendet hat, spätestens am 1. November eine Berufsausbildung beginnt. Es spielt keine Rolle, ob sie in der Zwischenzeit reist oder arbeitet oder sich sonst die Zeit vertreibt.
- Pausen vor und nach dem Wehr- oder Zivildienst oder einem Ersatzdienst (→ Seite 247 ff.) zählen ebenfalls zu den Übergangszeiten. Während der Dienstzeit wird zwar kein Kindergeld gezahlt, dafür kann sich aber die „steuerliche Kindheit“ über das 27. Lebensjahr verlängern.
- Pausen vor und nach einem sozialen oder ökologischen Jahr (→ Seite 251 ff.) gelten dann als Übergangszeit, wenn danach eine Ausbildung aufgenommen oder fortgesetzt wird. Während des freiwilligen Einsatzes gibt es die Förderung ebenfalls. Allerdings verlängert diese Zeit die „steuerliche Kindheit“ nicht.

Manchmal werden es aber auch mehr als vier Monate, weil kein Studien-, kein Ausbildungsplatz zu finden ist.
Das Kinder-geld ist dann trotzdem nicht gefährdet, wenn der „Wille zur Ausbildung belegt ist“– zum Beispiel durch eine bestätigte Anmeldung bei der Berufsberatung.
Und wenn Tochter, Sohn längere Zeit krank werden: Die Kindergeldzahlung wird nicht unterbrochen, wenn die Absicht besteht, die Ausbildung fortzusetzen oder danach zu beginnen. Allerdings: Dauert die Unterbrechung länger als sechs Monate, prüft die Familienkasse den Fall.

Jetzt wird es ernst:

Ausbildung und Beruf

Die Bewerbung

Es ist so weit. Die Entscheidung ist gefallen. Bei den einen, weil sie sich sagen können: „Dieser Beruf gefällt mir, die Ausbildung dazu passt zu mir. Ich erfülle die Voraussetzungen – jetzt brauche ich nur noch eine Ausbildungsstelle oder einen Platz an der Schule, an der ich meine schulische Berufsausbildung aufnehmen will." Bei den anderen, weil das Schulende unaufhaltsam näherrückt und sich die Jugendlichen nach den Chancen und Möglichkeiten, die der Markt bietet, richten müssen. Auf jeden Fall heißt es jetzt: Ich muss mich bewerben.

In dieser Phase der beruflichen Orientierung sind Sie als Eltern noch einmal ganz wichtig: Trotz aller Vorbereitungen auf den Berufsstart durch Schule und Arbeitsamt, trotz der vielen Bücher und Broschüren zu diesem Thema – die auch im Arbeitsamt zur Einsicht oder zur Mitnahme ausliegen – brauchen Jugendliche ihre Eltern gerade jetzt als Trainer, die ihre Erfahrungen mit Stellensuche und Bewerbung weitergeben, die motivieren und antreiben, Mut machen, aber auch trösten, wenn es angesichts der aktuellen Marktlage für Ausbildungsstellen nicht beim ersten, beim zweiten, dritten ... Mal klappt.

Wo und wie anfangen?

Für viele beginnt der Endspurt schon mit Anfang des letzten Schuljahrs: Das Wichtigste ist erst einmal, einen betrieblichen oder schulischen Ausbildungsplatz zu finden. Als Grundlage für eine geordnete und einheitliche Berufsausbildung gelten die staatlichen Ausbildungsberufe und die entsprechenden Ausbildungsverordnungen. Einen Überblick bietet das „Verzeichnis der anerkannten Ausbildungsberufe", herausgegeben vom Bundesinstitut für Berufsbildung. Jugendliche unter 18 Jahren dürfen übrigens nur in staatlich anerkannten Ausbildungsberufen ausgebildet werden.

Raten Sie Ihrer Tochter, Ihrem Sohn, mehrgleisig vorzugehen: Sie, er sollte sich zum einen wiederum an das Arbeitsamt wenden – drei Viertel aller Ausbildungsbewerber gehen zur Berufsberatung des Arbeitsamts, wenn sie einen Ausbildungsplatz suchen. Sinnvollerweise, denn die Berufsberater dort kennen die Ausbildungsbetriebe durch regelmäßige Kontakte und können auch Adressen weitergeben von Betrieben, die passende Ausbildungsstellen anbieten.

Zum anderen gibt es als weitere Möglichkeit die Anzeigen in der Zeitung. Vielleicht finden sich auch Betriebe, Kaufhäuser, Praxen ... in der Nähe, die ebenfalls ausbilden und bei denen Ihre Tochter, Ihr Sohn vielleicht persönlich nachfragen kann. Auch die „gelben Seiten" des Branchenfernsprechbuchs sind eine wahre Fundgrube. Wer Zahnarzthelferin werden will, Buchhändler oder eine Ausbildungsstelle in einem Installationsbetrieb sucht, kann hier jede Menge Adressen finden.

Ermuntern Sie Ihre Tochter, Ihren Sohn, sich erst einmal telefonisch nach offenen Stellen zu erkundigen. Ein solches Telefonat dient auch dazu, die notwendigen Informationen zu erhalten, worauf in dem entsprechenden Betrieb bei der schriftlichen Bewerbung besonderer Wert gelegt wird. Helfen können Sie, indem Sie mit Ihrer Tochter, Ihrem Sohn dieses erste Telefongespräch einmal durchspielen. Wie stellt man sich am besten vor? Wonach fragen, was und wie über sich erzählen ... – was abstrakt so einfach klingt, kann im konkreten Fall ganz schön aufregend sein! Auch dabei gibt die Berufsberatung des Arbeitsamts Hilfestellung.

Darüber hinaus ist das Arbeitsamt für die Terminplanung der Ansprechpartner. Hier gibt es genaue Auskünfte zu den einzelnen Bewerbungsterminen, die durchaus unterschiedlich sein können. Es zeugt im Übrigen nicht unbedingt von Unselbstständigkeit, wenn Jugendliche bei der Terminplanung auf die Hilfe der Eltern zurückgreifen. Und Eltern sollten sich nicht scheuen, auf die Einhaltung zu achten.

Darüber hinaus kann Ihre Hilfe bei der Abfassung der Bewerbungsschreiben wichtig sein. Zwar gehört das Formulieren solcher Schreiben inzwischen zum Lehrplan der Schulen, und viele Broschüren und Ratgeber liefern Vorlagen. Aber Tipps, aus den Vorlagen eine individuelle Bewerbung zu machen, die Hilfe bei der Auswahl des (von einem Fotografen gemachten) Bewerbungsfotos, die Erinnerungshilfe bei der Zusammenstellung des Lebenslaufs, der kritische Blick auf das fertige Produkt des Bewerbungsschreibens (Tippfehler und Rechtschreibfehler dürfen nicht sein!), die wichtige Kontrolle vor dem endgültigen Zukleben des Umschlags, die Überprüfung der richtigen Frankierung und Adressierung kann keine Broschüre ersetzen.

Was ist bei einem Bewerbungsschreiben wichtig?

Der Brief muss enthalten

→ die eigene Adresse, die eigene Telefonnummer mit Vorwahl,
→ die Anschrift des Betriebs,
→ den Berufs- oder Ausbildungswunsch,
→ die besuchte Schule und den voraussichtlichen Schulabschluss,
→ eine Begründung für die Wahl des Berufs, des Ausbildungsbetriebs oder der Schule,
→ den korrekten Gruß und die handschriftliche Unterschrift am Ende des Briefes,
→ die Unterlagen in der richtigen Reihenfolge: Bewerbungsschreiben, tabellarischer Lebenslauf mit Foto, Zeugniskopien (oft schon das Versetzungszeugnis in die letzte Klasse oder das Halbjahreszeugnis der Abschlussklasse, auch wenn Voraussetzung für die Aufnahme der bestandene Abschluss ist),
→ eventuelle Bescheinigungen von abgeleisteten Praktika und Kursen, Erwähnung von ehrenamtlichen Tätigkeiten.

Übrigens: Zeugnisse sind nicht alles. Auch wenn das Schulzeugnis nicht besonders gut aussieht, machen Sie Ihrer Tochter, Ihrem Sohn Mut. Wie aus einer Umfrage des Instituts der deutschen Wirtschaft (IW) hervorgeht, werden in den Betrieben an erster Stelle Vollständigkeit, Rechtschreibung und Erscheinungsbild eines Bewerbungsschreibens in Augenschein genommen. Erst danach kommen die Zensuren. Außerdem gibt es viele Möglichkeiten, sich „aufzubessern“: Die Angabe von abgeleisteten Praktika, Schnupperkursen, die Erwähnung von ehrenamtlichen Tätigkeiten und vieles mehr wirken in jedem Bewerbungsschreiben.

• Lebenslauf
Name:
Geburtsdatum:
Geburtsort:
Wohnort:
Schulbildung:
Schulabschluss:
Schulausbildung:
Außerschulische Bildung:
Weitere Tätigkeiten:
Zivildienst:
David Kozlowski
15. September 1979
Wolfsburg
Steintorwall 21, 38100 Braunschweig
Telefon: 0531-2405313
September 1986 bis November 1994
Freie Waldorfschule Braunschweig
November 1994 bis Juli 1995
Gymnasium Raabeschule
September 1995 bis Juni 1997
John-F.-Kennedy Realschule
Sommer 1997 Realschulabschluss
September 1997 bis Juni 1998
Fachoberschule für Gestaltung
August 1997 bis Januar 1998
Praktikum im Fotostudio Overlook
Januar 1998 bis August 1998
Praktikum in der Prinz Werbeagentur
September 1998 bis Juni 1999
diverse Aushilfstätigkeiten
Juni 1999 bis August 2000
Malteser Hilfsdienst

Soziales Engagement ist gefragt

Jugendliche, die sich sozial engagieren und ehrenamtlich – sei es in der Jugendarbeit, im Sport oder in einem der vielen gemeinnützigen Vereine und Organisationen – mitarbeiten oder gar Verantwortung übernehmen, haben in den Augen der Personalabteilungen innerhalb der Wirtschaft ein besonderes Plus. Sie haben auf unkomplizierte Weise durch ihre praktische Tätigkeit so genannte Schlüsselqualifikationen erworben.

Diese Schlüsselqualifikationen, wie zum Beispiel soziale Kompetenzen, Teamarbeit, Kooperations- und Organisationsfähigkeit, Führung von Gruppen, sind heute in der Berufswelt hoch anerkannt. Schriftliche Bestätigungen über ehrenamtliches Engagement ergeben in der Regel Bewerbungsvorteile (die eine 4 im Zeugnis aufwiegen können).

Und wenn es ernst wird: Auch für die Vorbereitung auf das Vorstellungsgespräch sind Eltern fast nicht zu ersetzen. Wieder gilt es Mut zu machen, Tipps zu geben, die Situation wieder und wieder durchzuspielen (nicht nur im Kopf) und – nicht zuletzt – in der Kleiderfrage zu beraten.

Berufsstart – ein teures Vergnügen

Jeder, der schon einmal eine Bewerbungsmappe in den Briefkasten geworfen hat, weiß, wie teuer die Suche nach einem Ausbildungsplatz werden kann. Da ist ja nicht nur das Porto für den dicken Umschlag. Die Mappe kostet Geld, die Kopien auch, das Passfoto, der Schnellhefter – und das alles aller Wahrscheinlichkeit nach in x-facher Ausführung. Dann die Fahrt zum Vorstellungsgespräch, möglicherweise neue Kleidung für dieses Ereignis – Jugendliche und ihre Eltern müssen ganz schön in die Tasche greifen, um diese „Werbungskosten" aufzubringen. Dazu kommt, wenn tatsächlich der erste Tag der Ausbildung naht, die Anschaffung der Arbeitskleidung, die in vielen Betrieben nicht vom Arbeitgeber gestellt wird – und dies alles, bevor die Jugendlichen einen Pfennig verdient haben.

Glücklicherweise gibt es die Möglichkeit, finanzielle Hilfen zu erhalten. Wer bei der Berufsberatung als Bewerber für eine betriebliche Ausbildungsstelle gemeldet ist, kann – abhängig von seiner finanziellen Situation – Zuschüsse oder Darlehen für die Kosten der Bewerbung, der Fahrten zu Vorstellungsgesprächen oder für die Anschaffung der ersten Arbeitskleidung erhalten. Erkundigen Sie sich bei der Berufsberatung.

Und wenn dann doch die Absagen kommen?

„ … bedauern wir sehr, Ihnen mitteilen zu müssen, dass wir uns für eine andere Bewerberin entschieden haben. Wir wünschen Ihnen für Ihren weiteren Lebensweg viel Glück.“

Leider müssen viele Jugendliche die Enttäuschung verkraften, nicht nur eine Absage zu bekommen. Denn gleich bei den ersten Bewerbungen eine Zusage für einen Ausbildungsplatz zu erhalten, ist heute eher die Ausnahme denn die Regel. Dies sollten Sie Ihrer Tochter, Ihrem Sohn unbedingt vermitteln. Es ist jetzt Ihre wichtige Aufgabe, Mut zu machen, aufzubauen und das Selbstwertgefühl Ihrer Tochter, Ihres Sohnes zu stärken. Es gibt wenige Jugendliche, deren Selbstvertrauen und Optimismus nicht unter der Situation auf dem Ausbildungsstellenmarkt leiden, obwohl sie doch in keiner Weise dafür verantwortlich sind. Begleiten Sie Ihre Tochter, Ihren Sohn noch einmal zum Arbeitsamt und suchen Sie gemeinsam nach Alternativen.

Es gibt inzwischen auch viele staatliche oder staatlich geförderte Möglichkeiten der „Einstiegserleichterung“: Ein so genanntes Orientierungstraining, das die Arbeitsämter anbieten, ist ein sinnvoller erster Schritt. In drei Monaten erfährt man mehr über Berufe mit Zukunft, über sich, seine Neigungen und Begabungen und lernt, sich vielleicht noch effektiver zu bewerben. Im Zusammenhang mit einem solchen Orientierungstraining werden Kurzpraktika in Betrieben angeboten, die noch Azubis suchen. Vielleicht klappt es da, und wenn nicht: Zumindest kann man dann bei weiteren Bewerbungen erste berufliche Praxis nachweisen.

Es gibt Lehrgänge zur Verbesserung beruflicher Bildungs- und Eingliederungschancen (BBE), Grundausbildungslehrgänge, Berufsausbildungen in überbetrieblichen Einrichtungen (BÜE), das Berufsvorbereitungsjahr (BVJ) und das Berufsgrundbildungsjahr (BGJ). Sollten die Chancen auf dem Arbeitsmarkt wegen eines fehlenden Schulabschlusses besonders schlecht aussehen, gibt es beim Arbeitsamt unter dem Stichwort „Sofortprogramm zum Abbau der Jugendarbeitslosigkeit“ spezielle Nachholkurse. Sie lohnen sich bestimmt. Denn ohne Zeugnis geht heute wenig. Überzeugen Sie Ihre Tochter, Ihren Sohn vom Nutzen einer intensiven Beratung und lassen Sie sich selbst auch beraten.

Ganz wichtig ist übrigens: Wer nicht unmittelbar im Anschluss an eine Schulausbildung einen Ausbildungsplatz findet, sollte sich sofort persönlich beim Arbeitsamt arbeitslos melden. Von dieser Arbeitslosenmeldung kann die weitere Zahlung des Kindergelds abhängen!

Schritte, wenn es nicht gleich klappt

→ Bewerbungsschreiben und Lebenslauf in Stil und Ausführung verbessern.
→ Noch einmal zur Berufsberatung gehen (Hotline 080 00/10 00 01).
→ Alternativen erkunden: eine über betriebliche Ausbildung suchen, an berufsvorbereitenden Lehrgängen (BVJ und BGJ) oder einem so genannten Orientierungstraining teilnehmen (Informationen beim Arbeitsamt).
→ Erwerb von Zusatzqualifikationen, gegebenenfalls einen fehlenden Schulabschluss nachholen.
→ Nach anderen Möglichkeiten der Überbrückung suchen: freiwilliges soziales Jahr, freiwilliges ökologisches Jahr, Au-pair-Stelle oder jobben im Ausland (→ Seite 251 ff.).
→ Weitere Informationen zum Berufseinstieg gibt es online unter www.arbeitsamt.de

Bildungsmöglichkeiten bei der Bundeswehr

Junge Männer und inzwischen auch junge Frauen können als Soldaten auf Zeit (SaZ) eine Ausbildung absolvieren. Das heißt, dass sie sich auf mindestens zwei, vier, acht oder zwölf Jahre verpflichten und innerhalb der Bundeswehr eine Ausbildung absolvieren oder an einer Bundeswehrfachschule die mittlere Reife, die Fachschulreife, die Fachhochschulreife oder das Abitur auf dem zweiten Bildungsweg nachholen. An solchen Bundeswehrfachschulen werden darüber hinaus bestimmte berufsqualifizierende Fachschullehrgänge durchgeführt. Auch ein Studium an einer Bundeswehr-Universität ist für Offiziersanwärter, die sich für mindestens zwölf Jahre verpflichtet haben, möglich. Bewerben kann sich jeder, der mindestens 17 ½ Jahre ist. (Dass die Bundeswehr nicht jeden nimmt, muss natürlich einkalkuliert werden. Beratung und Information gibt es beim Wehrdienstberater bei den Kreiswehrersatzämtern.)

Aber auch während des Grundwehrdienstes gibt es vielfältige Möglichkeiten der Fort- und Weiterbildung (→ Seite 247 ff.).

Es hat geklappt

Nicht nur den Jugendlichen, auch Ihnen als Eltern wird ein Stein vom Herzen fallen, wenn die Weichen nach der Schule gestellt sind und die Ausbildung weitergehen kann – sei es in einem Handwerk, im Dienstleistungsgewerbe, in der Verwaltung oder in einer schulischen Einrichtung. Und immer noch werden Sie gebraucht. Denn der Schritt vom Schülerdasein in eine berufliche oder auch weitere schulische Ausbildung ist ziemlich aufregend. Die neue Umgebung, die Anforderungen, denen man genügen muss, die Arbeitszeiten, die Kombination von Arbeit im Betrieb und Lernen in der Berufsschule und die vielfältigen Kontakte zu Erwachsenen, seien es nun Kollegen oder Vorgesetzte, fordern den Jugendlichen einiges an Anpassungsvermögen ab. Sie können den Einstieg erleichtern, wenn Sie zurückdenken und erzählen, wie es Ihnen ergangen ist. Sie können von Ihrem Arbeitsplatz und zum Beispiel von den dortigen Gepflogenheiten im gegenseitigen Umgang berichten. Geben Sie einen Einblick in die Abläufe und Regeln bei Ihrer Arbeit und in Ihren ganz gewöhnlichen Arbeitsalltag. Alles ist für Ihre Tochter, Ihren Sohn wichtig, was sie, er von dieser ganz neuen Welt erfährt.

Lesetipp
Das Bundesministerium für Bildung und Forschung hat eine Broschüre herausgegeben:
Ausbildung und Beruf. Rechte und Pflichten während der Berufsausbildung u.a.
Sie erhalten sie kostenlos als Download unter www.bmbf.de/veroef01/brosch01/neu.htm oder beim
BMBF
Referat Öffentlichkeitsarbeit
53170 Bonn
Fax 02 28/57 39 17
Bestell-Nr. 2 93 40

Der Ausbildungsvertrag

Wichtig ist erst einmal der Ausbildungsvertrag, dem Sie als gesetzliche Vertreter Ihrer Tochter, Ihres Sohnes zustimmen und den Sie unterschreiben müssen. In der Regel ist dieser Vertrag vom Arbeitgeber vorgefertigt. Kontrollieren Sie genau. Er muss enthalten

- Name und Anschrift der Vertragschließenden,
- Art, sachliche und zeitliche Gliederung und Ziel der Ausbildung,
- Beginn und Dauer der Ausbildung,
- die Dauer der regelmäßigen täglichen Ausbildungszeit,
- die Urlaubszeiten,
- die Dauer der Probezeit,
- die Ausbildungsmaßnahmen außerhalb der Ausbildungsstätte, also zum Beispiel die Berufsschule,
- Höhe und Fälligkeit der Ausbildungsvergütung,
- die Voraussetzungen, unter denen der Berufsausbildungsvertrag gekündigt werden kann,

- allgemeine Hinweise auf die Tarifverträge, Betriebs- und Dienstvereinbarungen, die auf das Berufsausbildungsverhältnis anzuwenden sind.

Dieser Vertrag muss vom Ausbildungsbetrieb der zuständigen Kammer (Industrie- und Handelskammer, der Handwerkskammer, der Ärzte- oder Rechtsanwaltskammer) zur Prüfung und zum Eintrag vorgelegt werden.

Und noch mehr Formalitäten

Der Ausbildungsvertrag ist nur einer von vielen „Scheinen", die Jugendliche zu Beginn ihres Berufslebens brauchen. Darüber hinaus sind folgende Papiere wichtig für den Arbeitgeber:

- Die Lohnsteuerkarte – zu beantragen bei der Stadt- oder Gemeindeverwaltung.
- Der Nachweis eines Lohn- und Gehaltskontos bei einer Bank oder Sparkasse.
- Die Gesundheitsbescheinigung: Auszubildende, die den 18. Geburtstag noch vor sich haben, brauchen nach dem Jugendarbeitsschutzgesetz eine ärztliche Bescheinigung, dass sie für den gewünschten Beruf aus medizinischer Sicht geeignet sind.
- Der Sozialversicherungsausweis: Dazu gehört die Mitgliedsbescheinigung bei einer gesetzlichen Krankenkasse. Die Krankenkasse kümmert sich dann auch um die Beantragung der Rentenversicherungsnummer, die dem Arbeitgeber vorgelegt werden muss. Um die Bescheinigungen für die Pflegeversicherung, Rentenversicherung, Arbeitslosenversicherung und Unfallversicherung muss sich der Arbeitgeber kümmern.
- Die neue Versicherungskarte, denn die bisherige als Familienmitglied wird mit dem Ausbildungsbeginn hinfällig.

Wichtig für den Jugendlichen selbst sind dann noch zwei weitere Bescheinigungen:

- Die Schulzeitbescheinigung für diejenigen, die über das 17. Lebensjahr hinaus die Schule besucht haben. Diese brauchen sie, damit ihnen die weiter besuchten Schuljahre bei der für die Rentenberechnung wichtigen Gesamtleistungsbewertung angerechnet werden.
- Die Rezeptgebührbefreiung, die von der Krankenkasse durch einen Befreiungsausweis bestätigt wird.

Rechte und Pflichten in einem Ausbildungsverhältnis

Die Rechte und Pflichten von Ausbildenden und Auszubildenden sind im Berufsbildungsgesetz (BbiG) und – für den Bereich des Handwerks – in der Handwerksordnung geregelt. Diese Gesetze legen die Rahmenbedingungen für die Ausbildung im Betrieb fest: vom Ausbildungsvertrag über das Ausbildungspersonal bis hin zum Prüfungswesen. Die wichtigsten allgemeinen Bestimmungen sind:

- Die Ausbildenden müssen dafür Sorge tragen, dass die Azubis das Ausbildungsziel erreichen. Sie haben die Aufgabe, ihnen alle Qualifikationen zu vermitteln, die sie für ihren zukünftigen Beruf brauchen. Die Azubis müssen sich entsprechend darum bemühen.
- Ausbilden darf nur, wer persönlich und fachlich dazu geeignet ist. Über diese Eignung wachen die zuständigen Stellen, also zum Beispiel die Kammern.
- Ausbildungsmittel, wie Werkzeuge und Werkstoffe, müssen den Azubis kostenlos zur Verfügung gestellt werden.
- Die Azubis müssen für den Unterricht in der Berufsschule freigestellt werden. Der Unterrichtsbesuch ist für alle Azubis Pflicht (Ausnahme: → Seite 266).
- Azubis dürfen nur Arbeiten übertragen werden, die mit der Ausbildung im Zusammenhang stehen; dazu gehört im Übrigen beispielsweise auch die Sauberhaltung des Arbeitsplatzes und der Werkzeuge. Bei Jugendlichen gilt das Jugendarbeitsschutzgesetz (→ Seite 282).
- Azubis müssen die Betriebsordnung einhalten. Diese muss ihnen bekannt gemacht werden. Sie darf die Persönlichkeitsrechte der Azubis nicht einschränken.
- Azubis sind verpflichtet, über Betriebs- und Geschäftsgeheimnisse Stillschweigen zu bewahren.
- Die Ausbildung darf erst beginnen, wenn die Azubis innerhalb der letzten 14 Monate ärztlich untersucht worden sind und ein ärztliches Attest die gesundheitliche Unbedenklichkeit der Ausbildung für den Jugendlichen bestätigt. Innerhalb des ersten Ausbildungsjahres muss eine ärztliche Nachuntersuchung stattfinden.

Der schulische Teil der Ausbildung ist nicht im BbiG geregelt. Er ist – wie alle schulischen Angelegenheiten – Sache der Länder. Er wird aber natürlich mit der betrieblichen Ausbildung in dem jeweiligen Beruf abgestimmt – so sollte es zumindest sein!

Weitere wichtige Gesetze, die die Zeit der beruflichen Ausbildung betreffen, sind das Jugendarbeitsschutzgesetz und das Betriebsverfassungsgesetz, in dem Fragen der Mitbestimmung, vor allem Aufgaben und Rechte des Betriebsrats und der Jugend- und Auszubildendenvertretung geregelt sind.

Und immer noch Schule! Die Berufsschulpflicht in Deutschland

Die Berufsschulpflicht ist länderübergreifend. Alle Azubis in Deutschland müssen neben ihrer praktischen Ausbildung im Betrieb, in einer Praxis oder im Handel die Berufsschule besuchen. Die Schulpflicht endet also nicht mit dem Schulende der allgemein bildenden Schulen.

Die Berufsschulpflicht ist eine Teilzeitschulpflicht und dauert in der Regel drei Jahre. Wie immer gibt es auch hier Ausnahmen. Befreit von der Berufsschulpflicht sind Auszubildende mit Abitur, befreit sind auch Jugendliche, die eine Ausbildung bei der Bundeswehr, der Polizei, dem Bundesgrenzschutz beginnen, und solche, die die mittlere Beamtenlaufbahn anstreben, oder Schüler, die eine andere (Vollzeit-)Schule besuchen. Je nach Bundesland gibt es dafür die unterschiedlichsten Schultypen: Berufsaufbauschulen, Berufsfachschulen, Fachoberschulen, Fachgymnasien, Fachschulen, Fachakademien und Berufsakademien ... Genaue Informationen gibt es wieder bei der Berufsberatung des zuständigen Arbeitsamts oder direkt in einem Schulzentrum, in dem heute meist verschiedenste Fachrichtungen schulischer Berufsausbildung vereint sind.

Die Berufsschulpflicht endet nicht mit dem Erreichen der Volljährigkeit. Der einzige Unterschied zwischen einem erwachsenen Schüler und einem Jugendlichen: Schüler über 18 Jahre dürfen ihre Entschuldigungen selbst schreiben, Zeugnisse müssen nicht mehr von den Eltern unterschrieben werden, und schulische Verweise werden an die Schüler selbst geschickt.

„Lernortkooperation" – das duale Ausbildungssystem

Für Deutschland typisch ist das duale Ausbildungssystem. Es bedeutet, dass Auszubildende nicht nur in ihrem Betrieb, sondern zusätzlich ein- bis zweimal wöchentlich oder in einzelnen Ausbildungsabschnitten auch wochenweise in einer Schule lernen. Das duale Ausbildungssystem vereinigt also Theorie und Praxis, wobei die fachpraktische Ausbildung durch die Betriebe, die fachtheoretische Ausbildung sowie die Erweiterung der Allgemeinbildung durch die Berufsschule geleistet wird. Besonders effektiv ist dieses duale System vor allem dann, wenn eine enge Zusammenarbeit zwischen Betrieb und Schule möglich ist, wenn regelmäßige Gespräche zwischen Lehrern und Ausbildern zur inhaltlichen und zeitlichen Abstimmung stattfinden. Wichtig sind solche Gespräche auch auf höherer Ebene.

Der technische Fortschritt, der immer neue Berufe und Berufsbilder mit sich bringt, zwingt nicht nur die Betriebe zu großer Flexibilität. Auch die Berufsschulen, ihre Lehrpläne, ihre Organisation, vielleicht die gesamte Struktur müssen ständig überdacht und den Veränderungen auf dem Arbeitsmarkt angepasst werden. Tatsächlich gibt es die ersten gemeinsamen Anstrengungen von Handwerks- und Wirtschaftsverbänden, von Gewerkschaften und Kultusministerien, den neuen Anforderungen durch eine Reform des Systems gerecht zu werden. Es wird also spannend für die Jugendlichen, die heute am Anfang ihrer Ausbildung stehen.

Das Abitur geschafft – und dann?

Fast ein Drittel aller Jugendlichen besucht das Gymnasium und nach dem Abitur geht es ihnen wie allen Schulabgängern: Was nun? Dass sich ihnen ein noch weit größeres Spektrum an Berufs- und Ausbildungsmöglichkeiten bietet, macht ihnen die Beantwortung der Frage erst einmal nicht leichter. Wer (mit einem guten bis sehr guten Abiturzeugnis in der Tasche) nicht genau weiß, dass und was er studieren will, wird wie jeder andere Jugendliche auf die Berufsberatung durch Elternhaus, Schule, Fachhochschulen, Universitäten und vor allem die Berufsberatung der Arbeitsämter angewiesen sein.

Lesetipp
Eberhardt Todt
Abitur – und dann?
Frankfurt/Main 1998
Sie erhalten diese
FAZ-Broschüre für 16,80 DM
zzgl. Versandkosten beim
FAZ-Versandservice
Schulstr. 12
65468 Trebur

Die Arbeitsämter haben besondere Beratungstermine für Abiturienten eingerichtet. Sie informieren über die speziellen Möglichkeiten, die sich für Schulabgänger mit Abitur auftun, beraten, ob eine berufliche Ausbildung eventuell einem Studium vorzuziehen ist und ob und inwieweit diese berufliche Ausbildung die späteren Chancen auf dem Arbeitsmarkt, wenn man dann doch noch studieren will, erhöht. Hier gibt es Informationen über Studienmöglichkeiten an einer Berufsakademie, die sich speziell für Abiturienten anbieten, die zwar studieren, jedoch auf die praktische Anbindung an die Wirtschaft nicht verzichten wollen. Auch wer sicher ist, dass er studieren will, kann sich hier beraten lassen. Wer sich jedoch schon über die Fachrichtung, die er einschlagen will, im Klaren ist, ist besser bei den zuständigen Studienberatungen der Universitäten aufgehoben. Sie beraten potenzielle Studenten über Aufnahmebedingungen, Zulassungsbeschränkungen und Studiengänge im Allgemeinen, wissen aber auch über die speziellen Bedingungen des Fachbereichs vor Ort Bescheid.

Wer soll das bezahlen?

Eine gute Ausbildung ist teuer – auch wenn sie selbst nichts kostet. Dafür aufkommen müssen die Eltern. Sie sind – bis zum 27. Lebensjahr ihres Kindes – gesetzlich verpflichtet, ihren Kindern eine „angemessene Vorbildung zu einem Beruf" zu finanzieren. Die Bestimmung der Angemessenheit bezieht sich sowohl auf das Kind als auch auf die Eltern. Die Ausbildung soll den Interessen, der Begabung und dem Leistungswillen des Kindes entsprechen. Die Verpflichtung der Eltern, sie zu tragen, ist begrenzt durch ihre wirtschaftliche Leistungsfähigkeit. Übersteigen die Kosten der Ausbildung die finanziellen Möglichkeiten der Familie, springt der Staat ein, um die im Grundgesetz verankerte Bildungschancengleichheit zu garantieren. Diese finanzielle Unterstützung regelt das Bundesausbildungsförderungsgesetz (BAföG) beziehungsweise für Jugendliche in einer betrieblichen Ausbildung das Sozialgesetzbuch Teil III. So weit, so gut: Wer aber ist denn nun berechtigt, eine solche Förderung zu erhalten?

Teuer wie ein Einzimmerapartment

Das Deutsche Studentenwerk hat es einmal ausgerechnet: Ein Durchschnittsstudent hat, wenn er sein Diplom in der Tasche hat, rund 100 000 DM ausgegeben, also ungefähr den Gegenwert eines Einzimmerapartments. Er hat, wenn er sechseinhalb Jahre studiert hat, also im Monat etwa 1 300 DM zur Verfügung gehabt und dafür 36 Stunden in der Woche gearbeitet. Einen Denkfehler begeht aber der, der nun meint, dieses Geld sei doch besser in einer Immobilie angelegt. Denn auch mit dieser muss er leben – und diese 1 300 DM sind ja wirklich fast reine Lebensunterhaltskosten.

GOLDESEL

Eine Berufsausbildungsbeihilfe – gedacht für Azubis in einer betrieblichen Ausbildung oder Teilnehmer an berufsvorbereitenden Lehrgängen – können die Jugendlichen erhalten, die zum Beispiel wegen der Entfernung von Wohnort und Ausbildungsstelle nicht mehr bei ihren Eltern wohnen können und deshalb zusätzliche Kosten etwa für Miete tragen müssen. Ob und wie viel Zuschuss ihnen zusteht, hängt von der Höhe ihrer Ausbildungsvergütung und von der finanziellen Situation der Eltern ab. Informationen und Antragsformulare gibt es wieder bei der Berufsberatung des Arbeitsamts.

Lesetipp
BAföG 2000
GEW-Handbuch für Schülerinnen und Schüler, Studentinnen und Studenten. Mit Gesetzestexten, Berechnungsbeispielen und vielen Tipps
Magdeburg 1999, 24 DM

Das BAföG ist für Schüler (also auch Jugendliche, die eine schulische Berufsausbildung absolvieren oder eine berufsbildende Schule besuchen) und Studenten vorgesehen, wenn den Auszubildenden die für ihren Lebensunterhalt und ihre Ausbildung erforderlichen Mittel anderweitig nicht zur Verfügung stehen. Für Schülerinnen und Schüler allgemein bildender Schulen oder von Berufsfachschulen gibt es finanzielle Hilfen nach BAfög nur, wenn sie nicht mehr bei ihren Eltern wohnen und die Notwendigkeit des Auszugs auch begründen können. Um Geld vom Staat zu bekommen, müssen Antragsteller ihre Bedürftigkeit belegen, das heißt, sie sind den Nachweis schuldig, dass ihre Eltern aufgrund ihrer finanziellen Situation (dazu gehören das Einkommen ebenso wie das vorhandene Vermögen) nicht in der Lage sind, die anfallenden Kosten für die Ausbildung und den Lebensunterhalt zu übernehmen. Wie hoch dann der monatliche Betrag ausfällt, hängt von den jeweiligen Einkommensverhältnissen der Eltern, der familiären Situation (Geschwister und so weiter), aber auch von den aktuellen Gesetzesbeschlüssen über die Höhe des BAfög-Satzes ab. Einzelheiten erfährt man beim „Amt für Ausbildungsförderung" bei den Landratsämtern oder der Stadtverwaltung. Für Studierende ist das Studentenwerk der Hochschule, an der sie immatrikuliert sind, zuständig.

Möglichkeiten, die zurückzuzahlende Summe zu verringern

- Ein Viertel des Darlehens wird erlassen, wenn man in seiner Fachrichtung zu den 30 Prozent Besten seines Hochschuljahrgangs gehört und innerhalb der Höchststudiendauer abschließt (wer sechs [zwölf] Monate später fertig wird, spart immerhin noch 20 [15] Prozent).
- Wer schnell studiert, kann auch sparen: 5 000 DM, wenn er vier Monate vor der Höchstförderungsdauer abschließt, 2 000 DM immerhin noch bei zwei Monaten.
- Wer das Darlehen nach den fünf Jahren auf einmal tilgt, kann bis zu 50,5 Prozent der Gesamtsumme einsparen.
- Am besten ist der dran, der alle Varianten kombinieren kann.

Die Förderung für Schüler erfolgt vollständig als Zuschuss, das heißt, die Leistungen müssen nicht zurückgezahlt werden. Studierende erhalten die Hälfte des ihnen zustehenden Betrags als Zuschuss, die andere als unverzinsliches Darlehen, dessen Rückzahlung fünf Jahre nach Abschluss des Studiums in monatlichen Raten von 200 DM erfolgt.

Und wer kein oder nur wenig BAfög erhält? Weitere Möglichkeiten, an Unterstützung zu kommen

Wer keinen Anspruch auf BAfög hat, kann sich um Stipendien bemühen. Voraussetzung, sie zu bekommen, ist, dass sie, er besonders „begabt“ ist. Es gibt Studienstiftungen der Länder und Gemeinden, der Parteien, Kirchen, Gewerkschaften und private Stipendiengeber. Es lohnt sich auf jeden Fall, bei der Studienberatung der Hochschule, an der man studiert, nachzufragen. Fragen kostet nichts.

Interessierten bietet sich auch die Möglichkeit, zum Beispiel für Einzelprojekte oder Auslandsaufenthalte Unterstützungen und Stipendien zu erhalten. Auch hier bietet sich ein Gang zum Studentenwerk an, aber auch ein Blick in die Suchmaschinen des Internets unter „Stipendium“.

Wohngeld und andere Hilfen

Unter bestimmten Voraussetzungen können auch Schüler und Studenten Wohngeld erhalten. Voraussetzung ist, dass sie nicht mehr zu Hause wohnen und keine BAfög-Leistungen erhalten. In bestimmten Härtefallen können Studenten auch Sozialhilfe beantragen. Auskünfte erhält man beim Sozialamt der Wohnortgemeinde.

Und jobben?

Viele Studentinnen und Studenten jobben nebenher. Inwieweit dies regelmäßig geht, ohne dass die Studienleistungen darunter leiden, muss jede, jeder selbst entscheiden. Empfehlenswerter sind sicher überschaubare Ferienjobs. Grundsätzlich gilt für beides das, was auch für Schülerjobs zu beachten ist (→ Seite 285): Genau rechnen muss jeder, ob das Kindergeld davon betroffen ist (→ Seite 291 ff.). Auch die Dauer des Arbeitsverhältnisses und die Höhe des verdienten Geldbetrags müssen unbedingt beachtet werden, sonst kann es teuer werden.

Ohne Moos nix los!

Jugendliche und Geld

1999 verfügten die 6- bis 17-Jährigen über sage und schreibe 17,88 Milliarden DM, wovon auf die Jugendlichen zwischen 14 und 17 Jahren mehr als die Hälfte entfiel. Das bedeutet: Kinder und Jugendliche sind in Deutschland ein bedeutender Wirtschaftsfaktor, der hart umkämpft ist. Mit Erfolg, wie die Zahlen zeigen: Die Kids-Verbraucher-Analyse von 1999, aus der diese Zahlen stammen, identifiziert die heutige Jugend als „informierte und kaufkräftige Konsumenten".

Wofür Jugendliche Geld ausgeben

Auf der Wunschliste ganz oben stehen Produkte aus der Unterhaltungselektronik (PCs – am besten gleich mit Internetanschluss, Drucker und CD-Rom-Laufwerk –, Videospielkonsolen, Videorekorder, der eigene Fernseher), ein Handy und bald auch der Führerschein, das heiß ersehnte Mofa oder Moped oder die ersten selbstständigen Ferienreisen. Aber auch wenn es nicht um solche Ausgaben und Anschaffungen geht, sitzt bei Jugendlichen heute das Geld sehr viel lockerer, als es zu „unserer Zeit" üblich war. Jüngere Jugendliche bis 13 Jahre kaufen vor allem Süßigkeiten, altersentsprechende „Heftchen" (von Micky Maus und Ähnlichem bis hin zu Bravo, Wendy und so weiter), Kassetten, Spielsachen und Gameboy-Spiele. Die Jungen dieser Altersgruppe investieren immer noch einen großen Teil ihres Taschengelds in Spielzeug, während die Mädchen, schon einen Schritt weiter, für die ersten Kinobesuche und die CDs der Lieblings-Boygroup ihr Geld ausgeben. In der Altersgruppe der 14- bis 17-Jährigen verschlingen CDs und Zeitschriften, Kino, McDonald's- und Diskobesuche, Kleidung und Kosmetika, aber auch Zigaretten und Alkohol Milliarden DM.

Der Markt und die Marken

Die Kids-Verbraucher-Analyse hat Kinder und Jugendliche als gegenwärtige und zukünftige Kunden der Markenartikelindustrie befragt und sie als eine „attraktive Zielgruppe" identifiziert, die auch dann, wenn die Eltern einkaufen, großen Einfluss auf die Markenwahl haben. Dies ist bei Süßigkeiten, der Markenpizza und dem Haarshampoo ebenso der Fall wie bei HiFi-Anlagen, CD-Playern und Sportartikeln. Die Bedeutung der einzelnen Marken ist besonders groß bei Kleidung und Kosmetika – und das nicht unbedingt, weil die Eltern ihnen dies vorleben. Der Einfluss der Werbung in den Medien und der Druck innerhalb des Freundeskreises sind erheblich. Jugendliche identifizieren sich über bestimmte Marken, und dies gilt nicht nur für Kleidung und Schuhe. Ein bestimmter Rucksack, eben noch ein absolutes Muss, kann plötzlich out sein, da dieser von einem Tag auf den anderen seine Bedeutung als Zeichen der Zugehörigkeit zu einer bestimmten Clique verloren hat. Die Gruppe, vor der man bestehen will, gleicht nicht selten einem „Markentribunal", das entscheidet, welche Marke (und damit auch ihre Trägerin, ihr Träger) angesagt ist und welche nicht.

Teurer Gruppenzwang

Sie können von Glück sagen, wenn Ihre Tochter, Ihr Sohn keinem derartigen Gruppenzwang unterliegt (was in der Altersgruppe der 12- bis 16-Jährigen eher die Ausnahme ist) oder wenn ihre oder seine Clique auf Secondhandklamotten und zerrissene Jeans steht. Der „trendy style" von Jugendlichen – von der Unterhose bis zur Markenmütze – ist ein teures Vergnügen. Der Druck, auf jeden Fall in zu sein, um dazuzugehören, geachtet zu werden, wird auf die Eltern als Geldgeber und Einkäufer weitergegeben.

Aber nicht immer geht das! Und dann sind die Jugendlichen auf ihr eigenes Geld angewiesen, und es beginnt das leidige Feilschen um die Höhe des Taschengelds und der Run auf Neben- und Ferienjobs.

Taschengeld

Es gibt kein Gesetz, das Eltern vorschreibt, dass und wie viel Taschengeld sie ihren Kindern zur Verfügung stellen. Aber: Jeder Jugendliche hat von Gesetzes wegen „ein Recht auf Förderung seiner Entwicklung und auf Erziehung zu einer eigenverantwortlichen und gemeinschaftsfähigen Persönlichkeit" (§ 1 Kinder- und Jugendhilfegesetz).

Und wie soll jemand in einer Gesellschaft, in der richtiger Umgang mit Geld überlebensnotwendig ist, lernen, „eigenverantwortlich" zu leben, wenn er nicht mit Geld umzugehen weiß? Deshalb ist die Einrichtung eines wöchentlich oder für ältere Kinder und Jugendliche monatlich auszuzahlenden Geldbetrags sinnvoll, der

- in einer vorher festgelegten, gleich bleibenden Höhe (wie sollte man sonst kalkulieren lernen),
- unabhängig von Leistungen und Bedingungen (dies die Definition des Taschengelds im Gegensatz zu Belohnung, Lohn oder Entgelt)
- zur weitgehend freien Verfügung

ausgezahlt wird.

Streitpunkt Nummer 1: Wie viel bekomme ich denn nun?

Vor allem die Höhe des Taschengelds führt hin und wieder zu ausufernden Diskussionen. Dies kann jeder bestätigen, der sich Kindern und Jugendlichen gegenüber in der Pflicht des „Taschengeldgebers" befindet. Denn allgemein gültige Regelungen kann es über die Höhe des Fixbetrags nicht geben. Es gibt viele Faktoren, die bedacht werden müssen.

Zunächst das Alter der Jugendlichen. Kleinere Kinder (also Vorschulkinder und jüngere Schulkinder – davor macht ein regelmäßiges Taschengeld wenig Sinn) haben weder die „mathematischen" Möglichkeiten, größere Summen zu überblicken, noch die emotionalen Fähigkeiten, sich diese angesichts des Überangebots an Versuchungen vernünftig einzuteilen. Sie haben auch weniger Ausgaben als Jugendliche, die mit ihren Freunden unterwegs sind, ausgeprägte Hobbys und Interessen haben und für ihre „Unterhaltung" (Kino, Konzerte, Disko, Kneipen und anderes) selbst sorgen müssen.

Dann hängt die Höhe des Betrags von den finanziellen Möglichkeiten der Eltern ab, von der Höhe des monatlichen Einkommens und der Anzahl der Kinder, die mit Taschengeld versorgt werden müssen. Schließlich spielt auch die finanzielle Ausstattung der Schulkameraden und der Freunde eine Rolle. Jugendliche, die viel weniger oder viel mehr Geld als ihre Freunde und Schulkameraden zur Verfügung haben, werden entweder zu Außenseitern oder sie geraten in Gefahr, sich durch ihr Geld in der Gruppe hervorzutun anstatt soziale Kompetenzen zu entwickeln. (Im Übrigen sind Jugendliche durchaus in der Lage einzusehen, dass sie sich dem finanziellen Rahmen der Familie in ihrer Taschengeldforderung anpassen müssen, wenn die Möglichkeiten der Familie vorübergehend oder auf Dauer nicht denen der Klassenkameraden entsprechen.)

Was Eltern aber auch berücksichtigen müssen, sind die tatsächlichen „Lebenshaltungskosten" von Tochter oder Sohn. Ein Kinobesuch in Berlin ist teurer als in einer süddeutschen Kleinstadt. Ein Softdrink in der Oberpfalz kostet einen Bruchteil dessen, was ein Jugendlicher in Hamburg dafür auf den Tisch legen muss. Dafür müssen Jugendliche auf dem Land wahrscheinlich sehr viel höhere Fahrtkosten in Kauf nehmen, sei es um die nächste weiterführende Schule zu erreichen oder sei es – wenn man schon den Führerschein hat – um mit dem Auto eine der weit entfernt liegenden Diskos zu erreichen. Einen Unterschied macht es auch, ob Jugendlichen ein Jugendhaus mit Getränkeautomat zur Verfügung steht oder ob sie als einzigen trockenen und warmen Treffpunkt in eine Gaststätte ausweichen müssen.

Und: Die Höhe des Betrags ist auch abhängig davon, was von der Summe alles beglichen werden muss. Steht das Geld ganz zur freien Verfügung – im Grunde also für Dinge, die das Leben eines Jugendlichen angenehm machen, aber nicht unbedingt notwendig sind –, oder muss er sich Schulbedarf, Kleidung, jeden Kinobesuch und alle Artikel zur Körperpflege davon kaufen?

Selbst das ausgefeilteste System garantiert nicht, dass das leidige Thema Taschengeld nicht ständig wieder aufgerollt werden muss. Nur einige Beispiele: Gehört das Marken-Haarshampoo zu den Kosmetika, die vom Taschengeld gekauft werden müssen – im Bad stehen ja immer für jeden No-Nameprodukte zur Verfügung? Ist das verloren gegangene Notenheft noch ein Teil der Schulutensilien, wie dies im „Taschengeldvertrag" festgehalten ist? Gehört ein Kinobesuch zur Bildung, für die die Eltern verantwortlich sind, oder ist er reines Vergnügen – also Taschengeldsache?

Manche Eltern versuchen diesen Diskussionen ein für alle Mal zu entgehen, indem sie ihren Kindern (sinnvoll ist dies frühestens mit etwa 14 Jahren) einen relativ hohen Betrag gewähren, um sich dafür aber ganz aus dem alltäglichen Geldgeschäft mit ihnen zurückziehen zu können. Manchmal gelingt dies. Doch ein neuer Wachstumsschub, der alle Hosen, Jacken, Mäntel und Schuhe von einer Saison zur anderen zu klein werden lässt und durch die notwendigen Neuanschaffungen jegliches Taschengeldbudget sprengt, ist schlecht im Voraus planbar – ebenso wenig wie der neue Lehrer, der plötzlich ganz andere Materialien verlangt, oder die neuen Freunde, die zwar sehr nett sind, aber ein ganz neues Hobby in ihrer Freizeit ausüben. Kurz: Die Tochter, der Sohn braucht auf einmal sehr viel mehr Geld – und die Diskussionen beginnen von neuem. Sie als Eltern müssen Ihre Tochter, Ihren Sohn an diese Art der „Budgetierung“ heranführen und zumindest anfänglich viel Zeit investieren, um über einen sinnvollen Einsatz der finanziellen Mittel zu diskutieren.

Die „freie Verfügung“

Das Taschengeld steht zur freien Verfügung. Das heißt: Wer regelmäßig Taschengeld bekommt, kann damit – fast – alles machen, was er will (→ auch Seite 279 zur Frage der beschränkten Geschäftsfähigkeit). Er kann es für Süßigkeiten, Zigaretten, CDs, Videospiele, Zeitschriften … ausgeben. Er kann sparen, die Freunde davon ins Kino einladen, schräge Klamotten kaufen oder sich eine coole Frisur stylen lassen. Im Grunde ist das ja gerade der Sinn des Taschengelds. Ein Eis am heißen Sommertag – ein Beispiel bei jüngeren Kindern – zahlt Mutter. Wenn es aber zwei oder drei werden sollen, muss das Taschengeld herhalten. Ebenso ist es bei Jugendlichen: Die Lektüre des „Spiegel“, den Theaterbesuch mit der Familie oder Großvaters Geburtstagsgeschenk übernehmen schon einmal die Eltern. Wenn es aber die „Bravo“ sein muss, ein neues T-Shirt mit einem Aufdruck, der Mutter und Vater die Haare zu Berge stehen lässt, oder die CD der jeweiligen In-Gruppe, ist dies über das Taschengeld zu finanzieren. Dessen Vorteil besteht darin, dass man wirklich keine finanzielle, kulturelle, ästhetische oder sonstige Rechenschaft schuldig ist.

Aber es gibt Einschränkungen: Halten Sie den Kauf bestimmter Artikel für jugendgefährdend, verboten oder für gesundheitlich gefährlich, dann dürfen Sie diesen verbieten. Sie müssen sogar einschreiten, wenn Sie erfahren, dass Ihre Kinder das Taschengeld für Waffen, Drogen, Alkohol (unter 16 Jahren), für Videospiele und -filme, die erst ab 18 Jahren freigegeben oder verboten sind, ausgeben. Sie können und müssen auch einschreiten, wenn Ihre Kinder Geld für unsolide Lotterien hinauswerfen, versuchen, an Spielautomaten ihr Glück zu machen oder Geld an undurchsichtige Personen verleihen. Eltern dürfen auch einen vorübergehenden Taschengeldentzug als angemessene Strafe verhängen – wenn dies als Erziehungsmaßnahme sinnvoll erscheint.

Darüber hinaus ist wichtig: Käufe, für die Tochter oder Sohn Geld ansparen müssen, um sie bezahlen zu können, oder bei denen der Kaufpreis mit dem Taschengeld „abgestottert" werden soll, sind nicht vom Taschengeldparagraphen gedeckt (die teuren „Springer"-Stiefel, das neueste Computer-Modell – solche Käufe kann Ihre Tochter, Ihr Sohn nicht ohne Einwilligung tätigen, auch wenn sie oder er meint, sie mit dem angesparten oder zukünftigen Taschengeld bezahlen zu können). Stimmen die Eltern hingegen solchen Geschäften zu, ist das Rechtsgeschäft von Anfang an wirksam – mit der Folge, dass Tochter oder Sohn die Raten auch bis zum „letzten Pfennig" vom Taschengeld zahlen muss. Auch eine nachträgliche Genehmigung ist möglich – zum Beispiel durch „schlüssiges Verhalten", wenn also die Eltern nichts gegen den Kauf unternehmen.

Hilft uns das weiter?

Wenn Sie „ein für alle Mal" – mit den oben genannten Einschränkungen – festlegen wollen, wie viel Geld Sie Ihrer Tochter, Ihrem Sohn zur freien Verfügung stellen wollen, helfen erst einmal eine lange Liste und ein Taschenrechner. Setzen Sie sich gemeinsam an den Tisch, lassen Sie Ihren Sprössling notieren, was augenblicklich zu den alltäglichen und besonderen Bedürfnissen gehört. Überlegen Sie gemeinsam, was Sie davon zu übernehmen bereit sind, welche Artikel Sie wirklich nicht kaufen werden und ob es Bereiche oder Aktivitäten gibt, für die Sie die finanzielle Verantwortung Ihrer Tochter, Ihrem Sohn überlassen wollen.

Und dann rechnen Sie: Wenn alles gut geht, kommen Sie in beiderseitigem Einverständnis auf einen Betrag, den Sie als Taschengeld, sei es nun pro

Woche oder pro Monat, auszahlen oder auf das Girokonto Ihrer Tochter, Ihres Sohnes überweisen.

Eine Sammlung jugendlicher „Bedürfnisse“

Kleidung, CDs, Video- und Computerspiele, Kosmetika, Fahrstunden, Essen und Trinken unterwegs in (Fastfood-)Restaurants, Kneipen, Cafés oder der Cafeteria in der Schule, mit Freunden ausgehen, Unterhaltung (Kino, Konzerte ...), Hobbys, Zeitschriften, Geschenke, Sportausrüstung, Süßigkeiten, Zigaretten, Schreib- und Schulutensilien, das Handy und der dazugehörige Vertrag (und die Kosten!), Sparbuch, Mitgliedschaft in einem Club oder Verein, Fahrkarten, Videos und die Ausleihgebühren dafür, „Schlampergeld“ für zu spät abgegebene Videos, Bücher, größere Anschaffungen wie PC, Fahrrad, Mofa, Ferienreisen, Zimmereinrichtung, Beitrag zur monatlichen Telefonrechnung ...

Unter 18 – nur beschränkt geschäftsfähig!

Jugendliche (bis zur Vollendung des 18. Lebensjahrs) sind nur beschränkt geschäftsfähig. Das heißt: Kaufverträge, die sie abschließen, sind nur dann gültig, wenn die Eltern einverstanden sind. Liegt diese Einwilligung nicht vor, ist der Vertrag erst einmal schwebend unwirksam. Wenn die Eltern den Kauf nicht genehmigen, ist der Vertrag endgültig unwirksam. Das heißt konkret: Der Verkäufer muss die verkaufte Ware zurücknehmen und den Kaufpreis rückerstatten. So schreibt es das Bürgerliche Gesetzbuch (BGB) in den §§ 107 und 108 zum Schutz der Jugendlichen fest.

Das Gesetz lässt aber Ausnahmen zu, zum Beispiel durch den so genannten Taschengeldparagraphen (§ 110 BGB; → Seite 279). Kinder über 7 Jahre und Jugendliche können auch ohne Zustimmung ihrer Eltern Kaufverträge abschließen, wenn dies im Rahmen ihres Taschengelds bleibt. Was dies im Einzelnen bedeutet, ist dem Ermessen des Verkäufers überlassen. Denn der Taschengeldparagraph enthält keine Summenbegrenzung. Als Anhaltspunkt gilt meist: Wenn die Jugendlichen mit ihrem Taschengeld bar bezahlen, sind sie nicht auf die Zustimmung der Eltern angewiesen. (Eine Einschränkung gilt für den Kauf von Tieren. Fische dürfen erst an 14-Jährige, warmblütige

Tiere unabhängig vom Preis sogar erst an 16-Jährige verkauft werden. Sind Sie als Eltern also mit dem Hasen, den Ihre 14-jährige Tochter mit nach Hause bringt, nicht einverstanden, muss ihn der Zoohandel zurücknehmen.)

Bei einem Kauf auf Raten greift der Taschengeldparagraph allerdings nicht – es sei denn, die Eltern haben vorher ihre Einwilligung dazu gegeben. Liegt sie nicht vor, ist der Ratenkauf schwebend unwirksam, kann aber im Nachhinein genehmigt werden.

Eine weitere Besonderheit: Haben Eltern ihre Jugendlichen „ermächtigt, in Dienst oder in Arbeit zu treten" – so formuliert es der Gesetzgeber in § 113 Absatz 1 BGB – , tritt „partielle Geschäftsfähigkeit" ein. Das bedeutet: Jugendliche können Rechtsgeschäfte, die mit dem Arbeitsverhältnis in Zusammenhang stehen, auch ohne Zustimmung der Eltern abschließen (zum Beispiel ein Gehaltskonto einrichten).

Diese Regelung umfasst erst einmal nur Dienst- und Arbeitsverhältnisse, nicht jedoch Ausbildungsverhältnisse nach dem Berufsbildungsgesetz. Allerdings: Die Einwilligung zu einem Ausbildungsvertrag kann – wenn die Eltern Tochter oder Sohn die Ausbildungsvergütung zur freien Verfügung überlassen haben – eine „faktische" Einwilligung (wie beim Taschengeldparagraphen) bedeuten, solche Rechtsgeschäfte selbstständig abzuschließen, die mit dem Ausbildungsverhältnis zusammenhängen.

Umgekehrt gibt es auch Fälle, in denen der Gesetzgeber noch einmal ganz besonders auf die Beschränkung der Geschäftsfähigkeit Wert gelegt hat. Dies gilt zum Beispiel für die Eröffnung von Konten (Ausnahme → oben) und bei Abschlüssen von längerfristigen Verträgen (Abonnements, Handyverträge und Ähnliches). Verpflichten solche Verträge die Jugendlichen zu Zahlungen über den 18. Geburtstag hinaus, muss sogar, zusätzlich zur Zustimmung der Eltern, die Genehmigung des Familiengerichts/Vormundschaftsgerichts vorliegen.

Achtung: Jugendliche, die selbst oder deren Eltern für sie vor ihrem 18. Geburtstag belastende Verträge unterschrieben haben, die fortbestehende Verbindlichkeiten bedeuten, können für diese Verträge innerhalb der ersten drei Monate nach dem 18. Geburtstag eine so genannte Haftungsbeschränkung geltend machen und vom Vertrag zurücktreten.

Und wenn das Geld trotzdem nicht reicht:

Ferienjobs und andere Möglichkeiten, an Geld zu kommen

Viele Jugendliche jobben – sei es regelmäßig oder hin und wieder, sei es neben der Schule oder in den Ferien. Diese Art der Aufbesserung des Taschengelds hat viele Vorzüge. Der erste ist, dass mehr Geld zur Verfügung steht, der zweite, dass Ihre Tochter, Ihr Sohn lernt, besser mit Geld umzugehen. Schließlich: Die meisten Jobs bieten jugendlichen Schülerinnen und Schülern ganz andere Perspektiven auf die Welt als von der Schulbank aus, und sie erwerben mit jeder selbst verdienten Mark ein gutes Stück an Autonomie und Stolz auf die eigene Leistung.

Solche Jobs haben aber auch Nachteile, und zwar dann, wenn Jugendliche sich damit überfordern. Deshalb: Vor jeder Jobsuche ist ein (selbst)kritischer Blick auf die eigene körperliche und seelische Leistungsfähigkeit, aber auch auf den schulischen Leistungsstand zu werfen. Unverzichtbar für eine vernünftige Planung ist ein Wochenplan. Oder besser zwei: Wie sieht die zeitliche Belastung zurzeit aus, und wie wird sie aussehen, wenn noch einige Stunden Arbeitszeit eingeplant werden müssen? Wo streichen? Am Schlaf? Am Fernsehen? Am Zusammensein mit Eltern und Geschwistern, Freund oder Freundin? An den Treffen mit der Clique, mit den Schulkameraden? An der Telefonzeit? An den Hobbys? Die Entscheidung fällt meist nicht leicht, wenn man erst einmal darüber nachdenkt. Aber nachgedacht werden muss! Wenn die notwendige Zeit für Entspannung und Freizeit zu fehlen beginnt, wenn Kopf- und Rückenschmerzen zeigen, dass der körperliche Stress zu groß ist, wenn Müdigkeit und Konzentrationsstörungen und schlechtere Leistungen in der Schule die Folge sind, dann sind die Vorteile eines Ferien- oder Nebenjobs zu teuer erkauft.

Das Jugendarbeitsschutzgesetz

Was manchen jüngeren Schülerinnen und Schülern auf der Suche nach Jobs wie Schikane erscheint, ist eines der wichtigsten Gesetze zum Schutz der Kinder und Jugendlichen, die das letzte Jahrhundert hervorgebracht hat. Es regelt, welche Arbeit einem Jugendlichen eines bestimmten Alters überhaupt zugemutet werden kann und wie lange und zu welchen Tageszeiten er diese

Artikel 32 der Uno-Kinderrechtskonvention vom 20. November 1989

> **„Die Vertragsstaaten erkennen das Recht des Kindes an, vor wirtschaftlicher Ausbeutung geschützt und nicht zu einer Arbeit herangezogen zu werden, die Gefahren mit sich bringen, die Erziehung des Kindes zu behindern oder die Gesundheit des Kindes oder seine körperliche, geistige, seelische, sittliche oder soziale Entwicklung schädigen zu können."**

ausüben darf, ohne dass er Gefahr läuft, gesundheitlichen Schaden davonzutragen. In Deutschland wacht das Gewerbeaufsichtsamt über die Einhaltung der Vorschriften. Und Arbeitgeber müssen wissen: Jeder, dem nachgewiesen wird, Jugendliche außerhalb der zulässigen Arbeitszeit beschäftigt zu haben oder sie mit einer Arbeit beauftragt zu haben, die für dieses Alter nicht zulässig ist, muss mit einem Bußgeld bis zu 30 000 DM rechnen.

Das Jugendarbeitsschutzgesetz unterscheidet zwischen
- regelmäßig ausgeübten Schülerbeschäftigungen, also Aushilfstätigkeiten und Nebenjobs wie Babysitten, Hunde ausführen, Wurfsendungen austragen oder Nachhilfe geben, die nur stundenweise ausgeübt werden – diese können schon 13-Jährige annehmen, wenn sie nicht mehr als höchstens zwei Stunden pro Tag betragen und insgesamt zehn Stunden pro Woche nicht überschreiten –,
- und regelrechten Ferienjobs, die Schülerinnen und Schülern frühestens ab 15 Jahren vorbehalten sind. Solche Ferienjobs dürfen für Jugendliche, die noch der Vollzeitschulpflicht unterliegen, höchstens vier Wochen im Jahr umfassen, und sie müssen natürlich den allgemeinen Regelungen des Jugendarbeitsschutzgesetzes entsprechen.

Grundsätzlich gilt für alle Arten von Arbeiten, die Jugendliche unter 18 Jahren ausüben: Nach § 22 Jugendarbeitsschutzgesetz dürfen Jugendliche nicht mit Arbeiten beschäftigt werden,
- die ihre Leistungsfähigkeit übersteigen,
- bei denen sie sittlichen Gefahren ausgesetzt sind,
- die mit Unfallgefahren verbunden sind,
- bei denen ihre Gesundheit durch außergewöhnliche Hitze, Kälte oder Nässe gefährdet wird,
- bei denen sie schädlichen Einwirkungen durch Lärm, Erschütterungen, Strahlen von giftigen, ätzenden oder reizenden Stoffen ausgesetzt sind.

Ein guter Job – reine Glückssache?

Neben- und Ferienjobs findet man meist nicht über das Arbeitsamt. Der Zufall spielt hin und wieder eine Rolle – zum Beispiel die Nachbarin bekommt ein Baby und sucht dringend ab und an einen Babysitter, oder der Rasen des Nachbarn bedarf wirklich eines tüchtigen „Rasenmähers“. Noch wichtiger ist aber die eigene Initiative. Also zum Beispiel die eigenen Eltern als Arbeitsvermittler und Werber im engeren und weiteren Bekanntenkreis einspannen. (Im Büro der Mutter gibt es junge Mütter, die sich die Unterstützung beim Kindergeburtstag ihrer Sprösslinge einiges kosten lassen. Der Freund des Vaters sucht dringend jemanden, der den Hund hin und wieder Gassi führt. Der zehnjährige Sohn eines Arbeitskollegen hat zwar einen Computer zu Weihnachten geschenkt bekommen, nun braucht er aber noch jemanden, der ihn einrichtet.) Für ältere Jugendliche gilt es dann zunehmend, selbst aktiv zu werden. Angefangen von der rechtzeitigen (!) Nachfrage beim Supermarkt nebenan, ob für den kommenden Sommer Aushilfen gesucht werden, über die Café- und Kneipentour auf der Suche nach Aushilfskellnerjobs bis hin zum intensiven Studium der Kleinanzeigen in der Zeitung oder zur eigenen Annonce im Stadtanzeiger – alles ist möglich, um an einen der begehrten Neben- und Ferienjobs zu kommen. Dazu kommt, Ohren und Augen offen zu halten:

Findige Computerspezialisten erfahren von gut bezahlten Jobs in einer Provider- oder Softwarefirma. Wer sich im Veranstaltungskalender der Region auskennt, kann sich schon lange im Vorfeld als Aushilfskraft beim Getränkeausschank während der Kirchweih anbieten. Wer sich umhört, weiß, wann und wo dringend Aushilfen bei der Inventur gesucht werden. Schülerinnen und Schüler der Oberstufe des Gymnasiums können über die Fachlehrer der Schule gut zahlende Nachhilfeschüler finden. Ausgewiesene Sportler sind gefragte Kräfte im Sportverein, und zukünftige Musiker können schon einmal erproben, wie es um ihre Begabung für den Unterricht besonders begeisterter Klavier- oder Geigenanfänger bestellt ist.

Tarifverhandlungen!

Jede Arbeit hat ihren Wert, und auch bei Neben- oder Ferienjobs sollte auf eine angemessene Bezahlung geachtet werden. Welchen Stundenlohn Jugendliche erzielen, hängt von der Art der Tätigkeit ab. Bei den meisten Neben- und Ferienjobs liegt der durchschnittliche Stundenlohn zwischen 8 und 15 DM. Allerdings bringen es „Spezialkräfte“ auf ganz andere Stundenvergütungen: Computerspezialisten kommen derzeit durchaus auf 30 bis sogar 50 DM pro Stunde, wenn ihre Leistung mit denen professioneller Anbieter vergleichbar ist.

Wer arbeitet, haftet

Grundsätzlich gilt: Jede Übernahme eines bezahlten Arbeitsverhältnisses – sei es nun das einmalige Babysitten oder der vierwöchige Ferienjob in einer Firma – ist ein Vertragsverhältnis, das die Haftpflicht des Arbeitenden einschließt. Wer den Hund des Nachbarn ausführt, haftet als Tierbetreuer für dessen Biss. Wer einen Kindergeburtstag für die Bekannten der Eltern organisiert, hat die Aufsichtspflicht übernommen und haftet damit für den kleinen Chaoten, der einen Blumentopf aus dem dritten Stock wirft. Und auch die 13-jährige Babysitterin kann haftbar gemacht werden, wenn das Baby vom Wickeltisch fällt oder der dreijährige Knirps den Topf mit kochendem Wasser vom Herd zieht. Jeder weiß, dass es bei solchen Unfällen um sehr hohe Haftungssummen gehen kann. Doch Sie brauchen sich nicht zu beunruhigen: Wenn Sie eine Privathaftpflichtversicherung abgeschlossen haben, ist Ihre Tochter, Ihr Sohn in der Regel mitversichert (→ Seite 294 f.). Um allen Eventualitäten eines Haftungsausschlusses durch die Versicherung vorzubeugen, teilen Sie ihr mit – am besten vor Arbeitsbeginn –, dass Tochter oder Sohn jetzt hin und wieder jobbt.

Und die gesetzlichen Abgaben?

Jeder, der Geld verdient, ist abgabenpflichtig, und zwar nach dem Steuerrecht und den Gesetzen, die die Sozialversicherungsabgaben regeln. Für Schüler gelten jedoch besondere Regeln für die Sozialabgaben. Unterschieden wird hier wieder in regelmäßige, aber geringfügige Nebentätigkeit und in Ferienjobs, die maximal vier Wochen im Jahr umfassen dürfen. Schüler, die regelmäßig weniger als 15 Stunden in der Woche arbeiten und dann monatlich nicht mehr als 630 DM verdienen, sind von der Sozialversicherungspflicht befreit. Der Arbeitgeber muss allerdings 10 Prozent Pauschalbetrag an die Krankenversicherung und 12 Prozent an die Rentenversicherung zahlen.

Ferienjobs dagegen, die definitionsgemäß von begrenzter Dauer sind, sind grundsätzlich frei von Sozialabgaben – unabhängig von der Höhe des Verdienstes.

Für beide Arten der Tätigkeit gilt: Die gesetzliche Unfallversicherung wird vom Arbeitgeber übernommen – bei „selbstständiger Tätigkeit“ als Babysitter und so weiter tritt die eigene Unfallversicherung, die Sie hoffentlich für Ihr Kind abgeschlossen haben, in Kraft. Sonstige Sozialabgaben sind kein Thema: weder die Kranken-, Pflege- und Rentenversicherung, solange ein selbstständiger Job auf zwei Monate oder 50 Arbeitstage im Jahr begrenzt bleibt (was für Schüler immer der Fall ist), noch die Arbeitslosenversicherung, die natürlich ebenfalls nicht infrage kommt, da Schüler im eigentlichen Sinn nicht „arbeitslos“ werden können.

Auch Steuern müssen Schüler in der Regel nicht bezahlen. Denn nach dem Steuerrecht können sie auf Steuerkarte (Steuerklasse I) – bezogen auf das Jahr 2000 – insgesamt bis zu 1 624 DM verdienen, ohne dass das Finanzamt die Hand aufhält. Ist der Arbeitgeber bereit, den Verdienst des (gut bezahlten) Ferienjobs pauschal zu versteuern (25 Prozent plus Solidaritätszuschlag und gegebenenfalls Kirchensteuerpauschale), können Jugendliche für maximal 18 zusammenhängende Tage zu höchstens 120 DM insgesamt 2 160 DM verdienen, ohne sich um eventuell fällige Steuern Gedanken machen zu müssen.

Trotzdem Vorsicht, denn sonst kann es teuer werden

Ältere Jugendliche können schon einmal das Glück haben, einen Ferien- oder Nebenjob zu finden, der wirklich Geld bringt. Aber dann bitte genau nachrechnen. Denn 1 DM zu viel kann ziemlich viel Geld kosten. Zum Beispiel: Das Kindergeld, das die Eltern für den jobbenden Jugendlichen erhalten, wird gekürzt, wenn er über 18 Jahre ist und Einkünfte und Bezüge mehr als 13 500 DM jährlich betragen (→ Seite 291 ff.). Oder: Eltern, deren Kinder über die gesetzlich zugelassenen Steuerfreibeträge hinaus verdienen, verlieren möglicherweise Steuervergünstigungen (Ausbildungs- und Kinderfreibeträge, Eigenheimzulagen …), die auf den Nachwuchs bezogen sind. Also immer vor Aufnahme eines Ferienjobs genau informieren und nachrechnen, damit Ihnen als Eltern nicht mehr abgezogen wird, als Ihre Tochter, Ihr Sohn zum Taschengeld hinzuverdienen kann.

Ein Girokonto braucht heute jeder

Spätestens wenn ein Jugendlicher seinen ersten Arbeitsvertrag unterschrieben hat und das erste eigene Geld verdient, geht ohne Girokonto gar nichts mehr. Meist haben jedoch die Eltern schon seit längerem das monatliche Taschengeld nicht bar ausgezahlt. Durch die Einrichtung eines Girokontos für die Tochter, den Sohn ersparen sie sich per Dauerauftrag die monatliche Diskussion um das Taschengeld und ermöglichen ihren Kindern einen großen Schritt hin zur Selbstverantwortung.

Also ein eigenes Girokonto ganz zur freien Verfügung? Ja, aber mit Einschränkungen. Jugendliche unter 18 Jahren brauchen für die Kontoeröffnung erst einmal die Zustimmung beider Elternteile, die auch beide den Jugendlichen schriftlich für die einzelnen Bankgeschäfte ermächtigen müssen. Dabei genügt es nicht, etwa zu formulieren: „Wir ermächtigen unsere Tochter, über ihr Konto zu verfügen." Es muss vielmehr zum Beispiel ausdrücklich vermerkt werden, zu welchen Bankgeschäften, also etwa zu Barauszahlungen, Überweisungen, Daueraufträgen, die Eltern ihre Tochter, ihren Sohn ermächtigen. Eine weitere wesentliche Einschränkung: Jugendliche dürfen ihr Konto nicht überziehen. Selbst wenn Eltern dies wünschten: Jugendliche erhalten keinen Dispositionskredit – ihr Konto ist ein Guthabenkonto.

Wenn Jugendliche regelmäßig Geld verdienen

Wenn Jugendliche sich etwas zum Taschengeld dazuverdienen wollen, sollte das natürlich nicht dazu führen, ohne plausiblen Grund das Taschengeld um diesen Betrag zu kürzen. Jugendlichen kann (und muss) es aber durchaus einleuchten, wenn man ihnen gut begründet klarmacht, dass das Familienbudget eine Entlastung braucht. Und sie können es – hoffentlich! – auch mit einem gewissen Stolz verbuchen, wenn ihre Eltern anerkennen, dass sie durch Nebenjobs, die möglicherweise ein Taschengeld sogar ganz unnötig machen, die monatlichen familiären Ausgaben senken helfen.

Eine ganz neue Situation ergibt sich, wenn sich Jugendliche nach der Schule in der Berufsausbildung befinden und ein regelmäßiges Einkommen beziehen. Dieses ist meist als reines Taschengeld zu viel, aber natürlich immer noch zu wenig, um einen eigenen Haushalt zu führen. Je nach familiärer Finanzlage muss nun ganz neu verhandelt werden. In manchen Familien ist es durchaus üblich, dass die Jugendlichen die Ausbildungsvergütung ausschließlich als Taschengeld verwenden können. Allerdings fördert diese Regelung nicht das Gefühl, als Heranwachsende akzeptiert zu werden, und damit das Bewusstsein, durch eigene Arbeit finanziell unabhängiger und damit insgesamt selbstständiger zu werden. Jugendliche profitieren auf lange Sicht eher von der Erfahrung, jetzt wirklich für persönliche Anschaffungen und Ausgaben wie Kleidung, Hobbys, Unterhaltung, Führerschein, eventuell das erste Mofa oder den ersten Roller selbst verantwortlich zu sein. Ob sie als mitverdienendes Familienmitglied ihren Beitrag zu den allgemeinen Haushaltskosten (Miete, Wasser, Strom, Heizung, Essen, Telefon ...) leisten sollen, hängt von den finanziellen Möglichkeiten der Familie ab. Wenn Sie in Ihrer Familie auf den Beitrag des jugendlichen Auszubildenden angewiesen sind, rechnen Sie dies offen mit Ihrer Tochter, Ihrem Sohn durch. Die Kalkulation sollte für sie, ihn nachvollziehbar sein. Der pädagogische Vorteil: Die Jugendlichen bekommen auf diese Weise realistische Vorstellungen von den aktuellen Lebenshaltungskosten, sie lernen sich darauf einzustellen, später die Verantwortung für ihren eigenen Haushalt zu übernehmen und nicht zuletzt – sie fühlen sich ernst genommen.

Jugendliche und Schulden

Mit dem Schuldenmachen ist es offenbar so wie mit Nikotin und Alkohol. Wer es sich früh angewöhnt, kommt aus dem Teufelskreis von Schulden, Rückforderung und neuen Schulden nur sehr schwer wieder heraus. Tatsächlich – so schätzt man – beginnen 80 Prozent der Schuldenkarrieren schon im späten Jugendalter. Und mit der Finanzierung des ersten Autos schnappt für viele junge Erwachsene dann schließlich die Schuldenfalle zu.

Oft beginnt das Problem schon früher. Denn mit dem steigenden Markenbewusstsein, dem Trend zu immer mehr Unterhaltungselektronik und der immer weiter verbreiteten Freizeiteinstellung „Ohne Moos nix los“ geraten viele Jugendliche schnell an die Grenzen ihrer finanziellen Möglichkeiten. Und dann?

Auch wenn das Geld fehlt, sind Jugendliche – durchaus dem Zeitgeist entsprechend – selten bereit, aktuelle Konsumwünsche einzuschränken oder bis zu einem späteren Zeitpunkt aufzuschieben. Ansparen oder gar Verzicht steht – wie bei den Erwachsenen – nicht besonders hoch im Kurs. Und auch bei bestem Wissen und Gewissen: Oft fehlen den Jugendlichen auch einfach die Kenntnisse und die Kontrolle über ihr eigenes Finanzgebaren – zu leicht wird ihnen das Geldausgeben gemacht, und ihr jugendlicher Leichtsinn lässt sie oft gar nicht bemerken, wann es kritisch wird.

Schuldenfallen – nur drei Beispiele

Beispiel 1: Handy

Wer in sein will, braucht ein Handy. So suggeriert es zumindest die Werbung und hat Erfolg damit – Erfolg vor allem bei Jugendlichen, die, durch die billigen Lockangebote der einschlägigen Firmen getäuscht, allzu schnell den Überblick über die tatsächlich anfallenden Kosten verlieren. Denn das Handy, das vielleicht nur 11 DM gekostet hat, verschlingt während seines zweijährigen verpflichtenden Netzvertrags neben dem nach der Kartenaktivierung fälligen Anschlusspreis von zum Beispiel 45 DM noch zusätzlich einen monatlichen Grundpreis von mindestens 24 DM. Zu berücksichtigen sind zudem die im Vergleich zum normalen Telefonieren horrenden Preise für jede vertelefonierte Einheit. Dazu kommt der zweite „Geldfresser“: das Verschicken und Empfangen von SMS. (Für Nichteingeweihte: Dies sind kurze [short] Nachrichten [messages] bis zu 160 Zeichen, die über die Tasten des Mobiltelefons zum Handydisplay des Angeschriebenen gesendet werden.)

Um ein schnelles Abgleiten in die roten Zahlen zu verhindern, werden heute allgemein ein Handy ohne Vertrag und das Telefonieren auf Vorkasse empfohlen. Die Idee: Nur die Summe, die vorher per Handytastatur und Kauf einer neuen Guthabenkarte auf das Gesprächskonto einbezahlt wurde, kann auch wirklich vertelefoniert werden. Die Wirklichkeit sieht leider trotzdem häufig anders aus. Gerade die Abrechnung der SMS ist oft zeitlich so verzögert, dass die Guthabenabfrage noch ein gutes Plus meldet, obwohl eine Vielzahl netter „messages“ schon ein riesiges Loch in das Budget der Vorkasse gerissen hat.

Beispiel 2: Ratenkauf und Versandhandel

Ein Katalog kommt ins Haus geflattert. Die neuesten Klamotten, supergünstige Unterhaltungselektronik, CDs und Computerspiele – kurz: alles, was das Herz eines Jugendlichen höher schlagen lässt. Und wenn das Geld heute nicht da ist? Macht nichts: „Bestellen Sie jetzt, zahlen Sie in sechs Monaten!“ – dieses Angebot ist doch zu verführerisch. Bis dahin ist Geburtstag, bis dahin bekomme ich von Oma wieder ein paar Scheine zugesteckt, in der Zwischenzeit habe ich vielleicht einen Nebenjob gefunden. Leider sind auch Jugendliche gegen solche Versuchungen nicht gefeit. Und den meisten von ihnen fehlt – wie häufig auch den Erwachsenen – der Überblick über den Endpreis, wenn Zinsen, Porto- und Bearbeitungsgebühren dazukommen. Und was viele Eltern nicht ahnen: So mancher Versandhandel begnügt sich mit einer einmaligen Unterschrift der Erziehungsberechtigten oder verzichtet sogar ganz auf die Nachfrage nach der Geschäftsfähigkeit des Bestellers.

Beispiel 3: Geldautomaten

Jugendliche werden von den Banken umworben. Den Marketingexperten gelten sie als die Zielgruppe schlechthin. Denn zwei von drei Jugendlichen werden auch im Erwachsenenalter ihr Konto bei ihrer ersten Bank weiterführen. Deshalb versucht man, die jungen Kunden rechtzeitig zu gewinnen – zum Beispiel mit einem Jugendkonto ohne Kontoführungsgebühren. Dazu – auch dies bieten heute in der Regel alle Banken an – kommt die bankeigene Kundenkarte, die über die PIN-Geheimzahl wie eine ec-Karte auch am Geldautomaten funktioniert. Schon 14-Jährige haben so über die bankeigene Kundenkarte und ihre PIN-Geheimnummer Zugang zu ihrem Konto. Dagegen wäre nichts einzuwenden, wenn es denn dabei bliebe. Aber: Entgegen geltendem Recht, das Minderjährige grundsätzlich für nicht kreditfähig erklärt, kommt es durchaus vor, dass einige Banken auch Minderjährigen unrechtmäßig Kredite in Form von Dispositionskrediten gewähren – wenn nur die monatliche Überweisung des Taschengelds regelmäßig eintrifft.

Ein Glück für die Kids – und ihre Eltern

Der Gesetzgeber hat gerade dieser Form des Schuldenmachens einen ganz klaren Riegel vorgeschoben: Nur wenn neben den Eltern auch das Vormundschaftsgericht zugestimmt hat, kann ein Jugendlicher legal und wirksam Schulden machen. Das heißt: Überziehen Jugendliche ihr Konto, dann haften weder sie noch die Eltern. Auch eine Garantieerklärung, wie sie von manchen Banken den Eltern zur Unterschrift vorgelegt wird, zwingt – vor allem dann, wenn sie von der Bank vorformuliert wurde – die Eltern in aller Regel nicht, entstandene Schulden auszugleichen. Nur wenn die Eltern eigenhändig im Voraus schriftlich die zukünftige Haftung zugesagt haben, bleibt ihnen nichts als zu zahlen. In allen anderen Fällen, in denen durch unlautere Angebote Jugendliche zum Schuldenmachen verführt wurden, haben die Banken in der Regel das Nachsehen. Ist die Stereoanlage, die vom geliehenen Geld gekauft wurde, nicht mehr zu pfänden (dieses Pfändungsrecht haben die Banken), reicht meist ein Brief vom Rechtsanwalt oder von einer Schuldnerberatungsstelle, um die Bank von ihrer Rückzahlungsforderung an die Eltern Abstand nehmen zu lassen.

Aber: Nicht nur die anderen sind schuld!

Wer zu schnell den Konzernen, den Banken, den Marketingstrategen und anderen die Schuld zuzuweisen versucht, macht es sich zu leicht. Eine groß angelegte Befragung unter Kindern und Jugendlichen hat gezeigt, dass sich auch bei der Frage von Schulden und Verschulden ein Wertewandel vollzogen hat. Schulden zu machen oder zu haben ist längst zur Normalität geworden – dies spiegelt die Einstellung der Erwachsenenwelt wider –, und auch mit der Rückzahlung ist das so eine Sache. Zwar sind Jugendliche durchaus bereit, ihre Schulden zurückzuzahlen. Aber wann und in welchen Beträgen – das sehen sie nicht so streng. Nur 45 Prozent der befragten Jugendlichen (siebte bis zehnte Klasse) empfanden eine unpünktliche Rückzahlung für sich selbst als peinlich. Sollte uns Eltern das nicht zu denken geben?

Wie Eltern aktiv zu einem planvollen Umgang mit Geld beitragen

- → Kalkulieren und planen helfen
- → Buchführung anregen
- → Nicht unkalkuliert zuschießen, wenn das Taschengeld einmal nicht reicht; lieber Möglichkeiten anbieten, etwas hinzuzuverdienen
- → Keine Vorschüsse gewähren
- → Bei größeren Anschaffungen über Finanzierungs-, das heißt Sparpläne beraten
- → Und nicht zuletzt: Die eigene Konsummentalität überdenken

Kindergeld und Versicherungen: Was ändert sich?

Kindergeld – mit 18 wird es eng

Derzeit (Stand 2000) beträgt das Kindergeld für das erste und zweite Kind 270 DM. Für das dritte Kind gibt es dann 300 DM und ab dem vierten für jedes weitere Kind 350 DM pro Monat.

Nach dem 18. Geburtstag wird die Kindergeldzahlung zunächst automatisch gestoppt. Auf einen Schlag können dann bis zu 350 DM monatlich in der Familienkasse fehlen. Beginnen die Tochter, der Sohn aber eine Ausbildung, sei es dass sie, er noch weiter zur Schule geht oder eine Lehre beginnt oder fortsetzt, sei es dass sie, er anfängt zu studieren, dann fließen die Kindergeldzahlungen wieder. Auch in „Auszeiten" läuft die Förderung in vielen Fällen weiter (→ Seite 255). Zu beachten ist dabei die Einkommensgrenze. Die Jugendlichen dürfen im Jahr nach derzeitigem Stand bis zu 13 500 DM verdienen, ohne dass die Kindergeldleistung und die besonderen Steuervorteile der Eltern gefährdet sind (2001 ebenfalls 13 500 DM, 2002 14 040 DM). Die Auszubildenden erhalten dazu noch einen steuerlichen Freibetrag für Werbungskosten von 2 000 DM, so dass sich ihr Einkommen unter voller Auslastung dieses Freibetrags für das Jahr 2000 bis auf 15 500 DM belaufen kann. Die Regelung ist vertrackt, denn verdient ein Auszubildender auch nur 1 DM mehr, wird das Kindergeld für das gesamte Jahr, in dem diese Überschreitung der Einkommensgrenze geschieht, zurückgefordert. Es lohnt sich also durchaus, die Einkommensentwicklung eines Jugendlichen im Auge zu behalten und bei der Geltendmachung von Werbungskosten nichts zu vergessen.

Darüber hinaus sollten die Berechnungen der Familienkassen zu den Einkünften der Jugendlichen genau geprüft werden – der Bundesfinanzhof

(BFH) hat eine Reihe von Urteilen erlassen, die eine Korrektur der bisherigen Berechnung bedeuten.

Aktuelle Urteile des BFH zum Kindergeld

- Sonderzahlungen wie 13. Monatsgehalt und Urlaubsgeld rechnete die Familienkasse bislang voll zu den Einkünften, wenn sie nach dem 18. Geburtstag ausbezahlt wurden. Dies darf sie nun nicht mehr, vielmehr muss die Familienkasse die Anrechnung der Sonderzahlungen für jeden Monat, zu dessen Beginn Jugendliche in Berufsausbildung und noch nicht 18 waren, um ein Zwölftel kürzen (Az. VI R 162/98).
- Wenn Jugendliche ihre Ausbildung beenden und im selben Monat ins Berufsleben wechseln, darf die Familienkasse den in diesem Monat verdienten Lohn nicht anrechnen. Das Einkommen aus solchen Mischmonaten zählt nicht mit (Az. VI R 19/99 und VI R 196/98).
- Bei einer Heirat des Kindes darf die Familienkasse zwar nach dem Hochzeitsmonat das Kindergeld streichen. Sie darf das aber nicht auch für die Monate vor der Hochzeit tun, selbst wenn die Einkommensgrenze durch die Anrechnung der nach dem Hochzeitsmonat erzielten Einkünfte und Bezüge und den Unterhalt des Partners überschritten wird (Az. VI R 13/99).
- Allerdings darf die Familienkasse für jeden Monat, zu dessen Beginn Jugendliche noch nicht 18 waren, die Grenze der erlaubten Einkünfte und Bezüge um ein Zwölftel kürzen.

Eltern, die in der Vergangenheit kein Kindergeld beantragt haben, weil sie davon ausgingen, keines zu bekommen, können einen rückwirkenden Antrag stellen. Bei positiver Entscheidung ist eine nachträgliche Zahlung des Kindergelds ab Juli 1997 möglich (Stand 2000).

Noch weitere Einkünfte und Bezüge können das Kindergeld gefährden:

- Fahrtkostenzuschüsse des Arbeitgebers
- Netto eingenommene Leistungen, zum Beispiel durch Nebenjobs oder Trinkgelder
- Zinsen und andere Einkünfte aus Kapitalvermögen (sie werden von der ersten DM an berücksichtigt)
- Leistungen aus gesetzlichen Rentenversicherungen oder Unfallversicherungen
- Arbeitslosengeld und -hilfe, Krankengeld und Mutterschaftsgeld
- Geld- und Sachbezüge aus Wehr- und Zivildienst
- Leistungen der Sozialhilfe

• Leistungen nach dem Bundesausbildungsförderungsgesetz (wenn sie als Zuschuss gewährt werden, bei Darlehen findet keine Berücksichtigung statt)

Steuerlich neu ist, dass es für Eltern neben dem Kinderfreibetrag einen zusätzlichen Betreuungsfreibetrag in Höhe von 3 024 DM (bei Alleinerziehenden 1 512 DM) für Kinder bis zur Vollendung des 16. Lebensjahres gibt.

Bei jungen Männern, die ihren Wehr- oder Zivildienst ableisten, wird die Kindergeldzahlung für die Dauer dieses Dienstes unterbrochen. Setzen sie danach ihre Ausbildung fort oder nehmen sie im Anschluss eine Lehre oder ein Studium auf, setzen sich auch die Kindergeldzahlungen an die Eltern wieder fort.

Aber auch Sprachausbildungen oder Au-pair-Aufenthalte können unter bestimmten Voraussetzungen für die Kindergeldzahlungen wie eine Ausbildung bewertet werden.

Zwei Bedingungen müssen beim Au-pair-Aufenthalt erfüllt sein:

• Das Lehrprogramm im Gastland muss von einer fachlich autorisierten Stelle vorgegeben sein.
• Es soll etwa zehn Unterrichtsstunden pro Woche betragen.

Sonderregelungen für Behinderte

Eine besondere Entlastung gibt es für Eltern von behinderten Kindern, die Anspruch auf Kindergeld oder Kinderfreibeträge haben. Können die Kinder nicht selbst von den Steuervergünstigungen für Behinderte profitieren, weil sie keine oder nur geringe Einkünfte erzielen, dürfen die Eltern die Vorteile stellvertretend in Anspruch nehmen. Sie können dann beispielsweise den Behindertenpauschbetrag, der zwischen 600 und 7 200 DM im Jahr beträgt, auf sich übertragen lassen. Dieser Betrag kann bei allein erziehenden Elternteilen auch zwischen Vater und Mutter aufgeteilt werden. Voraussetzung für die Berücksichtigung behinderter Kinder ist, dass deren Behinderung vor dem 27. Lebensjahr eingetreten ist. Somit können auch erworbene Behinderungen, beispielsweise als Folge eines Unfalls, anerkannt werden.

Jugendliche und Versicherungen

Jugendliche sind zu einer umkämpften Zielgruppe der Versicherer geworden. Die Werbekampagnen geraten immer frecher und jugendlicher. Jährlich etwa 1,9 Millionen Schulabgänger müssen sich zum ersten Mal mit einem Thema beschäftigen, über das sie im Unterricht wenig oder gar nichts erfahren haben: Welche Versicherungen sind für mich notwendig und sinnvoll?

Lesetipps
Ausführliche Untersuchungen der STIFTUNG WARENTEST zu Versicherungen finden Sie in folgenden Heften:
Unfallversicherung
Invaliditätsversicherung
FINANZtest 11/98

Berufsunfähigkeits-versicherung
FINANZtest 10/2000

Häufig werden ganze Versicherungspakete verkauft, die Sorglosigkeit bis ans Lebensende garantieren sollen. Diese Pakete versprechen dann individuellen, flexiblen und preiswerten Schutz. Oft sind darin die folgenden Versicherungstypen zusammengeschnürt: Privathaftpflicht-, Unfall-, Hausrat-, Rechtsschutz- und Lebensversicherungen mit Berufsunfähigkeitsschutz.

Nicht alles von diesen Paket-Angeboten macht wirklich Sinn. Und wenn die Versicherungspakete noch so günstig erscheinen mögen – am meisten spart derjenige, der sich nur das aus den Angeboten heraussucht, was in seiner jeweiligen Lebenssituation wirklich sinnvoll ist.

Das Kleingedruckte zu lesen ist dringend angeraten: Bei manchen Gesellschaften gelten die günstigen Tarife für junge Erwachsene nur bis zum Erreichen einer bestimmten Altersgrenze. Sie liegt meist zwischen 25 und 30 Jahren, danach gelten die Erwachsenentarife.

Wie bei allen Versicherungsabschlüssen sollte auch für junge Erwachsene eine Grundregel gelten: Niemals eine Unterschrift schon beim ersten Beratungsgespräch leisten. Und vor der Unterschrift sollten eingehend die Angebote der Konkurrenz geprüft werden, darin liegt oft ein erhebliches Einsparpotenzial. Auch kleine Prämienunterschiede können sich zu großen Beträgen aufsummieren, wenn es sich um einen Vertrag mit langer bis sehr langer Laufzeit handelt. Vor allem ist zu überprüfen, ob und in welchem Umfang Kinder in Ausbildung bereits über ihre Eltern mitversichert sind.

Privathaftpflichtversicherung

Eine Privathaftpflichtversicherung ist unverzichtbar: Wer schuldhaft einen Schaden verursacht, ist nach dem Gesetz zum Ausgleich des Schadens gegenüber dem Geschädigten verpflichtet – und dies ohne Beschränkung. Ohne Versicherungsschutz kann so etwas im Einzelfall in die finanzielle Katastrophe führen. Ihre Tochter, Ihr Sohn sind bei Ihnen mitversichert, solange sie sich in einer Schul- oder in der ersten unmittelbar anschließenden Berufsausbildung befinden und noch unverheiratet sind. Dies gilt auch für die Dauer des Wehr- oder Zivildienstes. Bei Studenten endet die Mitversicherung über die Haftpflichtversicherung der Eltern mit dem Examen. Hat ein Student aber beispielsweise vor dem Studium bereits eine Lehre absolviert, ist er nicht mehr bei den Eltern mitversichert, da das Studium die zweite Ausbildung ist.

In den neuen Bundesländern laufen noch Verträge der erweiterten Haftpflichtversicherung aus DDR-Zeiten. Hier gilt – wenn ein solcher Vertrag besteht –, dass alle Personen, die mit dem Versicherungsnehmer unter einem Dach leben, dessen Versicherungsschutz in der Privathaftpflicht- und Hausratversicherung genießen.

In jedem Fall: Wenn etwas unklar ist, wenn zum Beispiel Wartezeiten zwischen Schul- und Ausbildungsabschnitten überbrückt werden müssen, sollten Sie lieber einmal zu viel bei Ihrem Versicherer nachfragen als einmal zuwenig. Vorsicht, wenn zwischen Schulabschluss und Ausbildungsbeginn eine längere Zeit mit Jobs überbrückt werden muss (mehr als drei Monate): Üblicherweise besteht die Mitversicherung fort, es ist aber sinnvoll, sich das von der Versicherung schriftlich bestätigen zu lassen.

Nach dem Abschluss einer Ausbildung ist es für die Jugendlichen notwendig, auch hinsichtlich des Versicherungsschutzes auf eigene Füße zu kommen. Aufschieben führt zum Vergessen und im ungünstigsten Fall zum bösen Erwachen im Schadensfall. Die Privathaftpflichtversicherung ist neben der Berufsunfähigkeitsversicherung (→ Seite 297) die wichtigste Versicherung.

Hausratversicherung

Wenn Ihre Tochter, Ihr Sohn vorübergehend im Rahmen der Ausbildung oder eines Studiums eine eigene Wohnung am Studien- oder Ausbildungsort anmietet, besteht noch Versicherungsschutz über Ihre Hausratversicherung. Voraussetzung ist aber, dass sie, er mit dem ersten Wohnsitz polizeilich noch bei Ihnen gemeldet ist, also noch keinen eigenen Haushalt gegründet hat. Im Schadensfall ist allerdings bei einer solchen „Zweitwohnung" der Versicherungsschutz auf 10 Prozent der Gesamtversicherungssumme für den elterlichen Haushalt beschränkt. Darüber hinaus gibt es eine Gesamtbeschränkung von 15 000 DM für Verträge nach den Bedingungen von 1984 und von 20 000 DM für Verträge nach den Bedingungen von 1992.

Es ist also in Abhängigkeit von der Ausstattung einer solchen Zweitwohnung zu überlegen, ob für Ihre Tochter, Ihren Sohn eine eigene Police sinnvoll ist. Im Schadensfall sind Sie beziehungsweise Ihre Tochter, Ihr Sohn dann auf der ganz sicheren Seite, und es stellt sich nicht die Frage, ob der Versicherungsschutz aus Ihrer Hausratversicherung wohl ausreichen wird.

Rechtsschutzversicherung

Auch in der Rechtsschutzversicherung gehören Kinder bis zum 25. Geburtstag zum Kreis der mitversicherten Personen. Allerdings nur unter der Voraussetzung, dass noch keine eigene Familie gegründet und noch keine Berufstätigkeit aufgenommen wurde. Wichtig ist darüber hinaus die folgende Ausnahme: Die Rechtsschutzversicherung der Eltern haftet nicht, wenn der Nachwuchs als Halter eines eigenen Kraftfahrzeugs in Rechtsstreitigkeiten gerät. Für diese Fälle lohnt sich unter Umständen der Abschluss einer eigenen Verkehrsrechtsschutzversicherung, die nur für Verkehrsstreitigkeiten gilt und von den Automobilclubs günstig angeboten wird.

Unfallversicherung

Die gesetzliche Unfallversicherung leistet auch bei Unfällen von Schülern, Studenten und Jugendlichen in Ausbildung. Sie zahlt für die Folgen von Schul- und Berufsunfällen sowie für Berufskrankheiten. Wenn ein Wegeunfall zur Invalidität führt, können die Folgen durch die gesetzliche Unfallversicherung – zumindest zum Teil – aufgefangen werden. Allerdings gilt diese Versicherung nur für Schäden, die im Zusammenhang mit der Ausbildung entstanden sind (darunter fallen auch die Wege zum Ausbildungsort). Für den nicht immer ungefährlichen Freizeitbereich besteht keine Leistungspflicht. Aus diesem Grund sollten Sie für Ihre Kinder eine zusätzliche private

Unfallversicherung abschließen. Die Prämien sind im Allgemeinen recht günstig; nur wenn Ihre Tochter, Ihr Sohn Extremsportarten betreiben, werden höhere Versicherungsprämien verlangt.

Berufsunfähigkeitsversicherung

Eine Berufsunfähigkeitsversicherung mindert die finanziellen Folgen, wenn nach einem Unfall oder einer schweren Erkrankung der erlernte Beruf nicht mehr oder nur noch geringfügig ausgeübt werden kann und somit auch keine eigenen oder nur geringe Einkünfte erzielt werden. Statistisch gesehen ist das Risiko, durch eine Krankheit berufsunfähig zu werden, neunmal höher als durch Unfallschäden.

Bei den gesetzlichen Rentenversicherungen beginnt in derartigen Fällen die Leistungspflicht erst, wenn mindestens 60 Monatsbeiträge entrichtet wurden. In den letzten fünf Jahren vor Eintritt des Versicherungsfalls müssen mindestens drei Jahre mit Pflichtbeiträgen belegt sein. Ausnahmen gelten nur bei Arbeitsunfällen, Berufskrankheiten sowie Wehr- oder Zivildienstbeschädigungen oder nach Beendigung einer Ausbildung.

Dass der gesetzliche Schutz nicht ausreichend ist, liegt auf der Hand, denn auch junge Menschen sind nicht vor einem Unfall oder einer schweren Erkrankung gefeit. Zudem ist derzeit noch nicht entschieden, wie es mit den Leistungen der gesetzlichen Rentenversicherung ab 2001 weitergeht. Die Richtung ist jedoch bereits vorgegeben: Der Schutz wird immer lückenhafter. Deshalb sollte nach dem Abschluss einer Berufsausbildung eine private Berufsunfähigkeitsversicherung abgeschlossen werden. Die privaten Versicherer bieten je nach Vertragsbedingungen gegenüber der gesetzlichen Vorsorge meist einen weiter reichenden Schutz.

Im Falle einer Berufsunfähigkeit, die über ein medizinisches Gutachten vom Versicherer anerkannt werden muss, erhält der Versicherte eine monatliche Rente, die je nach Schwere der Erkrankung oder der Unfallfolgen zunächst auf Zeit oder aber auf Dauer gewährt wird. Bei Verträgen, die in Verbindung mit einer Kapitallebensversicherung abgeschlossen wurden, kann die Leistung des Versicherers auch in einer Befreiung von den Versicherungsbeiträgen bis zum Ablaufzeitpunkt der Kapitallebensversicherung bestehen. Wenn bereits eine private Unfallversicherung besteht, kann diese beim Abschluss einer Berufsunfähigkeitsversicherung in den allermeisten Fällen gekündigt werden. Wenn allerdings aufgrund der Gesundheitsprüfung eine Berufsunfähigkeitsversicherung von der Versicherungsgesellschaft abgelehnt wird, sollte die bestehende Unfallversicherung beibehalten werden.

Krankenversicherung

Gesetzliche wie private Krankenkassen sind an jungen Mitgliedern besonders interessiert. Sie stehen häufig im Zentrum ihrer Werbekampagnen. (Dies ist leicht zu erklären, sind junge Menschen doch in aller Regel gesund und benötigen erst einmal kaum Versicherungsleistungen.) Ihre Tochter oder Ihr Sohn sind aber, wenn Sie selbst gesetzlich krankenversichert sind, bis zum Ende der Schulpflicht, also bis zum 18. Lebensjahr, mitversichert. Wird Ihre Tochter, Ihr Sohn dann nicht erwerbstätig, bleibt sie, er bei Ihnen bis zum 23., bei Ausbildung oder Studium bis zum 25. Lebensjahr mitversichert. (Diese Zeit verlängert sich um eventuelle Wehr- oder Zivildienstzeiten oder das freiwillige soziale oder ökologische Jahr.)

Sind die Eltern privat versichert, gilt dies auch für ihre Kinder. Bis zur Volljährigkeit gibt es einen günstigen Kindertarif, danach sind die normalen Beiträge zu entrichten. Wer als Kind privat versichert war und ein Studium aufnimmt, kann sich von der Versicherungspflicht befreien lassen und eine private Studentenkrankenversicherung abschließen.

Beginnt Ihr Sohn, Ihre Tochter aber eine Lehre oder fängt an zu arbeiten, besteht Versicherungspflicht. In den meisten Fällen kommt wegen der Einkommensgrenzen eine der gesetzlichen Krankenkassen infrage. Deren Leistungen unterscheiden sich nicht wesentlich, wohl aber die Beiträge.

Bei Zivildienst- und Wehrpflichtleistenden werden vom „Dienstherrn" die Leistungen zur Behandlung von Erkrankungen übernommen. Eine Versorgungslücke besteht bei diesem Personenkreis nur, wenn zum Beispiel ein Diensturlaub für einen Aufenthalt im Ausland genutzt wird; in diesem Fall sollte für die Auslandsreise eine zusätzliche Auslandskrankenversicherung abgeschlossen werden.

Karl May

Invaliditätsversicherung

Seit 1997 bieten die Versicherer auch Invaliditätsversicherungen für Kinder und Jugendliche an. Diese decken sowohl das Risiko einer unfallbedingten als auch einer krankheitsbedingten Invalidität ab. Die Vertragsangebote sind genauso unterschiedlich wie die Preise: Die einen versprechen im Leistungsfall eine lebenslange Rente, die anderen eine Einmalzahlung oder beides zusammen. Nur bei wenigen Gesellschaften ist der Abschluss einer solchen Police eigenständig möglich. Die meisten koppeln ihn an die Unfallpolice.

Eine Invaliditätsversicherung ist zwar sinnvoll, unbedingt notwendig ist sie aber nicht. Das liegt vor allem an zweierlei: Das Risiko der späteren Invalidität besteht vor allem bei Kindern mit angeborener Behinderung. Die meisten Versicherer schließen aber gerade behinderte Kinder als Versicherungsnehmer aus. Für andere Kinder ist das Risiko der Invalidität durch eine Krankheit hingegen statistisch gesehen relativ gering. Die häufigsten Ursachen für Invalidität bei Kindern und Jugendlichen sind Unfälle. Eine private Unfallversicherung ist für sie daher in jedem Fall vorrangig.

Darüber hinaus ist zu bedenken: Bei fast allen Anbietern laufen die Verträge maximal bis zum 18. Lebensjahr. Nur wenn bis dahin der Versicherungsfall eingetreten ist, besteht ein Leistungsanspruch.

Wenn Sie Ihre Tochter, Ihren Sohn aber trotzdem absichern möchten, sollten Sie Folgendes beachten:

- Ein Vertrag mit Einmalzahlung ist als Grundschutz einer Rente vorzuziehen, da die Prämien günstiger sind. Und im Ernstfall sind damit auch mehr Freiheiten gegeben, nämlich das Geld nach den jeweiligen Bedürfnissen zu verwenden.
- Schließen Sie den Versicherungsschutz für Invalidität möglichst getrennt von einer reinen Unfallversicherung ab. Sonst ist es wahrscheinlich, dass Sie eine günstige Invaliditätspolice mit einer zu teuren Unfallpolice koppeln – oder umgekehrt.
- Welche Höhe an Renten- oder Einmalzahlung Sie vereinbaren, hängt natürlich wesentlich von Ihren Bedürfnissen, Ihrem Lebensstandard und Geldbeutel ab. Orientiert am Mindestbedarf nach dem Unterhaltsrecht, sollte die Invaliditätsrente jedoch mindestens bei 1 000 DM monatlich liegen, eine Einmalzahlung bei 200 000 DM.

Ausbildungsversicherungen – Kapitallebensversicherungen schon für Jugendliche?

Gute Ausbildungen sind teuer – das gilt nicht nur für ein Studium, sondern beispielsweise auch für Lehrgänge zum Handwerksmeister. Um den Eltern die dann notwendigen finanziellen Aufwendungen zu erleichtern oder zu ermöglichen, werden von Versicherern und Banken Vorsorgemodelle angeboten: Dies sind zum einen die klassische Ausbildungsversicherung oder Sparpläne, zum anderen werben Versicherungsgesellschaften mit Kapitallebensversicherungen, die auf die Kinder abzuschließen sind.

Eine Ausbildungsversicherung ist nichts anderes als eine spezielle Form einer Kapitallebensversicherung: Die Police wird auf den Vater oder die Mutter abgeschlossen, und Versicherungssumme sowie Überschussanteile werden zu einem vorher festgelegten Zeitpunkt, etwa dem Ende der Schulzeit, an das Kind ausbezahlt. Wenn der versicherte Elternteil vor Ende der Laufzeit stirbt oder berufsunfähig wird, erfolgt trotz der dann ausbleibenden Beiträge die volle Zahlung zum vereinbarten Zeitpunkt – die Ausbildung ist also weiterhin finanziell abgesichert.

Sinnvoll sind derartige Versicherungen allerdings nur, wenn sie mindestens zwölf Jahre laufen, weil nur dann die Erträge steuerfrei sind; in aller Regel sollte an diese Anlageform also schon im Kindesalter gedacht werden, wenn eine Familie beispielsweise nicht darauf angewiesen ist, das Kindergeld zum Lebensunterhalt einzusetzen. Eine solche Ausbildungsversicherung bringt die übliche Rendite von Kapitallebensversicherungen, also etwa bis zu 7 Prozent.

Günstigere Ergebnisse lassen sich derzeit mit der Kombination einer reinen Risikolebensversicherung und der Anlage des verbleibenden Geldes etwa in Aktienfonds erzielen. Deren Renditen lagen zuletzt bei durchschnittlich rund 10 Prozent und mehr.

Abzuraten ist vom Abschluss langfristiger Kapitallebensversicherungen auf die Jugendlichen selbst. Die Versicherer versuchen dabei oft, lange Laufzeiten mit den für Kapitallebensversicherungen üblichen starren Ablaufbedingungen zu vereinbaren. Im Falle einer vorzeitigen Kündigung kommt manchmal nicht einmal der eingezahlte Sparanteil wieder heraus. Kapitallebensversicherungen für Jugendliche sind nicht sinnvoll, weil Jugendliche niemanden für den Fall ihres Todes absichern müssen und ihr weiterer Lebensweg nicht abzusehen ist. Wer kann schon garantieren, dass er über Jahrzehnte willens und in der Lage ist, die monatlichen Prämien zu entrichten?

So können Jugendliche abgesichert werden
Wann die Versicherungen der Eltern auch für die Kinder gelten und in welchen Fällen sie eigene Policen brauchen

Versicherungs-problem	Kinder zwischen 7 und 18 Jahren (beschränkt geschäfts- und schuldfähig)	Volljährige Kinder (voll geschäfts- und schuldfähig)
Vorübergehende Krankheit	Mitversicherung in der gesetzlichen Krankenversicherung der Eltern oder eigener Vertrag in privater Krankenversicherung.	Bis 25 Jahre Mitversicherung in der gesetzlichen Krankenversicherung der Eltern, sofern unverheiratet und noch in der Ausbildung und mit eigenem Einkommen von höchstens 630 DM monatlich. Sonst eigene Mitgliedschaft in der Krankenkasse oder eigener Vertrag in privater Krankenversicherung.
Dauerhafte Krankheit und Pflegebedürftigkeit	Private Kinderinvaliditätsversicherung, oft als Zusatz zur privaten Unfallversicherung. Mitversicherung in der gesetzlichen oder privaten Pflegeversicherung der Eltern oder eigener Vertrag in der privaten Pflegepflichtversicherung.	Eigene private Berufsunfähigkeitsversicherung des Jugendlichen. Mitversicherung in der gesetzlichen oder privaten Pflegeversicherung der Eltern (bis 25 Jahre, sofern unverheiratet und noch in der Ausbildung) oder eigener Vertrag in der privaten Pflegeversicherung.
Unfall	Private und gesetzliche Unfallversicherung. Gesetzliche leistet nur bei Unfällen in der Schule oder am Ausbildungsplatz und bei Unfällen auf dem Weg dorthin und zurück.	Private und gesetzliche Unfallversicherung. Gesetzliche leistet nur bei Unfällen in der Schule, am Ausbildungsplatz (Betrieb, Universität) und bei Unfällen auf dem Weg dorthin und zurück.
Kind verursacht Schaden	Kind haftet, sofern es Folgen seines Handelns überschauen konnte. Privathaftpflichtversicherung der Eltern leistet für mitversichertes Kind (muss unverheiratet sein) oder für die Eltern, sofern sie ihre Aufsichtspflicht verletzt hatten.	Volljähriger haftet. Mitversicherung über die Privathaftpflichtversicherung der Eltern, solange er noch unverheiratet ist und sich in seiner ersten Ausbildung befindet. Ansonsten eigener Vertrag erforderlich.
Anwalts- oder Gerichtskosten	Mitversicherung über eine eventuell bestehende Rechtsschutzversicherung der Eltern.	Mitversicherung über eine eventuell bestehende Rechtsschutzversicherung der Eltern bis längstens 25 Jahre, wenn noch überwiegend in der Ausbildung und unverheiratet.

Quelle: FINANZtest 6/99

Vorbeugen ist besser als Heilen:

Suchtprävention in der Familie

Eltern machen sich über vieles Sorgen, wenn ihre Kinder in die Pubertät kommen. Eine ist immer dabei: Was ist, wenn meine Tochter, mein Sohn beginnt, Drogen zu nehmen? Die Sorge besteht nicht zu Unrecht: Auch illegale Suchtstoffe sind in Deutschland fast überall problemlos zu bekommen. Die „Szene“ ist längst keine alternative Nische mehr, wie sie dies vielleicht zu Zeiten der Flower-Power-Generation gewesen sein mag, der es um die vermeintlich befreiende und „bewusstseinserweiternde“ Wirkung der Drogen ging (vorwiegend Haschisch und LSD). Selbst Eltern, die sich damals und vielleicht auch heute noch für die Legalisierung einzelner illegaler Suchtstoffe, der so genannten weichen Drogen, einsetzten und einsetzen, müssen zur Kenntnis nehmen, dass sich die Szene, in der sich jugendliche Drogenkonsumenten heute zwangsläufig bewegen, um vieles von der Welt der Kiffergeneration von gestern unterscheidet.

Kontakt
Bundeszentrale für gesundheitliche Aufklärung
Ostmerheimer Str. 220
51109 Köln
Infotelefon zur Suchtvorbeugung: 02 21/89 20 31

Die gesundheitlichen und gesellschaftlichen Risiken haben sich entscheidend verändert. Die Suchtstoffe lassen sich kaum noch mit denen vergleichen, mit denen die 68er Generation experimentierte. Neue Drogen sind hinzugekommen, und damals nicht existierende Gefahren (wie zum Beispiel Aids) und seinerzeit noch nicht bekannte Folgeerscheinungen des Drogenkonsums sind nicht wegzudiskutieren. Dazu kommt: Jeder Drogenkonsument ist heute abhängig von einem von Kriminellen beherrschten internationalen Markt, der zu einer der größten internationalen politischen und polizeilichen Herausforderungen geworden ist.

Deshalb: Belassen Sie es nicht bei der Sorge um Ihre jugendlichen Kinder. Beugen Sie vor!

Vorbeugung beginnt in der Familie

Trotz aller gut gemeinten und durchdachten Suchtpräventionsprogramme für Kindergärten, Schulen und Freizeiteinrichtungen zeigen immer mehr Studien: Wie Jugendliche mit den Verführungen des Marktes an legalen und illegalen Suchtstoffen umgehen, und ob sie gegen Sucht- und Abhängigkeitsgefahren gefeit sind, liegt vor allem in der Verantwortung der Familie. Hier liegen für Jugendliche protektive (also schützende), aber auch gefährdende Faktoren. Das heißt: Suchtprävention beginnt in der Familie.

Das Familienklima

Wie wichtig die Familie für Jugendliche ist, haben wir oben beschrieben (→ Seite 55 ff.). Familien, in denen sich die einzelnen Mitglieder wohl fühlen, in denen sie sich gegenseitig respektieren und, vor allem, in denen sich Jugendliche und Eltern als Familie zusammengehörig erleben, sind – so haben viele Untersuchungen ergeben – der beste Schutz gegen Abhängigkeits- und Suchtgefahren im Jugendalter.

Wie lässt sich Zusammengehörigkeitsgefühl messen?

Zusammengehörigkeitsgefühl zeigt sich an vielen Kleinigkeiten des Alltags. Deshalb wurden in einer der größten Umfragen zu diesem Thema, in denen 12 000 amerikanische Jugendliche zwischen 12 und 18 Jahren interviewt wurden, so unterschiedliche Fragen gestellt wie die nach gemeinsamen Aktivitäten von Jugendlichen und Mutter und/oder Vater in der letzten Woche oder ob und wie oft ein Elternteil zu bestimmten wichtigen Zeiten (vor der Schule, nach der Schule, zum Essen, am Abend) in der letzten Woche präsent war. Gefragt wurde auch, ob und wie die Jugendlichen ein elterliches Interesse an ihrem schulischen Erfolg erleben. Und natürlich wurde danach gefragt, wie die Jugendlichen ihr Verhältnis zu den Eltern einschätzen, ob sie sich gut versorgt, angenommen und geliebt fühlen und ob sie sich in ihrer Familie wohl fühlen.

Zu einem guten Familienklima gehört, dass Jugendliche auch jetzt noch ihre Eltern als Anlaufstelle und Gesprächspartner akzeptieren können, wenn sie Rat und Hilfe brauchen. Dies ist nur möglich, wenn sie ihre Eltern auch in den

Lesetipps
Markus Schmid/
Jürgen Schuler/Birgit Rieger
Drogen.
Harte Drogen, Ecstasy, Alkohol, Medikamente
Ravensburg 1999, 24 DM
(für Jugendliche)

Materialien der BZgA zu diesen Themen
(Bezugsadresse → Seite 138).
Leo geht durch alles durch
(für Jugendliche)
Best.-Nr. 33 300 000
Jugendmagazin-Reihe zur Suchtprävention (5 Hefte)
Best.-Nr.
33 721 000 – 33 725 000
Heft 1: Jetzt oder nie
Thema: Identitätsfindung
Heft 2: Drauf und dran
Thema: Risikoverhalten
Heft 3: Up and down
Thema: Enttäuschungen, Konflikte, Aggressionen
Heft 4: Auf und davon
Thema: Raus aus dem Alltagstrott, jugendliche Lebensstile
Heft 5: Ich und Du
Thema: Geschlechts-spezifisches Rollenverhalten

Jahren der Ablösung und Verselbstständigung als interessiert und engagiert erleben und wenn ihre Eltern über das Leben ihrer Kinder Bescheid wissen. Manchmal ist dies nicht einfach: Wenn Jugendliche immer häufiger lautstark ihr Recht auf ein eigenes Leben einfordern, sich auch tatsächlich zunehmend ihren eigenen Lebensraum erobern, also beginnen, flügge zu werden, ist die Versuchung groß, die Kinder „machen zu lassen" und sich der eigenen neu gewonnenen Freiheit zuzuwenden. Endlich wieder einmal ein Wochenende zu zweit, wenn der Sohn für diese Zeit bei seiner Freundin ist. Endlich lässt sich auch an den Wiedereinstieg in den Beruf denken ... In dieser Situation können Eltern leicht den Anschluss an das Leben ihrer Kinder verlieren. Unbemerkt sind sie „außen vor", und das auch dann, wenn ihre Tochter, ihr Sohn sich plötzlich einer Situation ausgesetzt sieht, in der sie, er so dringend auf die Hilfe und das Interesse der Eltern angewiesen wäre.

Deswegen: Halten Sie den Kontakt zu Ihren jugendlichen Kindern, auch wenn sie flügge werden. Versuchen Sie, feste Termine zu vereinbaren, beispielsweise bestimmte Mahlzeiten zusammen einzunehmen. Lassen Sie sich durch das erwachsen wirkende Verhalten nicht täuschen: Auch jetzt braucht Ihre Tochter, Ihr Sohn Ihre ganze Zuwendung und Ihr uneingeschränktes Interesse.

Das gute Beispiel

Sucht ist kein Jugendproblem. Wir leben in einer Gesellschaft, in der legale und illegale Suchtstoffe weit verbreitet sind. Jeder von uns ist an den Genuss oder die Einnahme von Substanzen gewöhnt, die auf das zentrale Nervensystem einwirken: Die Kaffeemaschinen in Büros und Betrieben sind im Dauerbetrieb, da wir uns längst an die für „Ungeübte" stark wirksame stimulierende Wirkung von Koffein gewöhnt haben. Immer mehr greifen bei Unruhe und Schlafstörungen zu beruhigenden und schlafanstoßenden Medikamenten. Aufputschmittel sollen helfen, die Leistungsfähigkeit zu garantieren. Und schließlich: Alkohol trinkt fast jeder, und eine (?) Zigarette hier und da gehört auch heute noch für viele zum Alltag.

Wir müssen uns also fragen: Wie gehen wir selbst mit erlaubten und nicht erlaubten Suchtstoffen um? Denn Eltern sind nur dann glaubwürdige Diskussionspartner, wenn sie selbst einen vernünftigen und maßvollen Umgang mit ihren Genussmitteln praktizieren. Nur dann werden sie dazu stehen können und dem Vergleich mit dem gesundheitsschädigenden Konsum anderer Suchtstoffe standhalten können.

Droge Nummer 1: Alkohol

Seit einigen Monaten zählt unsere Tochter die leeren Weinflaschen, die nach unseren Kartenspiel-Abenden in der Küche stehen. Da bekommt man schon ein schlechtes Gewissen.
Gerhard, 48 Jahre

Alkohol ist in unserer Kultur seit langem für viele Jugendliche zum Symbol des Erwachsenenstatus geworden. Wohl vor allem deshalb haben rigorose elterliche Verbote oder gut gemeinte öffentliche Präventionsprogramme, die völlige Abstinenz für Jugendliche zum Ziel haben, im Allgemeinen wenig Erfolg. Sinnvoller – so erwies sich – ist es, Jugendliche einen kontrollierten und gesundheitlich unbedenklichen Umgang mit Alkohol erlernen zu lassen. Hier sind die Eltern gefragt. Denn die ersten Erfahrungen mit Alkohol werden in der Familie gemacht, und zwar durch Beobachtung: Und genau hierin liegt die Bedeutung des „guten Beispiels". Das heißt: Wenn Sie selbst nicht alkoholabstinent leben, dann muss Ihre Tochter, Ihr Sohn an Ihnen erfahren können, dass Sie

- Alkohol ausschließlich als gelegentliches Genussmittel konsumieren (können), beispielsweise ein Glas Wein zum Essen,
- Alkohol nicht benötigen, um Ihre Stimmung zu beeinflussen,
- Alkohol nicht benötigen, um entspannen zu können,
- Alkohol nicht regelmäßig konsumieren müssen,
- unter Alkoholeinfluss niemals am Straßenverkehr teilnehmen,
- nie die Kontrolle beim Trinken verlieren, sich also nicht „betrinken".

Und das Rauchen?

Aus medizinischer Sicht ist ein absolutes Rauchverbot für Jugendliche geboten. Aber... Effektiver als Verbote ist Ihr (gutes) Beispiel! Denn jeder, der mit Jugendlichen zu tun hat, weiß, wie leicht gerade ein striktes Verbot zur Herausforderung wird, es zu übertreten, also gerade das Gegenteil der ursprünglichen Absicht bewirkt. Deshalb gilt auch hier wieder: Wenn Sie selbst (noch) zu Hause rauchen, werden Sie wenig Chancen haben, Nikotinabstinenz bei Ihrer Tochter, Ihrem Sohn überzeugend durchzusetzen. Hören Sie also selbst mit dem Rauchen auf, um Ihre Tochter, Ihren Sohn zu motivieren, dasselbe zu tun.

Wenn Sie schon Nichtraucher sind, sollten Sie zu Hause keine Kompromisse eingehen und nicht aus falsch verstandener Großzügigkeit zum Passivraucher werden. Erklären Sie vielmehr den Lebensraum der Familie zur Nichtraucherzone, in der Nichtraucher das Recht haben, nicht belästigt zu werden. Jede Zigarette, die Ihre Tochter, Ihr Sohn nicht raucht, ist eine Zigarette weniger.

Das offene Gespräch über Drogen

Dass man auf Feten mal kifft, ist doch normal – das tun sogar die Streber. Aber meine Mutter würde in Ohnmacht fallen, wenn sie es wüsste. Die sieht uns dann schon alle im Knast.
Irina, 16 Jahre

Allgemein über Drogen und ihre Gefahren zu sprechen ist einfach. Anders wird dies, wenn die eigenen Kinder beginnen, mit Suchtstoffen zu experimentieren. In vielen Familien werden dann mögliche (eigene) Suchtprobleme nicht angesprochen. Sucht und Abhängigkeit sind Probleme der anderen, sie kommen „bei uns" nicht vor. Dass es so schwierig ist, ins (ehrliche) Gespräch zu kommen, mag viele Gründe haben. Einer davon ist sicher die Angst der Eltern, auf ein eigenes Problem mit Suchtstoffen gestoßen zu werden (→ Seite 305). Ein anderer: Viele Eltern scheuen mögliche Auseinandersetzungen mit ihrer Tochter, ihrem Sohn, die sich (zu Recht?) ausgehorcht, kontrolliert und verdächtigt fühlen. Oder – und dies ist der folgenschwerste: Sie verschließen die Augen vor einer Realität, die sie ahnen, und schweigen, und zwar gerade dann, wenn sie als Gesprächspartner wichtig sind.

Ein typischer Gesprächsverlauf

So läuft es meistens ab: Besorgte Eltern tasten sich vor. Im Allgemeinen bleibend, fragen sie eher beiläufig, wie die Drogensituation an der Schule oder am Ausbildungsplatz ist, wagen dann vielleicht sogar zu fragen, ob die Tochter oder der Sohn schon einmal Haschisch ausprobiert hat. Fast immer fühlen Jugendliche sich in solchen Gesprächen ausgehorcht und angegriffen. Der Gegenangriff ist damit vorprogrammiert: Was ist mit der Zigarette des Vaters, dem Likör der Mutter, dem abendlichen Bier vor dem Fernseher? Alkohol und Nikotin – so wissen sie – übertreffen Haschisch an möglichen Gesundheitsschäden bei weitem. Und dann? Ende der Diskussion, weil die Eltern einsehen müssen, dass sie selbst auch nicht abstinent leben und die Kinder leider Recht haben?

Diese Regeln helfen Ihnen, ein Gespräch möglichst positiv zu gestalten:
- Sorgen Sie für eine ungestörte Gesprächssituation.
- Sprechen Sie über Ihre Befürchtungen, Ihre eigenen Gefühle und Gedanken. Wenn Sie schweigen, kann dies als Desinteresse missverstanden werden.
- Vermeiden Sie den Anschein, ausfragen zu wollen.
- Fragen Sie, ohne mit der Frage gleich zu be- oder zu entwerten.
- Vertreten Sie für sich selbst einen klaren Standpunkt, nach dem Sie heute auch wirklich leben.

- Informieren Sie sich über die auf dem Markt befindlichen Suchtstoffe. Nur wer Bescheid weiß, kann sachlich diskutieren.
- Wenn Ihr Sohn oder Ihre Tochter Ihnen in einem solchen Gespräch eingesteht, schon Erfahrungen mit dem einen oder anderen Suchtstoff gemacht zu haben, ist dies ein enormer Vertrauensbeweis. Würdigen Sie ihn!
- Vermeiden Sie Überreaktionen, Beschuldigungen und Vorwürfe. Nicht jeder, der mit Drogen experimentiert, endet als Junkie.
- Versuchen Sie, mit Ihrer Tochter, Ihrem Sohn über ihre, seine Erfahrungen mit den genannten Suchtstoffen zu sprechen. Vermeiden Sie jedoch alles, was nach Ausforschung aussieht. Detektivisches Vorgehen ist nicht geeignet, wirklich etwas über die Beweggründe zu erfahren und im Gespräch zu bleiben.

Wenn Sie in diesem Gespräch den Eindruck gewinnen, dass Ihre Tochter, Ihr Sohn nicht nur gelegentlich experimentiert, sondern in regelmäßigen Abständen Drogen nimmt, ist professionelle Hilfe nötig. Eine Vogel-Strauß-Haltung in der – falschen – Hoffnung, alles werde sich von selbst regeln, ist jetzt absolut unangemessen. Also:

- Werden Sie kein stiller Komplize. Suchen Sie Hilfe bei Drogenberatungsstellen und Selbsthilfegruppen.
- Versuchen Sie alles, Ihre Tochter, Ihren Sohn ebenfalls zu einem solchen Schritt zu motivieren.

Wenn sich Ihre Tochter, Ihr Sohn entschlossen hat, eine Drogenberatungsstelle aufzusuchen oder eine Therapie zu beginnen, sind auch Sie gefordert. Nehmen Sie an vorgeschlagenen gemeinsamen Terminen wie Familiengesprächen teil, auch wenn diese Gespräche hart und unangenehm sind. Als Angehöriger sind Sie immer auch Mitbetroffener (→ Seite 355).

Damit Eltern Bescheid wissen:

Drogen – legale und illegale

Zur Vorbeugung gehört Aufklärung. Deshalb zu Ihrer Information und als Grundlage für sachkundige Gespräche mit Ihrer Tochter, Ihrem Sohn einige Erklärungen zu den gebräuchlichsten Suchtstoffen – auch zu Nikotin und Alkohol, die in unserer Gesellschaft immer noch die größte Rolle spielen.

Wenn man die Drogen nach dem Alter beim Erstkonsum ordnet, liegt Nikotin mit 13,9 Jahren vorn, dann folgt Alkohol (15,4 Jahre), Cannabis (16,8 Jahre) und schließlich Drogen wie Ecstasy, Amphetamine, Kokain, LSD und Heroin (17,2 Jahre). Dabei erhöht das Rauchen das Risiko für den Alkoholkonsum, beide das für den Gebrauch von Cannabis und alle drei zusammen das Risiko für den Gebrauch der anderen genannten Drogen. Das heißt: Die Einstiegsdroge ist Nikotin.

Nikotin

In Deutschland rauchen heute etwa 30 Prozent der 16-Jährigen. Aber es gibt mittlerweile auch Positives zu berichten: Der Anteil der 14- bis 25-Jährigen, die angeben, noch nie in ihrem Leben geraucht zu haben, hat sich von 1973 bis Mitte der 90er Jahre verdoppelt und beträgt heute rund 33 Prozent. Weitere 20 Prozent in dieser Altersgruppe bezeichnen sich selbst als „Nicht-mehr-Raucher“. Dieser Trend ist besonders deutlich bei schulisch gut ausgebildeten Jugendlichen. Wer bis zum Alter von etwa 20 Jahren den Verlockungen der Tabakindustrie nicht erlegen ist, wird mit hoher Wahrscheinlichkeit auch für den Rest seines Lebens widerstehen können. Umgekehrt gilt leider auch: Wer mit 20 Jahren Raucher ist, wird es mit 90 Prozent Wahrscheinlichkeit bleiben.

Wie Nikotin wirkt und warum es gefährlich ist

Nikotin ist eine der 4 000 im Tabakrauch nachgewiesenen Substanzen. Es erreicht über die Inhalation die Lungenbläschen und über die Schleimhaut des Mundes und des Rachens unser Gehirn in zehn Sekunden. Die Wirkung auf das zentrale Nervensystem ist vielschichtig und kompliziert. Nikotin stimuliert einige Areale des Gehirns, während es andere hemmt. Aus diesem Grund können die Auswirkungen individuell durchaus verschieden sein: Nikotin kann anregen und euphorisieren, es kann auch beruhigen und entspannen. Darüber hinaus wirkt es auf Herz und Kreislauf: Der Puls wird beschleunigt oder unregelmäßig, der Blutdruck steigt an. Daneben greift Nikotin auch in den Fettstoffwechsel ein, und der Grundumsatz des Körpers an Kalorien wird erhöht (dies ist der Grund, warum Raucher zunehmen, wenn sie das Rauchen aufgeben). Für die Krebs erregende Wirkung des Tabakrauchs werden Teerverbrennungsprodukte verantwortlich gemacht. Aber nicht nur Lungenkrebs kann entstehen: Der Rauch irritiert und schädigt das Bronchialsystem. Häufige und später chronische Entzündungen der Bronchien sind die Folge, leicht erkennbar am typischen Raucherhusten.

Raucher werden schnell körperlich und psychisch abhängig: Fehlt ihnen Nikotin, werden sie unruhig, ängstlich und deprimiert.

Alkohol

Befragungen unter Jugendlichen ergaben, dass mehr als die Hälfte aller 14-Jährigen schon mindestens einmal schwer betrunken war, und fast 40 Prozent der 12- bis 16-Jährigen trinken gelegentlich oder regelmäßig Alkohol. Das Einstiegsalter in den zumindest gelegentlichen Alkoholkonsum liegt bei 14 Jahren.

Unterschiede bei Mädchen und Jungen

Jungen trinken offenbar lieber Bier, Mädchen lieber Wein und Mixgetränke. Bier ist also auch bei Jugendlichen das „Männergetränk". Es ist für Jungen eine Art Statussymbol, das der Demonstration ihrer Männlichkeit dient.

Mädchen bevorzugen nicht nur andere Alkoholsorten, sie trinken auch vornehmlich nur auf Partys und in Diskos, während Jungen sich darüber hinaus Gelegenheiten schaffen, um unter sich zu sein und zu trinken.

Für manche Jungen markiert es auch den Übergang ins Erwachsenenalter, besonders „trinkfest" zu sein, was Vollrauscherlebnisse beinhaltet. Dagegen sind Kontrollverlusterlebnisse bei Mädchen eher selten, Vollrauscherlebnisse werden von ihnen gemieden.

Wie Alkohol wirkt und warum er gefährlich ist

Alkohol zeigt sowohl stimulierende als auch dämpfende Wirkungen. In geringen Mengen ist er euphorisierend, kann Ängste mindern, enthemmen, unkritisch machen. Unter Alkoholeinfluss kommt es deswegen nicht selten zur Fehleinschätzung gefährlicher Situationen. Schon nach dem Genuss von etwa 0,2 Liter Wein oder 0,4 Liter Bier sind die Sinnesorgane, Aufnahmefähigkeit, Koordination und Zusammenspiel der Muskeln, Konzentrationsfähigkeit und Reaktionszeit messbar beeinträchtigt. Übelkeit und Erbrechen können auftreten. In höherer Dosierung wirkt Alkohol schmerzunterdrückend und einschläfernd. Schließlich kommt es bei lebensbedrohlichen Mengen (etwa ab einem Blutalkoholgehalt von 3,5 Promille) zu einer Lähmung des Atemzentrums.

Es gibt kaum ein Organsystem, das bei andauerndem Missbrauch von Alkohol nicht in Mitleidenschaft gezogen wird. Nicht nur Leberschäden, sondern auch dauernde Veränderungen der Bauchspeicheldrüse, des Nervensystems, der Blut bildenden Organe des Knochenmarks, des Immunsystems und des Herz-Kreislauf-Systems können die Folge sein.

Benzodiazepine

Benzodiazepine sind sehr beliebte Medikamente; sie werden als Beruhigungs- und Schlafmittel verwendet und überaus häufig ärztlich verordnet. Die wohl bekanntesten Stoffe sind Diazepam, Flurazepam und Lorazepam. Sie erkennen diese Medikamente daran, dass der Substanzname (steht im Beipackzettel) meist mit „-zepam" aufhört.

Diese Medikamente sind in der Drogen- und Jugendszene leicht verfügbar und billig zu haben. Jugendliche, die illegale Drogen nehmen, verwenden häufig Benzodiazepine als Ersatz- oder Begleitstoffe. Viele Opiatabhängige überbrücken mit ihnen Schlafstörungen, innere Unruhe oder beginnende

Entzüge. Jugendliche Drogenabhängige, die neben Opiaten auch Benzodiazepine konsumieren, zeigen einen insgesamt viel schlechteren Verlauf ihrer Drogenkarriere als Drogenabhängige, die nur von einem Suchtstoff abhängig sind: Sie sind öfter in gewalttätige Auseinandersetzungen verwickelt, gesundheitlich geht es ihnen schlechter. Drogennotfälle sind bei ihnen häufiger. Die Kombination mehrerer Suchtstoffe ist gefährlich, oft potenzieren sich dabei die schädigenden Begleiterscheinungen.

Wie Benzodiazepine wirken und warum sie gefährlich sind

Benzodiazepine wirken schlafanstoßend, beruhigend, angstlösend und entspannen die Skelettmuskulatur. Vor allem nach der Einnahme höherer Dosierungen fühlt man sich wie „in Watte gepackt". Die Probleme des Alltags bleiben bestehen, aber „sie gehen einen nichts mehr an". Müdigkeit, Vergesslichkeit und Konzentrationsstörungen treten auf. Die Reaktionszeit verlängert sich, Unfälle können die Folge sein. Der Langzeitgebrauch von Benzodiazepinen führt zur Gewöhnung, zur Dosissteigerung und schließlich zur Abhängigkeit – eine regelmäßige Einnahme über zwei bis vier Wochen ist dafür schon ausreichend.

Bei mehr als der Hälfte der von Benzodiazepinen Abhängigen, kommt es nach dem Absetzen zum Entzugssyndrom: Angst, Schlaflosigkeit, massive innere Unruhe, Muskelschmerzen, Reizbarkeit, Kopf- und Magenschmerzen, Vergesslichkeit, ausgeprägte Konzentrationsstörungen und – weniger häufig – epileptische Anfälle.

Cannabis (Haschisch und Marihuana)

Cannabisprodukte sind die in der Elterngeneration bekanntesten illegalen Suchtstoffe. Sie unterliegen dem Betäubungsmittelgesetz – ihr Handel, Besitz und Konsum sind verboten und mit Strafe bedroht. Trotzdem steigt ihr Verbrauch. Über keine andere Droge hat es – nicht nur bei uns, sondern in den meisten westlichen Ländern – eine derart kontrovers geführte Debatte gegeben. Die Fronten sind bekannt: Die einen warnen vor den Gefahren, die anderen wollen Haschisch als „weiche Droge" lieber kontrolliert freigeben und aus der Illegalität herausholen.

Es macht halt Spaß, sich mit Freunden die Birne voll zu rauchen und Helge-Schneider-Videos anzuschauen. Mit chemischem Zeug oder härteren Drogen hab ich noch keine Erfahrung, ich hätte aber nichts dagegen, mal Koks oder LSD auszuprobieren, auf die Dauer wird es eben doch langweilig.

Flo, 17 Jahre

Was ist Haschisch, was Marihuana?

Von der weiblichen Hanfpflanze kommen die Blätter, das Harz und ein Konzentrat in Umlauf. Haschisch im eigentlichen Sinne sind getrocknete Harzabsonderungen der Hanfpflanze und auch stark harzhaltige Pflanzenteile selbst. Nach der Aufarbeitung entsteht eine elastische grünbräunliche oder rötliche Masse, aus der dann Einzelportionen in Form von kleinen Kügelchen abgegeben werden.

Das Haschischharz ist fünf- bis siebenmal wirkstoffreicher als die einfach getrockneten Hanfpflanzen, die als Marihuana bezeichnet werden. Diese getrockneten Blätter ähneln im Aussehen Pfefferminzteeblättern und duften manchmal ein wenig wie Weihrauch. Marihuana wird mit oder ohne Tabakbeimengung geraucht, ebenso wie Haschisch, das darüber hinaus als Tee getrunken oder Speisen beigemischt wird.

Wie Cannabis wirkt und warum es gefährlich ist

Cannabis ist, besonders zu Beginn des Konsums, keine Droge für einsame Konsumenten: Eine Gruppe von Gleichgesinnten gehört immer dazu – ideale Bedingung, um zu einer Jugenddroge zu werden. Cannabiskonsumenten berichten, dass in mäßigen Dosierungen die Wahrnehmung auf fast allen Sinnesgebieten intensiver werde. Musik und Sex beispielsweise würden lustvoller erlebt. Dieser Zustand tritt etwa 30 Minuten nach dem Rauchen eines Joints auf und dauert drei bis vier Stunden an.

Cannabis wirkt in erster Linie auf das Nervensystem, aber auch körperliche Wirkungen treten auf: Es verändern sich die Stimmung, die Fähigkeit, Eindrücke und Wahrnehmungen zu verarbeiten, das Gedächtnis und Denken. Die Herzfrequenz erhöht sich, die Körpertemperatur kann absinken, die Augen röten sich. Eine Überdosis ist bei dieser Droge nicht lebensgefährlich. Cannabis beeinträchtigt auch in geringen Dosierungen die Leistungsfähigkeit: Die Reaktionszeit verlängert sich, es verändern sich die Tiefenwahrnehmung (also das dreidimensionale Sehen), das Zeitempfinden, die Fähigkeit zur Koordination, das Kritik- und Urteilsvermögen. All das kann – etwa im Straßenverkehr – zu fatalen Folgen führen. Cannabis kann Angstzustände hervorrufen und eine bestehende depressive Stimmung verstärken.

Sehr hohe Dosierungen beeinträchtigen schließlich das Realitätsempfinden; dies reicht von Fremd- oder Unwirklichkeitserleben bis hin zu Halluzinationen. Besonders gefährlich ist Cannabis für junge Menschen, die eine Disposition für die Entwicklung von psychischen Störungen haben. Diese ist anzunehmen, wenn ein Eltern- oder Geschwisterteil an einer Schizophrenie erkrankt ist. Bei diesen Jugendlichen kann durch den Cannabiskonsum der Weg in eine solche Erkrankung gebahnt werden.

Schließlich ist seit den 60er Jahren bei Cannabiskonsumenten ein „amotivationales Syndrom" bekannt: Jugendliche, die häufig Haschisch konsumieren, zeigen dauerhaft Antriebs- und Willensschwäche, Apathie und Motivationsverlust. Arbeits- und Schulleistungen verschlechtern sich oft dramatisch.

Ecstasy und Amphetamine

Ecstasy gehört zu den Amphetaminderivaten (MDMA und MDA), also zu einer Gruppe von antriebssteigernden Suchtstoffen, die in Deutschland dem Betäubungsmittelgesetz unterliegen. Mitte der 80er Jahre etablierte sich Ecstasy in der Acid-House-Szene, einer Musikrichtung, aus der sich dann Techno und Rave entwickelten.

Die Verbreitung von Ecstasy liegt gegenwärtig – trotz gegenteiliger stark überzogener Berichte in den Medien – weit hinter der von Haschisch. Allerdings: Eine Zunahme ist zu befürchten. Denn Ecstasy hat im Bewusstsein vieler Jugendlicher eine gewisse „Alltäglichkeit" erlangt. Die Gefährlichkeit wird eher unterschätzt. Die enge Verbindung mit der Technoszene ist bekannt; je häufiger Jugendliche Technoclubs besuchen, desto größer ist die Wahrscheinlichkeit, dass sie Ecstasy ausprobieren. Das Einstiegsalter in den Ecstasy-Konsum liegt bei etwa 17 Jahren.

Was ist Ecstasy?

In der Szene wird Ecstasy als Tablette, kristallines Puder oder in Kapseln unterschiedlicher Größe und Farbe angeboten. Qualität und Reinheit der Substanz sind außerordentlich schwankend, gelegentlich finden sich auch Beimischungen von Amphetaminen und LSD.

Wie Ecstasy wirkt und warum es gefährlich ist

Chemisch ist Ecstasy mit Amphetaminen und Mescalin, einem Halluzinationen auslösenden Suchtstoff, verwandt. Diese Mittelstellung beschreibt ziemlich genau die Wirkweise: Ecstasy stimuliert wie Amphetamine und erzeugt gleichzeitig eine Wahrnehmungsveränderung, ähnlich einer Halluzination. Dabei stellt sich auch eine grundsätzliche Veränderung der Wahrnehmung anderer Menschen ein: Unter dem Einfluss der Droge entwickelt sich gegenüber anderen ein gelassenes Gefühl von Sympathie und Hingezogenheit. Konsumenten berichten, dass dies für sie der eigentliche „Kick" sei. Sie beschreiben ein „ozeanisches" Glücksgefühl, die Wahrnehmung, mit der gesamten Umgebung zu verschmelzen und wie in einer „Glückssuppe" zu schwimmen.

Unerwünschte Effekte jedoch gibt es nicht wenige: Schwindel, Benommenheit, ruhelose Überaktivität, Konzentrationsstörungen treten auf. Es kommt zu Angstzuständen, starken Depressionen und gelegentlich auch zu Halluzinationen und Wahn. Auch körperliche Veränderungen sind bekannt: Übelkeit und Erbrechen, Kopfschmerzen, Pulsbeschleunigung und Blutdruckanstieg. Für Jugendliche, die an Herz-Kreislauf-Erkrankungen, Diabetes, Epilepsie, Schilddrüsenüberfunktion oder psychischen Störungen leiden, ist Ecstasy besonders gefährlich. Hohe Dosierungen können zum Tode führen.

Kokain

Kokain war bislang keine typische Jugenddroge. Es war häufiger im Erwachsenenmilieu anzutreffen, besonders weil der Preis etwa gegenüber den Cannabisprodukten relativ hoch ist. In letzter Zeit nimmt aber die Verbreitung unter Jugendlichen und jungen Erwachsenen europaweit zu. Auch Kokain unterliegt dem Betäubungsmittelgesetz.

Was ist Kokain?

Kokain wird aus den Blättern des Kokastrauches gewonnen, der vor allem in Südamerika wächst. Durch eine komplizierte Verarbeitungsprozedur entstehen geruchlose weiße Kristalle (in der Szene als Schnee bezeichnet). Dieses Pulver wird entweder geschnupft oder aufgelöst und gespritzt.

Wie Kokain wirkt und warum es gefährlich ist

Kokain wirkt ähnlich stimulierend wie Amphetamine oder andere antriebssteigernde Drogen: Der Konsument fühlt sich leistungsfähiger, seine Stimmung wird euphorisch, Denkprozesse beschleunigen sich, und es wird leichter, auf andere Menschen zuzugehen; das Selbstwertgefühl steigt, gelegentlich kommt es zu intensiven Glücksgefühlen.

Kokain bewirkt auch körperliche Veränderungen: Das Herz schlägt schneller, und der Blutdruck steigt an. Die Körpertemperatur erhöht sich, starkes Schwitzen und Unruhe stellen sich ein. Bei höherer Dosierung kann es zu heftigem Zittern, Schwindel und zu Angstattacken kommen. Diese Angst kann sich bis in einen Verfolgungswahn steigern, die Unruhe kann in Aggressivität umschlagen. Besonders nach längerem und regelmäßigem Gebrauch von Kokain über Monate und Jahre kommt es zu diesen psychischen Störungen.

LSD und andere Halluzinogene

LSD gehört zu den so genannten psychodelischen Drogen: Diese Drogen verursachen in erster Linie Halluzinationen. Darüber hinaus verändern sie auch Gefühle und Denkprozesse; unter ihrem Einfluss können Verwirrtheitszustände, Störungen der Orientierung, des Gedächtnisses und eine Veränderung des Zeiterlebens auftreten. Auch LSD unterliegt den Bestimmungen des Betäubungsmittelgesetzes.

Die LSD-Story

Albert Hoffmann, Wissenschaftler eines schweizerischen Pharmaherstellers, war eigentlich auf der Suche nach einem neuen Herzmedikament. 1938 synthetisierte er LSD und entdeckte 1943 die psychischen Wirkungen in einem berühmt gewordenen Selbstversuch.

Anfang der 60er Jahre kam LSD – mit einigen anderen (in der Mehrzahl aber pflanzlichen) Halluzinogenen – in die Hippiekultur Kaliforniens. Der Substanz wurden „bewusstseinserweiternde, befreiende" Wirkungen zugesprochen, und es entstand die vielen Eltern aus der eigenen Jugend bekannte Mischung aus Rockmusik, Kultfilmen, Literatur und einer Lebenseinstellung, in deren Zentrum die Loslösung von gesellschaftlichen Zwängen, sexuelle Befreiung, Pazifismus und Hinwendung ▶

zu östlichen Religionen standen. Der Konsum von Halluzinogenen und anderen Rauschmitteln war fester Bestandteil dieser Kultur und ist in der Rockmusik dieser Jahre festgehalten.

Nachdem es in den 80er Jahren eher still um diese Droge wurde, ist LSD heute in Europa wieder überall leicht zu haben.

Der Anteil der Jugendlichen, die LSD ablehnen, ist hoch. Die Substanz gilt als gefährlich: 94 Prozent aller Jugendlichen sind der Ansicht, dass sie LSD besser nicht versuchen sollten.

Was ist LSD?

In chemisch reiner Form ist LSD (die Abkürzung der chemischen Bezeichnung Lysergsäurediäthylamid) ein weißes geschmackloses Pulver, das sich leicht in Wasser auflöst. LSD wird geschluckt. Der Wirkstoff wird gelöst und auf ein Trägermedium, meist Löschpapier, aufgetragen, wo er trocknet. Durch Perforationen ist das Löschpapier in kleine Quadrate unterteilt. Oft sind auf den Trips noch Symbole oder Comicfiguren der jeweiligen Szene aufgedruckt. Andere Trips haben die Form von Zucker- oder Gelatinestückchen oder Tabletten (oft nur stecknadelkopfgroß). Der Wirkstoffgehalt ist sehr unterschiedlich, Verunreinigungen oder Mischungen mit anderen Halluzinogenen oder mit Amphetaminen sind an der Tagesordnung.

Wie LSD wirkt und warum es gefährlich ist

LSD verändert das Bewusstsein und die Wahrnehmung, die Stimmung, das intellektuelle Leistungsvermögen und das körperliche Befinden. Die psychischen Wirkungen von LSD treten ein bis drei Stunden nach Einnahme ein: Sie bestehen in einer tief greifenden Veränderung der Sinneswahrnehmung auf allen Gebieten. Die Haut ist bereits gegenüber geringen Reizen hochempfindlich. Visuelle Eindrücke sind von Nachbildern begleitet, Farben werden kräftiger gesehen, es kommt häufig zur Wahrnehmung von kaleidoskopartigen Mustern, Lichtblitzen und Lichtdurchflutungen. Eine sinnliche Wahrnehmung kann die andere intensivieren und beeinflussen: So können Töne und Musik etwa optische Eindrücke verstärken und in den Rhythmus der Musik eintauchen lassen. Das Zeitempfinden wird beeinflusst: Kurze Zeitspannen erscheinen unendlich, das Bewusstsein für das Vergehen der Zeit ist aufgehoben. Der Konsument kann auch das Gefühl bekommen, seinen Körper verlassen und der ihn umgebenden Szenerie von außen zusehen zu können. Der Verlauf eines solchen Rausches wird häufig wie eine Reise geschildert (daher die Bezeichnung „trip"). Die Grenze zwischen dem eigenen Ich und der Außenwelt verwischt sich. In diesem Stadium ist die Stimmung oft euphorisch. Es kann aber auch zu einem raschen Wechsel zwischen gehobener und depressiver Stimmung kommen.

Mit harten Drogen habe ich fast keine Erfahrung und die, die ich hab, sind beschissen. Mein erstes Ticket habe ich zusammen mit Ecstasy auf der Love Parade genommen und hatte total den Horrortrip! Das hat mir gereicht. LSD würde ich niemandem empfehlen!
Matze, 18 Jahre

Ein LSD-Trip kann 12 bis 15 Stunden anhalten, gegen Ende werden häufig Halluzinationen berichtet. Im günstigen Fall ist eine kritische Distanz zwischen den aufkommenden Halluzinationen und der Wirklichkeit noch möglich; gelingt dies nicht, kann sich aus den Halluzinationen ein so genannter Horrortrip entwickeln, in dem angstbetonte Erlebnisse überwiegen. Auch psychotische Zustände können eintreten, dann herrschen Halluzinationen und Wahnerleben vor. Nach einer LSD-Einnahme kann es noch nach Monaten zu den so genannten „Flash-backs" kommen: psychotischen Nachhallzuständen, in denen sich vor allem negative Erlebnisse des LSD- Rausches (ohne Einwirken der Droge) aus heiterem Himmel wiederholen.

Eine körperliche Abhängigkeit entwickelt sich bei LSD nicht: Die Substanz kann jederzeit ohne die Gefahr körperlicher Entzugssymptome abgesetzt werden. Eine psychische Abhängigkeit dagegen ist bekannt, sie scheint vor allem eher stille und in sich gekehrte Jugendliche zu betreffen.

Opiate: Heroin und andere

Opiate sind für viele Menschen unerlässliche Medikamente: Sie sind bei der Behandlung schwerer Schmerzen, etwa bei Krebserkrankungen, unverzichtbar. Aber: Jedes Jahr sterben viele junge Menschen an den Folgen einer unkontrollierten Opiateinnahme; die meisten Drogentoten in Deutschland gehen auf das Konto einer Überdosis Heroin.

Seit den 70er Jahren ist auch in Deutschland Heroin immer billiger und leichter verfügbar geworden. Die Zahl der Opiatabhängigen ist rapide angestiegen, scheint sich aber seit Mitte der 80er Jahre auf relativ hohem Niveau zu

„stabilisieren“. Opiate unterliegen mit Ausnahme niedrig dosierter Kodeinzubereitungen zur Hustenbehandlung dem Betäubungsmittelgesetz.

Heroin wird von Jugendlichen als hoch gefährlich eingeschätzt. Bei Befragungen seit 1989 äußerte jeweils nur 1 Prozent der Jugendlichen, dass man Heroin vielleicht einmal versuchen könnte.

Was ist Heroin?

Aus der Samenkapsel des Schlafmohns wird Rohopium gewonnen: Die Außenhaut der Kapsel wird eingeritzt, ein dickflüssiger weißer Saft tritt aus. Dieser Saft wird schnell zu einer Paste, die abgepflückt und zu teerartigen Klumpen verarbeitet wird. Aus diesem Rohopium werden dann über verschiedene chemische Aufbereitungsvorgänge Morphium, Kodein und andere, auch heute noch zu medizinischen Zwecken verwendete Substanzen gewonnen. Heroin wiederum entsteht über mehrere Verarbeitungsschritte aus der so genannten Morphinbase, einem Zwischenprodukt bei der Morphiumherstellung.

Heroin ist in unterschiedlichen (chemischen) Reinheitsformen erhältlich. Es ist ein braun-beigefarbenes oder weiß-kristallines Pulver, das meist in Papierbriefchen verpackt wird. Aus diesem Pulver stellt sich der Drogenkonsument eine spritzbare Lösung her: Meist wird das Heroin mit Wasser in einem Teelöffel aufgekocht und so aufgelöst.

Wie Opiate wirken und warum sie gefährlich sind

Opiate haben schmerzstillende, krampflösende und hustenstillende Eigenschaften. Bei mehrfachen Einnahmen oder Injektionen (Morphin und Heroin wirken nur dann rasch, wenn sie intravenös verabreicht werden) stellt sich eine Euphorie ein, der später eine ausgeprägte Missstimmung folgt. Anforderungen des Alltagslebens treten in den Hintergrund, Konflikte und Probleme verblassen. Das Selbstvertrauen nimmt zu, Wahrnehmungen werden intensiver, Ängste und Zweifel lassen nach. Besonders bei Heroin tritt dieser euphorisierende Effekt unmittelbar im Anschluss an die Injektion ein (dies ist dann der „Kick“ oder „Flash“, von dem Konsumenten berichten).

Es schließt sich ein Zustand an, in dem der Konsument für seine Umgebung völlig unauffällig ist, wach und leistungsfähig. Die einzige Auffälligkeit sind die unter der Opiatwirkung stark verengten Pupillen. In höherer Dosierung wirken Opiate betäubend und hemmen das Atemzentrum im Hirnstamm.

Von mehreren Drogen abhängig

Die Drogenszene hat sich in den letzten Jahren entscheidend gewandelt. Üblich geworden ist, dass mit weichen Drogen oder Partydrogen erste Erfahrungen gemacht werden und sich bei entsprechender Veranlagung und psychosozialer Gefährdung der Konsum auch auf härtere Drogen ausdehnt.

Je nach Marktlage werden abwechselnd Opiate und Cannabis konsumiert; sind Opiate knapp, wird zu Ersatzstoffen gegriffen. Immer häufiger nehmen Drogenabhängige, was sie gerade bekommen können, und sind nicht mehr nur auf eine Droge fixiert. Viele medizinische Komplikationen bis hin zum Drogentod entstehen aus solchen Kombinationen, wobei immer häufiger auch Alkohol im Spiel ist. Die Wechselwirkungen lassen sich nicht mehr einschätzen und bedeuten eine zusätzliche Gefahr.

Experten sprechen in diesen Fällen von Polytoxikomanie, also von einer Abhängigkeit von mehreren Suchtstoffen.

Opiate führen relativ schnell zur Abhängigkeit. Entzugserscheinungen treten rasch ein. Zwar gibt es Heroinabhängige, die es schaffen, beispielsweise nur am Wochenende Heroin zu konsumieren. Üblicher ist aber ein Missbrauchsmuster, bei dem das gesamte Alltagsleben auf die Beschaffung der Droge abgestellt ist. Steht sie nicht zur Verfügung, müssen Ersatzstoffe organisiert werden. Ein Heroinabhängiger benötigt bis zu mehreren hundert DM am Tag, um nicht in einen Entzug zu kommen. Beschaffungskriminalität und Prostitution sind die bekannten Folgen.

Neben den körperlichen Folgen mit der Gefahr einer tödlichen Vergiftung resultieren aus dem Dauermissbrauch auch psychische Veränderungen: Abhängige leiden unter Antriebsmangel, einer wechselhaften, meist niedergedrückten Stimmung, Schlafstörungen, Bewegungs- und Koordinationsstörungen.

Die Heroinabhängigkeit ist von zahlreichen Begleiterkrankungen begleitet: Durch die Verwendung unsauberer Spritzbestecke kommt es zu Abszessen und Infektionskrankheiten. Das gemeinsame Benutzen von Spritzbestecken hat zur raschen Ausbreitung von drei potenziell tödlichen Infektionskrankheiten geführt: Aids, Hepatitis B und Hepatitis C.

Schnüffelstoffe

In erster Linie werden heute von Jugendlichen Lack- oder Klebstoffverdünner, chemische Reinigungsmittel, Nitroverdünner und Ähnliches inhaliert. Viele Alltagschemikalien geben inhalierbare Dämpfe ab, vom Nagellackverdünner bis zu Autopflegemitteln. In letzter Zeit wird von Jugendlichen auch Butangas (in Feuerzeugen) inhaliert. Zahlen zum Missbrauch solcher inhalierbarer Suchtstoffe sind schwierig zu erhalten, man muss von einer hohen Dunkelziffer ausgehen.

Was „Schnüffeln" ist und warum es gefährlich ist

Auch wenn es sich bei den inhalierbaren Substanzen um chemisch unterschiedliche Stoffe handelt, lassen sich doch für diese Klassen von Suchtmitteln typische Auswirkungen auf den Körper beschreiben: Sie ähneln der Alkoholwirkung. Auch bei diesen Suchtmitteln kommt es zur Gewöhnung und zu dem bekannten Teufelskreis: Um die erwünschte Wirkung zu erzielen, also um „high" zu werden, muss ein Jugendlicher immer größere Mengen solcher Dämpfe inhalieren, immer mehr dieser Stoffe reichern sich im Nervengewebe an. Die Folgen: Zum Beispiel fielen in den 70er Jahren in Berlin Jugendliche auf, die unter einer schweren Schädigung des Nervensystems mit Lähmungen, Sensibilitätsausfällen und Muskelschwund litten. Diese bleibenden neurologischen Ausfallerscheinungen waren die unmittelbaren Folgen der Inhalation eines Klebstoffverdünners.

Bei längerem Konsum und steigenden Mengen kommen psychische Störungen hinzu: Die Jugendlichen klagen zunächst über Kopfschmerzen, Schwindel, später können sich Bewusstseinsstörungen, epileptische Anfälle und depressiv-antriebslose Zustände mit Störungen des Gedächtnisses und des Denkens einstellen. Schnüffeln ist gefährlich: Untersuchungen in England haben ergeben, dass 10 Prozent der Todesfälle nach dem ersten Versuch eintraten. Die Ursache waren meist Herz-Kreislauf-Schäden.

Die Abhängigkeit überwinden

Die meisten der derzeit auf dem Markt befindlichen Suchtstoffe führen in eine schwere körperliche und psychische Abhängigkeit. Man weiß zwar, dass es immer wieder Abhängigen gelingt, den Weg aus einer Sucht in die Abstinenz ohne fremde Hilfe zu gehen, doch sind dies seltene Ausnahmen. Der weitaus größte Teil der Betroffenen braucht Hilfe. Jugendliche tendieren dazu, diese Tatsache zu ignorieren. Sie sind schnell dabei, jemanden zu zitieren, der angeblich nur in größeren Abständen Drogen konsumiert und auf den die Befürchtungen der Erwachsenen nicht zutreffen. Die Realität der Drogenabhängigen spricht gegen diese Verharmlosung.

Der Turkey (Entgiftung) war hart. Härter war aber die Zeit danach. Ich hatte plötzlich keine Freunde mehr. Die alten waren alle noch „drauf", und neue zu finden, hat echt lange gedauert.
Johannes, 23 Jahre

Dennoch: Es gibt keinen Grund für eine pessimistische Haltung. Mittlerweile existiert eine Vielzahl von therapeutischen Angeboten (→ Seite 354). Selbst Schwerstabhängige schaffen es mit psychologischer, medizinischer und sozialer Hilfe, sich aus ihrer Abhängigkeit zu lösen. So wenig das einmalige Experimentieren mit Drogen schon eine Sucht anzeigt, so wenig ist Sucht ein lebenslanges Schicksal, das in Verelendung und schwere körperliche Erkrankungen führen muss. Jede resignative Haltung von Eltern ist deshalb schädlich, letztlich gibt es für jeden motivierten Abhängigen einen geeigneten Therapieplatz, und die Erfolge dieser Einrichtungen können sich durchaus sehen lassen.

Viele Experten vertreten auch die Meinung, dass die Beschäftigung mit Suchtstoffen für viele Abhängige an die Adoleszenz und das junge Erwachsenenalter gebunden ist. Nach dem 25. bis 30. Lebensjahr stellen sich dann andere Lebensaufgaben, die den Drogenkonsum immer mehr in den Hintergrund treten lassen. Wenn Jugendliche abhängig geworden sind, kommt es also darauf an, alle therapeutischen Maßnahmen auszuschöpfen, gegebenenfalls zu wiederholen und Komplikationen der Abhängigkeitserkrankung wie eine HIV- oder Hepatitisinfektion durch geeignete Maßnahmen, wie etwa Substitutionsprogramme mit Methadon bei Heroinabhängigen, zu vermeiden.

Wenn die Familie auseinander bricht

Zwar werden die meisten Ehen innerhalb der ersten vier bis fünf Jahre geschieden – trotzdem sind natürlich auch „alte Ehen“ nicht vor Zerrüttung gefeit. Und tatsächlich ist es so, dass sich auch immer mehr Jugendliche mit dem Problem sich trennender Eltern auseinandersetzen müssen.

Wenn die Familie auseinander bricht, ist dies auch für Jugendliche eine traumatische Erfahrung. Sie leiden unter der Trennung oder Scheidung ihrer Eltern nicht weniger als jüngere Kinder. Sie gehen jedoch anders damit um. Denn wie Kinder und Jugendliche auf die Trennung ihrer Eltern reagieren, welche Möglichkeiten ihnen zur Verfügung stehen, sich auf die veränderten Lebensumstände einzustellen und ihre eigenen Konflikte zu bewältigen, hängt ganz stark von ihrem Entwicklungsstand ab.

Wie Jugendliche reagieren

Kinder jeden Alters leiden erst einmal unter Angst, Trauer, Verwirrtheit, manchmal Wut oder Schuldgefühlen. Manche zeigen scheinbar ganz unverständliche Symptome wie Aggressivität, Schulversagen, vielleicht auch Kontaktabbruch zum „verlassenden“ Elternteil oder zu beiden Elternteilen, indem sie einfach weglaufen. Andere versuchen vielleicht, durch überangepasstes „erwachsenes“ Verhalten ihr Leid zu überspielen.

Daneben gibt es jedoch auch typisch jugendliche Reaktionsweisen: Jüngere Jugendliche zum Beispiel, die sich im „moralischen Alter“ mit seinem dazugehörigen Rigorismus (→ Seite 43 ff.) befinden, können nicht abwägen, Kompromisse machen und die Trennung der Eltern als von beiden verursachte und von beiden Seiten aus vielleicht nachvollziehbare Entscheidung sehen. Ihre Bewertungsmaßstäbe folgen dem „Schwarz-weiß-, Gut-böse-Denken“ dieses Alters. Sie ergreifen Partei für den aus ihrer Sicht nicht schuldigen, hilfloseren Elternteil. Die Ablehnung des „bösen" Elternteils, der ja nicht weniger geliebt wird, verursacht massive Schuldgefühle. Eine weitere Folge des Denkens in Schwarz-Weiß sind manchmal starke Schamgefühle: Im Gegensatz zu Kindern, die in intakten – „guten" – Familien leben, gehören sie zu den Menschen, die „schlechte" Eltern haben, sind also selbst „schlecht".

Jüngere Jugendliche übernehmen darüber hinaus sehr leicht die (nicht unparteiische) Schiedsrichter-Rolle, drängen sich geradezu als Partner-Ersatz für den verlassenen Elternteil auf, was sie oft in unangemessener Weise erwachsen und altklug erscheinen lässt. Vor allem Mädchen neigen zur Überanpassung, werden – entgegen den altersentsprechenden Entwicklungsanforderungen – zur „besten Freundin" der Mutter, zur verständnisvollen Partnerin des Vaters, was ihre Loslösung erschwert.

Jugendliche ab etwa 14, 15 Jahren sind nun in der Lage, ihre Eltern als voneinander getrennte Personen mit jeweils eigenen Vorstellungen, Erwartungen und vor allem eigenen Bedürfnissen zu begreifen. Sie werden nach und nach in ihren Beziehungen zu Mutter und Vater unabhängig von der Beziehung der Eltern untereinander. Ihre zunehmende Selbstständigkeit lässt sie (scheinbar) eine Trennung der Eltern leichter verkraften. Und tatsächlich gelingt es manchen, die Trennung und Scheidung der Eltern mit einem Schritt nach vorn, mit einem Zuwachs an Selbstständigkeit und Verantwortungsbewusstsein zu beantworten. Aber: Gerade die jetzt mögliche und auch notwendige schrittweise Verselbstständigung macht Jugendliche im Allgemeinen besonders verletzlich und sicherheitsbedürftig. Sie erleben starke Trennungsängste und Verlassenheitsgefühle. Diese Gefühle zu bewältigen kostet viel Kraft. Und nicht wenige Jugendliche zeigen Anzeichen, die deutlich machen, dass ihnen diese Kraft fehlt.

Viele Symptome treten ganz akut in der Krisensituation auf. Dazu gehören Schulschwierigkeiten, (aggressive) Verhaltensstörungen und depressive Symptome wie Zurückgezogenheit und Niedergeschlagenheit. Mögliche Langzeit- oder Spätfolgen sind Minderwertigkeitsgefühle, vor allem in Bezug auf die eigene Bindungs- und Liebesfähigkeit, Misstrauen hinsichtlich der Verlässlichkeit und Liebesfähigkeit anderer oder gar Angst vor einer Bindung bis hin zur Bindungsunfähigkeit. Sie treten oft erst nach Jahren auf, wenn Intimität, Liebe und Bindung an einen Partner zum Thema werden. Tatsächlich ist die Scheidungsrate bei Paaren, die selbst als Kinder oder Jugendliche eine Trennung der Eltern erlebt haben, besonders hoch.

„Scheidungsmädchen" – „Scheidungsjungen"

Auffällig sind die Geschlechtsunterschiede in der „Wahl" der Symptome. Jungen neigen eher zu Verhaltensauffälligkeiten vor allem in den ersten zwei Jahren nach der Trennung. Sie müssen in der Schule oft starke Leistungseinbußen hinnehmen oder entwickeln sogar regelrechte Schulängste. Sie reagieren auf die Scheidung der Eltern nicht selten mit destruktivem antisozialem Verhalten, sind aggressiv oder gebärden sich hyperaktiv. Langfristig zeigen sie eine höhere Suchtgefährdung. Mädchen dagegen scheint die Anpassung an die neue Situation eher zu gelingen. Nach außen machen sie den Eindruck, als verarbeiteten sie die Scheidung der Eltern ohne größere Probleme. In den ersten Monaten fallen sie meist nicht durch eine Verschlechterung der Schulleistungen auf. Auch ihr Verhalten scheint auf den ersten Blick wenig beeinträchtigt. Einfühlsamen Beobachtern fallen jedoch fast immer depressive Symptome wie Gedrücktheit, Lustlosigkeit, Niedergeschlagenheit auf.

Psychosomatische Symptome sind häufig. Sie neigen zu einem Rückzug aus sozialen Beziehungen oder – als dessen Gegenteil – zu einer Hinwendung zu älteren Jugendlichen mit möglicherweise sehr frühen sexuellen Beziehungen, die die vermisste Geborgenheit in einer „heilen Familie" kompensieren sollen. Langfristig zeigen sie sehr häufig Angst vor intensiven Beziehungen und engen Bindungen. Ihr Verhalten anderen gegenüber ist lange von Misstrauen geprägt. Sie können sich verlässliche Partnerschaften nicht vorstellen und befürchten auch für ihre Ehe dasselbe Schicksal, das sie als Kinder oder Jugendliche erlebt haben.

Mögliche Bewältigungsversuche und Symptome

- **Vorübergehender oder lang andauernder Rückzug von alterstypischen Aktivitäten und aus Beziehungen mit Gleichaltrigen oder kritikloses Eintauchen in die Jugendszene und ihre Kulte unter Aufgabe eigener Werte und Normen. Aufgehen in Cliquen und Banden, die Vermisstes bieten: Familienersatz, Solidarität, Geborgenheit, klare Vorgaben und Regeln.**
- **Vorübergehender, häufig aber auch lang andauernder Zweifel an der eigenen Bindungs- und Liebesfähigkeit, Bindungsangst, Bindungslosigkeit.**
- **Aggressivität gegen andere oder Aggression gegen sich selbst in Form selbstzerstörerischen Verhaltens.**
- **Suchtgefährdung, psychosomatische Erkrankungen, Ess-Störungen.**
- **Depressivität, Suizidalität.**

Was Jugendliche brauchen

Wie Jugendliche eine Trennung der Eltern verarbeiten können, welche Möglichkeiten der Bewältigung ihnen zur Verfügung stehen, ist von vielen Faktoren abhängig. Sicher spielen die bisherigen Erfahrungen in ihrer Familie, mit Vater und Mutter dabei eine große Rolle. Können Jugendliche auf die Erfahrung einer sicheren Bindung zu beiden Elternteilen zurückgreifen, besteht die Chance, dass die Trennung der Eltern für sie eine vorübergehende Krise ohne lebenslange Folgen bleibt. Wie groß diese Chance ist, hängt natürlich auch von vielen aktuellen und zukünftigen Begleitumständen ab, besonders

- von der Art und Weise, wie die Eltern mit ihrer Trennung umgehen können,
- von der Anzahl der Bezugspersonen, die sich über die Trennung der Eltern als Unterstützung, Hilfe und Beistand anbieten,
- vom sozialen Umfeld, das heißt auch: wie viele Veränderungen zusätzlich zur Trennung der Eltern noch verkraftet werden müssen,
- davon, wie es weitergeht, wie die Beziehung zu Vater und Mutter in Zukunft gestaltet werden kann.

„Du kannst mich immer anrufen, wenn du möchtest, oder mich besuchen!" Das hat er letztes Jahr gesagt, als er sich von meiner Mutter trennte. Aber wer bin ich denn?! Ich lauf ihm doch nicht nach. Entweder er ruft an, oder er kann sich seine Treffen an den Hut stecken!
Carmen, 17 Jahre

Befragt man junge Erwachsene, die in ihrer Jugend eine Scheidung der Eltern verkraften mussten, zeigt sich: Diejenigen, denen es gelungen ist, ihre scheidungsbedingten Schwierigkeiten zu überwinden, berichten übereinstimmend von „Puffern", die ihnen damals die Trennung erträglicher machten. Fast immer konnten sie als Jugendliche auf die Verlässlichkeit und Konstanz ihrer sonstigen sozialen Beziehungen bauen. Als besonders wichtig beschreiben sie den engen und vertrauenswürdigen Freundeskreis, eine sichere und durch die Scheidung der Eltern nicht zerstörte Bindung zur weiteren Familie (Großeltern, Tanten, Onkel), konstante Beziehungen in der Klasse, in der Nachbarschaft, in einem Verein, in der Kirchengemeinde, in Jugendgruppen. Sie erinnern sich auch, dass ihnen damals so wenig Veränderungen ihres alltäglichen Lebens wie möglich zugemutet wurden. Sie mussten zum Beispiel keinen Umzug, keinen Schulwechsel und keine großen finanziellen Einbußen hinnehmen.

In der Phase der Trennung und Scheidung erlebten sie ihre Eltern nicht als gegnerische Parteien, die jeweils von ihrem Kind absolute Vasallentreue forderten. Die typischen Loyalitätskonflikte, in die Kinder und Jugendliche

durch die Scheidung ihrer Eltern gestürzt werden, konnten also gering gehalten werden. Sie erfuhren im Erziehungsverhalten ihrer Eltern keine Widersprüche oder gar ein Ausspielen des einen gegen den anderen. Und vor allem: Sie konnten immer auf eine warme, intensive und sichere Beziehung zu beiden Elternteilen bauen, wobei der „verlassende" Elternteil besondere Anstrengung unternahm, den Kontakt, die Anteilnahme und die Fürsorge nicht abreißen zu lassen, und umgekehrt der zurückbleibende alles unternahm, um diesen Kontakt zu ermöglichen und so konfliktfrei wie möglich zu halten.

Das heißt: Um negative Langzeitfolgen für die weitere Entwicklung ihrer jugendlichen Kinder so gering wie möglich zu halten, sind Eltern, die sich trennen, stark gefordert, vielleicht auch manchmal überfordert, da sie ja selbst leiden. Es ist ein Zeichen von Stärke, wenn sie professionelle Hilfe für sich und ihre Kinder in Anspruch nehmen. Denn sie zeigen damit, dass es ihnen gerade in einer für sie selbst so schwierigen Situation immer auch um das Wohl ihrer Kinder geht. Beratungsgespräche, die das Jugendamt anbietet, in Erziehungs- und Familienberatungsstellen oder eine längerfristige Psychotherapie für Eltern und/oder die betroffenen Jugendlichen bei niedergelassenen Psychotherapeuten oder Kinder- und Jugendlichen-Therapeuten helfen bei der Bewältigung der Krise. Selbsthilfegruppen nicht nur für die Eltern, sondern gerade auch für die Jugendlichen ermöglichen die Erfahrung, dass das, was sie erleben, nicht ein Einzelschicksal ist. In Gesprächen mit anderen Betroffenen können sie die Isolierung, in die sich oft gerade Jugendliche aus Scheidungsfamilien hineinmanövrieren, aufbrechen. Sie können über ihre Trauer, aber auch ihre Wut sprechen, und sie lernen, gemeinsam mit anderen Strategien zu entwickeln, wie sie sich am besten aus dem Konflikt der Eltern heraushalten können.

Zur Schadensbegrenzung

Die Anpassung an die neue Situation wird desto besser gelingen,

- **je weniger die betroffenen Jugendlichen dem Konflikt beider Eltern ausgesetzt sind,**
- **je besser der Elternteil, bei dem die Jugendlichen leben, seine Aufgabe bewältigt,**
- **je regelmäßiger und intensiver der Kontakt zum anderen Elternteil stattfindet.**

Die „Nachscheidungsfamilie" – Eltern bleiben Eltern

Aus Sicht der betroffenen Kinder – und dies ist altersunabhängig! – besteht die Familie als Familie weiter, auch wenn die Eltern als Paar längst dauerhaft getrennt und geschieden sind.

Dieser Tatsache wird auch das neue Kinder- und Jugendhilfegesetz (KJHG) gerecht. Anstatt den geeigneteren Elternteil zur zukünftigen Betreuung und Erziehung des Kindes oder Jugendlichen herauszufinden, geht es nun endlich darum, beide Elternteile bei ihrer schwierigen Aufgabe zu unterstützen, ein einvernehmliches Konzept des nachehelichen Familienlebens zu erarbeiten (§§ 17, 18 KJHG). Viele Untersuchungen haben gezeigt, dass dies der einzige Weg ist, um Leid mit langfristigen, wenn nicht gar dauernden Folgeschäden zu vermeiden.

Es geht also für Eltern darum, einen einigermaßen einvernehmlichen Weg zu einer „Nachscheidungsfamilie" zu finden – wie sie ja tatsächlich auch für die Kinder weiterlebt. Ihre große und schwierige Aufgabe ist es, sich trotz eigener Trauer, Wut, Enttäuschung, Kränkung, Angst weiter als Eltern des gemeinsamen Kindes mit einer gemeinsamen Aufgabe zu akzeptieren. Denn Kinder und Jugendliche, deren Eltern es gelingt, auch nach der Trennung ihre Elternrolle gemeinsam oder in Absprache wahrzunehmen, haben die größten Chancen, zu gesunden Erwachsenen heranzuwachsen.

Kontakte
Ein Verzeichnis der Erziehungs- und Familienberatungsstellen mit dem Titel **Beratung für Kinder, Jugendliche und Eltern** hat die Bundeskonferenz für Erziehungsberatung (bke) herausgegeben.
Die 90-seitige Broschüre ist kostenlos erhältlich bei der
bke
Herrnstraße 53
90763 Fürth
Tel. 09 11/97 71 40
Fax 09 11/74 54 97

Weitere Adressen
→ Seite 384.

Die Beratungshilfe des Jugendamts

Seit der Reformierung des Kinder- und Jugendhilfegesetzes bieten Jugendämter allen Eltern, die sich trennen, Beratungshilfe an mit dem Ziel, gemeinsam eine möglichst wenig schädigende Lösung der nachehelichen Elternschaft zu erarbeiten. Leider ist diese Beratungshilfe nur ein Angebot, das auch abgelehnt werden kann. Und leider gibt es immer noch viel zu viele Eltern, die angesichts der persönlichen Katastrophe, die eine Trennung oder Scheidung von ihrem Partner für sie bedeutet, das Kindeswohl aus den Augen verlieren.

Übrigens: Kontinuierliche Familienbeziehungen sind nicht nur für die Kinder wichtig. Auch dem Elternteil, der aus dem gemeinsamen Familienhaushalt ausscheidet, wird ein nicht wieder gutzumachender Verlust zugemutet, wenn ihm regelmäßige Kontakte zu seinen Kindern verwehrt werden. Die emotionalen Folgen sind auch dann negativ, wenn er sich selbst, aus welchen Gründen auch immer, diesem Kontakt zu seinen Kindern entzieht.

Einelternfamilien – Stieffamilien

Mit steigender Scheidungsrate, die vor allem junge Ehen und Familien betrifft, steigt auch die Anzahl der Jugendlichen, die nicht mehr in der typischen Kernfamilie mit Vater und Mutter aufwachsen. Sie leben in Einelternfamilien oder in einer neuen Familie, einer Stief- oder – um den seit Märchenzeiten negativ besetzten Begriff zu vermeiden – einer Mehrelternfamilie. Beide Familienformen haben, wie nicht anders zu erwarten, einen jeweils unterschiedlichen Einfluss auf die weitere Entwicklung eines jugendlichen Scheidungskindes. Was dagegen vielleicht nicht so unmittelbar auf der Hand liegt: Diese Unterschiede sind weniger gravierend als diejenigen, die sich daraus ergeben, welche Rolle der außerhalb dieser Familien lebende Elternteil im Leben eines Jugendlichen spielt. Nicht die möglichst intakte Stieffamilie, die vielleicht sogar – ganz besonders um „Normalität" bemüht – durch Adoption des Kindes zu einer legal „richtigen" Familie geworden ist, bietet die beste Voraussetzung für eine gesunde Weiterentwicklung, sondern die Familie, sei sie nun die Ein- oder Mehrelternfamilie, die ihm immer auch eine intensive und positive Beziehung und Bindung zum außenstehenden leiblichen Elternteil ermöglicht. Denn für Kinder und Jugendliche aus Scheidungsfamilien bleiben Mutter und Vater ihre Eltern, auch dann, wenn diese sich jeweils längst neuen Partnern zugewandt haben.

Lesetipp
Die Bundesarbeitsgemeinschaft Selbsthilfegruppen Stieffamilien hat einen Ratgeber zu den einschlägigen Rechtsfragen herausgegeben.
Susanne von Puttkammer
Rechtsratgeber Stieffamilien
6 DM zuzüglich
3 DM Porto
Bezugsadresse:
Bundesarbeitsgemeinschaft Stieffamilien e. V.
Sulzbacher Straße 15–21
65812 Bad Soden/Taunus
Tel. 0 61 96/64 15 03
E-Mail: BAG-Stieffamilien@t-online.de

Besondere Aufgaben einer Stieffamilie

Stieffamilien haben für Kinder immer einen Sonderstatus, so sehr sie sich auch um Normalität bemühen. Je mehr sowohl der leibliche Elternteil als auch die Stiefmutter, der Stiefvater dies akzeptieren, desto größer sind ihre Chancen als Stieffamilie als Ganzer. Um die so oft beklagten typischen Probleme von Stieffamilien zu vermeiden, sollten sie versuchen, folgende Aufgaben zu bewältigen, die häufig alles andere als einfach sind:

- Eine endgültige emotionale Scheidung vom jeweiligen vorherigen Partner, aber die Beibehaltung der Zusammenarbeit als Eltern im Sinne des gemeinsamen Kindes.
- Keine Abwertung des außenstehenden Elternteils, sondern Unterstützung positiver Beziehungen zwischen dem Kind und seiner Mutter, seinem Vater.
- Eine konstruktive Auseinandersetzung und Einigung zwischen Eltern und Stiefeltern über die Verteilung der Erziehungsverantwortung und über die Erziehungsziele, die Regeln und Werte und über den Erziehungsstil – dies als besonders wichtiges Ziel.

III

Jugendliche in der Krise

Wenn Eltern nicht mehr helfen können

Lehrer, Erzieher, Sozialarbeiter und Jugendhelfer, Polizisten, Richter und Bewährungshelfer, Psychologen Psychotherapeuten und Ärzte wissen, wie viele Möglichkeiten Jugendliche haben, ihre Gesundheit, ihr Leben und ihre Zukunft aufs Spiel zu setzen, wenn sie an die Grenzen ihrer emotionalen und körperlichen Belastbarkeit kommen. Die Reihe beginnt beim selbstzerstörerischen Gesundheitsverhalten und kann bei den unterschiedlichsten Formen von beabsichtigten oder unbeabsichtigten Selbstverletzungen enden. Gravierende Ess-Störungen und exzessiver Drogenmissbrauch gehören ebenso dazu wie Schulverweigerung oder Weglaufen. Auch viele Formen der Jugendkriminalität wie zum Beispiel aggressive Schlägereien und gewalttätige Übergriffe auf andere, massive Sachbeschädigungen, Vandalismus und Eigentumsdelikte können als Ausdruck einer solchen Adoleszenzkrise verstanden werden. Manche Jugendliche zeigen auch durch eine (vermeintlich) selbst gewählte soziale Isolation bis hin zum depressiven Rückzug, dass sie allein nicht fertig werden. Und es gibt leider auch Jugendliche, die aufgeben und in einer Selbsttötung den letzten Ausweg sehen.

Besonders belastete und damit überlastete Jugendliche zeigen viele und die unterschiedlichsten Problembewältigungsversuche, und sie tun dies mit ihrem Verhalten, ihrem Körper, ihrer Seele.

Störungen, die professionelle Hilfe nötig machen

Wenn Jugendliche auf krisenhafte Weise zeigen, dass sie Hilfe brauchen, reicht die Unterstützung, die ihnen ihre Eltern bieten können, nicht mehr aus. Die vordringlichste und meist sehr schwierige Aufgabe der Eltern ist jetzt, dies zu erkennen und professionelle Hilfe zu suchen.

Schwierig ist diese Aufgabe deswegen, weil Jugendliche – noch mehr als Erwachsene – dazu neigen, ihre Störung vor sich und anderen zu leugnen. Scham und Angst können Ursachen sein, oft aber auch eine krankheits- und altersbedingte Fehleinschätzung der eigenen Situation. Viele Eltern tendieren ebenfalls zu einer solchen Verleugnung, da sie sich schuldig fühlen. Dabei geht es jetzt nicht um die Frage nach der Schuld der Eltern, sondern um ihre Verantwortung, mit ihren Kindern rechtzeitig professionelle Hilfe zu suchen.

Zu erkennen, dass Gefahr im Verzug ist, verlangt von den Eltern also ein hohes Maß an Einfühlungsvermögen, aber auch Sachwissen über die möglichen Störungen, die sich hinter oft schwer verständlichen Anzeichen und Symptomen verbergen.

Für Eltern, die sich Sorgen machen

Fragen Sie sich, ob Ihr Kind

- sein Leben in irgendeiner Weise aufs Spiel setzt (zum Beispiel durch Drogen, extremes Risikoverhalten oder suizidales Verhalten im weitesten Sinn),
- sich selbst verletzt (kratzt, schneidet, brennt …),
- durch sein Essverhalten seine Gesundheit aufs Spiel setzt,
- sich ständig zurückzieht, verstimmt, mürrisch, niedergeschlagen, traurig, ohne Energie ist,
- keinerlei Kontakte zu Gleichaltrigen hat, sich von allen alterstypischen Aktivitäten zurückzieht,
- ständig Anlass bietet für Unruhe, Auseinandersetzungen, Zerwürfnisse in Ihrer Familie,
- die Schule abbrechen will, der Schule verwiesen wird, keinerlei Anstrengungen unternimmt, eine andere oder weitere Ausbildung zu beginnen,
- eine Gefahr für andere darstellt (Aggressivität, Gewalttätigkeit, Vandalismus, extreme Wutanfälle),
- häufig mit dem Gesetz in Konflikt gerät.

Wenn Sie eine oder mehrere Fragen mit Ja beantworten, braucht Ihre Tochter, Ihr Sohn Hilfe.

Störungen des Sozialverhaltens

Dass Jugendliche hin und wieder aufsässig, aufbrausend, aggressiv sind, dass sie heftige Auseinandersetzungen mit ihren Eltern oder auch anderen Erwachsenen provozieren und sich manchmal über deren Werte, Normen und Regeln ostentativ hinwegsetzen, ist ganz sicher „jugendtypisch". Von Störung im Sinne von Krankheit spricht man dann, wenn Jugendliche zum Beispiel

- über lange Zeit ein deutliches Maß an Aufsässigkeit, Streitsucht und Feindseligkeit an den Tag legen,
- ungewöhnlich häufige und schwere Wutausbrüche haben,
- mutwillig Gegenstände beschädigen,
- oft lügen, um materielle Vergünstigungen oder Vorteile zu erhalten oder Verpflichtungen zu vermeiden,
- häufig die Schule schwänzen,
- sich viel herumtreiben oder von zu Hause weglaufen,
- zündeln,
- stehlen,
- Grausamkeit gegenüber anderen Menschen und Tieren zeigen (dies ein besonders gravierendes Zeichen).

Mögliche Ursachen

Jugendliche, die auf diese Weise ihre Schwierigkeiten offenbaren, sind häufig schon als Kinder wegen ihrer motorischen Unruhe aufgefallen. Ihnen fällt es schwer, ihre Impulse zu kontrollieren. Sie konnten nicht lernen, mit ihren Gefühlen von Wut, Trauer oder Angst zurechtzukommen.

Sehr oft finden sich unter ihnen Kinder, die schon ganz früh nicht genügend emotionale Wärme erlebt haben. Viele kommen aus zerbrochenen Familien, aus Familien, die es aus sozialen oder gesundheitlichen Gründen sehr schwer haben, in denen positive Vorbilder fehlen. Anstelle von Zuverlässigkeit,

Seit ich bei den Punkern bin, gehts mir echt gut! Der einzige Stress sind die Bullen, die Platzverweise, die Ausweiskontrollen und wenn du abends anfangen musst zu suchen, wo du übernachten kannst

King, 17 Jahre

Sicherheit, Halt und sinnvoller Grenzsetzung haben sie Nachlässigkeit bis hin zur Vernachlässigung im Erziehungsverhalten ihrer Eltern erfahren. Überrepräsentativ viele von ihnen erlitten körperliche Gewalt in ihrer Familie. Ihre Schwierigkeit, mit sich und den anderen zurechtzukommen, hat dann dazu geführt, dass ihnen sowohl innerhalb als auch außerhalb der Familie auch weiterhin nicht die Anerkennung und Zuneigung entgegengebracht wurden, die sie für ein gesundes Aufwachsen brauchten. Ein Teufelskreis!

Hilfen

Für solche Jugendliche gibt es heute sowohl sozialpädagogische als auch medizinische und psychotherapeutische Maßnahmen. Diese finden sowohl ambulant (also in Institutionen der Jugendhilfe, Erziehungs- und Familienberatungsstellen, Praxen niedergelassener Kinder- und Jugendärzte, Kinder- und Jugendlichen-Psychotherapeuten, bei Kinder- und Jugendpsychiatern) als auch teilstationär in Tageseinrichtungen oder stationär in Kliniken und Einrichtungen der Jugendhilfe statt.

Psychotherapie (besonders Verhaltenstherapie, die falsche Wahrnehmungs- und Denkmuster korrigieren hilft) ist ein wichtiger Bestandteil der Hilfsmaßnahmen. Meist wird sie in Gruppen durchgeführt, in denen neues Verhalten gelernt wird. Alte „falsche“ Denkmuster können hier überprüft und korrigiert werden. Auch Einzeltherapie ist möglich. Dazu kommen Elternberatungen, Elterntraining oder Familientherapie als wichtiger Bestandteil jeder Therapie. Sozialpädagogen unterstützen die Familien in Form der Familienhilfe. Sind die Jugendlichen in schwierigen und ungünstigen Beziehungen zu Gleichaltrigen, versucht man, sie in andere Gruppen zu integrieren, gibt Hilfestellungen beim Aufbau neuer Freundschaften. Schulberater und Schulpsychologen unterstützen bei Schulproblemen, beraten bei der Wahl der richtigen Schulform, organisieren Nachhilfen zur Aufarbeitung größerer Lücken und helfen beim Erwerb richtiger Lerntechniken.

Teilstationäre und stationäre Behandlungen haben in schwierigeren Fällen den Vorteil, dass die Jugendlichen eine andere Umgebung, andere Erwachsene, andere Jugendliche kennen lernen und so eher den Weg herausfinden aus „verführerischen“ und schädigenden Beziehungen. Das dort angebotene Schulprogramm kann helfen, schulische Defizite aufzuholen. Sonderförderung bei Teilleistungsschwächen ist möglich. In einer Tageseinrichtung kann auch neues Verhalten im Umgang mit Erwachsenen und Gleichaltrigen ausprobiert und trainiert werden. Eine stationäre Unterbringung ist dann nötig, wenn die Jugendlichen unter schwerwiegenden Begleiterkrankungen (Sucht, Abhängigkeit, Depression) leiden oder wenn die Gefahr einer Selbsttötung besteht.

Jugendliche vor Gericht

Wenn mir einer blöd kommt, raste ich aus, und wenn ein Kumpel Hilfe braucht, bin ich da … Vor einem (Fußball-) Spiel saufen gibts nicht, wenn ich von vornherein weiß, dass die anderen da sind. Bei einer Schlägerei kommts total drauf an, dass du gut drauf bist.

Schorsch, 18 Jahre

Jugendliche, die an einer Störung des Sozialverhaltens leiden, landen überdurchschnittlich häufig vor dem Jugendgericht. Eine wichtige Unterstützung straffälliger Jugendlicher ist die Jugendgerichtshilfe. Sie ist in jedem Strafverfahren gegen Jugendliche beteiligt. Jugendgerichtshelfer sind Sozialpädagogen, die mithelfen, dass das Jugendgericht ein erzieherisch wirksames Strafmaß findet. Dafür ist es notwendig, dass sie sich im Gespräch mit den Jugendlichen ein Bild von ihnen als Person mit einer ganz persönlichen Geschichte, einem ganz bestimmten sozialen Umfeld und ganz individuellen Belastungen zu machen versuchen. Ihre umfassende Beurteilung wird in der Gerichtsverhandlung vorgetragen und dient dem Gericht als Entscheidungshilfe. Die Jugendlichen werden auch nach der Verurteilung von der Jugendgerichtshilfe sozialpädagogisch weiter begleitet. In welcher Form sie dies tut, ist von der Maßnahme abhängig, die das Jugendgericht verhängt hat. Besonders gilt dies bei Weisungen (zum Beispiel gemeinnützige Arbeiten, Opfer-Täter-Ausgleich mit dem Ziel eines Gesprächs zwischen dem straffälligen Jugendlichen und seinem Opfer) und Auflagen (zum Beispiel Schadenswiedergutmachung). Besonders wichtig wird der Jugendgerichtshelfer bei so genannten Betreuungsweisungen. Sie ermöglichen der Jugendgerichtshilfe, den betroffenen Jugendlichen bei der Lösung persönlicher und sozialer Probleme zu helfen und sie gegebenenfalls zu einer weiterführenden Therapie zu motivieren.

Der Körper als Bühne: Ess-Störungen

Wenn wir uns die dramatischen körperlichen Veränderungen in der Pubertät vor Augen halten, ist es nur zu verständlich, dass der eigene Körper, sein Aussehen, sein Funktionieren zum zentralen Thema der Jugendlichen wird. Für viele Jugendliche, vor allem für Mädchen (→ Seite 16 ff.), ist der notwendige Anpassungsprozess nicht leicht. Sie fühlen sich über lange Zeit in diesem neuen Körper, der da plötzlich entstanden ist, überhaupt nicht wohl. Viele wollen an ihrem Körper irgendetwas anders haben; sie empfinden sich als zu groß, zu breit oder zu dick. „Die anderen", meist Freundinnen und Freunde, werden als strenge Richter imaginiert (→ Seite 108 f.). Die Medien, die ein ganz bestimmtes Körperideal verbreiten, tun ihr Übriges, dass Jugendliche ihr Aussehen und damit sich selbst nicht annehmen können.

Die Auswirkungen auf das Selbstwertgefühl der Jugendlichen können verheerend sein. Denn gerade in der Adoleszenz ist ein sehr großer Teil dieses Selbstwertgefühls sehr eng mit dem Aussehen verknüpft – und vor allem mit dem Bild, das sich Jugendliche von ihrem Aussehen, ihrem Körper machen. Kaum ein Jugendlicher ist in der Lage, sich auf „innere Werte" zurückzuziehen. Dies betrifft Mädchen wie Jungen. Aber vor allem junge Mädchen vergleichen sich mit den Idolen der Werbung und des Showgeschäfts und mit dem, was in der Gruppe der Gleichaltrigen gerade „hip" ist, sie orientieren sich an deren Normen. Die Folge: Sie sind viel häufiger mit ihrem Aussehen unzufrieden. Sie haben sehr viel häufiger Schwierigkeiten mit dem eigenen Körperbild und verfügen dementsprechend über weit weniger Selbstwertgefühl als Jungen.

Anorexia nervosa – die jugendliche Magersucht

Gelegentliche Versuche abzunehmen scheinen heute zur Adoleszenz eines Mädchens zu gehören, sei es nun normal- oder übergewichtig. Unterschiedlichste Diäten werden hin und wieder ausprobiert, um ein in den einschlägigen Mädchen- und Frauenzeitschriften propagiertes Ziel zu erreichen. Etwa 1 Prozent der Jugendlichen (davon sind über 96 Prozent weiblich) können mit diesen „Schlankheitskuren" nicht mehr aufhören. Sie versuchen auch dann noch abzunehmen, wenn das ursprünglich gewünschte Ziel schon erreicht ist. Sie fasten weiter, auch wenn sie ihrer Umgebung längst als zu mager und ausgemergelt auffallen, wenn ihre Tage ausbleiben und ihr Kreislauf nicht mehr mitmacht. Sie scheinen süchtig nach dem Abnehmen geworden zu sein. Sie sind magersüchtig. Was bei den meisten ein gelegentlicher, vielleicht unpassender Versuch bleibt, mit sich und dem neuen Körper zurechtzukommen, ist bei ihnen zu einer gefährlichen Krankheit geworden.

Mein Körper war meine Leistung, mein „Kunstwerk". Ich liebte ihn, denn er war das, worauf ich mich fast zwei Jahre lang, wenn auch in selbstzerstörerischer Weise, konzentriert hatte. Gleichzeitig hasste ich ihn, denn er war hässlich, schwach, unfähig, Leistung zu erbringen. Ich verurteile und verabscheue Schwäche; Schwäche des Charakters.

Marie, 23 Jahre

Die Magersucht oder Anorexia nervosa ist eine Ess-Störung vor allem jugendlicher Mädchen und junger Frauen zwischen 12 (häufig beginnt diese Krankheit kurz nach der ersten Regelblutung) und 25 Jahren, die sich durch gewolltes Hungern und starke Gewichtsabnahme auszeichnet. Magersüchtige sind vom Gefühl beherrscht, zu „fett" zu sein. Ihr Körperbild ist extrem gestört. Auch wenn sie tatsächlich nur noch Haut und Knochen sind, nehmen sie sich als zu dick wahr. Ihr Denken kreist geradezu zwanghaft um Essen, Kalorientabellen, Diäten und die Waage. Um „schlank" zu werden, praktizieren sie radikale Diäten. Manche beschleunigen die Gewichtsabnahme durch provoziertes heimliches Erbrechen oder durch die Einnahme von Abführmitteln und Appetitzüglern. Um den Gewichtsverlust zu verstärken, wird das Hungern oft durch exzessives körperliches Training „unterstützt". Auch dieser Bewegungsdrang scheint Suchtcharakter zu bekommen.

Ich kann mich beherrschen

Magersüchtige Mädchen empfinden durchaus Hunger, sie leiden unter ihm, aber sie sind stolz darauf, das starke Hungergefühl kontrollieren zu können und so trotz aller Verunsicherungen die eigene körperliche Entwicklung im Griff zu haben.

Magersüchtige Mädchen sind Vorzeigekinder. Sie fügen sich meist sehr gut in die Normen des Elternhauses ein (häufig der Mittelschicht zugehörig) und zeigen wenig (offenen) Widerstand gegen ihre (oft auch sehr gewichtsbewussten) Eltern. Sie sind erfolgsorientiert, perfektionistisch und leistungsstark. Ein Sichgehenlassen ist ihnen fremd.

Die besten
Fitness-Cocktails
aus FIT FOR FUN
alkoholfrei • erfrischend
kalorienarm • kraftvoll
Diät
1.Platz
DIÄT-HOTELS
UTSCHE AUSGABE
ARK FEBRUAR 2000
DIE TOP 10
DES ABNEH
WER SIE
DAS RICH
BLEIBT S
IN FÜ
Wohlfühlen ist jetzt messbar
ody Control Concept
RFOLG
STEN
RICKS
zin DM 6,– August
Extraheft
1300 Singles
zum Verlieben
Test
8 aktuelle
Diäten im
Vergleich
Abnehmen: Schluss mit
Fett sparen –
der leichte Weg zur Topfigur
rt mehr
rahlung
e Lust
örper
ten und
haben
EINE
BESSERE
FIGUR
pro
figur

Mögliche Ursachen

Letztlich ist es noch unklar, wie diese bedrohliche Krankheit entstehen kann. Genetische Faktoren scheinen eine Rolle zu spielen. Neuerdings werden neurobiologische Ursachen, also Vorgänge im Hirnstoffwechsel, diskutiert. Zu beiden körperlichen Ursachen kommen sicher psychosoziale Faktoren. Ganz wichtig ist – dies betonen tiefenpsychologisch orientierte Psychologen – eine unbewusste Ablehnung der Frauenrolle, der entstehenden weiblichen Sexualität mit allem, was dazugehört. Magersüchtige Mädchen scheinen in einer ewigen Vorpubertät verharren zu wollen, weil sie den Übergang in die neue biologische und gesellschaftliche Rolle nicht schaffen.

Symptome einer Anorexia nervosa

- → Gewichtsverlust von 20 Prozent und mehr des Ausgangsgewichts in relativ kurzer Zeit (etwa drei Monaten). Manche Magersüchtige magern auf 45 Prozent ihres Ausgangsgewichts ab.
- → Der Gewichtsverlust wird herbeigeführt durch Hungern, Kalorienreduzierung, selbst ausgelöstes Erbrechen und Missbrauch von Abführmitteln.
- → Er wird unterstützt durch exzessive körperliche Aktivität wie Ausdauersportarten.
- → Angst vor Gewichtszunahme.
- → Ständige gedankliche Beschäftigung mit der eigenen Figur und dem Gefühl, zu dick zu sein.
- → Perfektionismus und Leistungsbereitschaft in allen Lebensbereichen.
- → Mangel an Krankheitseinsicht: Betroffene finden ihr Verhalten und ihre körperlichen Veränderungen „ganz normal".

Familientherapeuten haben einen überbeschützenden Kommunikationsstil in den entsprechenden Familien festgestellt: Konflikte werden vermieden, und die einzelnen Familienmitglieder können sich nicht gegeneinander abgrenzen. Jeder meint, auch die Position des anderen wahrnehmen zu können und zu müssen. Dies verhindert dann in der Adoleszenz die Ausbildung einer eigenen altersentsprechenden Identität und macht die Loslösung, die zur Selbstständigkeit führt, schwierig. Anorektischen Mädchen fehlt fast immer ein gesundes Selbstwertgefühl. Um sich anerkannt zu fühlen, unterwerfen sie sich Gruppennormen und Schönheitsidealen. Was sicher ist: Eine Vielzahl verschiedener Faktoren – biologische, psychologische, soziale und familiäre – müssen zusammenkommen, bevor ein Jugendlicher magersüchtig wird.

Folgen, Risiken und Komplikationen

Die körperlichen Folgen sind schwerwiegend: Sie beginnen bei der Störung der Hormonproduktion. Die Schilddrüse produziert zu wenig Hormone. Die Menstruation hört auf. Der Stoffwechsel funktioniert nur noch auf Spar-

Ursachen der Magersucht

Fast immer findet man
→ eine erbliche Disposition,
→ eine lange Vorgeschichte in Bezug auf Diäten und Abmagerungskuren,
→ ein gestörtes Körperbild,
→ eine gestörte Entwicklung in Bezug auf Selbstständigkeit, Identität und Loslösung,
→ eine Familie, in der gesellschaftliche Normen und Anforderungen einen hohen Stellenwert haben,
→ familiäre Beziehungen, die Loslösung, Autonomie und die Entwicklung einer eigenen Identität erschweren,
→ eine Kultur, in der Schlankheit, gutes Aussehen und die positive Wirkung auf andere als wesentliche Faktoren des Selbstwerts gelten.

flamme: Die Herztätigkeit verringert sich, der Blutdruck fällt, die Körpertemperatur sinkt. Die Haut wird blass und trocken. Schwellungen oder Taubheit an Händen und Füßen oder im Gesicht können auftreten. Schlafstörungen sind häufig. Bei stark magersüchtigen Mädchen nimmt die feine Körperbehaarung zu, das Kopfhaar beginnt auszufallen. Die Knochensubstanz verringert sich (Osteoporose), langfristige bis dauerhafte Schäden an Herz, Leber, Nieren und Gehirn können Folge des Dauerhungerns sein. Wachstumshemmungen bei jüngeren stark anorektischen Mädchen sind häufig. Die psychischen Folgen der Unterernährung sind Konzentrationsstörungen, Unausgeglichenheit, Apathie, Depressionen und Selbsttötungsgedanken, die zum Suizidversuch oder zum Suizid führen können.

Ohne Behandlung nimmt die Krankheit im Allgemeinen einen chronischen Verlauf. Nur etwa 30 Prozent der jugendlichen Magersüchtigen können hoffen, auch ohne entsprechende Behandlung irgendwann einmal – meist erst nach vielen Jahren – ihre Krankheit überwinden zu können. Auch mit Behandlung muss mit einer langen Erkrankungsdauer gerechnet werden. Nicht jede Behandlung ist erfolgreich. Viele Magersüchtige sterben an den Folgen der Unterernährung: Man spricht von einer Sterblichkeitsrate zwischen 5 und 20 Prozent. Als besonders hohes Risiko gilt die Kombination von selbst herbeigeführtem Erbrechen, einem Medikamentenmissbrauch zur Gewichtsreduktion und extremer sportlicher Betätigung.

Mangelnde Krankheitseinsicht: Das besondere Problem Magersüchtiger

Sehr selten haben magersüchtige Jugendliche eigene Krankheitseinsicht. Das heißt auch: Sehr selten werden sie von sich aus Hilfe und Behandlung suchen. Es ist also die große und schwierige Aufgabe der Eltern zu erkennen, ob Gefahr im Verzug ist.

> **Es ist Folter zuzusehen, wie das eigene Kind todunglücklich ist und immer weniger wird, und zu wissen: Du kannst kaum etwas tun. Und es kostet die allerletzte Kraft, ihr die Sicherheit zu vermitteln „Ich stehe zu dir", während man zugleich ihr Verhalten zutiefst ablehnt.**
> **Mutter einer Magersüchtigen**

Schwierig ist die Aufgabe unter anderem deswegen, weil die Magersucht heimlich stattfindet: Betroffene Mädchen reden gern über das Essen und verschiedene Rezepte. Sie kochen auch gern, dies aber nur für andere. Beim Essen täuschen sie vor mitzuessen, oder sie geben an, schon gegessen zu haben, also im Augenblick nicht hungrig zu sein. Schwierig ist diese Aufgabe auch, weil in der Entwicklung magersüchtiger Jugendlicher gerade die Themen Selbstbestimmung, Selbstkontrolle und Loslösung zum Problem geworden sind. Eltern, die also kontrollieren, wie viel und wann ihre Tochter, ihr Sohn gegessen hat, die genauestens informiert sein wollen über das Gewicht und den körperlichen Zustand ihrer jugendlichen Kinder, tragen eher zur Verstärkung des Problems bei, als dass sie helfen. Aber: Gerade anorektische Jugendliche sind darauf angewiesen, dass andere sie motivieren, therapeutische Hilfe in Anspruch zu nehmen. Achten Sie deshalb auf Indizien, die möglicherweise auf eine Magersucht hinweisen.

Warnsignale

- Immer weiter sinkende Diätziele.
- Trotz Gewichtsverlust zunehmende Unzufriedenheit mit dem vermeintlich zu dicken Körper.
- Zunehmende soziale Isolation, Rückzug von Freunden und Freundinnen und allen altersentsprechenden Aktivitäten („Magersüchtige beschäftigen sich mit nichts anderem als mit der Schule und ihrem Gewicht").
- Ausfall der Regelblutung (sekundäre Amenorrhö).
- Versteckte Lebensmittel und alle Anzeichen für selbst herbeigeführtes Erbrechen, Missbrauch von Abführmitteln und Appetitzüglern.

Bulimia nervosa – die Ess-Brech-Sucht

Die Ess-Brech-Sucht, die Bulimie, stellt sich auf den ersten Blick als Gegenstück der Magersucht dar: Bei einer Bulimie sind „Fressattacken" typisch. Pro Heißhungerattacke werden bis zu 6 000 kcal und mehr verzehrt (normal sind 2 000 bis 3 000 kcal pro Tag!). Bevorzugte „Speisen" sind weiche, süße und hochkalorische, also eigentlich ganz und gar „verbotene" Produkte, die sich sehr schnell verschlingen lassen. Verboten deshalb, weil auch bei einer Bulimie das Bedürfnis nach Kontrolle des Körpergewichts ganz im Vordergrund steht. Durch das Erbrechen soll diese Kalorienaufnahme ungeschehen gemacht werden. 60 Prozent der Betroffenen erbrechen ein- bis zweimal täglich, 30 Prozent bis zu sechsmal, 10 Prozent noch häufiger. Abführmittel sind an der Tagesordnung. Tatsächlich haben deshalb bulimische Patienten trotz der „Fressattacken" meist durchaus normales Körpergewicht, wobei starke Gewichtsschwankungen üblich sind. Der durchschnittliche Krankheitsverlauf liegt bei rund sieben Jahren.

Symptome einer Bulimia nervosa

→ Mindestens zwei Essattacken pro Woche über mindestens zwei Monate: Dabei werden große Mengen leicht verzehrbarer und kalorienhaltiger Lebensmittel verschlungen.

→ Das Essverhalten kann während der Attacke nicht mehr kontrolliert werden.

→ Im Anschluss an die Essanfälle versuchen Betroffene, mit herbeigeführtem Erbrechen, Abführ- oder Entwässerungstabletten oder strengen Diäten gegenzusteuern.

→ Auch bulimische Patienten haben Angst, zu dick zu werden.

→ Auch bulimische Patienten beschäftigen sich sehr intensiv mit ihrer Figur und ihrem Gewicht.

→ Im Gegensatz zu anorektischen Patienten leiden bulimische Patienten meist unter ihrer Krankheit und zeigen Krankheitseinsicht.

Mögliche Ursachen

Auch über die Ursachen einer Bulimie gibt es verschiedene Hypothesen. Grundsätzlich scheint sie mit der Anorexie verwandt. Auch der Beginn einer Bulimie liegt meist in der Adoleszenz. Übergänge zwischen beiden Störungen sind möglich. In der Vorgeschichte von bulimischen Jugendlichen finden sich häufig auch anorektische Episoden. Beiden gemeinsam ist die panische Angst vor dem Zunehmen. Auch das Denken der bulimischen Jugendlichen dreht sich zwanghaft um die Themen Essen, Diät, Figur und Gewicht.

Wie anorektische Jugendliche sind auch bulimische Jugendliche perfektionistisch und leistungsbewusst. Auch bulimische Mädchen erleben sich ständig als von anderen beobachtet und machen sich ständig Gedanken darüber, was andere wohl von ihnen denken. Diese Persönlichkeitsmerkmale scheinen eng mit beiden Ess-Störungen verbunden zu sein, ja eine Voraussetzung zu sein, dass sie überhaupt auftreten können. Dazu kommt: Beide Krankheiten treten in Familien gehäuft auf, ein Hinweis sowohl auf mögliche erbliche Faktoren als auch auf gemeinsame familiäre Einflüsse. Was beide Krankheiten unterscheidet, ist die Impulskontrolle beim Essen, die bei der Bulimie fehlt. Die für die Bulimie typischen Essattacken werden durch depressive Zustände, Stress, Einsamkeit, emotionale Probleme wie Ärger und Wut eingeleitet.

Folgen, Risiken und Komplikationen

Das provozierte Erbrechen kann zu schweren gesundheitlichen Problemen wie blutenden Einrissen in der Speiseröhren- und Magenschleimhaut führen. Auch Störungen des Mineralsalzhaushalts kommen vor.

Bulimische Jugendliche wissen, dass ihr Verhalten ungewöhnlich ist, sie versuchen, es gegenüber ihrer Umgebung zu verheimlichen. Sie werfen sich vor, nicht Herr beziehungsweise Frau ihres Körpers und ihrer Sucht zu sein. Tatsächlich bedeuten solche Heißhungerattacken auch eine extreme Erfahrung des Kontrollverlusts. Die Betroffenen erleben sich als schwach, unfähig und ausgeliefert – ein stark herabgesetztes Selbstbewusstsein und starke Scham- und Schuldgefühle bis hin zu Depressionen sind sehr häufig die Konsequenz.

Ess-Sucht (mit Übergewicht)

Experten schätzen, dass bei jeder vierten übergewichtigen Frau diese Art von Ess-Störung vorliegt. Der Unterschied zur Bulimie besteht darin, dass die Betroffenen nicht versuchen, die Heißhungeranfälle durch Erbrechen, Hungern oder erhöhte körperliche Aktivität ungeschehen zu machen.

Symptome einer Ess-Sucht mit Übergewicht

- → Wiederkehrende Episoden von Heißhungeranfällen, das heißt mindestens zwei pro Woche und dies über sechs Monate.
- → Übermäßig schnelles Essen, Herunterschlingen von Speisen.
- → Essen ohne Hungergefühl.
- → Essen bis zu einem unangenehmen Völlegefühl.
- → Allein essen.
- → Schamgefühle beim Essen.
- → Ekelgefühle nach dem Essen, aber kein provoziertes Erbrechen.
- → Die Anfälle werden als zwanghaft und unkontrollierbar erlebt.
- → Nach dem Anfall stellen sich Unbehagen, Schuldgefühle, Depressionen und Selbstvorwürfe ein.

Mögliche Ursachen

Im Gegensatz zur Anorexie und zur Bulimie scheinen bei der Ess-Sucht emotionale Probleme ganz im Vordergrund zu stehen: Die Betroffenen schlucken ihre Gefühle im wahrsten Sinne des Wortes hinunter, häufig unterdrücken sie im Essanfall Gefühle von Wut, Ärger und Traurigkeit. Sich voll zu stopfen, kann auch ein misslingender Versuch sein, mit Gefühlen von innerer Leere oder der Zurückweisung durch andere umzugehen. Essen wird zur einzigen Freude und zum einzigen Trost. Der Begriff Kummerspeck umschreibt diese Ess-Störung sehr zutreffend. Die negativen Reaktionen der Umgebung, oft genug diskriminierend, verstärken die Minderwertigkeitsgefühle, die diese Menschen wegen der Essattacken ohnehin schon haben. Trost in dieser Situation bietet wiederum das Essen und der Teufelskreis schließt sich.

Was hilft gegen Ess-Störungen?

Ess-Störungen sind nicht einfach zu behandeln. Inzwischen wird eine Kombination verschiedener Therapieansätze empfohlen. Sie reichen von

- einer konkreten Ernährungsberatung, Hilfestellungen beim Essen (zum Beispiel durch Aufstellen eines Essenplanes, „Modellessen" mit Betreuern und in der Klinik durch Überwachung der Nahrungszufuhr bis hin zur „Zwangsernährung")
- über die medikamentöse Behandlung lebensbedrohlicher körperlicher und psychischer Folgeerscheinungen der Ess-Störung
- und soziale Unterstützungsmaßnahmen, die den Jugendlichen helfen, wieder unter Gleichaltrigen Tritt zu fassen,
- bis hin zur langfristigen Psychotherapie.

Gewichtung und Auswahl der Therapiemethoden hängen von der Art der Erkrankung, ihrer Ausprägung, dem Schweregrad und der familiären und sozialen Situation ab, in der die Betroffenen leben. Immer jedoch ist eine psychotherapeutische Behandlung notwendig.

Psychotherapie

Hinsichtlich der Psychotherapie von Ess-Störungen stehen mehrere Verfahren zur Auswahl. Als besonders hilfreich haben sich die Verhaltenstherapie

Kontakte

Dick & Dünn – Beratungszentrum bei Ess-Störungen
Innsbrucker Str. 25
10825 Berlin
Tel. 0 30/8 54 49 94
Fax 0 30/8 54 84 42
Beratung bundesweit, größte deutsche Einrichtung dieser Art

Bundeszentrale für gesundheitliche Aufklärung
Postfach 91 01 52
51071 Köln
Tel. 02 21/ 89 20 31
Fax 02 21/89 92-2 57
Internet:
www.bzga.de
speziell:
www.bzga.de/adressen/essstoer.htm

und psychodynamisch orientierte (tiefenpsychologische oder psychoanalytische) Verfahren gezeigt. Verhaltenstherapie ist dann geeignet, wenn vor allem Wahrnehmungsstörungen und „Denkfehler" in Bezug auf das Gewicht, das Aussehen und die Figur vorherrschen. Bei schweren Störungen des Selbstwertgefühls, gegenwärtigen und vergangenen psychischen und familiären Konflikten und weiteren Symptomen einer Adoleszenzkrise werden psychodynamische Verfahren bevorzugt.

Für beide gilt: Wer eine Ess-Störung überwinden will, muss dafür Zeit investieren. Eine Psychotherapie wirkt nicht von heute auf morgen!

Wie gehen die Therapien vor?

- **Verhaltenstherapie**

In der Verhaltenstherapie wird versucht, erlernte Verhaltens- und Denkmuster umzustrukturieren. Dazu ist es erforderlich, unangemessene Verhaltensweisen (also das gestörte Essverhalten) zu „verlernen" und neue Verhaltens- und Denkweisen zu erlernen.

- **Psychodynamische Psychotherapien**

Hier steht das Ziel einer Veränderung des Essverhaltens nicht explizit im Vordergrund. Bei dieser Therapieform geht es um die Aufarbeitung unbewusster Konflikte, die aus der frühen Kindheit herrühren. Durch die Auseinandersetzung damit werden bessere Bewältigungsstrategien für aktuelle Anpassungsschwierigkeiten erkennbar und möglich. Neue Erlebens-, Verhaltens- und Denkmöglichkeiten stehen zur Verfügung. Das gestörte Essverhalten wird immer seltener.

Die psychotherapeutische Behandlung kann ambulant, bei einem niedergelassenen Kinder- und Jugendlichen-Psychotherapeuten, in einer Beratungsstelle – vielerorts gibt es auf Ess-Störungen spezialisierte Beratungsstellen –, der Ambulanz einer psychosomatischen Klinik oder Abteilung oder auch stationär in einer auf Ess-Störungen spezialisierten Einrichtung erfolgen. Auch tagesklinische Angebote gibt es inzwischen in vielen Kliniken.

Was für die jeweiligen Betroffenen am ehesten infrage kommt, muss in Zusammenarbeit mit dem Arzt für Kinder- und Jugendmedizin und gegebenenfalls auch dem Kinder- und Jugendlichen-Psychotherapeuten sorgfältig abgewogen werden.

Lesetipps

Medienset Ess-Störungen
Best.-Nr.: 35 231 002
(für Eltern und Jugendliche)
Zu beziehen bei der Bundeszentrale für gesundheitliche Aufklärung
(Adresse → Kontakte, Seite 348)

Silvia Baeck
Ess-Störungen
Ein Ratgeber für Eltern, Angehörige, Lehrer und Partner
Zu beziehen bei Dick & Dünn
(Adresse → Kontakte, Seite 348)
25 DM inkl. Porto

Bärbel Wardetzki
Iss doch endlich mal normal!
Hilfen für Angehörige von essgestörten Mädchen und Frauen
München 1996, 29,80 DM

Zu jeder Behandlung einer Ess-Störung gehört eine ausführliche Elternberatung oder (abhängig von der aktuellen Problemlage und dem Alter der Patienten) auch die Einbeziehung der Eltern in die Therapie. Familientherapie hat sich als effektiv erwiesen. Hilfreich sind darüber hinaus Kontakte zu Selbsthilfegruppen.

Medikamentöse Behandlungsmöglichkeiten

Eine Behandlung mit Medikamenten ist vor allem dann angezeigt, wenn gravierende Folgeerscheinungen der Ess-Störung aufgetreten sind. Dazu gehören sowohl psychische wie Depressionen oder ausgeprägte Zwänge als auch körperliche Folgen der Unterernährung, wie zum Beispiel das Aussetzen der Regelblutung oder die Verringerung der Knochensubstanz. Seit kurzem werden sowohl bei der Bulimie als auch bei der Ess-Sucht mit Übergewicht bestimmte Antidepressiva (Antidepressiva aus der Gruppe der Serotonin-Wiederaufnahmehemmer) mit gutem Erfolg eingesetzt. Sie helfen, die Anzahl der Essattacken und damit auch das folgende Erbrechen zu reduzieren, und vermindern damit die körperlichen Folgeerscheinungen und Risiken der Ess-Störung.

Wann ist eine stationäre Behandlung notwendig?

Nicht immer reicht eine ambulante Behandlung aus. Ein Klinikaufenthalt ist vor allem dann notwendig, wenn sich die Jugendlichen in einem sehr schlechten körperlichen oder psychischen Zustand befinden oder schon schwere körperliche Folgeerscheinungen eingetreten sind. Das heißt: Eine Klinikeinweisung ist immer erforderlich, wenn das Körpergewicht unter eine akut lebensgefährliche Grenze gefallen ist oder wenn Selbsttötungsgefahr droht. Auch bei begleitenden Abhängigkeiten von Medikamenten oder Drogen ist eine stationäre Behandlung nötig.

Sinnvoll ist sie auch dann, wenn die Erkrankung seit mehr als einem Jahr besteht und ambulante Therapieversuche gescheitert sind und wenn starke Spannungen oder Konflikte innerhalb der Familie bestehen und ein Milieuwechsel hilfreich erscheint.

Sucht und Abhängigkeit

Die meisten Jugendlichen werden irgendwann Erfahrungen mit Alkohol und Nikotin machen, viele mit Drogen wie Haschisch, Beruhigungs- oder Aufputschmitteln oder mit Ecstasy. Und leider immer mehr mit harten Drogen, seien es Opiate oder Kokain. Die große Gefahr, die ein vielleicht jugendtypisches Experimentieren mit den unterschiedlichsten Drogen birgt – legalen und illegalen –, sind Sucht und Abhängigkeit.

Was ist Sucht und wie entsteht sie?

Man unterscheidet zwischen Suchtstoffen, die körperlich abhängig machen, und solchen, die eine psychische Abhängigkeit erzeugen. Bei der körperlichen Abhängigkeit hat sich das Gehirn auf die Suchtstoffe eingestellt. Fehlt der Suchtstoff, führt dies zu heftigem körperlichen Unwohlsein, Schmerzen, Schlaflosigkeit, aber auch zu innerer Unruhe bis hin zu Zuständen von Verwirrtheit und Halluzinationen. Der bekannteste Suchtstoff mit solchen Folgen ist Alkohol, aber auch bestimmte Beruhigungsmittel und die Opiate (Morphium, Heroin, Kodein und andere), die sehr schnell körperlich abhängig machen, zählen dazu.

Anders ist es mit Suchtstoffen, die eine vorwiegend psychische Abhängigkeit verursachen wie etwa Kokain oder Cannabis. Hier führt das Weglassen der Droge zu psychischen Veränderungen, zu dem unwiderstehlichen Drang, die positiv empfundenen psychischen Veränderungen ständig wiederherstellen zu wollen – mit der Folge, sich die Drogen möglichst umgehend verschaffen zu müssen. Jeder körperlichen Abhängigkeit geht eine kürzere oder längere psychische Abhängigkeit voraus. Eine psychische Abhängigkeit kann nicht nur von Drogen erzeugt werden, sondern von einer ganzen Reihe von Tätigkeiten: Die Spielsucht ist ein Beispiel; auch Sexualität und Arbeit können Menschen süchtig machen.

Die Gefahr beider Arten von Sucht ist unter anderem: Abhängige müssen zunehmend ihren Tagesablauf danach ausrichten, sich mit dem Suchtstoff versorgen zu können. Unter diesem Aspekt ist eine psychische Abhängigkeit genauso schwerwiegend und gefährlich und nicht weniger behandlungsbedürftig wie eine körperliche Abhängigkeit.

Mögliche Ursachen

Von einfachen Antworten ist man heute weiter entfernt als noch vor ein paar Jahrzehnten. Erklärungsmodelle, welche nur psychologische und soziologische Einflüsse bei der Suchtentstehung berücksichtigen, sind inzwischen veraltet. Was man allerdings sicher weiß: Mehrere Ursachen kommen zusammen, wenn aus einem ein- oder mehrmaligen Gebrauch eine Suchterkrankung entsteht. Biologische, soziale und seelische Faktoren müssen zusammenwirken, bis die in jedem Menschen vorhandene Veranlagung, abhängig zu werden, in eine Suchterkrankung umschlägt.

Psychosoziale Ursachen

Es gibt heute verschiedene Versuche, die psychischen Ursachen einer Sucht oder Abhängigkeit verständlich zu machen. Die Tiefenpsychologie nimmt an, jeder Süchtige leide unter unbewussten und ungelösten Konflikten aus der frühen Kindheit. Diese Erklärungsversuche haben zum Begriff der „Suchtpersönlichkeit" oder der „Suchtstruktur" geführt, die ihre Wurzeln in einer gestörten frühen Mutter-Kind-Beziehung habe.

Lerntheoretische Erklärungsansätze gehen dagegen von den aktuellen Erfahrungen mit dem Suchtstoff aus. Wer sie nimmt, erfährt über die Wirkung der Droge zum Beispiel eine Minderung seiner Kontaktscheu, seiner Lebensangst oder eine Stärkung seines sonst grundsätzlich negativ ausgerichteten Selbstwertgefühls. Die Droge hilft, die für Suchtgefährdete typische negative Selbsteinschätzung kurzfristig zu überwinden. Unter dem Einfluss des Suchtstoffs sind sie „endlich jemand", und nach dieser Erfahrung streben sie immer wieder. „Erlernt" wird die Verknüpfung von Suchtstoff und positiver Gestimmtheit. Abhängigkeit entsteht.

Soziale Theorien betonen die Einflüsse des sozialen Umfelds bei der Entstehung von Sucht und Abhängigkeit. Unter denjenigen Jugendlichen, die Kon-

Kindheit – nö, hab ich nie gehabt. Mein Vater säuft, meine Mutter ist zu Hause; Prügel gabs. Was soll ich sagen: Nachts um drei aus dem Bett, meine Schwester hat Bier holen müssen, ich Zigarren …

Steffen, 21 Jahre

takt zu Drogenberatungsstellen und anderen psychosozialen und medizinischen Hilfsangeboten suchen, finden sich überproportional Jugendliche aus schwierigen sozialen Verhältnissen: Sie sind häufiger schlecht ausgebildet, haben schwierige Schul- und Ausbildungssituationen hinter sich. Sie haben komplizierte Trennungen ihrer Eltern erlebt, sind oft nur mit einem Elternteil oder mit Elternersatzpersonen aufgewachsen. Die wirtschaftlichen Verhältnisse dieser Familien sind eher schlecht, sie leben nahe an der Armutsgrenze. Und was man auch weiß: Viele Abhängige sind in ihrer Kindheit und Jugend Opfer von Gewalt in Form von Misshandlung oder sexuellem Missbrauch geworden. Auch aktuell tragen Familie, Freundeskreis, Schule, Betrieb und Nachbarschaft beim Jugendlichen und beim Erwachsenen entscheidend zum Entstehen und zur weiteren Entwicklung einer Abhängigkeit bei.

Neurobiologische Ursachen

Jeder Suchtstoff hat eine Wirkung auf das zentrale Nervensystem, genauer gesagt auf den Hirnstoffwechsel, indem er die natürliche Balance der Neurotransmitter, der Botenstoffe im Gehirn, verändert. Diese neurobiologischen Zusammenhänge erklären auch Gewöhnung und Dosissteigerung: Die natürlichen Neurotransmitter und ihre Rezeptoren passen sich an die Art und die Regelmäßigkeit der eingenommenen Drogen an. Es entsteht eine neue Balance dieser Botenstoffe, die schließlich auf die zugeführten Suchtstoffe angewiesen ist, um stabil zu bleiben.

Wer ist besonders gefährdet?

Immer wieder wurde versucht, Persönlichkeitsmerkmale zu finden, die auf eine höhere Wahrscheinlichkeit hinweisen, irgendwann einmal süchtig zu werden. Prognosen sind jedoch sehr schwierig. Zu viele Faktoren spielen bei einer Suchtentstehung mit. Zum gegenwärtigen Zeitpunkt lässt sich nur so viel sagen: Kinder, die oftmals die Schule schwänzen, stehlen oder auf andere Weise sozial auffällig werden, die also schon früh Störungen des sozialen Verhaltens zeigen, neigen häufiger als sozial unauffällige Gleichaltrige dazu, später einmal abhängig zu werden. Ein erhöhtes Risiko weisen auch Kinder auf, die besonders waghalsig sind, sei es dass sie riskante Klettereien unternehmen, sich mit ihren Rollerblades halsbrecherisch durch Autostaus bewegen oder sich als erste auf das dünne Eis des Badesees wagen. Kinder, die in solcher Weise risikofreudig sind, werden später auch leichter und unbefangener mit Drogen experimentieren. Es gibt auch Hinweise, dass Kinder, die an einem so genannten hypermotorischen Syndrom leiden, eher suchtgefährdet sind. Inzwischen weiß man auch, dass genetische Faktoren eine Rolle spielen; beispielsweise gibt es familiäre Häufungen für besonders dramatisch verlaufende Formen der Alkoholabhängigkeit, die oft schon in der Adoleszenz beginnen.

Anzeichen für einen (starken) Drogenkonsum

Beweise für einen möglichen Drogenkonsum sind nur über Laboruntersuchungen zu gewinnen. Sie dienen der ärztlichen Diagnosesicherung, aber auch der Überwachung einer Abstinenz.

Es gibt bei Jugendlichen aber Verhaltensauffälligkeiten und Verhaltensänderungen, die ein Hinweis auf einen möglichen Drogenkonsum sein können und die deswegen ernst genommen werden müssen.

- Jeder plötzliche Wechsel zum Schlechteren im Verhalten, im Erscheinungsbild, in den Schul- oder Arbeitsleistungen, Ess- und Schlafgewohnheiten, im Freundeskreis.
- Häufiges unentschuldigtes Wegbleiben von der Schule und der Ausbildungsstelle.
- Rasch wechselnde Gefühlsäußerungen, zum Beispiel zwischen deprimiert und euphorisch.
- Erinnerungslücken, Sprachstörungen wie verwaschenes Sprechen.
- Erweiterte oder stark verengte Pupillen, gerötete Augen, chronische Bronchitis mit Husten, Erbrechen und andauernder Nasenkatarrh.
- Wiederholtes Lügen, Stehlen oder andere Gesetzesverstöße.
- Verlust von Interessen und Motivation, Null-Bock-Stimmung.
- Chronischer Geldmangel (das Taschengeld reicht nicht, ohne dass plausible Gründe dafür genannt werden können).
- Besitz von Gegenständen, die zum Drogenkonsum verwendet werden wie Haschischpfeifen, Wasserpfeifen und Ähnliches.
- Bücher und andere Medien, die sich mit Drogen und Drogenkonsum beschäftigen.

Sicher: Die meisten dieser „Auffälligkeiten" sind durchaus „jugendtypisch" – wenn sie vereinzelt auftreten! Wenn Sie aber feststellen müssen, dass Ihre

Tochter, Ihr Sohn mehrere dieser möglichen Auffälligkeiten über längere Zeit zeigt, müssen Sie reagieren. Sprechen Sie Ihre Befürchtung aus! (→ Seite 308) Sollte sich Ihr Verdacht bestätigen, ist professionelle Hilfe notwendig. Ihre Aufgabe ist es, Ihrer Tochter, Ihrem Sohn den Weg zu bahnen. Auf ihre, seine Eigenmotivation zu vertrauen, lässt vielleicht zu große Gefährdungen aus dem weiteren Drogenkonsum entstehen – schlagen Sie als Eltern oder Angehörige, als Lehrmeister oder Lehrer einem Jugendlichen, von dem Sie wissen, dass er Drogen konsumiert, den Weg in eine Beratungsstelle aktiv vor. Früher gab es die weit verbreitete Auffassung, dass ein Süchtiger erst dann eine eigene Motivation zur Annahme von Hilfsangeboten entwickle, wenn er durch seine Sucht unter einem „ausreichend" hohen Leidensdruck stehe. Diese Auffassung ist unsinnig und durch wissenschaftliche Untersuchungen nicht abgesichert.

Kontakte
Umfassende und aktuelle Informationen zu Suchtberatungsstellen in ganz Deutschland erhalten Sie bei der **Bundeszentrale für gesundheitliche Aufklärung** unter der Telefonnummer 02 21-89 20 31.
Die Bundeszentrale ist auch im Internet vertreten: www.bzga.de
Auf dieser Homepage werden Sie ebenfalls zu einem aktualisierten Verzeichnis von Drogenberatungsstellen geführt www.bzga.de/adressen/sucht/inhalt.htm.

Weitere Adressen
→ Seite 383f.

Therapeutische Maßnahmen

Für Drogenabhängige gibt es eine Kette von therapeutischen Maßnahmen: Sie beginnt mit einem Klinikaufenthalt, der die körperliche Entgiftung, den körperlichen Entzug, zum Ziel hat. Je nach Art der eingenommenen Drogen dauert eine solche Behandlung zwischen einer und vier Wochen. Sie wird in psychiatrischen Fachkrankenhäusern und -abteilungen, Kliniken für Kinder- und Jugendpsychiatrie oder in den so genannten qualifizierten Drogenentzugsstationen durchgeführt, die mittlerweile fast flächendeckend arbeiten. (Wo sich die nächstgelegene Station dieser Art befindet, ist bei der zuständigen Drogenberatungsstelle zu erfahren.) An diese Entgiftungsbehandlung schließt sich eine ambulante oder stationäre Entwöhnungsbehandlung an, sie dauert in aller Regel einige Monate und hat zum Ziel, die psychische Abhängigkeit zu bekämpfen und andere Verhaltensweisen und Bewältigungsstrategien zu erlernen. Milieu- und psychotherapeutische Behandlungsformen stehen dabei im Vordergrund.

An diese Entwöhnungsbehandlung schließt sich im Einzelfall eine längere ambulante Psychotherapie an, um den Erfolg der Entwöhnung zu festigen. Diese Psychotherapie muss gegebenenfalls auch mit einer kontinuierlichen psychosozialen Betreuung durch eine Drogenberatungsstelle kombiniert werden; dabei steht die Wiedereingliederung in ein drogenfreies Alltagsleben an erster Stelle.

Hilfen – Beratungsstellen für Abhängige

Mittlerweile existiert in Deutschland ein flächendeckendes Netz an Beratungsstellen für Drogenabhängige. Sie werden von den Gesundheitsämtern und den freien Wohlfahrtsverbänden unterhalten. In größeren Städten gibt es auch Drogenbeauftragte oder Referate bei den Stadtverwaltungen.

Adressen für Eltern

Für Eltern von Kindern und Jugendlichen mit einer Suchtproblematik existiert mittlerweile eine ganze Reihe von Selbsthilfeangeboten. Über den Bundesverband der Elternkreise drogengefährdeter und drogenabhängiger Jugendlicher (BVEK) erhalten Sie Auskünfte über Angebote in Ihrer Region.

Kontakt
Bundesverband der Elternkreise drogengefährdeter und drogenabhängiger Jugendlicher (BVEK)
Köthener Str. 38
10963 Berlin
Tel. 030/55 67 02-0

Zögern Sie als Eltern nicht, über derartige Angebote Kontakte zu anderen betroffenen Eltern aufzunehmen. Möglicherweise fällt es Ihnen schwer, dieses Problem im Kreise meist fremder Menschen zu diskutieren. Aber: Aus der Suchtbehandlung sind diese Angebote der Selbsthilfegruppen nicht wegzudenken; sie sind zu einer wesentlichen Säule der Behandlung geworden.

Seelische Störungen: Angst, Depressionen und Suizidalität

Angststörungen

Angststörungen gehören auch unter Jugendlichen zu den häufigsten psychischen Störungen. Experten schätzen, dass fast 15 Prozent aller Grundschulkinder und rund 10 Prozent aller Jugendlichen an einer solchen behandlungsbedürftigen Angststörung leiden.

Schulprobleme, angefangen von Leistungsschwierigkeiten bis zu häufigen Fehlzeiten, die unterschiedlichsten körperlichen Symptome oder ein Rückzug aus alterstypischen Aktivitäten und Kontakten zeigen Eltern vielleicht, dass etwas nicht stimmt. Bis Jugendliche jedoch den Weg in eine angemessene ärztliche und psychotherapeutische Behandlung finden, dauert es meist lange.

Mögliche Ursachen

Ängstliche Jugendliche haben sehr oft auch ängstliche und deshalb überbehütende Eltern. Besonders betroffen sind Kinder, deren Eltern selbst an einer Angststörung leiden. Ihr Risiko, an einer Angststörung zu erkranken, ist neunmal so hoch wie bei Kindern von Eltern ohne psychische Störungen. Diskutiert werden deshalb auch hier sowohl genetische als auch psychosoziale Ursachen. Bei Angststörungen liegt ähnlich wie bei Depressionen eine Störung bestimmter Neurotransmittersysteme vor; darauf weist auch die Tatsache hin, dass sich unter einer Behandlung mit bestimmten Antidepressiva viele Angststörungen bessern (→ Seite 361).

Welche Arten von Angststörungen gibt es?

Fachleute unterscheiden zwischen phobischen Angststörungen, Panikstörungen und generalisierten Angststörungen.

Bei einer Phobie hat der Jugendliche Angst vor eindeutig definierten, eigentlich ungefährlichen Situationen oder Objekten. Bekannt sind zum Beispiel Phobien vor Tieren (Hunde, Spinnen, Katzen, Mäuse). Auch bestimmte Situationen können zum Inhalt einer Phobie werden, wie zum Beispiel Arztbesuche, Krankenhausbesuche oder Flugreisen. Betroffene haben möglicherweise Angst vor Menschenansammlungen, öffentlichen Plätzen, engen Räumen wie Fahrstühlen oder Zugabteilen. Sie können vielleicht nicht ohne Begleitung das Haus verlassen, einkaufen oder ein Kino besuchen. Es gibt auch Ängste, die nur im Zusammensein mit anderen Menschen auftreten: die soziale Phobie. Sie zeigt sich zum Beispiel als Angst, in der Öffentlichkeit (und sei dies nur die Schulklasse) zu sprechen. Die Betroffenen fürchten, unangenehm aufzufallen oder nach strengen undurchschaubaren Kriterien negativ beurteilt zu werden.

Typisch ist, dass das Gefürchtete gemieden wird. Kommen Betroffene trotzdem in eine solche Situation, leiden sie unter heftigen körperlichen Beschwerden: Schweißausbrüche, Herzklopfen, Zittern, Atembeschwerden, Beklemmungsgefühle und Schwindel treten auf. Diese körperlichen Symptome können Todesangst auslösen.

Ärzte und Psychologen grenzen von diesen phobisch gebundenen Ängsten die Panikattacken ab. Eine solche Panikattacke ist in ihren Symptomen dem Angstanfall einer phobischen Angst sehr ähnlich. Sie überfällt die Betroffenen jedoch aus heiterem Himmel. Es fehlt die auslösende Situation oder das Angst einflößende Objekt. Panikattacken können also nicht durch Vermeidungsstrategien kontrolliert werden.

Die dritte Angststörung, die generalisierte Angststörung, ist bei Jugendlichen häufig und im Gegensatz zu Phobien und Panikstörungen besonders schwer zu erkennen. Betroffene sorgen sich viel. Die unterschiedlichsten Befürchtungen drängen sich auf, lassen sich nicht unterdrücken. Jugendliche mit einer Angststörung sind leicht reizbar, ruhelos, wirken „überdreht“, können sich nicht mehr entspannen.

Sie leiden an Konzentrationsstörungen und als deren Folge an Leistungseinbußen. Sie klagen über Müdigkeit und Abgespanntheit, Muskelverspannungen, Ein- und Durchschlafstörungen.

Wie können Eltern eine Angststörung erkennen?

Phobien sind am ehesten am Vermeidungsverhalten zu erkennen. Oft jedoch klagen betroffene Jugendliche nicht über die Angst vor einer Situation oder einem Objekt, sondern ausschließlich über die mit der Angst- oder Panikattacke einhergehenden körperlichen Symptome. Bis dann endlich abgeklärt ist, dass keine organischen Ursachen vorliegen, vergeht viel Zeit. Dies ist auch der Grund, weshalb Angststörungen oft sehr spät diagnostiziert werden.

Ein Beispiel: Die Schule als Inhalt der Angst

Es gibt wohl keinen Jugendlichen, der nicht hin und wieder „Angst vor der Schule" hat. Die Vielzahl der Leistungsanforderungen und die Möglichkeit zu versagen, taktlose, strenge, ungerechte Lehrer, diverse befürchtete Sanktionen als „gerechte (oder ungerechte) Strafe" für allerlei Fehlverhalten, öffentliches Sprechen vor einem Publikum, die schwierige soziale Situation in der Klasse und auf dem Pausenhof – alles kann vorübergehend Bauchschmerzen verursachen und hin und wieder zum Albtraum werden. Für Jugendliche, die unter einer Angststörung leiden, bleibt es jedoch nicht dabei. Die Schule als Ganze ist zum Angstinhalt geworden. Jeder Schulbesuch wird zum Auslöser massiver Angstzustände, oft begleitet von körperlichen Reaktionen wie Kopfschmerzen, Unruhe, Herzklopfen, Engegefühlen. Anfangs können vielleicht unterschiedlichste Medikamente die körperlichen Symptome lindern. Doch auf lange Sicht scheint die Vermeidung der Schule als einziger Ausweg. Immer längere Fehlzeiten, zuerst vielleicht durch ärztliche Atteste wegen der körperlichen Symptome legitimiert, doch immer häufiger auch einfaches Wegbleiben, also Schuleschwänzen, gefährden die weitere Schullaufbahn. Oft wagen es Jugendliche erst dann, von ihrer Angst zu sprechen. Und erst dann ist eine Behandlung möglich.

Noch schwieriger ist es mit der generalisierten Angststörung im Jugendalter. Die Symptome können sehr unbestimmt sein, und viele Eltern halten solche

Sorgen und Ängste für eine vorübergehende Pubertätserscheinung oder Liebeskummer. Sie werden (leider) erst hellhörig wenn Verhaltens- oder Leistungsprobleme auftreten.

Hilfen

Angststörungen bei Jugendlichen werden in erster Linie psychotherapeutisch und medikamentös mit bestimmten Antidepressiva behandelt. Eine stationäre Behandlung ist nur in besonders schweren Fällen notwendig, das heißt, wenn täglich viele Angstattacken auftreten oder ein Vermeidungsverhalten so stark ausgeprägt ist, dass die betroffenen Jugendlichen den Alltagsaktivitäten nicht mehr nachgehen können.

Depressionen

Es gibt wenig Jugendliche, die nicht hin und wieder an sich und der Welt leiden. Und viele Symptome, die im Folgenden als typische Symptome einer Depression aufgezählt werden, scheinen ganz normaler Bestandteil einer jugendlichen Entwicklung zu sein. Deshalb sehen Jugendliche und oft auch ihre Eltern selbst dann keine Notwendigkeit einer diagnostischen Abklärung, wenn die Niedergeschlagenheit einfach nicht abklingen will oder die vermeintlich typisch jugendliche Gereiztheit, Lustlosigkeit und Energielosigkeit immer mehr zunehmen. Auch Fachleute tun sich hin und wieder mit einer eindeutigen Diagnose schwer, weil die Grenzen zwischen noch normaler Entwicklung und psychischer Störung fließend sein können.

Lesetipp
STIFTUNG WARENTEST
mit Günter Niklewski/
Rose Riecke-Niklewski
Depressionen überwinden
Ein Ratgeber für Betroffene, Angehörige und Helfer
Berlin 1998, 29,80 DM

Dazu kommt: Gerade Jugendliche neigen dazu, Schwächen, als die sie ihre depressiven Gefühle erleben, vor sich und anderen zu leugnen. Sich und anderen einzugestehen, dass man Hilfe braucht, ist unendlich schwierig. Alkohol- und Drogenmissbrauch, Randale und Vandalismus als Demonstration vermeintlicher Stärke, häufige Sexualkontakte mit wechselnden Partnern und eine aggressiv zur Schau getragene Null-Bock-Haltung sind manchmal nichts anderes als fehlschlagende „Selbstheilungsversuche“ depressiver Jugendlicher.

Jugendliche Depressionen können vielfältige Erscheinungsformen haben. Ärzte klassifizieren sie entsprechend ihrer Dauer, ihrer Ausprägung und dem

Orangene Streifen
verschwimmen
Rauschen über
blinkende Schienen
Blinkend, glitzern,
gleißend in der Sonne

Das Rauschen dröhnt,
schiebt sich näher
Dröhnend, drohend
Doch das halte ich aus
Zu trostlos
ist alles andere

... Der Fahrer hat
keine Schuld –
Er konnte mich
nicht mehr sehen.

Ich lebe, ich lebe!!!

Jan, 18 Jahre,
der Gedichte schreibt,
wenn es ihm
schlecht geht.

möglichen weiteren Verlauf in verschiedene Untergruppen. An eine Depression welcher Art auch immer muss man denken, wenn Jugendliche

- längere Zeit (mehr als zwei Wochen) traurig, niedergeschlagen, niedergedrückt, verstimmt sind, ohne dass sie oder ihre nächsten Angehörigen einen Grund dafür angeben können,
- an nichts mehr Spaß, Interesse und Freude haben,
- über Langeweile klagen,
- ständig grundlos gereizt sind,
- häufig über körperliche Beschwerden wie Kopf- oder Bauchschmerzen klagen,
- sich nicht mehr konzentrieren können und ihre schulischen Leistungen absinken,
- nicht mehr schlafen können, nichts mehr essen,
- in ihren Bewegungen entweder sehr verlangsamt oder besonders aufgedreht wirken,
- über Lebensüberdruss klagen, nicht mehr weitermachen, mit allem Schluss machen wollen.

Mein Leben ist sinnlos

Die schwerste Komplikation einer depressiven Störung bei Jugendlichen wie bei Erwachsenen ist der Selbsttötungsversuch (Suizidversuch) oder gar der Suizid (→ Seite 362).

Mindestens zwei Drittel der Jugendlichen, die wegen eines Suizidversuchs in eine kinder- und jugendpsychiatrische Abteilung aufgenommen werden, leiden unter schweren Depressionen. Die krisenhafte Zuspitzung, die zum Suizidversuch führte, hatte bei diesen depressiven Jugendlichen meist Auslöser, die, für sich genommen, kaum zu einer solchen Verzweiflungstat geführt hätten. Sie sind für sie zu Belastungen geworden, die sie meinten, nicht mehr aushalten zu können. Eine Früherkennung der Depression kann also Leben retten!

Mögliche Ursachen

Grundsätzlich ist es wichtig zu wissen: Auch Depressionen sind bio-psycho-soziale Krankheiten, das heißt, immer sind sowohl körperliche als auch psychische und soziale Faktoren beteiligt. Die biologischen Ursachen scheinen –

so der derzeitige Stand der Wissenschaft – unter anderem in einer gestörten Balance des Hirnstoffwechsels zu liegen. Man weiß auch, dass depressive Jugendliche sehr häufig aus Familien kommen, in denen Depressionen oder andere psychische Störungen nicht unbekannt sind. Man vermutet hier eine möglicherweise vererbliche Anfälligkeit, Verletzlichkeit (Vulnerabilität). Besondere psychosoziale Risikofaktoren sind Trennungs- und Verlusterlebnisse in der frühen Kindheit (also zum Beispiel Tod, Krankheit, Auszug eines Elternteils, häufig wechselnde Bezugspersonen), aber auch Vernachlässigung und Missbrauchs- und Gewalterfahrungen. Zu diesen kommen eine Vielzahl möglicher aktueller Auslöser hinzu: zum Beispiel familiäre Krisen, Misserfolgserlebnisse, Schwellensituationen, die mehr Ablösung erfordern, schwerwiegende Auseinandersetzungen, Liebeskummer. Auch für Jugendliche – und mögen sie noch so „erwachsen" auftreten – ist die Erfahrung, allein gelassen zu werden, eine Katastrophe. Noch weniger als depressive Erwachsene sind sie in der Lage, ihre Umgebung zu ändern und aktiv Hilfe von außen zu suchen.

Macht die Pubertät depressiv?

Mit dem Eintritt in die Pubertät steigt das Risiko, an einer Depression zu erkranken, sprunghaft an. Nicht nur das Alter in Jahren spielt dabei eine Rolle, sondern vor allem der Stand der körperlichen Reife. Besonders für Mädchen bedeutet die Pubertät einen entscheidenden Einschnitt. Während im Kindesalter ungefähr gleich viel Jungen wie Mädchen an einer Depression erkranken, steigt in der Pubertät die Anzahl der jungen Frauen gegenüber männlichen Jugendlichen auf das Doppelte an. Experten vermuten, dass sowohl hormonelle Faktoren als auch geschlechtsspezifische Verarbeitungsmuster der Pubertät dafür verantwortlich sind.

Hilfen

Für Jugendliche gilt bei Depressionen dasselbe wie für Erwachsene. Das heißt: Da Depressionen bio-psycho-soziale Krankheiten sind, sind auch biologische und psychosoziale Behandlungsformen angezeigt. Auch im Jugendalter sollte neben der ambulanten Psychotherapie bei einem Kinder- und Jugendlichen-Psychotherapeuten begleitend und stützend an eine medikamentöse Behandlung gedacht werden. Das heißt: Zusätzlich zur Psychotherapie ist mittlerweile für die meisten Depressionen eine Behandlung mit Antidepressiva auch für Jugendliche anerkannt. Sie helfen, die depressiven Episoden erheblich zu verkürzen. Vor allem bei schweren Depressionen machen sie eine Psychotherapie überhaupt erst möglich. Den deutlichen Unterschieden in den Erscheinungsformen der „Depression“ entsprechen inzwischen eine Vielzahl verschiedener sinnvoller Psychotherapiemethoden. In vielen Fällen, vor allem bei jüngeren Jugendlichen, ist eine Einbeziehung der Eltern sinnvoll.

Ich will nicht mehr leben (zumindest nicht so!): Suizidalität

Die Selbsttötung (Suizid) ist eine der Haupttodesursachen in der Adoleszenz. Durch Suizid sterben fast so viele Jugendliche wie im Straßenverkehr. Die Selbsttötung ist die letzte schreckliche Konsequenz der Suizidalität, also eines Zustands, in dem die Selbsttötung als letzter und einziger Ausweg aus einem als unerträglich empfundenen Leben erscheint. Dieser Zustand der Suizidalität kann verschiedene Ausprägungen haben. Ärzte unterscheiden:

- Suizidale Gedanken, also das Grübeln darüber, wie es wäre, wenn ..., ob es nicht besser wäre, wenn ..., auf der Grundlage des Gefühls der Sinnlosigkeit oder Hoffnungslosigkeit.
- Das gezielte Überlegen, wie, wo und wann der Suizid stattfinden soll.
- Den Suizidversuch (den Parasuizid), der in vielen Fällen weniger als nicht „geglückter“ Suizidversuch denn als ein Hilferuf verstanden werden muss.
- Den vollendeten Suizid, also die Handlung, die mit der bewussten Absicht der Selbsttötung begonnen und durchgeführt wird und ihr Ziel erreicht.

Mögliche Ursachen

Es gibt viele Gründe, warum Jugendliche suizidal werden können. Wie bei den meisten psychischen Symptomen und Erkrankungen finden sich auch bei der Suizidalität biologische und psychosoziale Risikofaktoren. Tatsächlich weiß man heute zum Beispiel, dass suizidale Jugendliche häufig genetisch belastet sind, also oft ein ererbtes höheres Risiko aufweisen, bei bestimmten psychosozialen Belastungen suizidal zu werden. In vielen Fällen ist ihre Suizidalität das Symptom einer schwerwiegenden psychischen Störung, zum Beispiel einer depressiven Störung (→ Seite 359), einer Angststörung (→ Seite 356) oder der fehlenden Impulskontrolle, wie sie auch bei

Störungen des sozialen Verhaltens (→ Seite 336) vorkommt. Auch drogenabhängige Jugendliche (→ Seite 350) haben ein hohes Suizidrisiko.

Suizidale Jugendliche leiden oft an mangelndem Selbstwertgefühl: Sie fühlen sich abgelehnt, austauschbar und überflüssig, wertlos. Aber auch lang andauernde Konflikte mit den Eltern, Freunden oder dem Partner, der Partnerin können Jugendliche so verzweifeln lassen, dass ihnen der Suizid oder der Suizidversuch als einzige Lösung erscheint. Darüber hinaus bedeuten ständige Konflikte zwischen den Eltern, besonders wenn sie über die Kinder ausgetragen werden, für Jugendliche eine chronische Überforderung, die suizidal machen kann. Jugendliche, die einen Selbsttötungsversuch unternommen haben, klagen zum Beispiel besonders häufig darüber, dass in ihrer Familie kaum ein Zusammengehörigkeitsgefühl existiere und dass es sehr viel Streit gebe. Sie vermissen Unterstützung, Zuwendung und Beistand durch ihre Eltern. Ihnen fehlt die Familie als Zufluchtsort, vor allem dann, wenn sie über wenig Rückhalt in der Gleichaltrigengruppe verfügen und auch dort niemanden zum Aussprechen und Anlehnen haben. Auch ständige Überforderung in der Schule und am Arbeitsplatz, verbunden mit dem Gefühl, unfähig, ein Versager zu sein, können in die Suizidalität führen. Sicher ist auch, dass Gewalt- und Missbrauchserfahrungen und emotionale Vernachlässigung in der Kindheit ein hohes Risiko für einen späteren Suizid bedeuten.

Auslöser für einen Suizidversuch oder einen Suizid sind dann vielleicht der Verlust eines geliebten Menschen, vielleicht aber auch schon ein neuer heftiger Streit mit den Eltern oder dem besten Freund, Liebeskummer, ein schlechtes Zeugnis, Schulversagen oder der Verlust des Ausbildungsplatzes und bei Mädchen immer noch eine unerwünschte Schwangerschaft.

Alarmzeichen

Nur selten sprechen Jugendliche direkt darüber, wenn sie häufig über eine Selbsttötung nachdenken. Sie zeigen aber meist durch mehr oder weniger deutliche Signale, dass sie Hilfe brauchen. Eltern, Freunde, Geschwister und Lehrer tragen eine große Verantwortung. Höchste Gefahr besteht, wenn Jugendliche

- sich noch mehr zurückziehen, offensichtlich den Kontakt vermeiden, die Einsamkeit geradezu suchen,

- über die verschiedensten Selbsttötungsmöglichkeiten sprechen, vor allem wenn diese realistisch erscheinen,
- sich sehr stark mit Themen wie Tod, Suizid, Vergänglichkeit beschäftigen oder mit Menschen, die einen Suizid oder Suizidversuch begangen haben,
- äußern, nicht mehr zu können, nicht mehr zu wollen, alles satt zu haben,
- ihr Zimmer unerwartet in Ordnung bringen und Dinge, die ihnen wichtig sind, an geliebte Menschen verschenken, (also „ihr Haus bestellen"),
- darüber sprechen, dass sich doch kein Mensch für sie interessiere, sie letztlich überflüssig seien,
- einen Abschiedsbrief schreiben.

Wenn Sie den Verdacht haben, Ihre Tochter, Ihr Sohn hege Suizidgedanken, sprechen Sie Ihre Befürchtung offen aus. Erklären Sie, warum. Lassen Sie sich nicht zurückweisen oder durch fadenscheinige Erklärungen abspeisen.

Stellen Sie aktiv den Kontakt zu Ihrem Hausarzt oder dem Arzt, der Ärztin Ihrer Tochter, Ihres Sohnes, einem niedergelassenen Psychiater oder einer Klinikambulanz her.

Hilfen

Suizidale Jugendliche brauchen schnelle Hilfe. Denn in allen Fällen von Suizidalität – vom konkreten Nachdenken über die Möglichkeiten der Selbsttötung bis zum Suizidversuch – ist das Risiko einer tatsächlichen Selbsttötung groß. Eine Einbeziehung der Familie und/oder enger Freunde ist sinnvoll.

Psychotherapeutisch-psychiatrische Hilfen gibt es ambulant und stationär. Eine ambulante Psychotherapie ist dann möglich, wenn Jugendliche zwar von suizidalen Gedanken gequält werden, bisher jedoch nicht den Versuch einer Selbsttötung unternommen haben. Eine Psychotherapie kann helfen, die dahinter liegenden Probleme zu erkennen und zu bearbeiten.

Hat ein Jugendlicher einen Suizidversuch begangen, ist meist zu allererst eine organmedizinische Behandlung, also zum Beispiel die Versorgung der Wunden oder eine Entgiftung in einem Krankenhaus, notwendig. Hier muss ein Psychiater dann beurteilen, ob eine zu behandelnde psychiatrische Grunderkrankung vorliegt (→ Seite 362 f.), ob der Jugendliche weiterhin gefährdet ist, ob also die weitere psychiatrische und psychotherapeutische Behandlung ambulant durchgeführt werden kann oder eine Einweisung in eine kinder- und jugendpsychiatrische Abteilung zum Schutz des Betroffenen notwendig ist. Oft brauchen Jugendliche, die einen Suizidversuch hinter sich haben, auch eine Verschnaufpause, eine Auszeit von allem, was sie als belastend erlebt haben. Auch dies kann eine stationäre Aufnahme gewährleisten. Eine stationäre Behandlung ist immer dann nötig, wenn ein Jugendlicher weiterhin stark suizidgefährdet ist. Eine intensive Betreuung rund um die Uhr kann eine Familie nicht leisten.

IV

Und zum Schluss:

Warum Eltern so wichtig sind

SELBST VERTRAUEN

Ein weiteres Ergebnis der bereits zitierten Shell-Jugend-Studie 2000 ist die folgende Erkenntnis: „Dass Zukunftsorientierungen von der Erziehungserfahrung der Jugendlichen mitbestimmt sind, wirft für alle Praktiker – Lehrer, Jugendarbeiter und Sozialpädagogen, politische Bildner, Schul- und Bildungspolitiker – ein Problem auf (...)."

Noch mehr aber gilt dies für uns Eltern. Denn es zeigt uns die Verantwortung, die wir als Eltern Jugendlicher immer noch haben. Weshalb wir so wichtig sind?

Gehen wir noch einmal zurück auf die Befragung von Jugendlichen auf der Grundlage des Offer-Selbstbild-Fragebogens (→ Seite 118). Ihr Hauptergebnis: Die Mehrzahl der Jugendlichen (etwa 80 Prozent) besitzt genügend Problembewältigungsstrategien und -fähigkeiten, ihre Entwicklungsaufgaben zu meistern. Das heißt aber auch: Fast ein Fünftel fühlt sich unsicher und empfindet das Leben als eine Reihe von Problemen, für die keine Lösung in Sicht ist, und eine ähnliche Anzahl von Jugendlichen gibt an, sich häufig mehr oder weniger verwirrt zu fühlen, desorientiert und durcheinander zu sein. Befragt man nun diese Jugendlichen, die offenbar mit sich und ihrer Welt nicht zurechtkommen, so fällt auf: Es ist vor allem ihr „Familienselbst" (→ Seite 118), das sich von dem der anderen unterscheidet. Sie beschreiben sich als Gegner ihrer Eltern, trauen ihnen nicht, fühlen sich getäuscht, als ob sie nur negative Erfahrungen mit ihren Eltern erinnern könnten. Wenn sie ihre Familie einschätzen, hat man den Eindruck, als sei hier jeder gegen jeden, und sie erleben sich von ihren Eltern eher angegriffen als unterstützt. Was auch immer die familiäre Realität war und ist: Offenbar ist ein positives Familienselbst, also ein gutes inneres Bild von der Familie und den Eltern, eine wesentliche Grundlage dafür, vertrauensvoll und zuversichtlich in die Zukunft zu blicken.

Elterliches Zutrauen

Und noch einmal zur Shell-Jugend-Studie 2000. Sie hat einen ganz deutlichen Zusammenhang zwischen dem Zutrauen der Eltern in ihre Kinder und deren positiver Entwicklung feststellen können. Denn Jugendliche, deren Eltern

- sich immer sehr viel Sorgen um sie gemacht haben,
- immer Angst hatten, sie könnten mit Haschisch anfangen,
- immer Angst hatten, sie könnten in schlechte Kreise kommen,
- sich manchmal wegen ihrer Entwicklung Sorgen gemacht haben,

sehen die Zukunft sehr viel pessimistischer und gehen „eher zögernd und mit Rück- und Ausweichbewegungen auf das Leben zu". Jugendliche dagegen, die von sich berichten können, dass ihre Eltern ihnen eigentlich zutrauten, ihren Weg zu machen, haben „von ihren Eltern sehr viel Proviant auf den Weg bekommen" (Zitat aus der Shell-Jugend-Studie 2000). Also packen wir ihn ein!

Zur Identität erziehen?

Welchen Einfluss, im positiven wie im negativen Sinn, das Verhalten der Eltern und ihre Erziehung auf die weitere Entwicklung ihrer jugendlichen Kinder haben kann – auch das haben Jugendforscher (Psychologen, Pädagogen, Soziologen) untersucht. Dabei haben sie sich auch ausführlich mit der Frage beschäftigt, welche Rolle die Eltern bei der Entwicklung der Identität spielen, und sie sind dabei zu ziemlich eindeutigen Ergebnissen gekommen: Die Art und Weise, wie Eltern und Kinder miteinander umgehen, beeinflusst maßgeblich die Fähigkeit und Bereitschaft von Jugendlichen, sich und die eigenen Möglichkeiten auszuprobieren, Alternativen durchzuspielen, um sich dann festlegen und binden zu können.

Vier „Erziehungsstile" ...

Sicher: Das unterschiedliche Verhalten von Eltern ihren Kindern gegenüber in Schubladen packen zu wollen, klingt ziemlich willkürlich. Denn ist letztlich nicht jede Familie einzigartig und verhält sich dementsprechend? Trotzdem haben Psychologen den Versuch unternommen, unterschiedliches Erziehungsverhalten zu kategorisieren. Die einzelnen Kategorien definierten sie danach – dies die bekannteste und einflussreichste Einteilung –, welchen Stellenwert

- Verständnis, Wärme, Zugewandtheit, Aufmerksamkeit, Unterstützung auf der einen Seite
- und Zielsetzung, Kontrolle, Anforderung, direkte Erziehung im engen Sinn des Wortes, auf der anderen Seite

im jeweiligen elterlichen Verhalten einnahmen.

Tatsächlich zeigten sich vier Schubladen als ausreichend, um die ganze Bandbreite des Verhaltens von Eltern gegenüber ihren jugendlichen Kindern grundsätzlich voneinander zu unterscheiden und die Auswirkung unterschiedlichen Elternverhaltens auf die Entwicklung untersuchen zu können.

Schublade eins – der vernachlässigende, abweisende Erziehungsstil
Wie der Begriff schon sagt, ist hier Vernachlässigung das vorherrschende Erziehungsverhalten. Eltern bieten weder Anteilnahme, Wärme, noch Grenzen und Kontrolle. Sie sind schlicht desinteressiert oder gar ablehnend-aggressiv.

Schublade zwei – der autoritäre Erziehungsstil
Eltern verlangen sehr viel von den Kindern, vor allem aber Gehorsam. Erziehung erfolgt über Befehle. Verhandlung und Kompromisse kommen in diesem Erziehungsstil kaum vor.

Schublade drei – der nachgiebige (permissive) Erziehungsstil
In diesem Laisser-faire-Stil, der die Jugendlichen „machen lässt“, werden so wenig Grenzen wie möglich gezogen. Kinder und Jugendliche sollen aus eigenen Erfahrungen lernen. Die Eigenheit des Kindes hat einen hohen Stellenwert. Sie soll nicht beschnitten werden. Die Absicht: Jugendliche wirklich „loszulassen“.

Schublade vier – der aktive (demokratische oder autoritative) Erziehungsstil
In diesem Erziehungsstil halten sich Anforderung und Zugewandtheit die Waage. Eltern verlangen viel von ihren Kindern, bieten jedoch auch viel Unterstützung, Anteilnahme und Aufmerksamkeit. Grenzen gibt es. Sie werden jedoch begründet, sind rational nachzuvollziehen und verhandelbar. Das Aushandeln von Kompromissen ist möglich. Kommunikation hat eine große Bedeutung.

... und ihre Folgen

Wie zu erwarten war, zeigen sich vernachlässigte Jugendliche als besonders benachteiligt. Doch auch die Jugendlichen, die in einem autoritären Elternhaus aufwachsen, sind nicht gut auf das Leben als Erwachsene vorbereitet. Sie haben Schwierigkeiten, selbstständig zu denken und zu handeln, suchen nach Autoritätspersonen – seien es Gleichaltrige oder Erwachsene –, denen sie sich anpassen können. Oft sind sie wenig selbstsicher und selbstbewusst. Es fehlt ihnen im Verhältnis zu anderen an intellektueller Neugier und an Flexibilität im Umgang mit schulischen und praktischen Alltagsproblemen.

Auch Jugendliche, deren Eltern alles unterließen, was sie vermeintlich in ihrer persönlichen Entwicklung hätte einschränken können, zeigen Defizite. Auch sie haben wenig Selbstsicherheit, Selbstvertrauen und Selbstbewusstsein. Auch sie sind weniger in der Lage, für sich Verantwortung zu übernehmen. Häufig sind sie die Jugendlichen, die in der Schule versagen, weil es ihnen an Motivation und Durchhaltevermögen fehlt. Auch sie passen sich allzu leicht anderen an. Aggressives, impulsives Verhalten ist ein Zeichen dafür, wie wenig sie in der Lage sind, Selbstkontrolle zu üben.

Jugendliche dagegen, die ihre Eltern als anteilnehmend, verständnisvoll, aber auch fordernd und an schulischen Leistungen interessiert erleben, die Rat und Unterstützung bei ihren Eltern erwarten können, die aber auch einleuchtende Regeln und Zielsetzungen erfahren, entwickeln Selbstvertrauen, Selbstsicherheit und ein gesundes Selbstwertgefühl. Sie sind in der Lage, Verantwortung für sich und für andere zu übernehmen und zeigen sich kompetent im Umgang mit anderen.

Solche Jugendlichen, die von ihren Eltern ermutigt wurden, eigene Entscheidungen zu treffen, die sich aber immer auf das Interesse und die Anteilnahme ihrer Eltern an diesen Entscheidungen verlassen konnten, haben die größte Chance, als autonome, selbstständige Menschen mit ihrem Leben zurechtzukommen.

Es ist also der aktive, demokratische, autoritative Erziehungsstil, der sich als besonders effektiv, als besonders günstige Entwicklungsbedingung für Jugendliche erweist. Er scheint die beste Voraussetzung dafür zu sein, dass Jugendliche sich ihre eigene Identität erwerben können.

Welchen Erziehungsstil praktizieren wir?

Wenn mir jemand gesagt hätte, dass mir mal der Satz: „So lange du deine Beine unter meinen Tisch streckst …!“ rausrutschen würde! Wie habe ich meinen Vater damals verwünscht, wenn er mal wieder eine der leidigen Diskussionen um Aussehen, Haarlänge, Haushaltspflichten, Schulleistungen und, und, und mit diesem Satz abgewürgt hat …

Wolfgang, 45 Jahre

Noch einmal: Jede Familie ist anders, und Versuche, einzelne Familien nach dem praktizierten Erziehungsstil, dem Familienklima und der Art und Weise, wie die einzelnen Familienmitglieder miteinander umgehen, mit einem Etikett zu versehen, stellen sich immer als recht schwierig heraus. Wahrscheinlich gibt es auch wenige Eltern, die sich einen klar definierten Erziehungsstil zu Eigen gemacht haben, und wenn, dann werden sie wie alle Eltern dieser Welt immer wieder die Erfahrung machen, dass die Realität meist anders aussieht als das, was wir in den Köpfen haben. Jeder von uns weiß auch nur zu gut, wie sehr unser Erziehungsstil von unserer Tagesform und der unserer Kinder abhängt, dass wir heute so und morgen so mit unseren Jugendlichen umgehen, und vor allem, dass wir gerade im Umgang mit unseren Kindern vieles doch nicht in die Tat umsetzen (können), auch wenn wir davon überzeugt sind. Solche Einteilungsversuche mögen also vielleicht für die psychologische Forschung einen Sinn haben. Wozu aber können sie uns als Eltern dienen?

Ganz sicher nicht dazu, dass wir nun, weil uns die Effektivität eines Stils vorgeführt wurde, versuchen, ihn einfach anzuwenden. Denn aller Erfahrung nach sind Erziehungsstile nicht einfach erlernbar. Zu sehr sind sie mit uns als ganzer Person, mit unserer ganz individuellen Vergangenheit, Gegenwart und erwartbaren Zukunft verknüpft.

Denkanstöße

„Ideale“ Eltern unterscheiden sich

- von Eltern, die ihre Kinder zurückweisen oder vernachlässigen, durch ihr Engagement und ihre Anteilnahme,
- von Eltern, die ihre Kinder überbehüten, dadurch, dass sie ihren Kindern etwas abverlangen,
- von permissiven Eltern, die den Kindern zwar viel Freiheit der Entwicklung zugestehen auf die Gefahr hin, sie aber auch damit allein zu lassen, durch die Grenzen, die sie setzen,
- von autoritären Eltern, die eher dem Ideal von Zucht und Ordnung huldigen, durch die Fähigkeit, diese Grenzen zu begründen und sie eher als Kompromisse zwischen den Interessen und Bedürfnissen der Einzelnen denn als eherne und unantastbare Gesetze zu begreifen.

„Ideale“ Familien unterscheiden sich
• von Familien, in denen es nicht möglich ist, über eigene Gefühle und Bedürfnisse zu reden, durch das Interesse an dem, was ihre Kinder bewegt, und die Bereitschaft zuzuhören,
• von Familien, die ihren Mitgliedern kein eigenes Innenleben zugestehen, durch die Achtung und den Respekt vor der Privatheit und Individualität des anderen.

Wobei uns die Darstellung der unterschiedlichen Erziehungsstile und der zu erwartenden Folgen für unsere Jugendlichen jedoch helfen kann, ist, immer wieder über uns und unsere Beziehung zu unseren Kindern nachzudenken. Denn wichtig ist, dass wir wissen, was wir als Eltern tun und welche Konsequenzen unser Verhalten haben kann.

Zusammenfassung:

Die drei Hauptaufgaben der Eltern

- Wir müssen zulassen können, dass der Weg, den Jugendliche gehen, nicht geradlinig ist, vielleicht sogar hin und wieder dem Pfad durch einen Irrgarten gleicht, und vor allem: Wir müssen akzeptieren, dass es ihr Weg ist und nicht unserer.
- Aber: Wie Jugendliche auf ihrem Weg vorankommen, hat immer noch sehr viel damit zu tun, wie viel an Unterstützung, Rückhalt, Verständnis, Vorbildern und Werten sie von uns, den Eltern und den Erwachsenen überhaupt erhalten.
- Wir dürfen das Ziel nicht aus den Augen verlieren: Unser Kind soll und wird zu einem unabhängigen und selbstverantwortlichen Erwachsenen werden. Das heißt: Wir müssen loslassen können, damit es seinen eigenen Weg suchen und finden kann.

Zur ersten Aufgabe

Können wir akzeptieren, dass unser Kind sich nicht geradlinig aufs Erwachsensein zubewegt, führt dies mit Sicherheit zu mehr Gelassenheit. Und die hilft uns, die Nerven zu bewahren, wenn unsere jugendlichen Kinder hin und wieder in bestimmten Phasen unsere gesamte bisherige Erziehungsanstrengung über den Haufen zu werfen scheinen. Wir können gelassen bleiben, weil wir wissen, dass es durchaus normal ist, wenn sie ihren Weg über Umwege machen, und dass Innehalten, vielleicht ein paar Schritte zurück und dann ein großer Sprung nach vorn dazugehören. Diese Gelassenheit ist für uns und sie wichtig. Sie hilft uns, nicht noch mehr graue Haare zu bekommen, und sie hilft den Jugendlichen, die ja selbst hin und wieder verunsichert sind, über die Veränderungen, die mit und an ihnen stattfinden. Denn diese Gelassenheit signalisiert ihnen: Du hast es im Moment nicht leicht – aber du machst das schon!

Zur zweiten Aufgabe

Bei all dem Auf und Ab, Hin und Her brauchen gerade Jugendliche Halt und Verständnis. Weil sie sich an den alten Maßstäben, die an sie in der Kindheit angelegt wurden, nicht mehr messen können, weil sie Werte und Normen, die bisher ungefragt ihre Gültigkeit besaßen, neu überprüfen müssen, weil sie ihre neuen Grenzen erst austesten müssen, weil Beziehungen plötzlich ganz neu geordnet werden müssen, ist es so wichtig, dass ihre Eltern wissen, was richtig und falsch ist, Grenzen setzen und Beziehungsmuster vorleben. Weil sie selbst häufig den Überblick verlieren und sich und die Menschen um sie herum nicht mehr verstehen, müssen sie darauf bauen können, dass wenigstens die Eltern den Überblick behalten.

Und vor allem: Bei aller lautstark betonten Unabhängigkeit brauchen und wollen Jugendliche immer noch die Gewissheit, dass ihre Eltern sie vorbehaltlos lieben, auch wenn dies alles oft das Letzte ist, was sie zugeben würden. Diese Sicherheit brauchen sie, nicht zuletzt deshalb, weil sie mit sich selbst auf dem Weg zum Erwachsensein manchmal so uneins sind.

Wenn wir uns das vor Augen halten, laufen wir nicht Gefahr, uns angesichts ihrer ruppigen, abweisenden, unverschämten und manchmal auch verletzenden Art verunsichert oder gar verletzt, beleidigt oder wütend zurückzuziehen. Das wäre schlimm. Denn auch unsere jugendlichen Kinder müssen merken, dass wir sie lieben, um zu wissen, dass sie tatsächlich liebenswert sind.

Und zur letzten Aufgabe

Wir dürfen das Ziel nicht aus den Augen verlieren. Für viele Eltern ist dies oft nicht ganz einfach – nicht nur, weil sie befürchten, ihr Kind könne ohne sie, ihre Unterstützung und Kontrolle scheitern, sondern auch, weil sie Angst davor haben, ihr Kind zu verlieren. Tatsächlich bedeutet die Adoleszenz unserer Kinder ja, dass wir häufig und letztlich endgültig auf den zweiten, dritten, vierten Rang verwiesen werden und Gleichaltrige, Freunde und Freundinnen, Partner und Partnerinnen unsere Rolle als Hauptpersonen übernehmen.

Wir Eltern verlieren also im Verlauf der Adoleszenz unser Kind. Aber gewinnen wir nicht eine erwachsene Tochter, einen erwachsenen Sohn, die, der nun frei ist, wechselseitig ausgeglichene Beziehungen mit anderen – uns Eltern eingeschlossen – aufzunehmen? Diese Entwicklung zu einem emotional und sozial unabhängigen, aber beziehungsfähigen, also erwachsenen Menschen hängt erstens davon ab, wie gut wir es schaffen, Stück für Stück unsere Autorität und Aufsicht abgeben zu können, damit unser Kind nach und nach selbst die Verantwortung und die Kontrolle über sein Leben übernehmen lernt, und zweitens davon, ob wir loslassen können, ohne fallen zu lassen.

Anhang

Bücher zum Nach- und Weiterlesen

Aschoff, Wulf (Hg.): *Pubertät. Erregungen um ein Lebensalter.* Göttingen und Zürich 1996

Baacke, Dieter: *Die 13- bis 18jährigen.*Weinheim und Basel 1983

BaföG 2000. GEW-Handbuch für Schülerinnen und Schüler, Studentinnen und Studenten. Magdeburg 1999

Block, Katharina: *Geht es Ihnen gut, oder haben Sie Kinder am Gymnasium?* Hamburg 1998

Blos, Peter: *Adoleszenz.* New York und London 1978

Böhm, Michaela: *Und was dann? Alles, was du über Ausbildung und Jobs wissen willst.* Reinbek bei Hamburg 1999 (für Jugendliche)

Broos, Susanne (Hg.): *Welche Schule für unser Kind? Ein Wegweiser für weiterführende Schulen.* Reinbek bei Hamburg 1997

Eder, Ruth: *Dauernd ist sie beleidigt. Wie Töchter und Mütter gut durch die Pubertät kommen.* Freiburg 1998

Elbert, Harald/Fröbe, Klaus: *Kriegsdienstverweigerung und Zivildienst.* München 1997

Fend, Helmut: *Vom Kind zum Jugendlichen: Der Übergang und seine Risiken. Entwicklungspsychologie der Adoleszenz in der Moderne, Bd. 1.* Bern 1990

Fend, Helmut: *Identitätsentwicklung in der Adoleszenz. Lebensentwürfe, Selbstfindung und Weltaneignung in beruflichen, familiären und politisch-weltanschaulichen Bereichen. Entwicklungspsychologie der Adoleszenz in der Moderne, Bd. 2.* Bern 1991

Fend, Helmut: *Die Entdeckung des Selbst und die Verarbeitung der Pubertät. Entwicklungspsychologie der Adoleszenz in der Moderne, Bd. 3.* Bern 1994

Fend, Helmut: *Der Umgang mit Schule in der Adoleszenz. Aufbau und Verlust von Motivation und Selbstachtung. Entwicklungspsychologie der Adoleszenz in der Moderne, Bd. 4.* Bern 1997

Fend, Helmut: *Eltern und Freunde. Soziale Entwicklung im Jugendalter. Entwicklungspsychologie in der Moderne, Bd. 5.* Bern 1998 (Konstanzer Längsschnitt-Studie)

Fend, Helmut: *Entwicklungspsychologie des Jugendalters. Ein Lehrbuch in pädagogischer Absicht.* Opladen, 2000

Fenwick, Elizabeth/Smith, Tony: *Pubertät. Ein survival guide für Eltern und Teenager.* Ravensburg 1995

Fischer, Arthur/Fritzsche, Yvonne/Fuchs-Heinritz, Werner/Münchmeier, Richard: *Jugend 2000, Bde 1 & 2 (Shell-Jugend-Studie).* Opladen 2000

Friedrich, Max H.: *Irrgarten Pubertät: Elternängste.* Stuttgart 1999
Freud, Anna: *Wege und Irrwege in der Kinderentwicklung.* Bern 1968
Freud, Anna: *Probleme der Pubertät (1960). Die Schriften der Anna Freud, Bd. VI.* München 1980
Freud, Anna: *Das Ich und die Abwehrmechanismen (1936).* München 1973
Graham, Laurie: *Teenager. Überlebensbuch für die Eltern.* München 1994
Gundlach, Christian: *Ein Schuljahr in den USA – 68 Organisationen auf dem Prüfstand.* Hamburg 1999
Hafeneger, Benno/Jansen, Mechthild M./Klose, Christiana (Hg.): *Mit fünfzehn hat es noch Träume ..., Lebensgefühl und Lebenswelten in der Adoleszenz.* Opladen 1998
Helfferich, Cornelia: *Jugend, Körper und Geschlecht. Die Suche nach sexueller Identität.* Opladen 1999
Johlen, Heribert: *Wehrpflichtrecht in der Praxis.* München 1996
Kaplan, Louise J.: *Abschied von der Kindheit.* Stuttgart 1988
Kast, Verena: *Loslassen und sich selber finden. Die Ablösung von den Kindern.* Freiburg 1991
King, Vera/Flaake, Karin (Hg.): *Weibliche Adoleszenz. Zur Sozialisation junger Frauen.* Frankfurt/Main 1995
Konstanzer Längsschnitt-Studie → Fend, Helmut: *Eltern und Freunde*
Kopietz, Gerit/Sommer, Jörg: *So werden Oldies zu Goldies. Auch Eltern müssen erzogen werden.* Wien 1999
Krebs, Heinz/Eggert Schmid-Noerr, Annelinde (Hg.): *Lebensphase Adoleszenz. Junge Frauen und Männer verstehen.* Mainz 1997
Lemke, Jürgen: *Verloren am anderen Ufer? Schwule und lesbische Jugendliche und ihre Eltern.* Berlin 1994
Marshall, Peter: *Take it easy. Anleitung für gestresste Eltern und genervte Teenager.* Frankfurt/Main 1997
Meier, Jörg Otto: *Eigentlich sind wir gut drauf. Jugendliche über Heute, Morgen, Leben und Liebe, Lust und Frust.* Reinbek bei Hamburg 1999
Pommereau, Xavier: *Was ist eigentlich los mit dir? Jugendliche und ihre Krisen verstehen.* Zürich und Düsseldorf 1998
Raser, Jamie: *Erziehung ist Beziehung. 6 einfache Schritte, Erziehungsprobleme mit Jugendlichen zu lösen.* Weinheim und Basel 1999
Ratgeber-ABC: Schule – Ausbildung – Beruf. Lern- und Bildungschancen nutzen. Hg. v. Redaktion LT-Lernmittel unter der Leitung von H. Ehrhardt und A. Kogon. Bad Honnef 1998
Rathgeber, Richard: *Endlich 18. Rechtstips für Volljährige.* Niedernhausen 1996

Rauner, Max: *Als Gastschüler in den USA. Reise-Know-how.* Wiefelstede 1999
Reichardt, Philip (Hg.): *Wir sind ja nicht so.* München 1999
Rogge, Jan-Uwe: *Pubertät. Loslassen und Haltgeben.* Reinbek bei Hamburg 1998
Schmid, Markus/Schuler, Jürgen/Rieger, Birgit: *Drogen. Harte Drogen, Ecstasy, Alkohol, Nikotin, Medikamente.* Ravensburg 1999
Schweiggert, Alfons/Robl, Johann W.: *Alles, was Schüler wissen wollen.* Hamburg 1999
Shell-Jugend-Studie → Fischer, Arthur u. a.
Staupe, Jürgen: *Schulrecht von A – Z.* München 1996 (derzeit vergriffen; Neuauflage für Herbst 2001 geplant)
Stiftung Warentest mit Bopp, Annette: *Sex ohne Angst.* Berlin 1994
Stiftung Warentest mit Niklewski, Günter/ Riecke-Niklewski, Rose: *Depressionen überwinden. Ein Ratgeber für Betroffene, Angehörige und Helfer.* Berlin 1998
Struck, Peter: *Die Kunst der Erziehung.* Darmstadt, 1996
Wardetzki, Bärbel: *Iss doch endlich mal normal! Hilfen für Angehörige von essgestörten Mädchen und Frauen.* München 1996
Westphalen von, Joseph: *Wie man seine Eltern erzieht.* München und Wien 1999
Wrangsjö, Björn: *Jugendliche brauchen Werte. Wie Eltern ihren Kindern in der Pubertät Halt und Orientierung geben.* Bern, München und Wien 1997
Zimmer, Katharina: *Wer sind unsere Kinder? Pubertät – die zweite Chance, wenn Eltern ratlos sind.* München 1994

Die Materialien der Bundeszentrale für gesundheitliche Aufklärung sowie andere Broschüren und CD-Roms, die nicht über den Buchhandel zu beziehen sind, haben wir hier nicht im Einzelnen aufgelistet. Sie finden sie mit der Bezugsadresse in den jeweiligen Kapiteln als Lesetipps.

Wer hilft weiter?

→ Erziehungsberatungsstellen und Familienberatungsstellen

Erziehungs- und Familienberatungsstellen bieten Beratung und Therapie, um mögliche Fehlentwicklungen bei Kindern und Jugendlichen zu vermeiden oder bereits vorhandene Störungen zu behandeln. Auch bei Fragen und Konflikten im Zusammenhang mit Trennung und Scheidung bieten die Erziehungs- und Familienberatungsstellen professionelle Hilfe an. Nicht zuletzt vertreten sie auch die Interessen der Rat- und Hilfesuchenden gegenüber Behörden, Verbänden und anderen Institutionen.

Für Jugendliche ist es wichtig zu wissen, dass sie auch ohne Wissen und Begleitung ihrer Eltern eine Beratungsstelle aufsuchen können. Die Mitarbeiterinnen und Mitarbeiter, in der Regel ein Team aus Psychologen, Kinder- und Jugendlichen-Psychotherapeuten, Sozialarbeitern und Sozialpädagogen und Ärzten, unterliegen der Schweigepflicht. Die Gespräche, Untersuchungen, die Beratung und die therapeutischen Angebote sind kostenlos.

Unter dem Titel „Beratung für Kinder, Jugendliche und Eltern“ hat die Bundeskonferenz für Erziehungsberatung (bke) ein Verzeichnis der Erziehungs- und Familienberatungsstellen heraus gegeben. Die 90seitige Broschüre ist erhältlich bei der

bke
Herrnstr. 53
90763 Fürth
Tel. 09 11/97 71 40
Fax 09 11/74 54 97

Adressen erhalten Sie auch bei den Bundesverbänden der jeweiligen Träger:

Arbeiterwohlfahrt Bundesverband e. V. (AWO)
Oppelner Str. 130
53119 Bonn
Tel. 02 28/ 66 85-157
oder -0 (Zentrale)
info@awobu.awo.org
www.awo.org

Deutscher Caritasverband e. V. Referat Besondere Lebenslagen
Karlstr. 40
79104 Freiburg
Tel. 07 61/2 00-3 69
Fax 07 61/2 00-3 50
www.caritas.de

Diakonisches Werk der Evangelischen Kirche in Deutschland
Stafflenbergstr. 76
70184 Stuttgart
Tel. 07 11/21 59-0
Fax 07 11/21 59-2 88

Paritätischer Wohlfahrtsverband – Gesamtverband e. V.
Heinrich-Hoffmann-Str. 3
60528 Frankfurt
Tel. 0 69/67 06-2 69
Fax 0 69/67 06-2 04
info@paritaet.org
www.paritaet.org

Oder in Ihrem örtlichen Telefonbuch unter den oben genannten Organisationen und unter dem Stichwort Jugendamt (Stadt).

→ Kinder- und Jugendärzte

Adressen erhalten Sie von Ihrer Krankenkasse beziehungsweise Versicherung oder der für Ihren Wohnort zuständigen Kassenärztlichen Vereinigung. Sie finden sich auch im Branchenverzeichnis unter „Kinderärzte“.

→ Psychotherapie

Adressen von Kinder- und Jugendlichenpsychotherapeuten erhalten Sie von Ihrer Krankenkasse beziehungsweise Versicherung oder der für Ihren Wohnort zuständigen Kassenärztlichen Vereinigung. Sie finden sich auch im Branchenverzeichnis unter „Psychotherapie“.

→ Jugendamt und Gesundheitsamt

Das für Sie zuständige Jugend- oder Gesundheitsamt erfahren Sie bei Ihrer Gemeindeverwaltung.

→ Schule

Jeder Schüler und die Sorgeberechtigten haben Anspruch auf schulpsychologische Beratung. Die Mitarbeiter der Beratungsstellen stehen unter besonderer Schweigepflicht (auch gegenüber der Schule!).
Die Beratungsstellen sind neutral, vertreten also nicht die Interessen der Schule. Ratsuchende können sich direkt an eine Beratungsstelle wenden. Die Angebote sind kostenlos. Adressen lassen sich entweder bei der zuständigen Schulbehörde erfragen oder dem Telefonbuch unter „Schulpsychologischer Dienst" oder „Schulberatung" entnehmen. Oder unter www.schulpsychologie.de/frames/start/adressen.htm

Telefonisch:
Für Schulverweigerer
Bundesweite Hotline
0 45 21/7 06 96 16

→ Berufsfindung

Die Adresse des zuständigen Arbeitsamts findet sich im Telefonbuch. Hier gibt es Informationen zur Berufsfindung, zu Ausbildungsmöglichkeiten und freien Ausbildungsstellen.
Im Internet:
www.machs-richtig.de
www.jobware.de

→ Bundeswehr/Zivildienst

Adressen → Seite 250

→ Freiwilliges soziales Jahr

Zu den Adressen von Arbeiterwohlfahrt, Deutschem Caritasverband, Diakonischem Werk und Paritätischem Wohlfahrtsverband → Seite 381

Weitere Adressen:
Internationaler Bund
für Sozialarbeit
Freier Träger der Jugend-,
Sozial- und Bildungsarbeit e.V.
Zentrale Geschäftsstelle
Burgstr. 106
60389 Frankfurt/Main
Tel. 0 69/9 45 45-111

Jugendaufbauwerk
Freiwillige Soziale Dienste
Prenzlauer Allee 36
10405 Berlin
Tel. 0 30/4 43 01-830

→ Auslandsaufenthalte

Au-Pair-Aufenthalt
Verein für
Internationale Jugendarbeit
Goetheallee 10
53225 Bonn
Tel. 02 28/69 89 52

Sprachreisen/Schüleraustausch
Adressen → Seite 228 und 230

Jobben im Ausland
Zentralstelle für
Arbeitsvermittlung
Auslandsabteilung
Villemombler Str. 76
53123 Bonn
Tel. 02 28/713-0

→ Sexuelle Aufklärung/Partnerschaft/Schwangerschaftskonfliktberatung

Beratung bei Konflikten gibt es bei allen **Erziehungs- und Familienberatungsstellen** (→ Seite 381).

Und bei
PRO FAMILIA e.V. Bundesverband
Stresemannallee 3
60596 Frankfurt/Main,
Tel. 0 69/63 90 02
Fax 0 69/63 98 52
www.profa.de

Sozialdienst katholischer Frauen
Zentralstelle
Agnes-Neuhaus-Str. 5
44135 Dortmund,
Tel. 02 31/55 70 26-0

Telefonisch:
Bundesweite
Schwangeren-Notrufnummer
02 11/7 00 80 00

Adressen und Information erhalten Sie auch bei der
Bundeszentrale für
gesundheitliche Aufklärung
Ostmerheimer Str. 220
51109 Köln
Tel. 02 21/8 99 20
www.bzga.de/adressen/inhalt.htm

→ Sexuelle Orientierung (schwul/lesbisch)

Lambda Schwul-lesbisches Jugendnetzwerk e.V.
Rittergut
99955 Lützensömmern
Tel. 03 60 41/44 98 3

Lesbenberatung Stuttgart
Obere Str. 2
70190 Stuttgart
Tel. 07 11/2 85 90-01/-02

Sozialwerk für Lesben und Schwule e.V.
Kartäuserwall 18
50678 Köln
Tel. 02 21/1 94 46

Telefonisch:
Beratungsnummer für Schwule und Lesben und ihre Angehörigen
1 94 46.
Die Nummer gilt im ganzen Bundesgebiet für die Beratungsstellen in den größeren Städten.

Im Internet:
www.gaystation.de
www.dbna.de
www.anyway.de

→ Ess-Störungen

Spezielle Auskünfte und den Nachweis von erfahrenen Therapeuten in Ihrer Nähe erhalten Sie über
Bundeszentrale für gesundheitliche Aufklärung
Ostmerheimer Str. 220
51109 Köln
Infotelefon zu Ess-Störungen:
02 21/ 89 20 31
Fax 02 21/89 92-2 57
order@bzga.de
www.bzga.de/adressen/ess-stoer.htm

Aktionskreis Ess- und Magersucht Cinderella e.V.
Westendstr. 35
80339 München,
Tel. 0 89/5 02 12 12
Fax 0 89/5 02 25 75

Dick & Dünn, Beratung bei Ess-Störungen e.V.
Innsbrucker Str. 25
10825 Berlin,
Tel. 0 30/8 54 49 94

Bundesfachverband Ess-Störungen e.V.
Kurt-Schumacher-Str. 2
34117 Kassel
Tel. 05 61/71 34 93
Im Internet:
www.essprobleme.de

→ Suchtberatungsstellen

Informationen und Adressen aller Suchtberatungsstellen in Deutschland erhalten Sie bei der

Bundeszentrale für gesundheitliche Aufklärung
Ostmerheimer Str. 220
51109 Köln
Infotelefon zur Suchtvorbeugung:
02 21/89 20 31
www.bzga.de/adressen/sucht/inhalt.htm

Gesamtverband für Suchtkrankenhilfe im Diakonischen Werk der Evangelischen Kirche in Deutschland e.V. (GVS)
Kurt-Schumacher-Str. 2
34117 Kassel
Tel. 05 61/10 95 7-0
Fax 05 61/77 83 51
helas@sucht.org
www.sucht.org

Freundeskreise für Suchtkrankenhilfe in Deutschland e.V.
Bundesverband
Kurt-Schumacher-Str. 2
34117 Kassel
Tel. 05 61/78 04 13
Fax 05 61/71 12 82
bagfreundeskreise@t-online.de

Bundesverband der Elternkreise drogengefährdeter und drogenabhängiger Jugendlicher e.V. (BVEK)
Köthener Str. 38
10963 Berlin
Tel. 0 30/55 67 02-0
Fax 0 30/55 67 00 25

Verband ambulanter Beratungs- und Behandlungsstellen für Suchtkranke/Drogenabhängige e.V. (VABS)
Karlstr. 40
79104 Freiburg
Tel. 07 61/20 03 63
Fax 07 61/20 03 50

Wichtige Internetadressen:
www.drogenhilfe.de
www.dhs.de/haupt.htm
(Deutsche Hauptstelle gegen die Suchtgefahren [DHS])

→ Trennung/Scheidung

Verband alleinerziehender Mütter und Väter Bundesverband e.V. (VAMV)
Beethovenallee 7
53173 Bonn
Tel. 02 28/35 29 95
Fax 02 28/35 83 50
vamv-bv@vamv.de
www.vamv.de

Bundesarbeitsgemeinschaft Stieffamilien e.V.
Sulzbacher Str. 15–21
65812 Bad Soden
Tel. 0 61 96/64 15 03
bag-stieffamilien@t-online.de
Die örtlichen Jugendämter (Adressen im örtlichen Telefonbuch)

→ Missbrauch

Wildwasser e.V.
→ örtliches Telefonbuch

Zartbitter e.V
Sachsenring 2–4
50677 Köln
Tel. 02 21/31 20 55

→ Für Jugendliche in Not

Bundesarbeitsgemeinschaft Kinder- und Jugendtelefon e.V.
Kleiner Werth 34
42275 Wuppertal
Tel. 08 00/1 11 03 33 (kostenfrei)

Deutscher Kinderschutzbund e.V. (DKSB)
Schiffgraben 29
30159 Hannover
Tel. 05 11/30 48 5-0

Service per Faxabruf und Internet

Die Stiftung Warentest bietet über ihren Faxabruf-Service unter anderem Übersichten zu Versicherungen sowie Zusammenfassungen von Tests. Und so funktioniert es: Taste „Abruf“ (Polling) drücken, Dokument wählen und Taste „Start“ drücken. Der Abruf kostet 1,21 pro Minute.

Sie können alle Dokumente aus dem Faxabruf auch direkt aus dem Internet herunterladen (www.warentest.de Button „Service, Analysen, Downloads“, Stichwort „Downloads“).

Die nachfolgend aufgeführten Dokumente kosten pro Seite 1 DM. Es gibt unter dieser Internetadresse aber auch kostenlose Angebote, beispielsweise zusätzliche Adressen und Literaturhinweise zum Thema Ess-Störungen.

Berufsunfähigkeitsversicherung
So checken Sie die Klauseln
(5 Seiten) 0 190 5/1 00 10 86 33

Krankenkassen gesetzlich
Alle Kassen und ihre Beitragssätze
(5 Seiten) 0 19 05/1 00 10 86 39

Krankenkassen privat
Billigtarife: So vergleichen Sie die Angebote
(4 Seiten) 0 190 5/1 00 10 86 38

Versicherungsberatung der Verbraucherzentralen
Termine, Kosten und Art der Beratung
(2 Seiten) 0 190 5/1 00 10 86 47

Eine Übersicht über das gesamte Infoangebot, das laufend ergänzt wird, erhalten Sie im Faxabruf unter der Nummer 0 18 05/88 76 81 00 (5 Seiten, 24 Pf/Min.) oder kostenlos im Internet.

Stichwortverzeichnis

Herausgeber und Verlag
Stiftung Warentest
Lützowplatz 11–13
10785 Berlin
Telefon: 0 30/26 31-0
Telefax: 0 30/26 31-24 22
http://www.stiftung-warentest.de

Vorstand
Dr. jur. Werner Brinkmann

Weitere Mitglieder der Geschäftsleitung
Prof. Dr. Carl-Heinz Moritz (Dienstleistungen, Planung, Marketing)
Hubertus Primus (Publikationen)
Dr.-Ing. Peter Sieber (Warentests)

Autoren
Dr. phil. Rose Riecke-Niklewski
Dr. med. Dr. phil. Günter Niklewski

Lektorat
Uwe Meilahn (Leitung)
Ingrid Burghardt-Falke

Lektoratsassistenz
Ursula Rieth

Redaktionelle Mitarbeit
Anne-Kathrin Bextermöller,
Axel Kleinlein, Dr. Cornelia Nowack,
Stephanie Zipp

Fachliche Beratung
Prof. Dr. med. Helfried Gröbe
Dr. Rolf Hensel
Prof. Dr. mult. Georg Hörmann
Dipl.-Soz. Georg Hopfengärtner
Dr. med. Andrea Loebell-Buch
Prof. Dr. med. Joest Martinius
Dipl.-Soz. Reinhold Ostermann
Dipl.-Soz. Richard Rathgeber
Rolf Siebert

Verlagsherstellung
Rita Grochowski

Layout und Produktion
Karin Siemoneit, Kerstin Uhlig

Titel
Karin Siemoneit
Titelfotos: Gesa Herbst, Hamburg;
York Christoph Riccius/F1, Berlin (Porträt)

Fotos
Gesa Herbst, Hamburg

Illustrationen
Benedikt Höller, Nürnberg

Diagramme
Kerstin Uhlig

Litho
C.R.I.S., Berlin

Druck
westermann druck GmbH, Braunschweig

Vertrieb
ZENIT PRESSEVERTRIEB, Stuttgart

Einzelbestellung
Stiftung Warentest
Vertrieb, Postfach 81 06 60
70523 Stuttgart
Telefon: 0 180 5/00 24 67
(24 Pf pro Minute)
Telefax: 0 180 5/00 24 68
(24 Pf pro Minute)
http://www.stiftung-warentest.de

Redaktionsschluss
September 2000